정부의 질과 삶의 질

정부의 질과 삶의 질

문명재 외

"정부의 질은 국민의 삶의 만족과 행복에 영향을 미치고, 국민의 삶의 질은 정부의 국정운영의 목표이자 산출물이라고 할 수 있다."

문우사
MoonWoo

서 문

촛불로 모아진 국민의 함성으로 초유의 대통령 탄핵이라는 거대한 파고를 넘는 과정에서 국가의 본질과 정부의 역할에 대한 국민적 관심이 여느 때보다 높아졌다. 특히 국가를 구성하는 국민, 주권 그리고 영토에 대한 본질적인 의미를 되새기는 한편, 어떤 정부가 좋은 정부인지를 고민하기 시작하였다. 국민들의 물리적 안전과 기본적인 사회질서를 보장하는 소극적인 정부와 불평등을 비롯한 다양한 사회적 문제를 능동적으로 해결하는 적극적인 정부 사이에서 이상적인 좌표를 설정하고 정부의 질을 지속적으로 제고하라는 사회적 요구도 높아졌다. 이러한 변화에 직면하면서 학계는 다양한 정책적 대안에 대한 체계적인 연구로, 정부는 구체적이고 합리적인 정책으로 부응해 나가야 한다. 정부의 질과 역할에 대한 고민은 모든 정부의 궁극적 국정 목표인 국민의 행복과 삶의 질 향상으로 이어질 수 있기 때문이다.

그런데 과연 정말 정부의 질이 좋아지면 국민의 삶의 질이 좋아질까? 그리고 정부의 질이란 어떤 것일까? 안타깝게도 우리나라 정부의 질과 삶의 질에 대한 종합적인 이해와 구체적인 연구는 부족할 뿐만 아니라 좋은 정부의 역할과 좋은 정부의 특징에 대한 정의도 의견이 분분한 것이 현실이다. 스웨덴의 고텐버그대학교(The University of Gothenburg)의 정부의 질 연구소(Quality of Government Institute)는 오랜 연구를 통해 신뢰(trustworthiness), 역량(competence), 공정(impartiality), 반부패(anti-corruption)를 정부의 질의 가장 핵심적인 요소라고 강조한다. 이는 정부의 질을 정의함에 있어 화려한 정치적 수사보다 정부의 본질적 특성에 기반을 둔 충실한 이해가 더 중요하다는 점을 시사한다.

본 연구는 정부의 질과 궁극적인 국민의 삶의 질에 대한 연결성을 다양한 측면에서 살펴보는 것을 목적으로 집필되었다. 특히 정부의 질 개선을 통하여 삶의 질을 제고하기 위한 정부의 노력을 살펴보고 미래정부의 이상적인 역할을 제시하고자 한다. 구체적으로 먼저 현대사회가 처한 외부 환경의 변화와 이에 따른 새로운 도전을 고찰하고, 정부의 질 향상을 위한 행정부 내부의 거버넌스 개혁들을 살펴본다. 이후 외부 환경에 대한 유연한 이해와 자기반성적 개혁들을 통하여 실제로 어떠한 새로운 정책적 시도들이 구체화되고 있는지를 고찰하고자 한다.

구체적으로 각 장들이 다루고 있는 내용을 간략하게 소개하면 다음과 같다. 먼저 서문에 해당하는 제1부에서는 삶의 질에 대한 객관적, 주관적 측면에 대한 이론적 논의들을 소개하고 187개 국가들을 대상으로 국민의 삶의 질에 영향을 미치는 요인들을 탐색하였다.

정부가 직면한 새로운 도전들을 소개하는 제2부에서는 환경, 정보 관리, 인공지능의 등장, 노동시장의 변화들을 다룬다. 환경문제를 다룬 제2장에서는 현재 우리나라가 직면한 물 환경, 대기-기후 환경, 생태 환경 분야의 주요 현황을 점검하였다. 제3장에서는 다양한 사회문제 해결을 위하여 정부가 정보를 제공하고 있는 세계적 흐름들을 소개하고, 우리나라에서 활용할 수 있는 가능성을 탐색하였다. 제4장은 인공지능이 불러온 직업의 변화를 소개하는 장으로, 특히 새로운 노동시장에서의 공공정책의 역할이 무엇인지를 모색하고자 한다. 이어지는 제5장에서는 미래 노동시장의 질을 향상시키기 위한 정부의 접근법을 탐색하였다.

제3부는 정부의 질 향상을 위한 거버넌스적 개혁들을 소개한다. 제6장에서는 한국 정부의 인적자원관리 발전과정과 성과를 정리하고 향후 과

제를 제시하였다. 제7장은 정부 성과관리를 다룬 장으로, 성과관리제도가 정부의 질과 삶의 질 제고에 기여할 수 있게 하기 위하여 필요한 관리방안들을 정리하였다. 제8장과 제9장, 제10장은 모두 지방정부 차원에서의 거버넌스 개혁을 다루었다. 제8장에서는 변화가 빠른 현대 정치 환경에서 국민의 욕구에 발맞추기 위하여 새로운 형태의 공공 거버넌스가 필요함을 강조하고, 지방 분권화가 외부 환경에 더 민감하게 대응할 수 있는 '적응형 거버넌스'로 이어지기 위한 조건들을 제시하였다. 이어지는 제9장에서는 우리나라 지방재정 혁신의 역사들을 되짚어보고, 이를 바탕으로 재정분권에 대한 기대와 우려를 둘러싼 쟁점들을 정리하고 있다. 제10장은 사회문제 해결을 위한 지방정부의 사회혁신 정책을 유형화하여, 독점적 역할에서 벗어나 민간 부문의 역량을 효과적으로 활용하고자 하는 정부의 노력을 소개하였다.

제4부는 국민의 질 향상을 위한 정부의 노력이 정책으로 발현된 사례들을 다루고 있다. 제11장에서는 공동체 활성화가 지역주민의 삶의 질에 미치는 영향을 실증 분석하였으며, 제12장에서는 가습기 살균제 사례를 통하여 사전예방원칙이 필요함을 강조하고 있다. 제13장에서는 문화 클러스터의 조성이 지역주민 삶의 질에 미치는 영향을 탐색함으로써 문화 클러스터의 역할을 제시하였다. 제14장에서는 결혼 이민자와 다문화 가족들이 점점 늘어나고 있는 현재 상황을 재점검하고, 다문화 가족과 결혼 이민자에 대한 공공 서비스의 양적 확대뿐만 아니라 질적 제고가 동시에 이루어져야 함을 강조하였다.

책을 마무리하는 제5부에서는 좋은 정부가 실제로 국민의 삶의 질을 향상시키는지에 대한 답을 제시하고, 더 나아가 정치체제와 정부 규모에 따른 이론적, 실천적 함의들을 제시하고자 한다. 국민들이 더 좋은 삶을 살게 하기 위한 정부의 역할과 정부의 질을 제고하는 방안을 이 책 한 권에 모두 담을 수는 없을 것이다. 국민의 삶과 정부의 질을 둘러싼 환경은 빠르게 변화하고 있을 뿐만 아니라, 국민의 수요 또한 다양화되고 있어, 정부의 질 제고 외에도 다양한 노력이 수반되어야 하기 때문이다. 그러나 정부 역량과 정부의 질에 관심을 가진 연구자들이 학문적으로 정부의 질 향상을 위한 노력과 도전들을 정리하고, 그 실제 효과들을 탐구하는 것은 국민의 삶의 질 향상을 위한 작은 디딤돌이 될 수 있을 것이라 믿는다. 같은 맥락에서 본 저서는 연세대학교 행정학과 BK 21 플러스 사업단인 [정부 역량과 정부의 질 사업단]과 SSK 미래정부연구센터의 가장 핵심적인 연구 목표와 비전을 담은 연구진의 노력의 결정체이기도 하다. 향후 학문적 연구뿐만 아니라 다양한 실천적 영역에서 국민의 삶의 질 향상을 위한 구체적인 정책들이 제시될 수 있기를 기대해 본다.

2018년 5월 푸르른 청송대를 바라보며,
연세대학교 행정학과 교수
정부 역량과 정부의 질 사업단장/미래정부연구센터장 문명재

차 례

제 1 부

정부의 질과 삶의 질
– 들어오면서

제1장

정부의 질과 삶의 질

김태형 · 최정인 · 정세희 · 문명재

I. 서론

현대사회에서는 세계화 시대가 도래함에 따라 각 국가별로 국가경쟁력이나 정부의 역량을 측정하고자 하는 노력을 하였다. 세계화 시대와 정보화 시대를 넘어 4차 산업혁명의 시대에서도 다양한 측정지표를 개발하고 국가별 순위를 발표하는 일들이 지속되고 있다. 이는 국가의 경쟁력과 정부의 질이 우수함을 입증함으로써 국가의 위상을 높이고, 궁극적으로는 국민의 삶의 질을 향상시키기 위한 정부의 노력을 촉진하는 역할을 하고 있다. 특히 최근에는 경제적 가치만을 강조하는 사회발전 지표의 한계에 대한 인식을 바탕으로 삶의 질에 대한 연구가 주목받고 있다. 정부가 제공하는 공공서비스가 국민의 삶과 직결되어 있고(Schneider, 1975), 여러 국제기구들이 발표하고 있는 삶의 질을 측정하는 지표 중에는 정부의 정책 효과를 보여주는 것이 대부분이기 때문에 정부의 질과 삶의 질은 함께 논의되어야 할 현대사회의 주요 논제라고 볼 수 있다. 과거에는 지역주민의 삶의 질 향상을 최종 목표로 하여 개별 국가 차원에서 지역주민을 대상으로 한 논의가 주를 이루었던 반면, 정부 활동이 삶의 질에 어떠한 영향을 미치고 있는지에 대한 국가 간 비교연구는 제한적으로 수행되었다. 해당 지역주민의 낮은 삶의 질을 향상시키기 위해 지방정부 차원에서 주변의 지방정부와의 비교를 통해 문제점과 해결책을 논의하던 과거와는 달리, 현대사회에서는 정보의 공유와 다양한 국가지표개발로 인해 다른 국가의 정부 간 비교를 통한 해결방안 모색이 가능해졌다. 특히 국민의 삶의 질 향상을 위해 해당 국가의 지방정부의 활동뿐만이 아니라 해외의 지방

* 이 글은 〈지방정부연구〉 (제22권 1호)에 게재된 동 저자의 [정부의 질과 규모가 국민의 객관적·주관적 삶의 질에 미치는 영향]을 수정, 보완한 것임.

정부나 중앙정부의 정책, 모범 사례 등을 모방하고 착안하여 활용하는 등의 노력이 확산되었기 때문에 영향요인을 탐색하는 범위를 국내 인근 지역이 아닌 해외로까지 확대할 필요성이 있다.

또한 국민의 삶의 질을 측정하는 것은 개별 국가의 경제성장을 중심으로 발전의 성과를 평가하는 방법론적 오류를 수정할 수 있다는 점에서 중요하다(Pawar & Cox, 2013). 경제적 성과를 중심으로 국가의 발전이나 국민 삶의 질을 측정하는 것은 교육수준이나 건강, 신뢰, 환경, 문화, 삶의 만족도 같은 현대사회에서 중요시되는 요소들을 포괄하지 못한다는 문제점을 제기할 수 있다. 따라서 삶의 질에 대한 논의는 성장지표의 한계점에 대한 대안으로 사회의 여러 가지 측면을 반영하고(서문기, 2015), 경제적 요인과 비경제적 요인을 균형 있게 고려하여 정부가 나아가야 할 정책 방향을 제시할 수 있다는 점에서 중요하다고 볼 수 있다.

이에 따라 정부의 최종 목표인 국민 삶의 질의 향상을 위해서는 공공서비스를 제공하는 개별 정부의 활동에 따른 정부의 질과 규모가 국민의 삶에 어떠한 영향을 미치는가에 대한 실증적인 분석이 필요하다(고명철, 2013; Glaser et al., 2000). 이를 위해 본 장에서는 정부의 질과 삶의 질에 대한 논의와 추세를 살펴본 후, 정부의 질과 규모가 국민 삶의 질에 미치는 영향에 대해 살펴보았다. 좋은 정부는 국민의 요구에 단순히 대응하기보다는 효율적이고 효과적으로 충족시켜야 하기 때문에(Putnam, 1993), 이를 판단하는 주요 요소인 정부의 질과 규모를 중심으로 국민 삶의 질에 영향을 미치는 요인에 대해 탐색하였다.

Ⅱ. 정부의 질과 삶의 질에 대한 중요성

1. 정부의 질에 대한 논의

정부의 질은 국민의 삶의 만족과 행복에 영향을 미치고, 국민의 삶의 질은 정부의 국정운영의 목표이자 산출물이라고 할 수 있다(배정현, 2014: 254). 민주주의를 토대로 하는 현대사회에서는 정부의 질을 제고함으로써 국민의 삶의 질을 향상시키기 위해 노력하고 있기 때문에 그 중요성이 증대하고 있다. 특히 21세기에는 국가경쟁력이 중요한 화두로 대두되면서 매년 IMD, WEF의 순위가 언론에 보도되고, 각국의 정부에서 지표를 활용함에 따라 '국가경쟁력'을 넘어서 '정부의 역량', '정부의 질'에 대한 논의가 주목을 받고 있다(김태형 · 장용석, 2014: 179).

1980년대 후반에는 경제발전과 사회복지의 측면에서 정부의 질에 관한 논의가 증가하기 시작했고(Acemoglu & Robinson, 2008), 최근에는 정치와 국가의 관료제 구조에 초점을 맞추어 정부의 질에 관한 연구가 이루어지고 있다(Dahlberg et al., 2011). 일반적으로 정부의 질을 측정하기 위한 지표로는 경제발전, 민주주의, 법치, 반부패 등이 있고, 이런 지표를 통해 정부의 질을 측정해왔다(김희강, 2011). 정부의 질에 대한 연구는 다양한 관점에서 제시되었고, 거버넌스, 좋은 거버넌스, 국가 역량, 좋은 정부 등의 개념과 함께 논의되어왔다. 연구 초기에는 정부의 질과 거버넌스를 동일한 개념으로 보아 경제발전에 도움이 되는 정부가 질이 높다고 정의하기도 하였고(La Porta et al., 1999), Knack(2002)과 같이 정부의 질을 경제적 · 관리적 측면에서 측정하거나, 정부의 질로서 정부의 역량을 강조하며 정부효과성을 논의하기 위해서는 재정 및 자산관리, 전략적 인사관리,

정보기술관리, 조직관리 및 협력체계, 성과중심 관리 등 행정역량 개념을 활용해야 한다고 주장하기도 하였다(최상옥, 2012). 한편, Rothstein & Teorell(2008)은 좋은 거버넌스의 모호성과 조작화 및 지표설정이 어렵다는 문제점을 지적하면서 정부의 질의 핵심으로 불편부당성(impartiality)을 강조하였다. 이때, 불편부당성은 그 의미가 명확하지는 않지만, 공권력으로의 접근과 공권력의 행사 모두를 측정 및 평가하는 것으로 정부의 질을 세부적으로 개념화할 수 있음을 의미한다(Rothstein & Teorell, 2008: 169-170).

또한 좋은 정부는 국민의 요구를 파악하고 효과적으로 국민의 요구에 대응하여야 한다(Rice, 2001). 이러한 관점에서 정부의 질을 측정하는 데에 있어서 정부의 효과성과 정치참여를 위한 법치주의가 확립되어 있는지 여부는 중요한 문제라고 할 수 있다(도수관, 2015: 105). 이와 더불어 정부의 질을 연구한 많은 선행연구에서는 '좋은 정부'를 측정하기 위한 변수로 World Bank의 '거버넌스 지수(Governance Indicator)'를 활용하고 있는 것을 확인하였다(김두래, 2012; 박종민·장용진, 2012; 배정현, 2014; Kaufmann et al., 2008). 박종민 외(2012)의 연구에서는 좋은 정부를 효과적인 정부, 준법적인 정부, 그리고 부패가 통제된 정부로 정의하고 있으며, 거버넌스의 질을 평가하는 지표로 6가지 차원 중에서 정부의 효과성(government effectiveness), 법의 지배(rule of law) 및 부패통제(control of corruption) 등 3가지 차원으로 정부의 질을 측정한다. 김두래(2012)의 연구에서는 '정부의 질'이 정치체제의 특성과는 개념적으로 분명하게 구별되고 정책의 집행 및 산출, 공공서비스의 전달과 관련된 정부기관과 기제에 초점을 두고 있으며 정치체제의 투입 측면과 거버넌스 지표는 배제되어 있다. 즉, 거버넌스 지표 중 책임성과 정치적 안정은 제외하고, 정부효과성, 규제의 질, 법의 지배, 부패통제의 조합으로 '정부의 질' 변수를 구성했다. 배정현(2014)의 연구에서도 World Bank의 거버넌스 정의를 활용하여 정부의 질을 구성하는 요소로 참여와 책임성, 정치적 안정성, 정부효과성, 법의 지배, 부패통제 등을 기준으로 하고 있다. 또한 Kaufmann et al.(2009)은 정부 권력이 얼마나 효과적으로 행사되는지 여부, 정부 권력이 얼마나 규칙과 법에 따라 행사되는지 여부, 그리고 정부 권력의 행사를 어떻게 통제할 수 있는지를 좋은 정부의 기준으로 제시하였다. 따라서 이러한 논의를 바탕으로 '정부의 질' 개념을 정부의 효과성, 법의 지배, 부패의 통제를 포함하는 개념으로 정의하고자 한다.

2. 삶의 질에 대한 논의와 지표의 변화 추이

삶의 질(Quality of Life)에 대한 논의는 심리학과 사회학을 중심으로 시작되었으며 유사한 개념으로는 주관적 안녕(Subjective Well-being), 삶의 만족(Life Satisfaction), 행복(Happiness) 등이 있다. 학자에 따라서는 삶의 만족과 행복을 동일한 개념으로 이해하거나(배정현, 2014: 250), 삶의 질을 행복, 도덕, 만족감 등 세 가지를 포함한 개념으로 보거나(Stock, Okun & Benin, 1986), 행복이 감정적 차원의 삶의 질을 반영하고 삶의 만족은 평가적 차원의 삶의 질을 반영한다고 정의하고 있다(박종민·김서용, 2002). 과거 근대사회에서는 물질적인 풍요로움이나 경제성장을 삶의 만족도나 행복에 영향을 주는 주요 요인으로 보고 경제적 요인에 초점을 두었지만, 1970년대 이후에는 경제적 요인 이외에도 개인적 요인, 제도적 요인, 사회·환경적 요인에 대한 연구가 이루어짐에 따라(배정현, 2014: 250) 삶의 질을 결정하는 요인이 복합적임을 보여주고 있다. 예를 들어, 세계보건기구(WHO)는 삶의 질을 한 개인이 살고 있는 문화권과 가치 체계 안에서 자신의 목표나 기대, 관심에 대한 자신의 상태에 대한 자각이라고 정의하고 있고(WHO, 2004), 많은 연구에서 삶의 질은 주관적인 국민의 인식과 객관적인 사회적 상황을 모두 포괄하는 다차원적 복합 구성물로 이해하고 있다(Diener & Suh, 1997; Lin, 2013).

삶의 질에 대한 논의는 크게 객관적 측면과 주관적 측면으로 구분하여 살펴볼 수 있다. 객관적 측면에 중점을 둔 연구에서는 소득이나 교육수준, 지위, 건강 등의 사회적 요건을 토대로 비교적 객관적이며 평가적인 차원에서 논의하고 있다. 반면에, 주관적 측면에 초점을 맞춘 연구에서는 사회적 욕구 충족이나 행복을 느끼는 정도를 주요 요인으로 설명한다(서문기, 2015). 또한 정신적 부문은 개인의 삶의 만족, 행복을 포함하며, 사회적 부문은 개인이 속한 사회와 환경에 대해 안전을 포함한 주관적이고 감정적인 영역으로 볼 수 있다. 이와 같은 맥락에서 김병섭 외(2015)의 연구에서도 객관적 삶의 질과 주관적 삶의 질을 구분하고 있다. 주관적 삶의 측면에서는 개인적 인식과 판단, 즉 만족도를 통해 측정하는 것을 볼 수 있다. Bagdoniene(2000)의 포괄적 삶의 질 모형(universal quality of life model)에 따르면 깨끗한 환경, 인권, 정치 등의 광의의 삶의 질과 일, 가족의 삶의 수준, 주택 등 외부적인 삶의 질, 그리고 가족, 인간관계 등의 인간관계의 질, 마지막으로 신체나 정신 등 개인적 삶의 질로 구분하고 있다. Coggburn & Schneider(2003)의 연구에서는 삶의 질을 측정할 때 다양한 요인들을 복합적으로 고려하였는데 행복, 자유, 실용, 정체성 등 개인적·사회적 관점을 포함하여 일반적인 교육, 건강, 가족관계, 교통, 환경, 정치참여, 경제적 상황, 범죄 등을 활용하고 있다.

이와 같이 삶의 질은 인간의 삶과 관련된 다양한 요인을 모두 포함하는 총체적인(holistic) 개념으로 객관적인 생활환경과 이에 대한 주관적인 만족도로 결정되며(Hollar, 2003), 각 삶의 영역에서의 효용에 대한 종합적인 평가라고 볼 수 있다(Andrews & Withey, 1976; Campbell et al.,

1976). 이러한 논의를 바탕으로 삶의 질을 사회적 환경과 경제적 수준을 모두 포괄하는 개념으로 이해하고 건강, 교육수준, 그리고 소득과 같은 사회적·경제적 특성 등이 포함된 개념으로 정의하고자 한다(Frey & Stutzer, 2000).

그렇다면 국내외 학자들이 삶의 질을 연구하는 데에 있어 어떠한 측정 지표를 활용하고 있는지에 대해 살펴볼 필요성이 있다. 삶의 질을 측정하는 대표 지표로는 UNDP의 인간개발지수(HDI)와 OECD의 더 나은 삶 지수(BLI), EIU의 삶의 질 지수(Quality-of-Life Index) 등이 있다. 인간개발지수(HDI: Human Development Index)는 국제연합개발계획(UNDP)이 매년 각국의 교육수준과 국민소득, 평균수명 등을 조사하여 각 국가의 선진화 정도를 평가하는 수치이다. 이는 인간의 행복이나 발전 정도가 소득수준에 비례하지 않고, 소득을 얼마나 현명하게 사용하느냐에 달려 있음을 보여주는 지수이다. OECD의 더 나은 삶 지수(BLI: Better Life Index)는 주거, 소득, 일자리, 공동체, 교육, 환경, 건강, 치안 등 개별 국가에서 국민이 처한 삶의 상태를 보여주는 지표로 11개 영역에서 24개의 지표로 구성되어 있다. 영국 주간지 이코노미스트 연구소(EIU)가 발표한 삶의 질 지수(QLI: Quality of Life Index)는 기대수명, 이혼율, 커뮤니티 생활, 1인당 GDP, 정치안정 및 치안 등급, 실업률, 성차별, 정치 및 시민 자유 지수 등을 토대로 측정하고 있다. 이외에도 영국의 싱크탱크인 레가툼 연구소에서는 2007년부터 세계 번영 지수(Legatum Prosperity Index)를 매년 조사하여 발표하고 있다. 이는 경제, 기업가 정신, 거버넌스, 교육, 보건, 안전, 개인의 자유, 사회적 자본, 자연환경 등의 9가지 지표를 토대로 점수화하고 각국의 순위를 산출하고 있다. 세계 번영 지수는 전 세계에서 국민들이 살기 좋은 나라가 어디인가를 보여준다는 점에서 삶의 질과 관련이 있는 지표라고 볼 수 있다.

이와 같이 1960년대에는 국가 단위에서 삶의 질에 대한 연구와 사회발전 지표 개발을 수행한 반면, 시간의 흐름에 따라 OECD, UN, World Bank 등의 국제기구가 참여하게 되고 여러 국가에서 국민들을 대상으로 삶의 질을 측정하려는 노력을 지속하고 있다. 이렇듯 국제기구들이 제시하는 삶의 질 지표는 대부분 공공서비스에서의 정부 정책들의 효과들을 지표화하였음을 알 수 있다(김두래, 2017).

다음의 [그림 1-1]에서 볼 수 있듯이 다양한 삶의 질 지표 중에서 객관적 삶의 질과 주관적 삶의 질을 측정한 지표를 선정하여 연도별 추이를 살펴보았다. 2000년부터 2015년까지 객관적 삶의 질 지표인 인간개발지수와 주관적 삶의 질 지표인 삶의 만족도는 다음과 같은 추이를 보이고 있다.

[그림 1-1]과 같이 187개국을 대상으로 객관적 삶의 질 값의 평균을 주관적 삶의 질 값과의 비교가 용이하도록 10점 만점으로 변환하여 추이를 살펴본 결과, 2005년 이후 2015년에 이르기까지 증가하고 있는 추세를 나

[그림 1-1] 객관적 삶의 질과 주관적 삶의 질의 추이

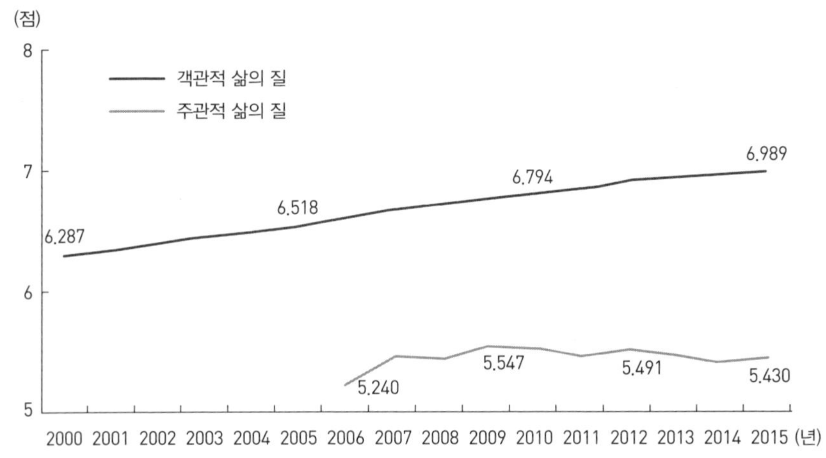

타내고 있다.[1] 반면에 주관적 삶의 질 값은 2006년에 5.24점에서 2009년에는 5.547점으로 상승하고 이후 2015년에 삶의 만족도는 5.43점으로 하락한 것을 볼 수 있다.[2] 상대적으로 객관적 삶의 질은 상승세인 반면, 주관적 삶의 질은 연도별로 상승과 하락을 반복하고 있다. 또한 삶의 만족도인 주관적 삶의 질의 평균값에 비해 건강, 교육, 소득의 향상에 따른 객관적 삶의 질의 평균값이 높게 나타나고 있다.

다음으로 객관적 삶의 질과 주관적 삶의 질 지표의 추이와 더불어 최상위와 최하위 점수를 나타내는 국가가 어디인가를 살펴보았다. 우선 객관적 삶의 질 지표인 인간개발지수(HDI)는 2000년부터 2015년에 이르기까지 최상위 국가는 노르웨이가 차지하였다. 1점 만점을 기준으로 했을 때, 2000년에 0.917점으로 시작하여 2001년에 0.916점으로 소폭 하락하였다가 이후 2007년 0.936점까지 꾸준히 상승하였다. 이후 2010년부터 다시 꾸준히 상승하여 2015년에는 0.949점에 이르렀다. 반면에 최하위 국가는 2000년부터 2012년까지 아프리카의 니제르가 차지하였고, 2013년에는 니제르와 중앙아프리카공화국이 동점으로 최하위 국가에 해당하였고, 2014년과 2015년은 중앙아프리카공화국이 각각 0.347점과 0.352점으로 최하위 국가에 머물렀다. 객관적 삶의 질은 평균값이 꾸준히 상승하는 추세에 있고, 최하위 국가 역시 소폭이지만 향상되는 것으로 나타났다.

다음으로 주관적 삶의 질을 살펴보면, 2006년에는 핀란드가 10점 만점을 기준으로 7.672점으로 삶의 만족도가 가장 높은 것으로 나타났고 2007년부터 2011년까지는 덴마크가 최상위국에 해당하는 것으로 나타났다.

1 객관적 삶의 지표인 인간개발지수는 0~1점 사이의 값을 나타내고, 주관적 삶의 지표인 삶의 만족도는 1~10점 사이에 값이 분포해있기 때문에 비교의 용이성을 위해 인간개발지수 값에 10을 곱하여 변환하였다.

2 삶의 만족도 지표는 2005년부터 조사되었으나 다른 연도에 비해 상대적으로 표본수가 적고 평균값이 6.446으로 이상치(outlier)에 해당하는 관계로 그래프에서 제외하였다.

[그림 1-2] 최상위국과 최하위국의 삶의 만족도 추이 비교(2006~2015년)

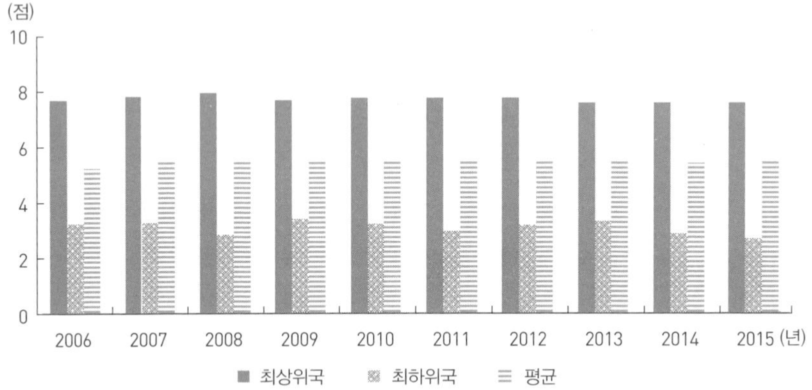

2012년에는 스위스가 7.776점, 2013년에는 캐나다가 7.593점, 2014년에는 노르웨이가 7.603점, 2015년에는 다시 스위스가 7.572점으로 삶의 만족도가 가장 높은 것을 보여주고 있다. 2013년 캐나다를 제외한 모든 연도에서 삶의 만족도 최상위국에 북유럽 국가들이 포진해있다. 반면에 최하위국에는 토고, 짐바브웨, 탄자니아, 베냉, 부르키나파소, 라이베리아 등 아프리카 지역의 국가들이 해당하는 것을 확인하였다. 꾸준히 상승하고 있는 객관적 삶의 질 지표의 평균값과는 달리 주관적 삶의 질의 평균값은 국제 금융위기가 있던 2008년과 2011년에 하락하는 등 변화를 보여주고 있다.

객관적·주관적 삶의 질 지표의 비교가 가능한 시작점과 종점인 2006년과 2014년을 기준으로 개별 국가들을 지역별로 구분하여 삶의 질 변화에 대해 살펴보았다.

[그림 1-3]에서 볼 수 있듯이 유럽, 아메리카, 오세아니아, 아시아, 중동, 아프리카 등 6개 지역으로 구분하여 주관적 삶의 질과 객관적 삶의 질의 평균값을 비교하였다. 2006년과 2014년 모두 뉴질랜드와 호주를 포함한 오세아니아 지역을 제외한 5개 지역 모두 평균적으로 주관적인 삶의

[그림 1-3] 지역별 삶의 질의 변화(2006년과 2014년)

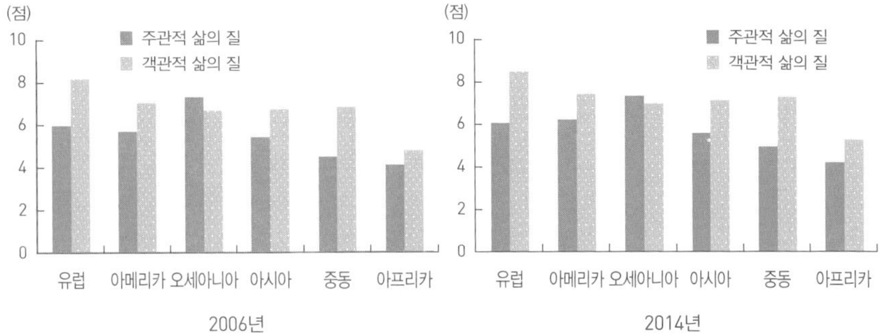

질보다 객관적인 삶의 질이 높게 나타나고 있다. 이는 건강, 교육, 소득수준의 향상으로 인한 객관적인 삶의 수준이 높아진 만큼 주관적인 삶의 만족도 수준도 향상될 필요가 있음을 보여준다. 주관적 삶의 질의 평균값은 2006년부터 2014년까지 오세아니아가 가장 높게 나타났고, 아프리카가 가장 낮게 나타났다. 오세아니아를 제외한 전 지역에서 2006년에 비해 2014년에 주관적 삶의 질이 향상되었고 아메리카, 중동, 아시아, 아프리카, 유럽 순으로 삶의 만족도 평균값이 상승하였다. 반면에 객관적 삶의 질의 평균값은 2006년 이후 2014년에 이르기까지 유럽이 다른 지역에 비해 가장 높게 나타났고, 아메리카, 중동, 아시아에 이어 아프리카 지역이 다음 순으로 나타났다. 또한 2006년과 2014년 모두 유럽과 중동 지역에서 주관적 삶의 질과 객관적 삶의 질의 차이가 큰 것을 볼 수 있다. 두 해 모두 유럽은 두 지표의 차이가 가장 크게 나타난 것에 비해 오세아니아는 변화가 가장 적게 나타났다. 또한 유럽, 아시아, 아프리카 지역에서 2006년에 비해 2014년에 두 지표 간 격차가 커진 것을 볼 수 있다.

Zagorski et al.(2010)의 연구에서는 32개국을 대상으로 경제발전이 정신적 부분의 행복인 삶의 만족도 간의 관계에 대해 실증적으로 분석하고 있다.

분석 결과, 교육이나 소득과 같은 재화의 수준이 높을수록 국민의 주관적 웰빙이 더 적게 향상되는 것으로 나타났고, 경제적으로 부유한 선진국에서는 영향을 미치지 않고 개발도상국에서 유의미한 영향을 미치는 것으로 나타났다. 이러한 연구 결과에 따라 주관적 삶의 질과 객관적 삶의 질의 추이에 이어 객관적 삶의 질과 주관적 삶의 질 지표 간 관계에 대해서도 살펴볼 필요가 있다. [그림 1-4]는 주관적 삶의 질을 나타내는 삶의 만족도와 객관적 삶의 질 지표인 인간개발지수의 산점도이다. 이를 상관계수와 함께 살펴보면, 2006년에는 0.8237점으로 둘 간의 상관관계가 가장 높게 나타났고 2009년에는 0.728점으로 가장 낮게 나타났다. 2011년에는 상

[그림 1-4] 삶의 만족도와 인간개발지수의 산점도

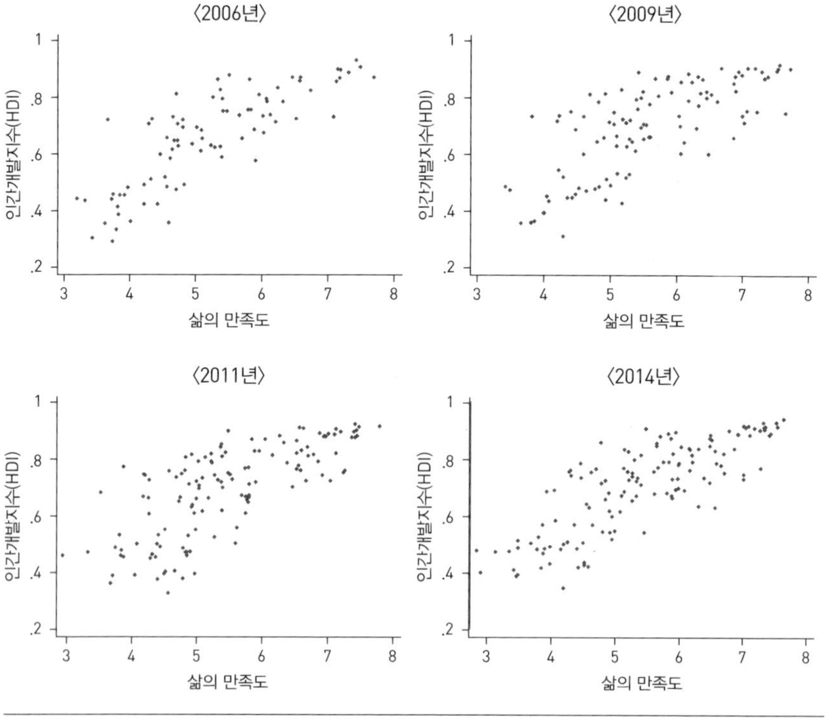

관계수가 0.7393점으로 소폭 상승하고 2014년에는 0.8121점으로 다시 높아졌다. 산점도 상에서 2006년과 2014년을 비교해보면 소폭으로 우상향하였음을 볼 수 있다.

다음의 [그림 1-5]는 2000년부터 2014년까지 전체 국가, OECD 회원국, 비회원국, 우리나라의 객관적 삶의 질 추이를 비교한 꺾은선 그래프이다. 전체 국가의 인간개발지수 평균값은 1점 만점을 기준으로 2000년에 0.629점에서 2014년 0.697점으로 소폭이지만 지속적으로 상승하고 있는 추세임을 확인할 수 있다. OECD 비회원국의 인간개발지수 평균값은 2000년 0.583점에서 2009년에 0.636점까지 꾸준히 소폭 상승하다가 2010년에 정체한 후 2014년에는 0.655점에 도달하였다. 우리나라는 OECD 회원국의 평균값 추이와 유사한 수준임을 볼 수 있는데, 2000년부터 2004년까지는 OECD 회원국의 평균값보다 낮은 수준을 보이다가 2005년부터 2008년까지는 OECD 회원국의 평균값보다 높은 수준을 유지하였고 2010년부터 다시 OECD 회원국의 평균값을 상회하는 것으로 나타났다.

[그림 1-5] 객관적 삶의 질 추이의 비교(2000~2014년)

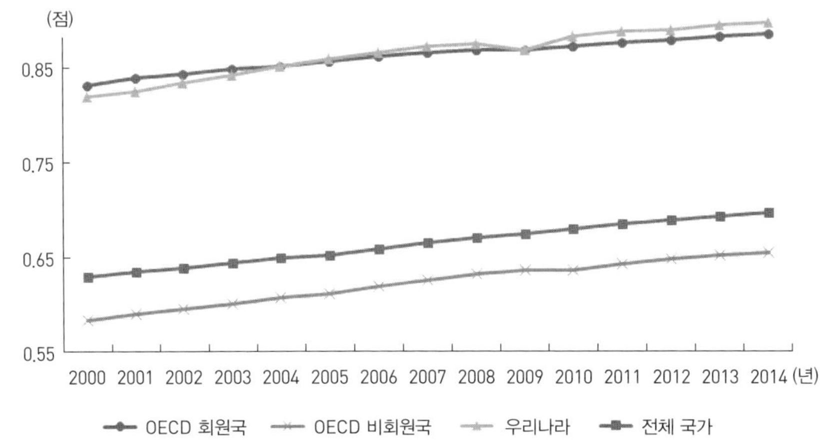

[그림 1-6] 주관적 삶의 질 추이의 비교(2006~2014년)

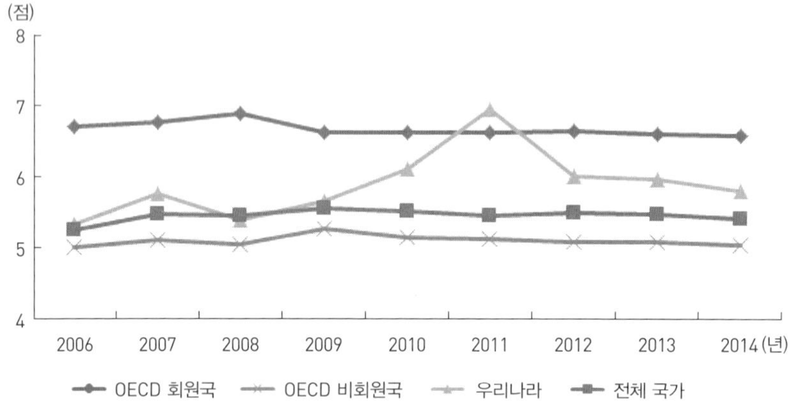

[그림 1-6]은 2006년부터 2014년까지 전체 국가, OECD 회원국, 비회원국, 우리나라의 주관적 삶의 질 추이를 비교한 꺾은선 그래프이다. OECD 회원국의 경우, 10점 만점을 기준으로 했을 때 삶의 만족도가 2006년 6.706점에서 2008년에는 6.889점으로 상승하였다가 2011년에는 6.606점으로 하락한 후 2014년에는 6.582점으로 다시 소폭 상승하였다. OECD 비회원국은 2006년 5.24점에서 2009년 5.547점으로 상승하였다가 2014년에는 5.415점으로 소폭 하락하였고 9개년도 모두 전체 국가의 평균을 하회하고 있다. 우리나라의 경우 2008년을 제외하고는 모두 전체 국가의 평균보다 삶의 만족도가 높게 나타났고, 2011년에는 6.956점으로 OECD 회원국의 평균값을 상회하고 있으며, 2014년에는 5.801점으로 다시 하락한 것을 볼 수 있다.

이와 같이 삶의 질을 측정하는 지표 중 객관적 삶의 질(인간개발지수)과 주관적 삶의 질(삶의 만족도)을 선정하여 추이를 살펴보았다. 그렇다면 이러한 국민 삶의 질을 결정하는 요인이 무엇인가에 대해 탐색해볼 필요가 있다. 이를 위해 정부의 질, 정부의 규모를 중심으로 삶의 질의 영향요인에 대해 살펴보고자 한다.

Ⅲ. 정부의 질, 정부의 규모, 그리고 삶의 질에 대한 논의

1. 정부의 질과 삶의 질

정부의 질에 대한 중요성이 부각되기 시작한 것은 궁극적으로는 국민의 삶의 질과 연관이 되어 있기 때문이다. 다양한 연구결과에서 국민의 삶의 질이나 행복이 정부의 질과 관련이 되어 있다는 것을 증명해주고 있다(Helliwell & Huang, 2008; Samanni & Holmberg, 2010; Tavits, 2007; Ott, 2011). 뿐만 아니라 국제기구나 조사기관을 통해 발표되는 국가경쟁력지수나 개별 정부의 수준을 비교할 수 있는 지표들은 국가비교연구에 있어서 중요한 척도가 되고 있다. Helliwell & Huang(2008)은 세계가치조사(World Values Survey) 자료를 활용하여 국민의 삶의 만족도가 가처분소득과 같은 경제적 요인이 아닌 정부의 질과 보다 밀접한 관련이 있음을 확인하였다. 정부가 국민이 신뢰할 수 있는 환경을 제공하고, 효율적인 서비스를 제공하는 역량이 중요한데 이를 바로 정부의 질의 핵심 요인으로 보고 있다. Samanni & Holmberg(2010)는 정부의 질이 국민의 행복에 영향을 미친다고 주장하였다. 이는 개발도상국뿐만이 아니라 OECD 국가에서도 정부의 질과 행복지표 간에 강력한 관계가 있는 것으로 확인되었다. Ott(2011)는 거버넌스 지수를 토대로 정부의 질을 측정하고 있는데 참여와 책임성, 정치적 안정성과 같은 민주적 측면의 정부의 질(democratic quality)보다는 정부의 효과성, 규제의 질, 법의 지배, 부패의 통제와 같은 기술적 정부의 질(technical quality)이 국민의 행복에 더 큰 영향을 미친다고 주장하였다.

배정현(2014)의 연구에서는 정부의 질이 국민 삶의 만족과 행복에 영향을 미치고, 국민의 삶의 질은 정부의 국정운영 목표이자 산출물이라고 보고 있다. 아시아 8개국을 대상으로 정치적 안정, 참여, 정부효과성, 법의 지배 등과 같은 정부의 질이 국민의 행복에 긍정적인 영향을 미친다는 연구 결과를 밝히고 있다.

또한 Coggburn & Schneider(2003)는 50개의 주정부를 조사한 결과, 효율적인 정부일수록 국민 삶의 질에 긍정적인 영향을 미친다고 나타났다. 이와 더불어 국민들의 민주적 정치 참여와 정부의 효과성을 제도적으로 보장할 수 있는 법치주의가 확립되어 있는지 여부는 정부의 질을 평가하는 데에 있어서 중요한 부분으로 제시될 수 있다(도수관, 2016). 마지막으로 Tavits(2008)가 68개국의 국가별 데이터와 16개의 민주주의 유럽 국가들을 대상으로 설문조사한 결과, 부패지수와 같은 정부의 질이 좋을수록 주관적인 웰빙(well-being)지표가 더 좋은 점수를 받는 것으로 나타났다. 이러한 선행연구를 참고하여 World Bank의 거버넌스 지수 중에서 정부의 효과성, 법의 지배, 부패의 통제 등 세 가지를 정부의 질을 측정하는 대표 변수로 선정하였다.

2. 정부의 규모와 삶의 질

기존의 선행연구에서는 국민 삶의 영향요인을 설명하는 데에 있어 정부를 주요 행위자라기보다는 경제, 정치, 문화적 요인에 크게 의존하는 역할로 보고 있다. 그러나 정부는 국민 삶의 질에 영향을 미치는 중요한 행위자이다. 그뿐만 아니라 정부의 질과 동시에 정부의 규모 역시 고려해야 할 변수 중에 하나이다. 정부의 재원 규모는 국가의 역할을 축소하고 시장의 역할을 강조하는 '작은 정부'를 지향하고 있는지 아니면 '큰 정부'를 강조함으로써 적극적인 정부 역할을 수행하고 있는지를 나타내준다(도수관, 2016). 따라서 이는 국민의 삶의 질을 결정하는 주요 영향요인인지 여부를 실증적으로 분석해볼 가치가 있는 요소이다.

Kim & Kim(2012)의 연구에서는 정부가 국민 삶의 질이나 행복에 미치는 영향요인을 분석함에 있어서 정부의 질과 양에 대한 균형 잡힌 논의가 필요하다고 주장하고 있다. 기존 선행연구에서는 정부의 예산과 지출 등의 정부 규모가 국민의 삶의 만족도에 미치는 영향에 대해 분석하고 있다(Bjørnskov et al., 2007; Ott, 2005; Scully, 2001; Yamamura, 2011). Bjørnskov et al.(2007)의 연구에서는 정부 규모가 국민 삶의 만족도와 부정적인 상관관계가 있음을 밝혔다. 즉, GDP 대비 정부지출 비율이 높을수록 국민 삶의 질은 더 낮아진다는 것이다. 이는 공공선택론가의 주장에서 볼 수 있듯이 과도한 규제로 인해 국민의 삶의 질이 저하되는 결과가 초래하였다고 주장한다. 이러한 부정적인 효과는 Ott(2005)의 연구에서도 확인할 수 있다. 이는 정부가 이전료(transfer)와 보조금(subsidies)을 통한 정부 지출 규모를 확대할수록 국민 삶의 만족도가 하락하는 것으로 나타났다. 또한 Scully(2001)의 연구에서도 GDP 대비 적정 규모의 정부지출을 초과할 경우 예산 낭비로 인해 국민 삶의 질이 저하되는 것으로 나타났고, Yamamura(2011)의 일본 사례연구에서도 정부의 규모는 국민 행복의 주요 결정요인임을 밝히고 있다. 이외에도 정부의 양적 측면과 질적 측면을 동시에 고려한 Hessami(2010)의 연구 결과를 살펴보면, 12개의 EU 국가들의 데이터를 통해 정부의 규모와 국민의 웰빙 사이에 역 U자형의 관계가 존재하는 것을 확인하였다. 교육에 대한 더 많은 지출과 사회복지에 대한 더 적은 정부의 지출 규모가 국민의 삶의 질 수준을 높인다고 설명하였다. 이와 같이 정부의 규모 확대는 국민 삶의 질에 부정적인 영향을 미친다는 연구결과(Bjørnskov et al., 2007; Ott, 2005)와 적정 수준의 정부 규모를 초과하면 삶의 질이 하락한다는 연구(Hessami, 2010; Scully, 2001)를 통해 정부의 규모가 삶의 질의 주요 영향요인임을 확인하였다.

3. 분석 방법과 분석 자료

정부의 질과 정부의 규모가 국민 삶의 질에 미치는 영향을 분석하기 위해 187개 국가를 대상으로 2000년부터 2014년에 이르기까지 데이터를 수집하였다. 또한 국민 삶의 질의 영향요인을 분석하기 위해 STATA 11.2를 활용하여 기초통계분석 및 패널분석을 실시하였다.[3] 정부의 질과 규모가 국민 삶의 질에 미치는 영향을 분석하기 위해 주요 변수와 측정지표를 정리한 내용은 〈표 1-1〉과 같다. 첫 번째로 삶의 질과 관련된 선행연구를 살펴보면, Veenhoven(1999)은 개인주의적 사회에서 삶의 질이 더 낮게 나타나는가를 확인하기 위해 43개국을 대상으로 World Database of Happiness 데이터를 활용하여 분석한 결과, 개인주의가 강한 국가일수록 국민의 삶의 질이 더 높게 나타나는 연구 결과를 도출하였다. 또한 Schimmel(2009)의 연구에서는 빈곤(poverty), 부(wealth), 발전(development) 등 높은 수준의 UNDP 개발지수가 주관적 안녕(Well-being)을 위한 필수 요인이 아니라고 주장하고 있다. 즉, 소득의 증가나 더 나은 건강상태, 높은 수준의 교육이 항상 더 나은 행복으로 이어지는 것은 아니라는 것이다. 이에 따라 삶의 질을 측정하는 데에 있어서 객관적 측면의 삶의 질 지표뿐만이 아니라 주관적 차원에서도 논의할 필요성이 제기된다. 그러나 본 장에서는 '삶의 질'을 객관적인 지표로 한정하여 인간개발지수를 통해 측정하고 있다. UNDP에서 발표하는 인간개발지수(HDI)는 건강, 교육, 소득의 측면에서 삶의 질을 객관적으로 측정하는 대표 지표이기 때

3 패널분석은 중요한 영향요인임에도 독립변수로 포함되지 않은 누락변수(omitted variables)가 존재할 경우 발생하는 OLS 분석 추정의 불완전성을 보완해주기 때문에 유용한 분석방법이다(Wooldridge, 2010). 또한 패널그룹의 특성이 고려되어 모형 설정의 오류를 줄일 수 있고, 다중공선성을 완화할 수 있다는 장점이 있기 때문에 패널분석 방법을 통해 삶의 질 영향요인을 분석하였다.

문에 종속변수로 선정하였다.

다음으로 주요 독립변수인 정부의 질은 World Bank에서 제시하는 거버넌스 지수 중 정부의 효과성(government effectiveness), 법의 지배(rule of law), 부패의 통제(control of corruption)를 바탕으로 측정한다. 정부의 질을 연구한 많은 선행연구에서는 World Bank의 거버넌스 지수(Governance Indicator)를 활용하여 정부의 질을 측정하고 있는 것을 참고하여(김두래, 2012; 박종민·장용진, 2012; 배정현, 2014; Kaufmann et al., 2008) 거버넌스 지수를 측정지표로 활용하였다. 정부의 효과성은 공공서비스와 정책의 질, 정부의 신뢰성을 측정한 지표이고, 법의 지배는 입법-행정-사법 등 모든 국가권력의 행사를 객관적이고 공정한 법에 의거하여 법 집행 또는 권력의 행사가 공정하고 평등하게 적용되는 것을 의미하며, 부패의 통제는 다양한 분야의 공공부문에서 부정부패 방지의 정도를 뜻한다. 다음으로 정부의 규모는 Pennsylvania 대학의 국제비교연구센터(Center for International Comparisons)에서 제공하는 'Penn World Table 9.0' 자료 중 'Share of government consumption at current PPPs' 지표를 통해 측정한다.

마지막으로 통제변수로는 자연, 사회, 정치 등의 요인을 대표하는 변수를 선정하였다. 우선 자연은 Yale University의 Center for Environmental Law and Policy와 Columbia University의 Center for International Earth Science Information Network가 공동으로 발표한 생태계 건전성(Ecosystem Vitality) 지표를 선정하였다. 다음으로 사회적 요인인 인구수를 통제변수로 선정하였고, Freedom House에서 제공하는 민주주의 수준(Level of Democracy) 지표를 활용하여 정치적 환경을 통제하고자 한다. 이는 개별 국가의 민주주의 수준을 점수화한 것으로 10점에 가까울수록 민주주의 수준이 높은 국가임을 의미한다. 다음으로 경제적 수준은 종속변수인 인

<table>
<caption>〈표 1 - 1〉 변수 및 측정지표</caption>
<tr><th>구분</th><th>개념</th><th colspan="2">측정지표</th><th>범위</th><th>자료출처</th></tr>
<tr><td rowspan="2">종속
변수</td><td>객관적
삶의 질</td><td colspan="2">인간개발지수:
건강, 교육, 소득</td><td>0~1점</td><td>UNDP의 Human Development Index</td></tr>
<tr><td>주관적
삶의 질</td><td colspan="2">삶의 만족도</td><td>1~10점</td><td>World Database of Happiness(WDH)</td></tr>
<tr><td rowspan="4">독립
변수</td><td rowspan="3">정부의
질</td><td rowspan="3">거버넌스
지수</td><td>정부 효과성</td><td rowspan="3">- 2.5~2.5점</td><td rowspan="3">World Bank의 The World Wide Governance Indicator</td></tr>
<tr><td>법의 지배</td></tr>
<tr><td>부패 통제</td></tr>
<tr><td>정부의
규모</td><td colspan="2">구매력 평가지수
대비 정부 지출 규모</td><td>0~10점</td><td>Penn World Table의 Share of government consumption at current PPPs</td></tr>
<tr><td rowspan="3">통제
변수</td><td>자연</td><td colspan="2">생태계 건전성</td><td>0~100점</td><td>Center for Environmental Law and Policy & Center for International Earth Science Information Network의 Ecosystem Vitality</td></tr>
<tr><td>사회</td><td colspan="2">인구수(자연로그)</td><td>명</td><td>UN Statistics의 Population</td></tr>
<tr><td>정치</td><td colspan="2">민주주의 수준</td><td>0~10점</td><td>Freedom House의 Level of Democracy</td></tr>
</table>

간개발지수에 소득지표가 포함되어 있기 때문에 전체 분석에서 통제변수로 활용하지 않았다.

4. 정부의 질과 규모가 삶의 질에 미치는 영향

1) 기술통계분석 결과

정부의 질과 규모가 국민 삶의 질에 미치는 영향요인을 살펴보기에 앞서 기술통계분석을 실시한 결과는 다음의 〈표 1 - 2〉와 같다. 187개 국가를 대상으로 2000년부터 2014년까지 15개년도의 자료를 수집하여 각 변수들의 평균값과 표준편차, 최솟값, 최댓값을 측정하였다. 지표의 특성으로 인해 결측치가 있어 일부 변수들의 표본수가 동일하지 않은 것을 볼 수 있다. 인간개발지수가 가장 높게 나타난 국가는 노르웨이(2014년)이

〈표 1-2〉 기술통계분석

구 분		N	평균	표준편차	최솟값	최댓값
삶의 질	인간개발지수	2,681	0.6637	0.1639	0.255	0.948
	삶의 만족도	1,063	5.477	1.1388	2.807	8.0189
정부의 질	정부의 효과성	2,564	-0.033	0.9768	-2.324	2.4296
	법의 지배	2,564	-0.044	0.9946	-1.913	2.5856
	부패의 통제	2,183	-0.059	0.9874	-2.668	2.1205
정부 규모	정부의 규모	2,490	0.1900	0.0913	0.0166	0.9544
자연	생태계 건전성	1,928	40.637	15.734	5.82	84.67
사회	인구수(log)	2,763	15.570	2.0088	9.861	20.982
정치	민주주의 지수	2,770	6.5894	3.0921	0	10

고, 가장 낮은 국가는 아프리카 중남부에 위치한 니제르(2000년)이다. 주관적 삶의 질 지표인 삶의 만족도의 경우, 10점 만점을 기준으로 평균값이 5.4821점으로 나타났다. 이 중 최솟값이 2.807점, 최댓값이 8.018점이다.[4] 정부의 질을 측정하는 세 가지 거버넌스 지수를 살펴보면, 정부의 효과성과 법의 지배, 그리고 부패의 통제 지표가 유사한 평균값과 표준편차를 나타내고 있다. 다음으로 현재 구매력 평가지수(current PPPs) 대비 정부의 지출 비율로 측정한 정부의 규모가 가장 큰 국가는 콩고(2013년)이고, 가장 규모가 작은 국가는 나이지리아(2003년)로 나타났다. 다음으로 인구수가 가장 많은 국가는 인도(2014년)로 나타났고, 가장 적은 국가는 팔라우(2000년)이다. 민주주의 지수가 0점인 국가는 사우디아라비아이고, 10점인 국가에는 미국과 영국을 비롯한 다수의 국가가 있다. 생태계 건전성이 가장 낮은 나라는 아프리카 남부의 레소토(2014년)이고, 가장 높은 나라는 스위스(2014년)이다.

4 패널분석에 포함시키지 않은 변수이나 주관적 삶의 질 추이를 통해 연도별 변화를 설명한 주요 지표이기 때문에 기초통계 분석에 포함하였다.

2) 패널분석 결과

2000년부터 2014년까지 187개 국가를 대상으로 국민 삶의 질의 영향요인을 탐색하기 위해 패널분석을 실시하였다.[5] 정부의 질과 규모를 중심으로 살펴본 국민 삶의 질의 영향요인은 다음과 같다.

첫 번째, 전체 국가를 대상으로 살펴보았을 때 정부의 질 중에서 '정부의 효과성'이 높은 국가일수록 국민 삶의 질이 높은 것으로 나타났다. 정부의 효과성은 해당 국가의 정부가 좋은 정책의 형성과 집행, 그리고 이러한 정책을 위한 정부 노력에 대한 신뢰를 의미하는 정부의 질 개념이다(박종민·장용진, 2012). 즉, 정부의 효과성이 높은 국가일수록 국민의 건강, 교육, 소득 등의 객관적인 삶의 질이 높게 나타나고 있다. 반면에 정부의 질 지표 중 '법의 지배'는 객관적 삶의 질 향상에 부정적인 영향을 미치는 것으로 나타났다. '법의 지배'라는 정부의 질은 법 집행이나 국가 권력의 행사가 공정하고 평등하게 적용되는 것을 의미하는데, 법 집행이나 권력의 행사 과정에 초점을 두어 절차적 측면에서 정부의 질이 향상되는 것은 국민의 삶의 질에 부정적인 영향을 미치고 있다. 엄격한 법의 집행이 부패의 위험성(risk)을 높이는 요인이라는 연구 결과에서도 볼 수 있듯이 (Shim & Eom, 2008), 법의 집행과 권력 행사가 국민이 인식하는 공정성과의 괴리를 나타내는 것은 아닌지, 절차적 측면만 강조한 나머지 법의 현실 적합성이나 집행 결과가 국민 삶의 질 향상에 배치되는 것은 아닌지에

5 패널선형회귀분석을 실시한 결과, 고정효과모형(FE)과 확률효과모형(RE)의 유의성이 낮은 것으로 확인되었고, LR 검정과 Wooldridge 검정 결과 패널그룹 내 오차항의 이분산성(heterogeneity)과 자기상관(autocorrelation)이 확인되어 패널분석 중 실현가능한 일반최소자승추정(FGLS: Feasible General Least Square) 분석방법을 사용하였다. 오차항에 이분산성과 자기상관의 문제가 있을시 추정량은 비효율적 추정량이기 때문에 추정계수의 표준오차에 영향을 미쳐 신뢰도를 떨어뜨리게 된다. 이러한 문제를 고려하여 측정하기 위해 FGLS 모형을 사용한다(민인식·최필선, 2012).

대해 검토해볼 필요가 있다. 세 번째 정부의 질인 '부패의 통제'는 삶의 질에 유의미한 영향을 미치지 못하고 있다.

다음으로 정부의 규모는 국민의 삶의 질에 긍정적인 영향을 미치는 것으로 나타났다. 구매력 평가지수(PPPs) 대비 정부의 지출 규모가 클수록 국민 삶의 질이 향상되는 것은 정부의 규모 확대가 국민의 건강, 교육, 소득 등의 객관적 삶의 질에 긍정적인 영향을 미치는 방향으로 활용되고 있음을 의미한다.

통제변수의 영향력을 살펴보면, 생태계 건전성이 높은 국가일수록 국민의 삶의 질이 높게 나타나는 것을 볼 수 있다. 반면에 인구수가 많은 국가일수록 국민 삶의 질이 낮게 나타났고, 민주주의 지수는 부(−)의 방향을 나타내지만 통계적으로 유의미한 영향을 미치지 못하고 있다. 이와 같이, 187개 국가 중 결측치를 제외한 156개 국가를 대상으로 살펴보았을 때, 정부의 효과성이 높을수록, 정부의 지출 규모가 확대될수록, 그리고 생태계 건전성이 높은 국가일수록 국민의 객관적 삶의 질이 높게 나타나는 것을 확인하였다. 이는 인간개발지수가 높은 것은 건강관리, 교육수준, 소득수준의 향상을 의미하며 이는 경제성장 자체에 초점을 두기보다는 사회경제적 발전을 국민의 체감하고 있음을 나타내는 것이다(UNDP, 2014). 따라서 정부는 대국민 서비스 제공이나 정책업무 처리의 효과성을 향상시키고, 정부의 지출이 국민의 삶의 질 향상과 연계되는 방안을 모색해야 한다. 뿐만 아니라 미래 사회를 대비하여 자연환경의 보존과 지속가능성을 추구하는 측면에서 생태계 건전성을 유지하고 향상시키기 위한 구체적인 방안을 마련해야 한다.

두 번째, OECD 회원국과 비회원국으로 구분하여 국민 삶의 질의 영향요인을 분석한 결과이다. 우선 OECD 회원국과 비회원국 모두 정부의 효과성이 여전히 국민 삶의 질을 향상시키는 요인임을 보여주고 있다. 반면에, OECD 회원국에서는 정부의 질 중 부패의 통제가 삶의 질 향상에 긍정적인 영향을 미치는 것으로 나타났고, OECD 비회원국에서는 엄격한 법의 지배가 삶의 질을 저하시키는 요인으로 나타났다. 한편, 정부의 규모가 확대될수록 OECD 회원국 국민들의 삶의 질이 저하된다는 결과를 보여주고 있다. 반면에 OECD 비회원국에서는 정부의 규모 확대가 국민의 삶의 질을 향상시키는 요인임을 볼 수 있다. 이는 OECD 회원국은 선진국을 대상으로 하기 때문에 정부의 지출 확대가 건강, 교육, 소득 등과 같은 객관적 삶의 질 지표에 속한 부문이 아니라 다른 부문에 활용되고 있는 반면, 비회원국은 여전히 기본적인 삶의 질을 나타내는 건강, 교육, 소득 등에 정부의 지출이 확대되고 있기 때문에 이러한 결과가 도출된 것으로 사료된다. 뿐만 아니라, 소득수준이 높은 선진국에서는 상대적으로 '작은 정부'를 지향하는 것이 국민의 객관적 삶의 질 향상에 도움이 될 수 있음을 시사하기도 한다. 생태계 건전성은 OECD 회원국과 비회원국 모두에서 삶의 질을 향상시키는 요인으로 나타났고, OECD 비회원국 중에서 인구수가 많은 국가일수록 국민의 삶의 질이 저하되고 있다. 민주주의는 OECD 회원국 사이에서만 삶의 질에 긍정적인 영향을 미치는 요인으로 나타났다. 이는 민주주의 발전 수준과 지속 정도가 삶의 질과 높은 상관관계가 있다고 주장한 Inglehart(1990)의 연구 결과가 소득수준이 다른 국가군에서 다른 방향성을 나타낼 수 있음을 상기시키는 대목이라고 할 수 있다.

세 번째, 민주주의 지수를 토대로 고민주주의 국가군과 저민주주의 국가군을 구분하여 삶의 질 영향요인을 분석한 결과, 정부의 질 중 정부의 효과성은 두 국가군 모두 삶의 질에 긍정적인 영향을 미치는 요인으로 나타났다. 반면에 엄격한 법의 지배는 두 국가군 모두 국민 삶의 질을 저하시키는 요인임을 볼 수 있다. 부패의 통제는 고민주주의 국가군에서만 삶의 질에 긍정적인 영향을 미치는 것으로 나타났다. 정부의 규모의 확대는 저민주주의 국가군에서 국민 삶의 질을 향상시키는 것으로 나타났고, 생태계 건전성은 두 국가군 모두 삶의 질을 제고시키는 요인임을 확인하였다. 인구수 증가는 OECD 비회원국과 같이 저민주주의 국가군에서 삶의 질에 부정적인 영향을 미치는 요인으로 나타났다. 마지막으로 고민주주의 국가군에서는 민주주의가 높은 수준일수록 국민 삶의 질이 향상되는 반면, 저민주주의 국가군에서는 민주주의가 높아질수록 삶의 질이 저하되는 결과를 도출하였다.

Ⅳ. 결론

다양한 국제 지표의 개발과 더불어 국가 간 경쟁이 활발해지고 정부의 질에 대한 국민의 관심이 높아지기에 이르렀다. 이러한 환경 속에서 정부의 질과 삶의 질의 중요성과 의미에 대해 논의한 후, 187개 국가를 대상으로 객관적 삶의 질과 주관적 삶의 질의 추이를 살펴보았다. 또한 정부의 질과 규모를 중심으로 국민 삶의 질을 향상시키는 영향요인이 무엇인가에 대해 탐색하였다. 이는 궁극적으로 미래 사회에서 앞으로 정부가 나아가야 할 방향을 제시해줌과 동시에 특정 국가에 국한된 문제가 아니라 모든 정부가 공유해나가야 할 주요한 가치이기 때문에 의의가 있다. 거시적인 차원에서 국가비교를 통해 객관적인 삶의 지표인 건강, 교육, 소득에 영향을 미치는 요인에 대해 살펴본 결과, 정부의 효과성과 생태계 건전성이 국민의 삶의 질을 향상시키는 주요한 요인임을 확인하였다. 또한 국가의 경제 수준이나 민주주의 수준에 따라 정부의 지출 규모 확대가 삶의 질을 향상시키거나 저하시키는 요인이 될 수 있다는 결과를 도출하였다. 뿐만 아니라 엄격한 법의 집행이나 권력의 행사가 국민의 삶의 질을 저하시키는 요인이 무엇인지에 대해 법과 현실과의 괴리 또는 부패의 문제 등을 검토해볼 필요성이 제기되었다. 마지막으로 미래 사회를 대비하여 생태계 건전성과 인구구조에 대해 정부의 정책적 지원과 관리가 지속되어야 함을 확인하였다.

그러나 본 장에서는 많은 연구에서 주요 요인으로 제시하고 있는 경제성장이 국민의 삶의 질에 미치는 영향에 대해 설명하지 못하였고, 세부적으로 국민 삶의 어떠한 영역에서 영향을 미치고 있는지를 증명할 수 없다는 한계점이 있다. 이에 따라 15장에서는 2010년부터 2014년까지 144개국을 대상으로 하여 정부의 질이 국민 삶의 질에 미치는 영향이 무엇인가에 대해 경제성장의 매개효과를 중심으로 논의해보고자 한다.

부록

〈표 1-3〉 삶의 질 영향요인의 패널분석 결과

구분	변수	전체 국가	OECD 회원국	OECD 비회원국	고민주주의 국가	저민주주의 국가
		모형 1	모형 2	모형 3	모형 4	모형 5
정부의 질	정부의 효과성	.1553***	.0503***	.1559***	.1154***	.1684***
	법의 지배	-.0484***	.0014	-.0473***	-.0492***	-.0562***
	부패의 통제	.0013	.0050***	-.0002	.0055**	-.0067
정부의 규모	정부의 규모	.1444***	-.0875**	.1510***	-.0018	.1798***
자연	생태계 건전성	.0024***	.0005**	.0026***	.0024***	.0022***
사회	인구수(log)	-.0057***	.0025*	-.0088***	-.0018	-.0075**
정치	민주주의 지수	-.0008	.0267***	-.0014	.0333***	-.0117***
상수		.6387***	.4752***	.6857***	.3243***	.7055***
표본수		1,270	263	1,007	673	597
대상국가수		156	33	127	86	85
Wald chi ^{2}(7)		2814.41	659.76	1202.85	2097.96	608.75
Prob > chi^2		0.0000	0.0000	0.0000	0.000	0.000

* p<0.1, **p<0.05, ***p<0.01

〈표 1-4〉 지역별 국가명

지역	국가명
유럽	그리스, 네덜란드, 노르웨이, 덴마크, 독일, 라트비아, 러시아, 루마니아, 룩셈부르크, 리투아니아, 리히텐슈타인, 마케도니아, 몬테네그로, 몰도바, 몰타, 벨기에, 벨라루스, 보스니아헤르츠고비나, 불가리아, 세르비아, 스웨덴, 스위스, 스페인, 슬로바키아, 슬로베니아, 아이슬란드, 아일랜드, 아제르바이잔, 안도라, 알바니아, 영국, 에스토니아, 오스트리아, 우크라이나, 이탈리아, 조지아, 체코, 크로아티아, 키프로스, 포르투갈, 폴란드, 프랑스, 핀란드, 헝가리
아메리카	가이아나, 과테말라, 그레나다, 니카라과, 도미니카, 도미니카 공화국, 멕시코, 미국, 바하마, 바베이도스, 베네수엘라, 벨리즈, 볼리비아, 브라질, 세인트키츠 네비스, 세인트루시아, 세인트빈센트그레나딘, 수리남, 아르헨티나, 아이티, 안티쿠아바부다, 에콰도르, 엘살바도르, 온두라스, 우루과이, 자메이카, 칠레, 캐나다, 코스타리카, 콜롬비아, 쿠바, 트리니다드토바고, 파나마, 파라과이, 페루
오세아니아	뉴질랜드, 미크로네시아, 바누아투, 사모아, 솔로몬 아일랜드, 키리바시, 통가, 파푸아뉴기니, 팔라우, 피지, 호주
아시아	네팔, 동티모르, 라오스, 말레이시아, 몰디브, 몽골, 미얀마, 방글라데시, 베트남, 부탄, 브루나이, 스리랑카, 시리아, 싱가포르, 요르단, 아랍에미리트, 예멘, 오만, 요르단, 우즈베키스탄, 이스라엘, 인도, 인도네시아, 일본, 중국, 파키스탄, 팔레스타인, 필리핀, 카타르, 타지키스탄, 투르크메니스탄, 카자흐스탄, 캄보디아, 쿠웨이트, 키르기스스탄, 태국, 터키, 한국
중동	레바논, 바레인, 사우디아라비아, 아르메니아, 아프가니스탄, 이라크, 이란
아프리카	가나, 가봉, 감비아, 기니, 기니비사우, 나미비아, 나이지리아, 남수단, 남아프리카공화국, 니제르, 르완다, 라이베리아, 레소토, 리비아, 마다가스카르, 말라위, 말리, 모리셔스, 모로코, 모리타니, 모잠비크, 베냉, 보츠와나, 부르키나파소, 부룬디, 상투메프린시페, 세네갈, 세이셸, 수단, 스와질란드, 시에라리온, 알제리, 앙골라, 에리트레아, 에티오피아, 우간다, 이집트, 잠비아, 중앙아프리카공화국, 적도기니, 지부티, 짐바브웨, 차드, 코모로, 코트디부아르, 콩고, 콩고민주공화국, 케냐, 케이프베르데, 카메룬, 탄자니아, 토고, 튀니지

참고문헌

고명철. (2013). 공공서비스 만족도, 정부성과, 그리고 삶의 질 간 영향관계 분석: 상향확산식 접근을 토대로. 〈한국행정학보〉. 47(2): 1-30.

김두래. (2012). 정치체제, 정부의 질, 그리고 정부성과: 합의체제 수월성 가설의 수정과 검증. 〈정부학연구〉. 18(1): 55-78.

김두래. (2017). 정부의 대표성은 국민 삶의 질을 향상시키는가? -공공서비스 정책효과의 국가 비교 분석-. 〈한국정책학회보〉. 26(2): 311-334.

김병섭·최성주·최은미. (2015). 국민행복, 삶의 질, 그리고 공공서비스의 관계연구. 〈한국행정학보〉. 49(4): 97-122.

김태형·장용석. (2014). 정부개혁의 유형 및 패턴에 관한 국가비교연구: 정부의 역량과 개혁의 강도를 중심으로, 1980-2010. 〈한국행정학보〉. 48(3): 175-204.

도수관. (2015). 〈사회자본과 경제발전 그리고 정부의 질〉. 서울: 집문당.

도수관. (2016). 사회자본과 정부운영 방식의 관계 유형과 정부의 질. 〈지방정부연구〉. 19(4): 295-318.

민인식·최필선. (2012). 〈STATA 패널데이터 분석〉. 서울: 지필미디어.

박종민·김서용. (2002). 한국인의 삶의 질: 전체, 개별영역 및 비교기준. 〈아세아연구〉. 45(2): 141-164.

박종민·장용진. (2012). "좋은 시민"과 "좋은 정부". 〈정부학연구〉. 18(1): 3-22.

서문기. (2015). 잘 사는 국가는 행복한가?: 삶의 질에 관한 국가 간 비교분석. 〈한국사회학〉. 49(1): 111-137.

배정현. (2014). 삶의 만족과 정부의 질. 〈행정논총〉. 52(1): 247-270.

최상옥. (2012). 정부의 질 연구: 효과성 제고를 위한 정부역량 개념의 탐색적 고찰. 〈정부학연구〉. 18(2): 77-97.

Acemoglu, D. & Robinson, J. (2008). *The Role of Institutions in Growth and Development*. Washington, D.C.: The World Bank.

Andrews, F. M. & Withey, S. B. (1976). *Social Indicators of Well-being: Americans Perception of Life Quality*. New York: Plenum.

Bjørnskov, C., Dreher, A. & Fischer, J. A. (2007). The Bigger the Better? Evidence of the Effect of Government Size on Life Satisfaction around the World. *Public Choice*, 130(3): 267-292.

Campbell, A., Converse, P. E. & Rodgers, W. L. (1976). *The Quality of American life*. New York: Russell Sage Foundation.

Coggburn, J. D. & Schneider, S. K. (2003). The Relationship Between State Government Performance and State Quality of Life. *International Journal of Public Administration*, 26(12): 1337-1354.

Dahlberg, S., Dahlström, C., Noreel, V. & Teorell, J. (2011). *The Quality of Government Institute Quality of Government Survey 2008-2010: A Report*. The Quality of Government Institute, University of Gothenburg.

Diener, E. & Suh, E. (1997). Measuring Quality of Life: Economic, Social, and Subjective Indicators. *Social Indicators Research*, 40(1): 189-216.

Frey, B. S. & Stutzer, A. (2000). Happiness, Economy and Institutions. *The Economic Journal*, 110(466): 918-938.

Glaser, M. A., Aristigueta, M. P. & Payton, S. (2000). Harnessing the Resources of Community: The Ultimate Performance Agenda. *Public Performance & Management Review*, 30(6): 596-601.

Helliwell, J. F. & Huang, H. (2008). How's Your Government? International Evidence Linking Good Government and Well-Being. *British Journal of Political Science*, 38(4): 595-619.

Hessami, Z. (2010). The Size and Composition of Government Spending in Europe and Its Impact on Well-Being. *Kyklos*, 63(3): 346-382.

Hollar, D. (2003). A holistic theoretical model for examining welfare reform: Quality of life. *Public Administration Review*, 63(1): 90-104.

Inglehart, R. (1990). *Culture Shift in Advanced Industrial Society*. Princeton, NJ: Princeton University Press.

Knack, S. (2002). Social Capital and the Quality of Government: Evidence from the States. *American Journal of Political Science*, 46(4): 772-785.

La Porta, R., Lopez-de-Silanes, F., Shleifer, A. & Vishny, R. (1999). The Quality of Government. *Journal of Law, Economics and Organization*, 15(1): 222-279.

Lin, Ka. (2013). A Methodological Exploration of Social Quality Research: A Comparative Evaluation of the Quality of Life and Social Quality Approaches. *International Sociology*, 28(3): 316-334.

Ott, J. C. (2005). Level and Inequality of Happiness in Nations: Does Greater Happiness of a Greater Number Imply Greater Inequality in Happiness?. *Journal of Happiness Studies*, 6(4): 397-420.

Ott, J. C. (2011). Government and Happiness in 130 Nations: Good Governance Fosters Higher Level and More Equality of Happiness. *Social Indicators Research*, 102(1): 3-22.

Pawar, M. S. & Cox. D. R. (Eds.). (2013). *Social Development: Critical Themes and Perspectives*. London: Routledge.

Putnam, R. D. (1993). *Making Democracy Work: Civic Traditions in Modern Italy*. Princeton, NJ: Princeton University Press.

Rice, T. W. (2001). Social Capital and Government Performance in Iowa Communities. *Journal of Urban Affairs*, 23(3-4): 375-389.

Rothstein, B. & Teorell, J. (2008). What Is Quality of Government?: A Theory of Impartial Government Institutions. *Governance: An International Journal of Policy, Administration, and Institution*, 21(2): 165-190.

Samanni, M. & Holmberg, S. (2010). Quality of Government Makes People Happy. QoG Working Paper Series, 1.

Schneider, M. (1975). The quality of life in large American cities: Objective and subjective social indicators. *Social Indicators Research*, 1(4): 495-509.

Schimmel, J. (2009). Development as Happiness: The Subjective Perception of Happiness and UNDP's Analysis of Poverty, Wealth and Development. *Journal of Happiness Studies*, 10(1): 93-111.

Scully, G. W. (2001). Government Expenditure and Quality of Life. *Public Choice*, 108(1): 123-145.

Shim, D. C. & Eom, T. H. (2008). E-Government and Anti-Corruption: Empirical Analysis of International Data. *International Journal of Public Administration*, 31(3): 298-316.

Stock, W. A., Okun, M. A. & Benin, M. (1986). Structure of Subjective Well-being among the Elderly. *Psychology and Aging*, 1(2): 91.

Tavits, M. (2008). Representation, Corruption, and Subjective Well-Being. *Comparative Political Studies*, 41(12): 1607-1630.

UNDP. (2014). *Human Development Report*. London: Oxford University Press.

Veenhoven, R. (1999). Quality-of-Life in Individualistic Society: A Comparison of 43 Nations in the Early 1990's. *Social Indicators Research*, 48(2): 159-188.

Wooldridge, J. M. (2010). Econometric Analysis of Cross Section and Panel Data. MIT press.

Yamamura, E. (2011). The Influence of Government Size on Economic Growth and Life Satisfaction: A Case Study from Japan. *Japanese Economy*, 38(4): 28-64.

Zagorski, K., Kelley, J. & Evans, M. D. (2010). Economic Development and Happiness: Evidence from 32 Nations. *Polish Sociological Review*, 169.

제 2 부

정책환경변화에 따른 정부와 삶의 질에 대한 새로운 도전

제2장

환경 이슈와 국민의 삶의 질

나태준 · 김도윤 · 문승민 · 유나리

I. 서론

UN이 2015년에 채택한 지속가능 개발 목표(Sustainable Development Goals, SDGs)는 국제사회의 발전 패러다임의 중요한 전환점으로 평가된다. 이전까지 국제사회의 발전 노력이 주로 '사회발전 및 빈곤퇴치'에 머물러 있었다면, SDGs는 경제, 사회뿐만 아니라 환경을 아우르는 지속가능한 발전을 추구한다는 점에서 한 단계 발전된 내용이라 할 수 있다. 특히 SDGs는 '미래 세대의 필요를 충족시킬 수 있으면서 오늘날의 필요도 충족시키는 미래지향적인 발전'(국제개발협력시민사회포럼, 2016)을 달성하기 위한 목표로서 물과 위생, 에너지, 지속가능한 소비와 생산 증진, 기후변화 대응, 해양자원, 육상 생태계 등 환경 전반을 포괄적으로 다루고 있다. 이러한 발전 패러다임의 변화는 우리의 삶에서 환경이 얼마나 중요한 요소로 자리매김하고 있는지를 단적으로 보여준다.

실제로 생활환경의 질은 인간의 건강과 웰빙에 직접적인 영향을 미친다. 오염되지 않은 환경은 만족감의 원천, 정신적 웰빙을 향상시키며, 일상 스트레스 해소와 신체 활동을 수행하는 데 도움이 된다. 또한 건강하고 풍부한 환경은 인간 사회에 다양한 문화·경제적 혜택을 제공하는 자원이 된다. 절대적 빈곤의 해결과 풍요로운 경제의 열매가 인간으로 하여금 건강하고 지속가능한 환경에 대한 새로운 욕구를 자극하게 된 것이다.

우리나라 국민 역시 삶의 질에서 환경의 중요성을 점차 강조하고 있는 것으로 나타났다. 국민환경의식조사(환경부, 2016a)에서 환경의 상태, 경제적 요인, 사회적 요인 중 삶의 질에 미치는 영향을 조사한 결과 2016년 처음으로 환경적 상태가 사회적 요인을 앞질러 경제적, 환경적, 사회적 요인 순서로 나타났다. 우리나라의 발전을 평가하는 기준에서는 경제적, 환경적, 사회적 기준을 동일하게 적용해야 한다는 응답이 32.6%로 가장 높게 나왔는데, 그 다음으로는 조사 이래 처음으로 '환경적 기준'(27.2%)이 '경제적 기준'(21.3%)을 앞지르는 것으로 나타났다.

그러나 2017년 OECD 삶의 질 평가에서 우리나라 환경의 질은 38개국 중 36위를 기록했고 삶의 질도 29위로 매우 낮은 평가를 받고 있다(OECD, 2017a). 또한 국민들이 느끼는 현재 환경에 대한 만족도 역시 전반적으로 낮은 수준인데 앞으로 더욱 악화될 것이라는 인식이 다수를 차지하고 있으며 환경에 전반적으로 불안함을 느끼고 있는 것으로 나타났다(통계청, 2016). 이러한 결과는 현재 우리나라의 환경이 처해 있는 상황은 그리 낙관적이지 않다는 것을 시사한다. 객관적 지표를 통해 측정한 환경수준뿐만 아니라 국민 스스로가 인식하고 있는 환경 만족도가 낮다는 점은 환경 질을 개선해야 한다는 것을 의미한다. 본 장에서는 현재 우리나라가 직면한 물 환경, 대기-기후 환경, 생태 환경 분야의 주요 현황들을 살펴봄으로써 환경정책이 국민의 삶의 질에 미치는 영향을 분야별로 고찰하고 관련된 정책방향과 함께 바람직한 정부의 역할을 조명한다.

Ⅱ. 물 환경과 삶의 질

깨끗한 물은 국민의 삶의 질에서 가장 필수적인 요소 중 하나로, 전 세계 많은 국가들에게 물 관리는 가장 중요한 동시에 점점 어려워지는 과제가 되어가고 있다(OECD, 2012). 많은 사람들이 부족한 수량과 부적절한 수질, 홍수, 가뭄으로 고통받고 있으며 이는 건강과 환경, 경제발전에 영향을 미친다. 또한 기후변화, 물 환경 변화, 국민생활 및 경제수준의 변화, 산업구조의 재편 등 정책 여건의 변화는 새로운 접근방식과 해결책을 요구하고 있다(김이형, 2017).

우리 국민 역시 깨끗한 물의 중요성을 심각하게 인식하고 있다. 한국환경정책·평가연구원이 수행한 '국민환경의식조사'에 따르면 가장 우려하고 있는 환경문제로 '수질오염'을 꼽은 비율이 14.7%로 세 번째에 해당하지만, 중복 선택한 1~3순위를 모두 합치면 39.5%로 1위를 차지한다(곽소윤 외, 2016). 생태계서비스 용어로부터 연상되는 이미지로는 '깨끗한 물 공급 및 수질 정화'가 51.7%로 가장 높게 나타났으며, 생태계로부터 받은 혜택의 항목별 중요성 문항에서는 보기로 제공한 20가지 혜택 중, '먹는 물 또는 생활용수로 사용할 수 있는 깨끗한 물'이 평균 4.54점으로 1위를 차지하였다(곽소윤 외, 2015).

한편, 수질에 대한 우리 국민의 불신도 나타난다. 서울환경운동연합·서울시수돗물평가위원회(2015)의 조사결과, 수돗물을 그대로 마시는 비율은 5.3%인 것으로 나타났고 끓여 마시는 비율을 합치면 55.2%로 늘어났지만 이는 다른 나라들의 경우(영국 92%, 미국 82%, 일본 78%)와 비교할 때 크게 낮은 수치임을 알 수 있다(환경미디어, 2015). 수돗물 음용 이유는 '비용이 가장 저렴해서'가 41.0%로 가장 높게 조사(서울환경운동연합·서울시수돗물평가위원회, 2015)된 한편, 비음용의 원인은 '(옥내) 수도관 문제' 30.8%와 '상수원 원수(原水)에 대한 불안'이 28.1%를 차지하는(수돗물홍보협의회, 2014) 것으로 드러났다. 지자체들은 수원 확보를 놓고 갈등을 겪고 있다. 연간 국내 정수기 시장 규모는 최근 약 2조 원 규모까지 성장하였고, 생수 시장은 2004년 2,215억 원에서 2015년 6,600억 원(추정치)으로 상당한 속도의 성장세를 보이고 있다(조선일보, 2015).

우리 국민의 삶의 질과 관련한 물 환경 분야 핵심 문제는 첫째, 4대강 녹조, 난분해성 유기오염물질의 증가, 가축분뇨·도시 강우 유출수 등 비점오염원에 의한 지하수 및 지표수의 오염이 오염물질의 생물학적 축적을 통해 국민들의 건강을 위협하는 요인이 될 수 있다는 점이다. 둘째, 기후변화와 가뭄의 상시화가 우리나라의 물 스트레스를 더욱 심화시켜 일부 지역에서 급수제한으로 인한 삶의 질 저하, 지역 간 격차에 따른 불평등 문제 등을 야기하고 있다. 그런데 이러한 수질과 수량을 관리하는 주체는 여러 중앙정부 부처와 지자체로 분산되어 있어 물 관리 정책의 효과성에 대한 논란이 지속되고 있다.

1. 수질

4대강 공공수역의 수질변화를 살펴보면, BOD(생물화학적 산소요구량) 농도와 총인 오염도는 전반적으로 감소하는 추세이다. 하지만 화학물질의 사용 증가, 비점오염원 등 난분해성 오염물질 유입으로 COD(화학적 산소요구량) 농도는 답보 상태이다. 한강 팔당과 낙동강 물금 지점의 COD 농도는 각각 1993년 2.1mg/L, 5.9mg/L에서 2015년 3.5mg/L, 6.4mg/L로 악화되었다(국립환경과학원, 1993; 2015).

총인은 줄어들었지만 녹조를 발생시키는 데는 부족하지 않은 양이었다(〈표 2-1〉 참조). 2016년은 변경된 조류경보제 발령기준을 적용하여 녹조 발생일수가 줄어든 것처럼 보이지만 2015년 발령 기준을 적용하면 오히려 발생 빈도가 증가한다(선데이타임즈, 2016). 녹조는 수생태계의 파괴와 정수비용 증가, 수돗물에 대한 불신으로 이어질 뿐 아니라 심미적 환경비용(국내 주요 하천과 호소가 지역주민 및 방문객에게 아름다운 경관을 통해 제공하는 심미적 즐거움을 제한하기 때문에 발생하는 비용)을 초래하는데, 녹조 발생을 막기 위한 지불 의사액은 가구당 연 평균 4,129원

〈표 2-1〉 최근 10년간 조류경보 발령 내역

연도	2007	2008	2009	2010	2011	2012	2013	2014	2015	2016*
계(일)	198	114	244	177	131	167	266	372	608	404

출처: 환경부(2017a) 2016년 조류(녹조)발생과 대응 연차보고서.
주: 2016년부터 조류경보제 발령기준 변경.

(전국으로 확장하면 연간 808억 원)에 달하는 것으로 조사되어 우리 사회에 막대한 비용을 야기하고 있다(조용철 외, 2016).

호소(湖沼)에 대한 수질·수생태계의 개선 역시 미흡한 실정이다. 생활환경기준 목표 달성률의 경우, 하천에서는 114개 중권역 중 86개 중권역이 개별 목표 기준을 충족함으로써 목표의 75.4%를 달성하였다. 반면, 호소에서는 전국 주요 49개 중 4개만이 목표 기준을 달성하여 2015년 목표기준 대비 8.2%로 크게 낮은 수준이다(환경부, 2016b). 다만, 2016년부터는 기존 목표 기준을 COD기준에서 TOC(총 유기탄소) 기준으로 변경하여 하천 73.9%, 호소 57.1% 목표달성수준을 기록했다(환경부, 2017b). 하천에 비해 체류시간이 긴 호소의 경우 자정능력이 낮아 부영양화에 취약하기 때문에 강화된 수질관리가 필요하다(OECD, 2017b).

이에 대한 대응 정책으로 비점오염원(nonpoint source)에 집중하는 것이 필요하다. 오염물질의 유출경로가 명확한 점오염원과 달리 비점오염원은 도시, 도로, 농지, 산지, 공사장 등 불특정 장소에서 불특정하게 수질오염물질을 배출하는 배출원으로서 우리 정부는 이들 비점오염원으로 인한 수질개선의 한계에 직면하고 있다(문태훈, 2015). 우리나라는 2004년 수질오염총량관리제를 도입하고 기존 농도중심 규제보다 효과적으로 오염원을 관리하여 왔으나, 하수처리장의 총인처리 시설이 효과를 거두지 못한 것은 이들 시설을 거치지 않고 호우 시에 강으로 흘러들어온 논밭과 길거리의 오염물질 영향이 크다(OECD, 2017c). 또한, 향후 수질오염원의 전반적 증가가 예상되는 가운데 유역의 토지이용 고도화로 비점오염원은 더욱 큰 비중을 차지할 것으로 전망된다(환경부, 2016c). 실제, 점오염원 대비 비점오염원 비중은 지속적으로 증가하여 4대강 BOD 중 비점오염원이 차지하는 비중이 2003년 53%에서 2010년 68%로 증가하였고 2020년까지 72%에 이를 것으로 전망된다(OECD, 2017b; 2017c).

그런데 이와 관련한 정부의 재원배분은 성과계획과 괴리를 보이고 있다. 성과계획서 기본방향은 "하·폐수 처리장 확충 등 점오염원 중심의 정책에서 비점오염원 관리 중심으로 전환, 수생태 건강성 복원 등에 대한 정책비중 강화"이지만 재원은 2016년 676억 원에서 2017년 547억 원으로 삭감된 것이다. 이는 2017년 물 환경 관리 예산의 약 1.5% 수준이다(대한민국정부, 2016).

2. 상하수도

우리나라는 OECD 국가 중 물 스트레스가 심각한 국가이다. 우리나라는 환경전망 베이스라인 시나리오에 따라 OECD 국가 중 유일하게 심각한 물 스트레스 국가에 포함되었다(OECD, 2012). 취수율 40%의 높은 물 이용률은 가뭄의 심도에 따라 물 이용의 취약성을 높일 뿐 아니라, 과다한 하천수 사용은 수질관리 및 하천생태계 보전의 어려움 초래한다. 최근 많은 지자체들이 강수량 감소 시기 제한급수를 검토하거나 시행하고 있다는 데서 심각성을 확인할 수 있다(아시아경제, 2017; 제주의소리, 2017). 그럼에도 불구하고 우리나라 1인당 1일 물소비량은 꾸준히 증가하고 있다(환경부, 2016d).

이에 대한 대응책으로 근본적인 가뭄대책과 물 관리 방안이 필요한데, 가장 우선적으로는 상하수도의 누수를 줄여야한다. 가뭄지역은 대체로 누수가 많은 지역과 일치한다(권기원, 2016). 특히 충남 서부지역은 최근 몇 년째 심한 가뭄으로 어려움을 겪고 있는데 2015년 전국 평균 유수율(공급량 중 요금을 징수한 수량의 비율)이 84.3%인 것에 비해 충남 서부 8개 시·군 평균 유수율이 68.83%인 점(환경부, 2017c)을 주목할 필요가 있다. 즉, 정부의 기존 정책이 상하수도 보급률 확대 측면에서는 어느 정도 성과를 거두었지만 질적 서비스의 개선은 이루어지지 못했던 것이다.

〈표 2-2〉 지역별 상하수도 관리현황

지역	인구밀도 (명/㎢)	상수도 보급률(%)	상수도 요금 (원/㎥)	상수도 요금 현실화율(%)	하수도 보급률(%)	하수도 요금 (원/톤)	하수도 요금 현실화율(%)
평균	509	96.5	683.4	77.5	92.9	410.9	40.4
서울	16,425	100.0	572.5	89.6	100.0	519.0	67.0
부산	4,484	100.0	718.2	79.1	99.2	459.9	69.5
대구	2,794	99.9	641.4	93.9	98.3	442.1	73.5
인천	2,748	98.6	673.5	102.5	97.6	482.5	82.4
광주	3,005	99.8	570.5	90.0	98.6	389.8	60.4
대전	2,860	99.9	525.5	97.5	97.4	387.2	62.8
울산	1,097	98.1	865.8	101.0	98.8	450.6	62.9
세종	403	87.7	740.3	63.7	89.5	211.3	16.0
경기	1,221	97.9	661.0	84.6	94.0	377.8	36.5
강원	90	89.6	845.0	56.3	86.0	283.0	15.7
충북	215	90.2	707.5	72.8	86.2	315.7	20.9
충남	256	84.4	769.9	65.2	74.3	381.9	19.6
전북	227	95.6	916.6	75.4	85.9	374.3	26.2
전남	146	86.6	824.9	62.4	76.1	240.2	16.0
경북	141	90.2	741.7	59.2	79.3	308.9	20.7
경남	316	93.1	831.2	76.2	88.6	360.1	28.5
제주	324	100.0	772.6	83.4	91.4	374.3	16.0

출처: 통계청(2017) 장래인구추계 시도편: 2015-2045; 국토교통부(2016) 지적통계; 환경부(2017d) 환경통계연감 2016.
주: 2015년 기준.

특히 시설 노후화가 문제인데 20년 이상 된 상수관로의 비율이 1995년 6.5%에서 2014년 31.4%로 증가하였다(권기원, 2016). 상수도시설 개량 지연으로 1% 정도인 상수관망 교체율을 고려하면 노후관 전체를 갱신하는 데 100년 이상 소요될 것으로 예상된다(환경부, 2016e). 그 결과, 매년 팔당댐 저수용량의 3배에 이르는 6억 9천만 톤의 수돗물이 누수 되어 연간 6,000억 원에 이르는 경제적 손실을 초래하고 있다(권기원, 2016).

더욱 심각한 문제는 도·농간 물 환경 서비스의 보급률과 품질격차 문제이다. 농촌지역의 누수율은 도시지역의 6배 정도이고 정부수질기준에 미달하는 지역도 상당하다(OECD, 2017c). 즉, 농어촌 지역의 환경적 재화와 서비스에 대한 접근성, 비용, 품질이 도시 지역보다 크게 떨어져 해당 지역민들의 건강과 삶의 질과, 환경 형평성이 상당히 우려되는 상황이다(〈표 2-2〉 참조).

문제는 재원이다. 물 분야 재원 조달은 상하수도 원가 회수율 감소, 노후인프라로 인한 비용 증가, 계속되는 도·농간 서비스 격차로 지속가능성이 저해되고 있다(OECD, 2017c). 이를 위해 수도요금 현실화가 필요하다. 지자체의 상수도 부채는 약 1조 원에 달하는 반면, 요금현실화율은 76.1%에 불과하다(워터저널, 2016). 우리나라 수도요금은 OECD 국가 중에서도 가장 낮은 수준으로, 상하수도 시설 개선 재원확보와 물의 효율적인 사용 유도를 위해 수도요금 정책을 재고할 필요가 있다(OECD, 2012).

보다 근본적인 대책으로는 안정적인 수자원의 확보가 필요하다. 하지만 대규모 댐과 같은 인프라는 생태계 균형을 해칠 수 있기 때문에 습지, 범람원, 지하수 재충전, 소규모 댐, 빗물 이용을 우선적으로 고려해야 한다(OECD, 2012). 또한, 매년 떨어지고 있는 지하수 수위를 고려할 때 지하수 관리를 강화해 비상시에 지하수 활용이 가능하도록 하는 것도 중요하며, 현재 추진되고 있는 지방 상수원 폐쇄에 따라 광역상수도 의존율이 높아지면서 생활용수 공급 안정성이 악화되는 것을 고려할 때 지방 상수원의 보전과 복원 역시 고려되어야 한다(환경운동연합, 2015). 향후 물 수요증가 및 기후변화 등에 대비해 수자원 확보와 물의 효율적 사용을 유도하는 정책이 지속적으로 개발되어야 한다.

III. 대기·기후 환경과 삶의 질

1. 대기

세계보건기구(WHO)에 따르면 대기오염으로 인해 매년 300만 명이 넘는 사람이 숨지고 있어, 대기오염은 건강에 가장 큰 환경적 위험으로 볼 수 있다(WHO, 2016a). 전 세계 대기오염은 2008년 대비 2013년 기준 8% 증가하였으며, 전 세계 도시 중 80% 이상은 세계보건기구의 권고 기준 이상을 초과하는 대기오염이 발생하고 있다(WHO, 2016b). 이처럼 대기오염으로 인한 건강의 위협은 점차 커지고 있을 뿐만 아니라 국민 삶의 질에 부정적인 영향을 미치고 있다.

OECD의 '2017년 삶의 질 보고서(How's Life 2017)'에 따르면 우리나라 국민들이 느끼는 대기오염 문제와 건강은 OECD 국가 중 최하위에 머무르고 있는 상황이다(OECD, 2017a). 국민들의 주관적인 인식뿐만 아니라, 대기오염에 대한 심각성은 환경성과지수(EPI)에서도 재확인할 수 있다. 2016년 기준 우리나라의 대기 질은 180개 국가 중 173위 로 미얀마(174위), 파키스탄(175위), 라오스(176위), 네팔(177위), 인도(178위), 중국

(179위), 방글라데시(180위)와 함께 최하위권에 속하고 있다.

인체에 유해한 영향을 미치는 대기오염은 일산화탄소(CO), 아황산가스(SO_2), 질소산화물(NOx), 미세먼지(PM) 등 다양한 물질로 구성되어 있다. 그러나 개인의 생활환경(실내·외 및 근무 환경 등)에 따라 대기오염 물질에 노출되는 정도가 다르고 이로 인한 피해의 차이가 나타날 수 있다. 본 글에서는 최근 우리나라에서 가장 부각되고 있는 대기오염 문제로서 미세먼지에 초점을 맞추고자 한다.

WHO는 미세먼지를 1군(Group 1) 발암물질로 규정하였다. 1군은 석면, 벤젠과 같이 인체에 치명적인 영향을 미치는 물질들로 구성되어있다. 미세먼지는 크기에 따라 미세먼지(PM_{10}, 지름 10μm)와 초미세먼지($PM_{2.5}$, 지름 2.5μm 이하)로 구분된다. 미세먼지는 육안으로 식별하기 어려울 만큼 작으며, 호흡 기관을 통해 폐 속으로 침투한다. 이로 인해 폐 기능이 손상될 뿐만 아니라, 심혈관계 질환, 면역기능 저하 등의 질병을 유발한다.

이에, 미세먼지로 인한 피해를 예방하고 국민의 삶의 질을 향상시킬 수 있는 방안을 마련하는 것이 시급하다. 현재 정부에서는 미세먼지로 인한 피해를 예방하기 위해 '대기오염 예·경보제'를 시행하고 있다. '대기오염 예보제'는 2013년 8월 수도권 지역에 시범적으로 시행하여, 이듬해 2월부터 전국을 6개 권역으로 세분화하여 5단계 등급에 따라 미세먼지 정보를 예보하였다. 2015년부터는 기존의 6개 권역을 18개 권역으로 확대하였으며, 초미세먼지에 대한 정보를 추가하였다. 또한 미세먼지가 인체에 미치는 영향을 고려하여 5단계 등급을 4단계로 축소하였다. 미세먼지(㎍/㎥, 일평균) 4단계 기준은 좋음(0~30), 보통(31~80), 나쁨(81~150), 매우 나쁨(151이상)으로 분류하였으며, 초미세먼지(㎍/㎥, 일평균)는 좋음(0~15), 보통(16~50), 나쁨(51~100), 매우 나쁨(101 이상)으로 분류하였다.

미세먼지에 대한 정보는 기상 통보와 일기 예보뿐만 아니라 에어코리아(홈페이지), 우리동네대기질(모바일 앱) 등을 통해 제공된다. 한편 '대기오염 경보제'도 같은 기간에 시행되었다. '대기오염 경보제'는 측정소별 실시간 미세먼지 농도 값이 인체에 유해한 수준이라고 판단될 경우, 자치단체장(시·도지사)이 주의보와 경보를 발령한다(환경부, 2014a). 주의보와 경보 발령에 대한 기준은 〈표 2-3〉과 같다.

〈표 2-3〉 미세먼지 경보 발령 및 해제 기준 (단위: $\mu g/m^3$)

대상물질	경보단계	발령기준	해제기준
미세먼지 (PM_{10})	주의보	기상조건 등을 고려하여 해당 지역의 대기자동측정소 PM_{10} 시간당 평균농도가 150 이상 2시간 이상 지속인 때	주의보가 발령된 지역의 기상조건 등을 검토하여 대기자동측정소의 PM_{10} 시간당 평균농도가 100 미만인 때
	경보	기상조건 등을 고려하여 해당 지역의 대기자동측정소 PM_{10} 시간당 평균농도가 300 이상 2시간 이상 지속인 때	주의보가 발령된 지역의 기상조건 등을 검토하여 대기자동측정소의 PM_{10} 시간당 평균농도가 150 미만인 때는 주의보로 전환
미세먼지 ($PM_{2.5}$)	주의보	기상조건 등을 고려하여 해당 지역의 대기자동측정소 $PM_{2.5}$ 시간당 평균농도가 90 이상 2시간 이상 지속인 때	주의보가 발령된 지역의 기상조건 등을 검토하여 대기자동측정소의 $PM_{2.5}$ 시간당 평균농도가 50 미만인 때
	경보	기상조건 등을 고려하여 해당 지역의 대기자동측정소 $PM_{2.5}$ 시간당 평균농도가 180 이상 2시간 이상 지속인 때	주의보가 발령된 지역의 기상조건 등을 검토하여 대기자동측정소의 $PM_{2.5}$ 시간당 평균농도가 90 미만인 때는 주의보로 전환

출처: 환경부(2016f) 바로 알면 보인다. 미세먼지, 도대체 뭘까?

다음 〈표 2-4〉는 국가별 대기환경기준을 나타낸다. 〈표 2-4〉에서 확인할 수 있듯이 우리나라의 미세먼지 기준은 캐나다·호주·영국·EU 등 선진국들에 비해서 높은 수준이다. 또한 미세먼지와 초미세먼지에 대한 WHO의 권고기준은 각각 연평균 20$\mu g/m^3$, 일평균 50$\mu g/m^3$과 연평균 10$\mu g/m^3$, 일평균 25$\mu g/m^3$이며, 우리나라 기준의 약 1/2배에 해당한다. 인체에 미치는 유해한 영향을 종합적으로 고려하여 미세먼지와 초미세먼지의 기

〈표 2-4〉 국가별 대기환경 기준 (단위: ㎍/m³)

항목		한국	미국	일본	캐나다	호주	홍콩	중국	영국	EU	WHO
PM_{10}	1시간			200							
	24시간	100	150	100	25	50	100	150	50	50	50
	1년	50					50	70	40	40	20
$PM_{2.5}$	24시간	50	35	35	15	25	75	75			25
	1년	25	12p) 15S)	15		8	35	35	25	25	10

출처: 환경부(2014b) 대기환경연보 2013; 에어코리아(Airkorea).
주: 미국은 Primary, Secondary로 구분되어 있음.

준이 설정된다. 따라서 WHO의 권고기준을 적극 검토하고 미세먼지와 초미세먼지 기준을 강화하는 것이 필요하다.

미세먼지에 대한 기준이 낮을수록 국민들은 불안감을 느낄 수 있다. 또한 정부의 초미세먼지 측정방식에 대한 문제점들이 지적되고 있어, 국민의 불안감은 더욱 커지고 있다(KBS, 2017). 환경부와 국립환경과학원은 미세먼지로 인한 국민들의 불안감을 해소하고 정확하고 타당한 예측을 위해, 지난 2016년 5월 2일부터 6월 12일까지 미국 항공우주국(NASA)과 합동으로 '한·미 협력 국내 대기 질 공동조사(KORUS-AQ)'를 실시하였다. 조사결과 미세먼지의 52%는 국내 요인에 의해서 발생하며, 48%는 국외 발생요인에 의한 것으로 밝혀졌다. 국외 발생요인을 세분화하면 중국 34%, 북한이 9%, 기타 6% 순이다(환경부, 2017e).

한편, 우리나라의 시-도 권역별 미세먼지 농도를 살펴보면 다음 〈표 2-5〉와 같다. 우리나라의 시-도별 미세먼지 농도는 2006년 59㎍/m³에서 2015년 48㎍/m³로 해마다 감소하고 있는 추세이다. 그러나 수도권 지역의 미세먼지 농도는 전국 평균보다 높다. 따라서 수도권 거주민들은 상대적으로 미세먼지에 노출되어 있으므로 이로 인한 피해가 나타날 수 있다.

〈표 2-5〉 시·도별 연평균 미세먼지(PM_{10}) 현황 (단위: $\mu g/m^3$)

분류	2006	2007	2008	2009	2010	2011	2012	2013	2014	2015
전국	59 (55)	58 (55)	54 (52)	53 (51)	51 (49)	50 (47)	45 (45)	49 (48)	49 (47)	48 (45)
수도권	65 (61)	65 (62)	58 (56)	59 (56)	56 (53)	54 (51)	47 (47)	51 (51)	52 (50)	51 (47)
서울	60 (55)	61 (58)	55 (53)	54 (51)	49 (47)	47 (44)	41 (41)	45 (44)	46 (44)	45 (41)
부산	59 (55)	57 (54)	51 (50)	49 (48)	49 (47)	47 (45)	43 (43)	49 (49)	48 (47)	46 (45)
대구	54 (50)	53 (49)	57 (54)	48 (46)	51 (48)	47 (44)	42 (42)	45 (45)	45 (44)	46 (45)
인천	68 (63)	64 (61)	57 (56)	60 (57)	55 (53)	55 (51)	47 (47)	49 (49)	49 (47)	53 (48)
광주	55 (52)	52 (49)	50 (47)	46 (44)	45 (42)	43 (40)	38 (38)	42 (42)	41 (39)	43 (40)
대전	49 (46)	49 (46)	45 (43)	43 (42)	44 (41)	44 (41)	39 (39)	42 (42)	41 (40)	46 (44)
울산	52 (48)	53 (49)	54 (52)	49 (48)	48 (46)	49 (47)	46 (45)	47 (47)	46 (45)	46 (45)
경기	68 (63)	66 (63)	60 (58)	60 (58)	58 (56)	56 (53)	49 (49)	54 (54)	54 (53)	53 (49)
강원	58 (53)	55 (50)	56 (55)	53 (50)	51 (48)	50 (47)	47 (46)	50 (50)	51 (49)	50 (47)
충북	57 (53)	62 (59)	61 (59)	61 (59)	62 (59)	56 (53)	51 (51)	56 (55)	52 (50)	51 (48)
충남	51 (47)	54 (51)	49 (49)	47 (45)	46 (44)	44 (41)	41 (41)	42 (42)	42 (41)	46 (43)
전북	56 (53)	59 (56)	50 (49)	53 (51)	53 (51)	51 (48)	49 (48)	51 (51)	51 (49)	50 (47)
전남	42 (41)	45 (42)	45 (44)	46 (44)	42 (39)	41 (38)	36 (36)	39 (38)	38 (36)	38 (37)
경북	57 (53)	55 (52)	53 (51)	49 (47)	47 (44)	48 (45)	45 (45)	50 (50)	49 (48)	45 (44)
경남	51 (48)	49 (46)	48 (46)	46 (45)	46 (44)	46 (44)	42 (42)	47 (47)	48 (47)	46 (45)
제주	49 (47)	44 (40)	43 (42)	42 (41)	48 (43)	42 (39)	34 (33)	40 (40)	47 (44)	44 (42)

출처: 환경부(2016g) 대기환경연보 2015: 242.

주: 세종특별자치시는 제외하였으며, 괄호 안의 값은 황사일자 제외 평균값.

2. 기후

최근 전 세계적으로 나타나는 기후변화로 인해 이상 고온, 가뭄, 한파, 대설, 호우 등 자연재해가 증가하고 있다(문승민 외, 2016). 기후변화는 생명에 위협을 가할 수 있는 자연재해뿐만 아니라 생태계와 인간 생활양식에 광범위한 영향을 미친다. 기후변화에 관한 정부 간 협의체(IPCC: International Panel on Climate Change, 2014)는 기후변화로 인해 나타날 수 있는 영향을 다음과 같이 제시하고 있다. 첫째, 생태계의 생물다양성 감소와 서식범위, 먹이사슬 체계 변동 둘째, 지역별 생산가능 작물의 변화와 잠재 식량 생산량 감소 셋째, 해수면 상승으로 인한 홍수 증가 넷째, 영양불균형 증가와 기아 발생, 기상이변으로 인한 질병과 사망자 증가, 전염성 질병의 공간적 분포 변화 등이다.

우리나라는 도시화 현상이 나타남에 따라 기후변화 역시 급격하게 나타나고 있다(Oh et al., 2004). 또한 연간 강수량 증가가 지속되고 있으며, 극한기상 심화 및 해수면 상승이 가속될 것으로 전망되고 있다(관계부처 합동, 2015). 다음 〈표 2-6〉은 우리나라 시·도별 연평균 기온을 나타낸다. 연평균 기온의 추세를 살펴보면 2010년 이후 연평균 기온이 점차 상승하고 있다. 또한 인구가 밀집하고 있는 시(市)의 연평균 기온은 도(道)에 비해 근소하게 높다.

기온 상승과 이상 고온의 발생은 상대적으로 기후변화 적응 능력이 낮은 노인·장애인·청소년 계층에게 치명적인 영향을 미칠 수 있다(중앙일보, 2017). 현재 우리나라는 고령 사회로 접어들고 있으며, 2026년에는 초고령 사회가 될 것으로 전망되고 있다. 초고령 사회에서는 기후변화 취약계층이 인구 구성의 대다수를 차지한다. 따라서 기후변화에 보다 잘 적응할 수 있도록 관리방안을 마련하는 것이 시급하다. 기온 상승 외에도 기후

〈표 2-6〉 시·도별 연평균 기온 현황 (단위: 평균기온(℃))

분류	2010	2011	2012	2013	2014	2015	2016
전국	13.2	13.2	13.2	13.7	14.0	14.2	14.4
시	13.5	13.3	13.3	13.8	14.0	14.3	14.4
도	12.9	13.1	13.1	13.7	13.9	14.2	14.3
서울	12.1	12	12.2	12.5	13.4	13.6	13.6
부산	14.9	14.6	14.5	15.3	15.1	15.4	15.7
대구	14.4	14.3	14.1	15	14.9	14.2	14.6
인천	12.3	12	12.1	11.9	12.8	13.1	13.3
광주	14.2	13.7	13.7	14.2	14.3	14.6	15
대전	12.7	12.6	12.6	13.1	13.1	14	14
울산	14	13.7	13.7	14.8	14.7	15	14.8
경기	12.2	11.8	12.1	12.3	13.1	13.5	13.6
강원	11	10.7	10.7	11.1	12.1	12.5	12.4
충북	13	12.8	12.7	13.3	13.9	14	13.9
충남	11.7	11.6	11.5	11.8	12.3	13	12.7
전북	13.5	13.1	13.2	13.8	13.9	14.2	14.3
전남	14.2	13.7	13.7	14.2	14.2	14.4	14.8
경북	14.4	14.3	14.1	15	14.9	14.8	15.2
경남	14.5	14.3	14.2	15	14.9	14.6	14.9
제주	11.6	15.6	15.7	16.5	16.2	16.7	17

출처: 내고장알리미(https://www.laiis.go.kr/).
주: 세종특별자치시는 제외.

변화로 인한 부문별·지역별 취약성이 증가될 것으로 예측된다. 다음 〈표 2-7〉은 우리나라의 기후변화로 인한 분야별 영향 발생 전망을 나타낸다(관계부처합동, 2015).

IPCC(2014)는 기후변화가 미치는 광범위한 영향을 고려하여, 이에 적응하는 방안을 마련해야 한다고 주장한다. 기후변화 적응은 "현재 발생하거나 또는 미래에 발생할 것으로 예측되는 기후변화와 그 영향에 대응하

〈표 2-7〉 기후변화로 인한 분야별 영향 발생 전망

분야	내용
수자원	가뭄 피해지역 범위 확대 및 강우강도 증가에 따른 집중호우 발생, 이로 인한 피해 증가
생태계	식물계절 시기, 생태계 전반에 걸친 종 분포·조성 등 변화와 병해충·위해생물 발생으로 인한 식물, 동물, 산림 등 생태계 교란 증가
산림	구상나무 등 일부 상록침엽수종 쇠퇴 등 수종변화, 집중호우에 의한 산사태 증가, 외래침입 병해충 확산 및 특정 병해충 돌발 대발생으로 인한 산림생태계 피해 발생
농업	과수 발아기·개화기 단축, 작물 재배 적지 북상, 기상재해 및 병해충으로 인한 농업 부문 피해 증가, 노지 작물 생육가능기간 증가
해양 및 수산	해수면 상승, 해류의 변화, 해양 산성화, 용존기체의 감소 등 해양환경 변화로 인한 생태계 먹이망 구조·일차 생산량의 변화, 동해 산호초와 포식 어류의 북쪽 방향으로 확장 등 어획 어종 및 해역의 이동
산업 및 에너지	기후변화로 인한 소비패턴 변화, 여름철 에너지 수요 증가 및 공급 차질, 자연재해로 인한 산업시설 및 산업단지 피해발생
건강	폭염에 의한 질병·사망, 기상재해로 인한 인명피해, 대기오염 및 곤충·설치류 매개 감염병 증가
인간정주공간 및 복지	인구의 도시 집중·노시화로 인한 개발은 하천변·저지대·급경사지 주변 등 재해취약지역을 증가시켜 홍수, 침수 등으로 인한 피해를 가중시키고, 에너지 소비 증가, 도시열섬 등은 도시의 생태적 건전성과 삶의 질을 악화시킴

출처: 관계부처합동(2015) 제2차 국가 기후변화 적응대책.

는 생태계 및 인간 시스템을 조정해 나가는 과정"이다(IPCC, 2014). 우리나라는 지난 2011년 '제1차 국가 기후변화 적응 대책'을 수립하였다. 본 계획은 2개 분야, 10개 부문을 설정하여 29개 대책, 87개의 세부과제를 설정하였다(관계부처합동, 2015). 이후 '제2차 국가 기후변화 적응 대책'에서는 정책추진의 효율성을 위해, 기존 과제를 20개 과제(4대 정책부문 16개 과제, 이행 기반 4개 과제)로 축소·통합하여 추진 중에 있다.

통계청에서 제공하는 국민 삶의 질 지표를 살펴보면 국민들의 기후변화 인식수준을 확인할 수 있다. 〈표 2-8〉에서 확인할 수 있듯이, 기후변화에 대한 국민들의 불안도는 다행히도 시간이 지남에 따라 점차 감소하고 있다. 그러나 기후변화가 초래하는 영향은 불확실성이 높을 뿐만 아니라 다양한 분야에 미치는 파급효과가 크다. 따라서 효과적인 기후변화 적응 대책을 통해 이러한 추세를 유지할 필요가 있다.

〈표 2-8〉 기후변화 불안도 (단위: %)

분류	2008	2010	2012	2014	2016
기후변화 불안도	65.6	66.4	62.5	62.9	62.9

출처: 통계청 국민 삶의 질 지표(2017년 12월 29일 검색).
주: 불안도(5점 척도)는 '매우 불안하다'와 '약간 불안하다'의 응답비율을 합산하여 산출.

IV. 생태환경과 삶의 질

물질적·문화적으로 풍요로운 시대를 살고 있는 인간에게 '생태환경'은 삶의 질을 좌우하는 중요한 요소로 작용한다. 환경 분야 중 생태환경의 위기는 미세먼지, 수질, 화학물질 등과 같이 인간에게 직접적이고 가시적인 손해를 가하지 않기 때문에 이를 위험으로 받아들이지 않는 경향이 크다. 그러나 생태환경은 인간의 삶의 질에 깊은 영향을 미친다.

생태환경과 인간의 삶의 질의 관련성은 '생태계 서비스'의 관점에서 논의될 수 있다. 생태계 서비스는 '인간의 삶을 지속적으로 충족시키기 위해 필요한 생물다양성과, 재화 생산을 지속하기 위한 자연생태계의 조건과 과정'(Daily, 1997)으로 정의될 수 있다. 따라서 인간은 삶에 필수적인 서비스와 재화를 생태환경으로부터 공급받을 뿐만 아니라, 생태계 서비스의 거의 모든 분야에 의존하고 있다고 볼 수 있다. 구체적으로, 생태환경은 수질·대기질 개선, 홍수와 가뭄 등 이상기후현상 완화, 토양 재생 및 비옥화, 작물과 자연식생의 수분(polination), 농해충의 통제, 생물다양성 보존 등의 서비스를 제공한다. 그리고 이러한 기능적 역할을 통해 농작물 등 생태계 재화의 생산, 유전자원의 경제적 활용, 문화 다양성 유지 등 현대 경제활동의 근간을 제공한다(Daily, 1997). 이처럼 생태환경은 다양한 영역에서 인간의 삶과 상호작용하고 있기 때문에, 생태계의 위험은 머지않은 미래에 인간에 대한 위험으로 전환될 가능성이 높다. 따라서 현존하는 생태환경을 보전·복원하고 현명하게 이용하여 지속가능성을 높이는 것은 인간과 자연이 공생하여야 한다는 당위적 측면에서뿐만 아니라 인간의 풍요로운 삶을 위해서도 중요한 문제이다.

우리나라의 생태환경은 크게 위험에 처해있는 상황이다. 2016년도 환경성과지수(EPI)에서 우리나라는 생물다양성 및 서식지 부문에서 180개국 중 126위로 하위권을 기록(환경부, 2017f)한 것으로 나타났다. 실제로 우리나라의 멸종위기 야생생물은 증가하고 있다. 2012년을 기점으로 총 221종에서 246종으로 25종이 증가하였다. 유형별로 살펴보면, 조류와 포유류를 제외한 모든 종이 증가하였다. 식물이 64종에서 77종, 어류는 18종에서 25종, 곤충류는 20종에서 22종으로, 양서/파충류 6종에서 7종, 무척추 동물 29종에서 31종, 해조류 1종에서 2종으로 각각 증가하였고, 고등균류는 1종이 새롭게 추가되었다. 최근까지, 이 증가추세는 계속 유지되고 있다.

멸종위기 야생생물 증가의 원인으로는 크게 두 가지 문제를 들 수 있다. 하나는 서식지 파괴이고, 또 다른 하나는 침입 외래종으로 인한 생태계 교란이다. 우리나라 야생생물은 대부분 산림지역, 연안습지 등에 서식하고 있는데 도시화, 인구증가, 개발사업 등으로 인해 야생생물 서식지가 지속적으로 줄어들고 있다. 우리나라 산림면적은 2003년 6,406천ha에서 2015년 6,335천ha로 꾸준히 감소해 왔으며, 산림경영이 지금과 같

〈표 2-9〉 멸종위기 야생생물 현황 (단위: 종 수)

분류	2007	2008	2009	2010	2011	2012	2013	2014	2015	2016
총계	221	221	221	221	221	246	246	246	246	246
포유류	22	22	22	22	22	20	20	20	20	20
조류	61	61	61	61	61	61	61	61	61	61
양서/파충류	6	6	6	6	6	7	7	7	7	7
곤충류	20	20	20	20	20	22	22	22	22	22
어류	18	18	18	18	18	25	25	25	25	25
무척추동물	29	29	29	29	29	31	31	31	31	31
식물	64	64	64	64	64	77	77	77	77	77
해조류	1	1	1	1	1	2	2	2	2	2
고등균류	-	-	-	-	-	1	1	1	1	1

출처: 통계청 홈페이지.

은 수준으로 유지될 경우, 2030년에는 6,225천ha까지 낮아질 것으로 전망된다(통계청 홈페이지). 산림면적과 더불어, 연안습지 면적도 감소추세이다. 1998년 2,398.0㎢에서 2003년 2,550.2㎢로 증가하였으나, 2008년 2,489.40㎢, 2013년 2,487.2㎢로 감소하였다. 종합적으로 살펴보면 1998년 대비 2013년에 연안습지 비율은 3.7% 증가하였으나, 2003년 이후부터는 지속적으로 감소하고 있다.

한편, 최근에는 기후변화나 밀거래 등을 통해 외래종의 유입이 급격히 늘고 있는데, 외래 생물종 중 일부는 생태계 교란 생물로서 국내 생태계에 악영향을 미친다. 생태계 교란 생물이란 "외국에서 인위적·자연적으로 유입되었거나 유전자변형을 통해 생산된 생물체 중에서 국내 생태계의 균형을 교란하거나 교란할 우려가 있는 야생의 생물"(환경부, 2014c)을 말한다. 침입외래종은 토착종을 포식하거나, 서식지·먹이를 두고 경쟁하거나, 토착종에 질병을 전파함으로써 우리나라 생물자원에 부정적 영향을 미친다(환경부, 2016h).

위와 같은 생태환경의 위험이 지속될 경우, 자연자원의 지속가능하고 현명한 이용이 점차 어려워질 수 있으며, 이에 따른 삶의 질 저하도 예상해볼 수 있다. 자연자원은 크게 두 가지 경로로 삶의 질에 영향을 미친다. 첫째, 풍부한 자연자원은 경제적으로 국가의 자산이 될 수 있다는 점이다. 생태환경과 국가경제의 관계를 예측할 수 있도록 하는 원인은 바로 '나고야의정서'이다. 나고야의정서는 2010년 제10차 생물다양성협약 당사국총회에서 채택된 국제규범으로, 각국의 생물자원 주권을 강화하는 것을 골자로 한다. 즉, 생물유전자원을 이용해서 발생하는 이익을 자원제공국과 공유하도록 하는 것이다(나태준 외, 2013). 2016년 11월 기준 총 89개 국가가 나고야의정서를 발효하였으며(국립생물자원관, 2016), 우리나라에서도 2017년 8월부터 발효되었다.

나고야의정서에 의해 직접적인 영향을 받는 분야는 주로 생물유전자원을 활용하는 바이오 산업계이다. 특히 우리나라의 경우, 생물유전자원의 해외의존도가 약 70%에 달하는(한국무역협회, 2014) 자원이용국에 속하기 때문에 나고야의정서 발효로 인한 이익보다는 부담이 최소 136억 원에서 최대 639억 원까지 증가할 것으로 예상된다(박용하 외, 2011). 또한 나고야의정서는 직접적인 비용 외에 간접적인 비용까지 유발할 가능성이 높다. 예컨대 유전자원 접근 및 이익 공유와 관련한 각종 소송이나 특허 취소 소송 및 규제비용 등의 다양한 사회적 비용 지출이 늘어날 수 있다(박용하 외, 2011).

이에 따라 환경부는 「유전자원 접근 및 이익공유에 관한 법률」을 제정하여 국내 이행체계를 마련하고, 국내 산업계를 대상으로 나고야의정서 인식 제고 및 정보서비스 제공 강화를 위해 노력하고 있다. 또한 국가 생물주권의 근거로서 국가 종 목록을 구축하고 전통지식을 확보 중에 있다. 2014년 기준 총 42,756종의 종 목록을 구축하였으며, 2005년 이후 구전 전통지식 3.6만 건을 확보하고 있다(환경부, 2015a).

이러한 노력에도 불구하고 아직까지 우리나라의 나고야의정서에 대한 보다 적극적이고 구체적인 대응이 미흡한 수준에 머무르고 있다. 특히 나고야의정서 이행절차 및 제도정비가 지연되고 있으며, 산업계의 인식과 대응도 낮은 수준에 머무르고 있다. 단기적으로는 유전자원 관련 특허 등 주요 이슈들에 대응할 수 있는 법적 근거 마련과, 해외 유전자원 소재 국가의 법적·제도적 특징 등 사전 정보를 충분히 파악하려는 노력이 필요하다(강명수, 2017). 그리고 장기적으로는 우리나라가 제공할 수 있는 자원의 비율을 늘려 생물주권을 강화하기 위한 노력이 필요하다. 이를 통해 생물자원에 기반을 둔 제품개발, 새로운 시장 개척 등을 추구하여야 한다.

둘째, 자연자원은 경제적 가치를 넘어 국민에게 생태휴양의 중심공간으로 기능한다. 이는 최근 그 중요성이 강조되고 있는 웰빙과도 연관되는 것으로, 인간은 생태환경을 통해 여가와 휴식, 행복감을 느끼고 삶의 여유를 찾는다. 우리나라는 국립공원, 도립공원, 시립공원 등과 같은 자연공원을 확대 지정·관리하여 자연생태계와 자연 및 문화경관 등을 보전할 뿐만 아니라 이를 현명하게 이용함으로써 인간이 생태계서비스로부터의 혜택을 누릴 수 있도록 하고 있다. 대표적으로 국립공원은 생물다양성의 보전·복원과 현명한 이용이 동시에 이루어지는 분야이다. 「자연공원법」에 따르면 국립공원은 "자연생태계나 자연 및 문화경관을 대표할 만한 지역"이다. 우리나라는 1967년 최초로 지리산국립공원을 지정한 이후, 현재까지 22곳을 지정하고 있다. 22개소 국립공원의 전체 면적은 6,726㎢으로, 전 국토면적(100,295㎢) 대비 6.71%이며, 육지 면적 대비 3.96%를 차지한다(국립공원관리공단, 2017).

국립공원은 국민에게 생태환경 체험, 여가기회 제공 등의 다양한 생태계서비스를 제공한다. 정부는 국민들의 여가수요 증대에 대응하기 위해

각 국립공원별로 탐방로, 대피소 및 야영장 등 공원시설을 설치하고 있으며, 건강누리캠프 등과 같은 프로그램을 마련하여 운영하고 있다. 아래 〈표 2-10〉에서 볼 수 있듯이, 국립공원의 탐방프로그램 운영횟수는 2009년 17,990회에서 2016년 33,463회로 두 배 가까이 늘었으며, 참여인원은 5배 이상 늘어난 것을 확인할 수 있다. 그리고 단순 탐방객 또한 꾸준히 그 숫자가 증가하고 있는 추세이다. 이는 시간이 지날수록 많은 국민들이 생태환경 서비스를 경험하고 있다는 것을 의미하며, 앞으로도 이러한 추세는 증가할 것으로 예상된다.

〈표 2-10〉 연도별 국립공원 탐방프로그램 운영 실적 및 탐방객 (단위: 명)

분류	2009	2010	2011	2012	2013	2014	2015	2016
참여인원	423,856	551,796	651,138	762,784	943,807	1,344,823	1,743,611	2,311,354
프로그램	384	381	264	277	287	413	331	334
운영횟수	17,990	18,912	18,563	18,379	21,233	28,406	31,291	33,463
탐방객 (천 명)	38,219	42,658	40,804	40,959	46,932	46,406	45,332	44,358

출처: 국립공원관리공단(2017) 2017 국립공원기본통계.

생태계서비스로부터 국민이 누리는 정서적·심리적·신체적 편익을 극대화하기 위해서는 생태환경의 지속가능성을 확보하고 현명한 이용이 가능하도록 생태환경의 위험요소를 최소화할 필요가 있다. 이에 우리나라는 생태환경 문제에 대응하기 위하여 '자연환경과 생태계가 평화롭게 보장되는 국토환경 조성'을 환경부의 6대 전략목표 중 하나로 설정하였다(환경부, 2017f). 그리고 세부 성과목표로는 생물다양성의 보전·복원, 자연자원의 현명한 이용, 지속가능한 국토환경관리를 설정함으로써 자연환경의 보존과 지속가능한 이용이 균형적으로 이루어지는 방향으로 정책을 수립하고 있다.

생물다양성의 보전·복원분야에서 가장 핵심이 되는 정책은 바로 한반도 생태축 복원인데, 대표적인 사례로 백두대간을 들 수 있다. 백두대간은 '한반도 생태축'이라 불릴 만큼 우리나라 자연환경의 중심부이자, 생물자원의 보고이다. 정부는 2003년부터 「백두대간보호에 관한 법률」을 제정하여 백두대간 보호를 위한 법적 기반을 마련하였으며, 동법 제4조의 규정에 근거해 「백두대간보호 기본계획」을 수립하여 시행하고 있다(산림청, 2015). 이에 따라 2005년 9월에는 백두대간을 보호지역으로 지정하였으며, 최근에는 DMZ 일원까지 백두대간 보호지역으로 확대 지정하면서 보호구간이 총 701㎢로 확대되었다(국립생태원, 2015). 그리고 이외에도 「한반도 생태축 구축 방안('10)」, 「한반도 생태축 연결·복원계획('13. 7.)」을 수립하여 자연환경 보전 기반을 마련하고 환경부, 국토부, 산림청 등 관계부처가 합동으로 생태축 주요단절지역 50개 구간에 대한 연결·복원사업을 추진해 오고 있다. 현재까지 김천 추풍령을 비롯한 4개소에 생태통로가 설치되고 있으며, 지리산, 설악산 속리산 등 주요 백두대간의 생태축 복원이 꾸준히 진행 중이다(환경부, 2017f). 그리고 2017년 10월에는 생태통로 관리 효율화방안까지 포함한 2단계 생태축 연결·복원사업 추진계획을 수립하여 생물다양성 보전·복원을 위한 노력을 지속적으로 추진하고 있다.

그러나 생태환경 문제가 효율적으로 해결되기 위해서는 위와 같은 법적·제도적 근간의 마련 외에 부처 간의 유기적 협업 노력이 필요하다. 우리나라 환경보호 지역의 관할 구역과 업무 영역은 환경부와 해수부, 산림청, 문화재청, 각 지자체 등이 별도로 나누어 관리된다. 구체적으로 환경부 장관은 생태경관보전지역·자연공원·습지보호지역·특정도서·야생생물특별보호구역을, 산림청장은 백두대간 보호지역, 산림유전자원을, 해양수산부 장관은 수산·생물보호수면, (연안)습지보호지역을, 문화재청장은 천연보호구역 및 명승지를 관할한다(환경부, 2017b). 업무의 중복과 혼란이 잠재적으로 발생할 수밖에 없는 구조이다. 예컨대 침입외래종들이 인접지역으로 이동하는 경우, 자치단체 간 정보공유와 협업체계가 매우 취약할 수밖에 없다. 따라서 생태환경의 안정적 보호를 위해서는 범부처 차원의 관리협업체계의 구축과 유기적 공조가 필요하며, 업무의 일원화를 위한 시스템이 마련되어야 한다.

V. 결론

본 장에서는 수질, 상하수도, 대기, 기후, 생태환경 분야 등에서 발생하고 있는 주요 환경이슈들을 검토하고 국민의 삶의 질과 어떠한 관련을 가지는지 살펴보았다. 다양한 환경이슈들은 국민의 삶과 직·간접적으로 연관되어 있을 뿐만 아니라, 일상생활에 미치는 파급효과가 크다. 또한 환경문제는 환경 고유의 속성뿐만 아니라 경제·사회 등 다양한 문제들과 결부되어 있다는 점에서 다양한 행위자들의 이해관계 대립이 첨예하게 나타난다. 따라서 정부가 앞장서서 환경문제를 해결하기보다는 거버넌스 체계를 구축하여 이를 해결하려는 시도가 필요하다. 특히, 환경부와 타 부처 간, 중앙정부와 지방정부 간, 나아가 정부와 국민과의 거버넌스 체계를 마련하는 것이 시급하다. 거버넌스 체계를 통해 환경이슈에 대한 의견 수렴을 확대하고 이해당사자 간 갈등을 효과적으로 해결할 것으로 기대된다.

환경 이슈 별 국민의 삶의 질을 높이기 위한 정부의 구체적인 정책방향은 다음과 같이 제시할 수 있다. 먼저, 물 환경 문제들은 유기적으로 흐르면서 연결되는 수자원의 특성을 고려할 때, 자연계(지하수, 지표수, 강수 등)와 인공계(하수, 상수, 하수 재이용, 중수도, 강우유출수 등) 물 순환을 연계시켜 안전하고 안정적으로 관리하는 것이 필요하다(박준홍, 2017). 즉, 여러 중앙부처 및 지자체에 의해 분절적으로 운영되고 있는 물 관리체계에 대한 개편이 논의되어야 한다. 이러한 분절성의 핵심에는 수질은 환경부, 수량은 국토교통부가 담당하고 있는 현실이 있다(윤경준, 2017). 현재의 체계는 다양한 관리주체, 전문화된 분야에 대한 업무 추진이 가능한 장점이 있지만, 부처별로 상이한 목표로 인해 국가 차원의 종합적이고 일관된 물 관리 계획을 수립·집행하는 데 어려움이 있고, 국가의 주요 법정 계획의 공간적 중복성, 부처 간 예측 및 계획의 불일치성, 신속한 의사결정의 어려움 등을 초래할 뿐 아니라 상하수도 요금이나 용수량 등 물 관리 현안에서 빈번한 부처 간 분쟁 및 사회적 갈등을 적절히 조정하지 못한다는 단점이 있다(김이형, 2017; 김익재 외, 2016; 문태훈, 2015). 해외 사례와 비교할 때 물 관리체계의 일원화를 최선의 대안이라고 할 수는 없지만 대체로 물 관리는 일원화되는 것이 바람직하다는 시각이 많으며, 향후 우리나라의 수자원 현황 및 관리수요에 대한 예측에 따라 적합한 체계 개편 논의가 이루어져야 한다(윤경준, 2017). 한편, 깨끗한 물을 안전하고 안정적으로 공급하려는 정부의 노력에 더하여 우리 국민 역시 상수원 및 강, 바다의 오염을 줄이고, 건강과 환경에 도움이 되는 생활습관을 갖기 위한 노력이 필요하다.

미세먼지로부터 국민을 보호하고 삶의 질을 높이기 위해서는 국내·외 차원의 대응이 필요하다. 특히 미세먼지 발생의 52%가 국내 요인에 의해서 발생한다는 점을 고려할 때, 국내 차원의 노력이 우선되어야 한다. 현재 국내 미세먼지의 주요 배출원으로 도로 이동오염원, 비도로 이동오염원, 제조업 연소와 생산 공정 등이 지적되고 있다(환경부, 2015b). 따라서 주요 배출원을 적극적으로 관리하는 방안을 마련함과 동시에 지역의 특성을 고려한 대책도 마련되어야 할 것이다. 국외적 차원의 경우 중국이 미치는 영향이 큰 것으로 나타나, 중국과 미세먼지 저감을 위한 국제적 협력체계를 구축하는 것이 필요하다. 특히, 중국의 대기 질 측정과 미세먼지에 관한 정보를 실시간으로 공유하고 이를 국민에게 신속히 전달함으로써 미세먼지로 인한 피해를 예방할 수 있을 것이다.

국민들이 변화하는 기후에 잘 적응하여 삶의 질을 높이기 위해서는 일시적인 정책적 처방을 통해 해결하기보다는 장기적이고 일관성 있는 대책을 수립하는 것이 중요하다. 이는 기후변화 적응이 장기간에 걸쳐 나타나는 특성 때문이며, 이에 따라 사업들은 단기적·가시적인 성과를 산출하기 어렵다. 따라서 이러한 특성을 고려한 성과지표를 개발하고 지속적인 정책 관리를 통해 국민의 삶의 질을 향상시키는 방안을 모색해야 할 것이다. 또한 사업이 장기적이고 일관성 있게 추진되기 위해서는, 이를 평가·환류할 수 있는 모니터링과 피드백 체계를 구축하는 것이 필요하다.

마지막으로 생태환경 분야의 경우, 앞서 살펴본 바와 같이 생태환경은 그 자체로 보전 가치를 가질 뿐만 아니라, 문화적·경제적 측면에서도 중요한 자원으로 이용될 수 있다. 그러나 생태환경 보전과 자연자원 이용을 통한 편익의 극대화라는 두 마리 토끼를 잡기 위해서는 선결되어야 할 과제들이 있다. 우선 환경 생태의 체계적인 보호와 관리가 필요하다. 이를 개선하기 위해서는 지구온난화로 인한 이상 기후에 적응하기 위한 장기적인 모니터링 시스템의 구축과 지역별 환경의 차이에 따른 구체적인 실태조사가 필요하다. 그리고 보호지역의 산림자원의 관리가 강화되어야 하고 산불, 산사태 등에 대한 예방·대응 역량의 확충이 필요하다. 아울러 기존에 훼손된 환경을 복원하기 위한 다양한 기술의 개발과 활용도 중요하다.

참고문헌

강명수. (2017). 나고야의정서와 유전자원 관련 특허: 한국 교역에 미치는 영향. 〈무역보험연구〉, 18(1): 163-195.

관계부처합동. (2015). 제2차 국가 기후변화 적응대책.

곽소윤·이창훈. (2015). 2015 국민환경의식조사 연구. 세종: 한국환경정책·평가연구원.

곽소윤·이창훈·임용빈. (2016). 2016 국민환경의식조사 연구. 세종: 한국환경정책·평가연구원.

국립공원관리공단. (2017). 2017 국립공원기본통계. 국립공원관리공단.

국립생물자원관. (2016). 나고야의정서 대응 생물산업계 지원 및 컨설팅(2차년도).

국립생태원. (2015). 한반도 핵심 생태축 보전 및 복원 기반 연구. 국립생태원.

국립환경과학원. (1993). 전국수질평가 보고서.

국립환경과학원. (2015). 전국수질평가 보고서.

국제개발협력시민사회포럼. (2016). 알기쉬운 지속가능발전목표 SDGs.

국토교통부. (2016). 지적통계.

권기원. (2016). 지방상수도 현대화사업(노후 상수관망 정비사업). 〈코네틱 리포트〉. 환경부·한국환경산업기술원.

김이형. (2017). 건강한 물환경 조성을 위한 물순환과 통합 물관리 방향. 〈차기정부 환경부문 현안과 정책과제 공동심포지엄〉 발표 자료집: 133-149.

김익재·공인혜·조재필·정선희·이진희. (2016). 물이용 지속성의 평가와 미래 전망. 세종: 한국환경정책·평가연구원.

나태준 외. (2013). 국제환경협약의 이해. 대영문화사.

대한민국정부. (2016). 2017년도 성과계획서(환경부).

문승민·나태준·현지혜·강보경. (2016). 자연재해 피해의 탐색적 공간분석(ESDA)에 관한 연구－전국 지방자치단체를 중심으로, 2006-2014－. 〈Crisisonomy〉, 12(3): 53-68.

문태훈. (2015). 좋은 환경과 지속가능한 물관리 정책. 〈환경논총〉, 55: 51-60.

박용하·유주영·노태호·윤정호·최현아. (2011). 나고야의정서 가입 타당성 분석 및 후속협상 대응에 관한 연구. 환경부.

박준홍. (2017). 국민 만족도 향상을 위한 상하수도 및 물 산업 현안과 정책 방향. 〈차기정부 환경부문 현안과 정책과제 공동심포지엄〉 발표 자료집: 151-169.

산림청. (2015). 제2차 백두대간보호 기본계획. 산림청.

서울환경운동연합·서울시수돗물평가위원회. (2015). 서울시 수돗물 의식조사.

수돗물홍보협의회. (2014). 수돗물 음용실태와 이슈.

윤경준. (2017). 환경 분야. 〈제19대 대통령선거 후보자 정책공약 평가 대토론회I〉. 발표자료집: 341-397.

통계청. (2016). 2016년 사회조사 결과(가족·교육·보건·안전·환경).

통계청. (2017). 장래인구추계 시도편: 2015-2045.

조용철·진세준·최한주·류문현·유승훈. (2016). 녹조 발생의 심미적 환경비용 추정. 〈환경정책〉, 24(4): 227-246.

한국무역협회. (2014). Trade Brief, 나고야 의정서 발효와 산업계 영향. 한국무역협회 국제무역연구원.

환경부. (2014a). 대기환경보전법 하위법령 개정령 공포. 환경부 보도자료.

환경부. (2014b). 대기환경연보(2013).

환경부. (2014c). 외래생물 유입에 따른 생태계 보호 대책. 환경부.

환경부. (2015a). 제3차 자연환경보전 기본계획.

환경부. (2015b). [보도자료] 조류경보제 개선으로 체계적인 녹조관리. 12월 1일.

환경부. (2016a). 국민환경의식조사.

환경부. (2016b). 환경백서.

환경부. (2016c). 제2차 물환경관리 기본계획.

환경부. (2016d). 국가 지속가능성 보고서('12∼'14).

환경부. (2016e). 지방상수도 현대화사업 국고지원계획 및 '17년 국고보조사업 신청지침 설명.

환경부. (2016f). 바로 알면 보인다. 미세먼지, 도대체 뭘까?.

환경부. (2016g). 대기환경연보(2015).

환경부. (2016h). 생태계를 위협하는 외래생물. 환경부.

환경부. (2017a). 2016년 조류(녹조)발생과 대응 연차보고서.

환경부. (2017b). 환경백서.

환경부. (2017c). 2015 상수도통계.

환경부. (2017d). 환경통계연감 2016.

환경부. (2017e). 한·미 공동연구 결과, 미세먼지 국내영향 52%…국외보다 높아. 환경부 보도자료.

환경부. (2017f). 2017년도 국가생물다양성전략 시행계획. 관계부처 협동.

환경운동연합. (2015). [성명서] 충남 물 부족은 물정책 실패 사례, 지속가능한 가뭄대책 마련해야.

Daily G. (1997). Nature's services: societal dependence on natural ecosystems. Island Press.

IPCC. (2014). Climate change 2014: Impacts, Adaptation, and Vulnerability(Fifth Assessment Report). Cambridge and New York: Cambridge University Press.

OECD. (2012). OECD Environmental Outlook to 2050. Paris: OECD.

OECD. (2017a). How's Life? 2017: Measuring Well-being. Paris: OECD.

OECD. (2017b). Diffuse Pollution, Degraded Waters: Emerging Policy Solutions. Paris: OECD.

OECD. (2017c). OECD Environmental Performance Reviews KOREA 2017. Paris: OECD.

Oh, Sung-Nam., Kim, Yeon-Hee. & Hyun, Myoung-Suk. (2004). "impact of Urbanization on Climate Change in Korea, 1973-2002". *Journal of the Korean Meteorological Society*, 40(6): 725-740.

신문기사

선데이타임즈. (2016). "4대강 녹조 심해졌지만 경보는 자제"녹조 심각성 감추기 '급급'한 환경부. 서동철 기자. 9월 28일.

아시아경제. (2017). 장맛비 '빈익빈부익부'…충남 일부 지역은 자체 제한급수. 정일웅 기자. 7월 4일.

워터저널. (2016). '노후 지방상수도 개량사업'에 3조 300억 원 국고지원. 배철민·김민선 기자. 6월 10일.

제주의소리. (2017). 태풍 빗겨간 제주, 가뭄-폭염 지속 7일부터 제한급수 7500명 피해. 이승록 기자. 8월 6일.

조선일보. (2015). 생기 넘치는 생수… 정체기 접어든 정수기. 류정 기자. 10월 6일.

중앙일보. (2017). "대프리카 사실이었네...35도 넘은 날 10년간 112일". 강찬수 기자. 7월 27일.

환경미디어. (2015). 〈특집〉 수돗물 해부 ③공급-관리의 중요성. 박원정 기자. 11월 10일.

KBS. (2017). "미세먼지 측정 '구멍 숭숭'…환경부 변명 들어보니". 이슬기 기자. 4월 19일.

웹페이지

국가상하수도종합정보시스템(http://www.waternow.go.kr/web).

국민 삶의 질 지표(https://qol.kostat.go.kr/).

내고장알리미(http://www.laiis.go.kr/).

에어코리아(http://www.airkorea.or.kr).

통계청 e-나라지표(http://www.index.go.kr/main.do?cate=6).

통계청 홈페이지(www.kostat.go.kr/).

환경부 환경통계포털(http://stat.me.go.kr/nesis/main.do).

OECD Better Life Index(http://www.oecdbetterlifeindex.org).

WHO. (2016a). "Air pollution levels rising in many of the world's poorest cities". http://www.who.int/mediacentre/news/releases/2016/air-pollution-rising/en/ (2017년 12월 18일 검색)

WHO. (2016b). "WHO Global Urban Ambient Air Pollution Database(update 2016)" http://www.who.int/phe/health_topics/outdoorair/databases/cities/en/(2017년 12월 18일 검색)

제3장

정보를 이용한 화학물질 위험 관리와 삶의 질 개선

한승혜 · 배현회

I. 서론

현대사회에서 발생하는 위험 중 상당 부분이 중요한 정보가 제공되지 않아 더 큰 피해가 발생한다. 2011년부터 계속적으로 논란이 이어지고 있는 가습기 살균제 문제의 경우 기본적으로 제품이 가진 유해성을 은폐한 제조사의 윤리적 문제 또는 관리 감독에 소홀하고 초기대응 미흡으로 피해를 확산시킨 정부의 문제를 지적하기 쉽지만, 화학제품의 성분정보가 외부에 공개되지 않아서 소비자가 잠재적 위험성을 알기 어렵고 사건이 발생한 후 원인규명 또한 어려웠던 것이 피해를 더 크게 만든 중요한 원인으로 지적된다(문성제, 2014). 이미 우리의 일상생활 속에서 많은 화학제품을 사용하고 있는 것을 감안하면 제2, 제3의 가습기 살균제 사건도 앞으로도 계속 나타날 수 있다. 계란에서 살충제 성분이 검출되어 논란이 된 2017년 살충제 계란 사태 또한 정보제공의 중요성에 대해 여러 가지 논점을 제시한다. 사건이 발생한 후 시중 유통된 계란의 안전성을 확인하기 위해 정부에서는 긴급히 산란계 농가를 대상으로 전수조사를 실시하여 살충제 성분이 검출된 농가의 정보를 외부에 공개했고, 이로 인해 구매자는 상품 구매 시 상품에 표기된 생산지 코드를 정부가 발표한 살충제 검출 생산지 코드와 비교하여 구매결정을 내리거나 이미 구매한 상품의 위험성을 판단할 수 있었다. 이 사례에서는 생산정보를 구매 시점에 확인할 수 있도록 상품에 직접 표기하는 방식이 유용하게 작동하였고, 이러한 정보들을 더 편리하게 식별할 수 있게 체계화할 필요성이 제기되었다. 한편으로 산란계 농가에서 살충제를 사용하면서도 그에 따른 부작용 정보를 인식하

* 이 글은 〈행정논총〉 (제56권 1호)에 게재된 동 저자의 [정보를 이용한 화학물질 위험 관리 연구]의 내용을 수정, 보완한 것임.

지 못했다는 지적이 나타나면서(중앙일보, 2017. 08. 15.),[1] 가습기 살균제 사건과 마찬가지로 쉽게 소비되는 화학물질에 대해 정확한 정보 제공이 미흡했던 점이 이 사건에서도 위험을 초래한 주요 원인임을 알 수 있다. 이처럼 정보는 현대사회에서 발생할 수 있는 일상생활 속 위험을 통제하고 삶의 질을 향상시키는 데 중요한 역할을 한다.

여러 국가에서 다양한 사회 문제들의 해결을 위해 정보를 제공하는 방식의 정책을 도입하여 시행하고 있다. 대표적으로 많은 국가에 도입된 정책으로는 식품에 표기되는 성분표시라벨, 기업 재무정보공개, 지하수 수질정보 등을 들 수 있다. 이러한 정보 제공은 정보를 이용하는 이용자가 공개된 정보를 바탕으로 위험을 피하는 의사결정을 할 수 있게 하며, 정보를 제공하는 제공자의 입장에서도 공개된 정보로 인해 받게 될 타격을 고려하여 좀 더 안전한 선택을 하게 하여 궁극적으로 전체적인 위험이 줄어드는 결과가 나타나게 된다. 그러나 앞서 언급한 사례에서 알 수 있듯이 정보는 적절한 방식으로 적시에 제공되어야 효과적으로 위험을 줄일 수 있다. 현대사회에서의 위험이 점점 복잡하고 다양한 관계 속에서 발생하는 만큼 정보를 통한 위험관리가 더 유용하게 사용될 수 있으며, 따라서 효과적인 정보공개의 조건에 대해 검토할 필요가 있다.

화학물질분야에서도 전 세계 주요 국가에서 다양한 방식으로 정보제공 시스템을 도입하고 있다. 대표적으로 화학제품을 업무에 사용하는 근로자나 관리자를 위해 제공하는 물질안전보건자료, 화학물질을 사용한 제조과정에서 외부로 배출되는 물질량을 공개하는 화학물질 배출량 공개, 그리고 화학물질이 포함된 소비재의 포장에 화학성분을 표시하는 전성분표시제 등이 있다. 국내에서도 1990년대 후반부터 물질안전보건자료와 화학물질 배출량 공개제도를 도입하였으며, 2001년부터 화장품에 대해 전성분표

1 http://news.joins.com/article/21845454(검색일: 2017. 08. 29.)

시를 의무화하고, 의약품에 대해서도 2017년 12월부터 전성분 표시의무제를 도입하는 법령이 국회를 통과하였다. 이처럼 화학물질과 관련한 분야에서는 다양한 정책을 통해 외부에 정보를 의무적으로 제공하게 하려는 노력이 이루어지고 있다.

본 장에서는 정보를 외부에 공개하는 것이 위험을 줄이는 데 매우 효과적이라는 관점에서, 정보제공이 효과적으로 작동할 수 있는 조건을 Weil et al.(2006)의 연구를 바탕으로 살펴보고자 한다. 또한 국내에서 정보공개방식이 일정 기간 정착되어있는 화학물질 분야를 중심으로 각 정보제공시스템을 통해 공개된 정보가 효과적으로 잠재적 위험을 줄일 수 있는 조건을 갖추었는지 진단하고, 그 결과를 바탕으로 국내 정보제공정책에 대한 함의를 제시한다.

Ⅱ. 국내 화학물질 관련 정보제공정책 현황

1. 화학물질 취급 과정

세계지속가능발전기업위원회(World Business Council for Sustainable Development: WBCSD)에서는 화학물질이 사용되고 관리가 이루어지는 범주를 두 가지의 관점에 따라 제시하고 있다(WBCSD, 2014). 첫 번째는 "요람에서 무덤까지(Cradle-to-Grave)"로 화학물질의 전 과정을 포괄하는 개념이다. 이 관점에서는 화학물질의 전 생애(life cycle)를 화학물질이 재활용되지 못하고 완전히 그 사용이 중지되고 버려지는 시점까지로 구분하며, 원재료일 때부터 화합물로 가공된 후 유통 및 사용 단계를 거쳐 최종적으로

[그림 3 - 1] 화학물질 취급의 전 과정

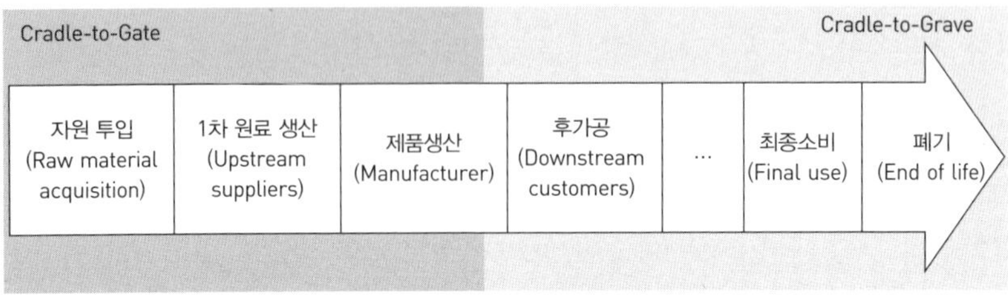

출처: WBCSD(2014: 16).

폐기되기까지의 전 과정을 조명한다. 두 번째의 관점은 "요람에서 문까지(Cradle-to-Gate)"로 화학물질이 투입되어 사업장 밖으로 나가기까지의 과정에 초점을 맞춘다. 이 두 과정을 도표로 나타내면 [그림 3 - 1]과 같다.

화학물질은 이러한 과정에 지속적으로 환경 혹은 인체에 영향을 미치기 때문에, 각 과정에서 어떤 화학물질이 얼마나 사용되었는지에 대한 정보는 환경과 질병의 위험을 감지하는 데 중요하다. 자원 투입부터 제품 생산까지의 과정은 주로 하나의 사업체에서 이루어지며 그 이후 폐기까지의 과정은 유통단계를 거친 제품 소비단계로 각 가정과 사업체를 포함한 광범위한 소비단위에서 이루어진다. 따라서 제품 생산과정에서는 생산업체를 단위로 하는 정보가, 생산 이후의 과정에서는 각 제품마다 포함하고 있는 화학물질의 양과 위험성 정도가 중요하다. 정보공개는 이러한 과정에 따라 적절하게 이루어져야 한다.

본 장에서는 이러한 화학물질의 전 과정에서 정보가 위험감소에 효과적인 조건을 갖추고 있는지 확인하고 정보제공의 수준이 어느 정도에 도달하였는지를 진단한다. 이를 위해 국내 제품 생산과정에서 발생하는 화학물질과 관련한 정보 시스템인 화학물질 배출량 정보, 주로 산업현장에서 취급하는 유독물질의 안전정보인 물질안전보건자료, 소비 단계에서 제품에 포함된 화학물질을 확인하게 하는 정보인 화장품 전성분정보 등의 세 정보 제공 시스템을 선정하였다. 세 사례는 국내 도입이 1990년대 후반에서 2000년대 초반 사이에 이루어져 일정한 기간을 거쳐 국내에 정착이 되어 있다. 따라서 이에 대한 연구는 정책에 대한 재검토의 역할을 할 뿐 아니라, 위해 우려제품 안전·표시기준, 의약품 전성분 표시의무제 등과 같이 최근 도입되었거나 도입이 예정된 다양한 정보제공정책에 대안을 제시할 수 있다.

2. 국내 화학물질 정보제공시스템

1) 화학물질 배출량 정보

사업장에서 사용되는 화학제품에 대한 정보는 내부 근로자뿐 아니라 사업장 인접지역 거주민, 관할 지자체 등 다양한 집단에 영향을 준다. 따라서 각 사업장에서 얼마나 많은 화학물질이 사용되며, 어떤 물질이 환경으로 배출되고 있는지에 대한 정보를 제공하기 위하여 국내에 도입된 것이 화학물질 배출·이동량 정보(Pollutant Release and Transfer Register: PRTR)[2]이다. 국내의 배출량 정보공개는 1996년 시범적으로 국내 22개 업체를 대상으로 실시한 것을 기반으로 배출량 산정기법을 개발하여 순차적으로 업종과 대상을 늘려 1999년 본격적으로 시행되었다. 현재는 환경부 고시에서 지정한 39개 업종에 해당하고 조사대상 415종 화학물질을 기준 이상으로 배출하는 사업장의 화학물질 배출정보를 공개하고 있으며,[3]

2 http://icis.me.go.kr/prtr(검색일: 2017. 10. 22.)

3 위의 기준은「환경부 고시 제2014-255호」에 명시되어 있으며, 2015년에는 이 기준을 만족하는 35업종의 3,634개 업체가 정보를 공개하였음.

2015년도 배출량까지의 공개가 이루어졌다.

화학물질 배출량 정보는 미국에서 도입된 유독물질 배출목록제도(Toxics Release Inventory: TRI)[4]를 시초라고 할 수 있으며, 이는 1984년 12월 4일 미국 유니온카바이드사의 인도 보팔 화학 공장에서 발생한 가스 유출 사고를 계기로 시행되었다. 이 사고는 수천의 인명피해를 가져온 대형 재난사건으로 미국 사회에 화학물질 사용에 대한 경각심을 불러오는 계기가 되었고, 미국은 1986년 TRI의 근거가 되는 '긴급 명령 및 지역사회 알 권리에 관한 법(Emergency Planning and Community Right-to-Know Act: EPCRA)'을 제정하게 된다. 우리나라의 경우 1996년 OECD에 가입한 것을 계기로 제도를 도입하였다.

2) 물질안전보건자료

물질안전보건자료(Material Safety Data Sheet)는 화학물질 및 화학물질을 함유한 제제에 대해 대상 화학물질의 명칭과 취급주의사항, 건강유해성 정보 등 안전정보를 작성한 자료이다. 산업안전보건법 제41조에 따르면 동법 제39조제1항에서 정한 근로자의 건강장해를 유발하는 화학물질 등에 대해 물질안전보건자료를 작성하여, 작업장 내에 취급 근로자가 확인할 수 있도록 게시해야 함을 명시하고 있다. 또한 해당 화학물질 및 화학물질을 함유한 제제를 제공 혹은 양도할 때는 물질안전보건자료를 함께 제공하도록 규정하고 있다. 물질안전보건자료는 국내에서 1996년에 시행되었으며, 이러한 규정의 취지는 유해물질을 취급하는 사용자들이 미리 그 위험성을 인지하고 사고가 발생하더라도 피해를 최소화하는 데 있다(김신범 외, 2015).

4 https://www.epa.gov/toxics-release-inventory-tri-program(검색일: 2017. 10. 22.)

미국의 경우 1983년 연방 유해정보 전달 기준(Hazard Communication Standard: HCS)을 발표함에 따라 물질안전보건자료를 산업현장에 도입해 사용하게 되었다(Greenberg et al., 1996). HCS는 화학 물질 제조업자나 수입업자가 생산 또는 수입 한 모든 화학 물질의 위해성을 평가하고 그 위험성에 관한 정보를 영향을 받는 고용주와 제조 부문의 직원에 전달함을 목적으로 하고 있으며, 특히 물질안전보건자료를 모든 직원에게 제공할 수 있도록 하여 유해화학물질을 다루는 근로자의 알권리를 보장하고 있다.

3) 화장품 전성분 표시의무제

화장품 전성분 표시의무제는 화장품법 제10조를 근거로 2008년 10월 18일부터 출고되는 모든 화장품 제품에 대해 적용되고 있다. 화장품 전성분 표시의무제의 도입 목적은 화장품 소비자의 선택권 확보와 부작용의 원인규명을 위함이며,[5] 법령의 개정 이전에는 발암성이 높거나 피부자극을 유발하는 등 법령에 의해 성분을 규정하여 이를 공개하고 있었다. 개정된 법령에서는 사용된 함량이 많은 것부터 모든 성분을 기재하도록 하며, 예외적으로 제조과정 중에 제거되어 최종제품에 포함되지 않은 성분, 안정화제, 보존제 등 원료 자체에 들어 있는 부수 성분으로서 그 효과가 나타나게 하는 양보다 적은 양이 들어있는 성분, 내용량이 10㎖ 초과 50㎖ 이하 또는 중량이 10g 초과 50g 이하 화장품의 포장인 경우 지정물질[6]을 제외한 성분을 생략할 수 있도록 하여(화장품법 제10조 제1항 제3호, 동법 시행규칙 제19조 제2항), 상당한 정보가 생략될 여지가 있다는 비판을 받았다(구혜경, 2012; 오승한, 2014).

5 화장품법 개정이유 및 주요내용(2008. 10. 18.)

6 타르색소, 금박, 샴푸와 린스에 들어있는 인산염의 종류, 과일산(AHA), 기능성화장품의 경우 그 효능·효과를 나타나게 하는 원료, 식품의약품안전처장이 배합 한도를 고시한 화장품의 원료.

화장품에 대한 성분표시규정이 최초로 도입된 배경은 소비자가 마스카라 제품을 사용하고 실명하게 된 사건에 의해 1938년 미국에서 화장품, 식품의약품에 대한 법률이 제정된 사례를 들 수 있다(양진희, 2012). 이후 미국에서는 1976년부터 화장품 전성분표시를 통해 화장품 성분에 대한 정보를 제공하고자 하였으며, 이러한 방법은 국제사회 및 국내의 제도에도 영향을 주고 있다(구혜경, 2012). 일본의 경우 제도의 도입이 규제를 완화하고자 하는 목적으로 도입되었는데, 일본은 2001년 전성분표시를 실시함에 따라 기존의 허용원료, 허용한도, 금지원료를 정해 규제하던 것에서 금지원료만을 지정하여 업계에 자율을 주는 방식으로 시스템을 전환하였다(김영찬 외, 2005; 구혜경, 2012). 이처럼 화장품 전성분 표시의무제는 성분정보의 제공을 통한 소비자의 알권리 충족과 더불어 불필요한 규제를 완화하여 자율적으로 제품의 안전성을 제고할 수 있는 대안으로 기대할 수 있으나, 의무사항의 이행을 넘어서는 실질적인 효과가 발생하는가에 대한 의문이 제기된다(양진희, 2012).

Ⅲ. 정보 투명성에 대한 논의

1. 기존 논의의 흐름

정보를 통한 위험관리는 정보의 투명성을 제고하여 정보제공자와 이용자가 위험에 대비할 수 있음을 전제로 한다. 기존의 논의들을 살펴보면, 주로 정보의 제공에 따라 정보 이용자가 어떠한 반응을 보였는가, 또는 정보 이용자의 반응에 따른 정보제공자의 대응이 있었는가를 연구하였다. 기업이 배출하는 오염물질 정보를 공개하면 그 정보가 좋은 정보인가 나쁜 정보인가에 따라 주식시장이 반응하며(Hamilton, 1995), 주가의 변화는 정보 제공자인 기업이 더 환경을 보호하도록 유도한다(Konar & Cohen, 1997). 또한 Bennear & Olmstead(2008)의 연구에 따르면 식수 규정의 위반 여부 및 오염수준 정보가 사용자에 의무 공개된 후 식수 공급업체 위반내용이 개선되었으며, 그중 심각한 수준의 위반사항은 정보제공 이후 더 줄어들었다.

이처럼 정보를 제공하면 이용자와 제공자의 의사결정에 영향을 주고, 행동 변화를 유발한다. 그럼에도 불구하고 많은 연구들이 정보제공 정책이 효과적으로 시행되지 않고 있다는 점을 지적하였다. 단순히 오염배출량이 많다는 정보를 공개하는 것이 투자자들의 행동을 변화시키는 것은 아니며, 이용자의 의사결정에 영향을 주기 위해서는 예상 못한 오염배출 등 중대한 부분의 정보가 제공되어야 한다(Hamilton, 1995). 성범죄자 정보의 경우 공개가 단순히 '범죄의 두려움'을 유발할 뿐, 이러한 정보가 위험을 줄이는가에 대해서는 많은 논란이 있다(Pope, 2008). 광우병 등 가축질병에 대한 정보 또한 그 위험성 정도와는 무관하게 소비심리를 악화시킬 수 있어 좀 더 객관적이고 정확한 정보의 제공이 중요하다(황윤재·우병준, 2011).

기존의 많은 연구들이 정보제공을 통해 당사자의 중대한 의사결정에 영향을 줄 수 있음을 보여주고 있다. 그러나 정보의 제공은 무조건적인 효과를 나타내기보다는, 대상의 특성이나 정보의 제공방식 등에 따라 그 영향이 다르다. 따라서 정보제공을 통해 위험을 관리하기 위해서는 효과적인 정보의 특성을 파악하는 것이 중요하며, 기존의 정보공개정책들이 효과적으로 수립되어 있는지를 점검할 필요가 있다.

2. 정보 투명성의 효과적 작동 조건

본 장에서는 Weil et al.(2006)의 연구를 바탕으로 하여 정보가 효과적으로 작동하기 위한 조건을 검토한다. 정보가 효과적으로 작동하기 위해서는 정보를 이용하는 이용자(노동자, 주민, 기업의 주주 등)와 정보를 공개하는 공개대상자(사업장)의 의사결정에 반영될 수 있는 형태로 정보가 제공되는 것이 중요하며, Weil et al.(2006)는 이용자 측면과 공개대상자 측면에서 효과적으로 의사결정에 반영되기 위한 정보공개(information disclosure)의 특성을 다음과 같이 제시하고 있다.

1) 정보 이용자에 효과적인 정보의 조건

Weil et al.(2006)의 연구에서는 이용자의 측면에서 다음의 몇 가지 조건을 확인할 수 있다. 첫째, 정보는 이용자의 의사결정에 관련된 정보여야 한다(Relevance to user's decisions). 어떤 지역에서 지하수에 대한 수질 정보나 식중독 발생 정보를 공개한다면, 정보 이용자인 지역주민은 제공된 정보를 사용하여 안전하지 않은 지하수의 사용을 중지하고, 식중독을 유발하는 음식을 피함으로써 발생할 수 있는 위험을 줄일 수 있다. 그러나 지하수를 식수로 주로 사용하지 않는 경우 지하수 수질 정보는 이용자의 판단에 큰 역할을 하지 않는다.

둘째, 정보가 이용자의 의사결정 과정에 쉽게 사용될 수 있어야 한다(Compatibility with user decision-making processes). 정보가 이용자의 행동에 영향을 주기 위해서는 이용자가 활용하기 쉬운 적절한 형식(Format)을 가지고, 접근하기에 용이한 적절한 위치(Location)에, 적시(Timeliness)에 제공되어야 한다. 정보의 형식은 원시 데이터(raw-data)의 형태인가, 가공되어 요약이 이루어져 있는가, 혹은 등급 등의 최소한의 정보만 나타나 있는가에 따라 이용자의 행동에 주는 영향이 다르다. 국내 대기 정보를 제공하는 에어코리아[7]에서 미세먼지 정보를 확인해보면 미세먼지의 수치뿐 아니라 '좋음', '보통', '나쁨'과 같은 오염수준을 판단할 수 있는 기준을 설정하여 가공된 정보를 함께 제시하여 이용자가 정보를 확인하여 바로 외출 여부를 결정할 수 있다. 또한, 시시각각 변화하는 미세먼지 정보를 그 다음날 공개하는 경우에는 이용자가 이 정보를 통해 현재의 외출을 결정하기 어려우므로, 중요한 정보도 적절한 시기에 제공해야 이용자의 의사결정에 사용될 수 있다.

셋째, 공개된 정보는 이용자가 이해하기에 용이해야 한다(Comprehensibility of information). 그 중요성이 높고 일상생활에서 사용이 용이하게 제공되었더라도 공개된 정보가 대중이 쉽게 이해하기 어려운 경우에는 의사결정에 사용되기 어려울 것이다(Kristal et al., 1998; Weil et al., 2006). 예를 들어 GMO 표기는 이용자가 제품을 구매할 때 의사결정의 기준이 되지만, GMO에 대한 정확한 지식을 가지고 있지 않은 경우 이 표기가 합리적인 의사결정을 증진하기보다는 식품에 대한 과도한 불안감을 유발하는 요인으로 작용할 수 있다.

넷째, 정보를 수집하고 처리하는 데 드는 비용이 과다하지 않아야 한다(Cost of information collection). 일상생활에서의 의사결정에 유리한 정보라 하더라도, 이를 취득하고 처리하는 데는 비용이 소요될 수 있다. 정보의 이용자가 정보를 통해 상당한 이득을 얻을 수 있을 경우에는 그 정보를 취득하는 데 더 많은 시간과 노력을 투자할 수 있지만(Kleindorfer & Orts, 1998), 투자비용이 과다한 경우 유용한 정보라도 일상적인 의사결정에 사용하기 쉽지 않다. 개인이 주거지역을 결정할 때 지역의 범죄발생

7 http://www.airkorea.or.kr/(검색일: 2017. 8. 29.)

정보는 유용하게 사용되지만, 만약 주변의 범죄정보를 열람하기 위해 비용이 과다하고 절차가 복잡하다면 이 정보는 주거 결정에서 배제될 가능성이 높다. 즉, 일상생활에서 사용하는 정보를 통해 효과적으로 위험을 줄이기 위해서는 정보 획득에 적정한 비용이 책정되어 있어야 한다.

다섯째, 정보의 수집과 해석에 있어 중개자(Intermediaries)의 역할 또한 이용자가 효과적으로 정보를 활용하는 데 중요한 요소이다. 중개자인 제3의 기관은 여러 정보제공정책에 따라 산출된 정보를 활용할 때 큰 역할을 한다. 예를 들어 식품제조업체가 공개하는 자료를 바탕으로 소비자 보호단체들은 업체를 대상으로 한 안전 순위를 발표하거나 위험 등급을 구분하여 공개할 수 있다. 이렇게 중개기관을 통해 가공된 자료들은 복잡한 형태로 공개되어있는 자료를 좀 더 단순하고 이해가 쉽게 만들어 정보 이용자가 정보를 수집하고 해석하는 수고를 덜어준다.

2) 정보 제공자에 효과적인 정보의 조건

Weil et al.(2006)는 정보이용자뿐 아니라 정보를 공개해야 하는 정보제공자의 측면에서도 효과적인 정보의 네 가지 조건을 제시하고 있다. 첫째, 정보제공자의 목표에 이용자의 행동이 영향을 줄 수 있어야 한다(Impact on discloser goals). 정보를 제공한 제공자는 이 정보로 인해 발생한 이용자의 행동변화가 자신의 관심사에 실질적인 영향을 주거나 줄 가능성이 있어야 자발적으로 위험을 줄이는 결정을 한다. 예를 들어, 오염 배출 정보를 공개하는 사업장의 경우 이로 인해 발생할 수 있는 정보이용자인 주민, 직원, 주주 등의 이해당사자가 제기할 수 있는 문제에 대한 대응으로 오염을 줄이겠다는 결정을 내릴 가능성이 있으나, 오염 문제로 인해 주민들이 소송을 하기보다 주거지를 이전하는 반응을 보이는 경우 이 문제에 대해 특별한 대응을 할 가능성은 낮다.

둘째, 이용자의 반응이 제공자의 현재 진행 중인 의사결정에 반영될 수 있어야 한다(Compatibility with ongoing discloser decisions). 정보 공개에 따른 이용자의 반응이 제공자의 목표에 영향을 주는 내용이라 해도, 정보를 공개한 제공자가 정보를 수집하고, 가공하고, 결정하는 형식에 이용자의 반응이 호환되지 않는다면 의사결정에 반영될 수 없다. 만약 정보를 제공한 사업체가 문제점을 추적하는 체계를 갖추지 못한 경우 이용자의 반응을 제대로 파악하지 못해 중요한 문제를 반영한 개선이 이루어지지 못할 것이다. 또한, 이러한 호환성의 문제는 단기적으로 나타난다고 볼 수도 있는데, 만약 이용자가 전자제품의 결함에 따라 제품을 구매하지 않는 반응을 보인다 하더라도, 설계나 주요 부품의 변경이 즉각적으로 이루어지기 어려운 부분이라면 단기에는 개선이 이루어지기 어렵다.

셋째, 이용자의 행동변화를 정보 공개 대상이 식별할 수 있어야 한다(Ability to discern user action). 이용자의 행동 변화가 정보 공개에 따른 것인지를 확인하기 어렵다면 제공자의 행동 변화 또한 이루어지기 어렵다. 만약 휴가철 수산시장을 이용하는 소비자가 급감하고 그 시기에 식중독 발생지역에 대한 정보가 공개되었다면, 소비 감소의 원인이 휴가로 인해 많은 사람들이 외부로 나갔기 때문인지 식중독에 대한 우려에 따른 반응인지 판단하기 어렵다.

넷째, 이용자의 행동패턴 변화를 파악하는 데 수반되는 비용이 적정해야 한다(Cost of collecting information regarding changes in user behavior). 정보이용자와 마찬가지로, 정보제공자는 이용자의 행동에 대한 정보를 수집하기 위해 비용과 편익을 고려하게 되며, 정보이용자의 반응에 대한 정보를 경영의사결정에 반영하기 위해 필요한 비용과 경영 개선을 통해 달성할 수 있는 이익을 비교하여 충분히 높은 이익을 도출할 수 있어야 한다. 정보제공자는 이용자의 행동패턴을 파악하는 것이 경쟁에서 이기거나 높은 가치를 창출할 기회라고 인식할 때 충분히 시간과 노력을 투자하게 된다.

3. 분석 모형

지금까지 Weil et al.(2006)의 연구에서 제시한 정보가 이용자와 제공자의 의사결정에 반영되도록 하는 여러 조건을 살펴보았으며, 이를 정리하면 [그림 3-2]와 같다.[8] 이러한 조건을 충족하여 정보가 의사결정에 영향을 줄 수 있을 때, 각 의사결정자는 위험을 회피하는 결정을 하게 될 것이다. 따라서 정보 투명성 정책이 의사결정에 반영될 수 있게 효과적으로 작동하고 있다면, 정보제공을 통해 큰 비용을 들이지 않고 위험을 관리할 수 있다. 다음 절에서 이러한 조건들을 기준으로 앞서 언급하였던 세 가지 화학물질과 관련한 정보제공정책이 효과적으로 운영되고 있는지를 분석한 결과를 확인할 수 있다.

[그림 3-2] 효과적 정보의 조건

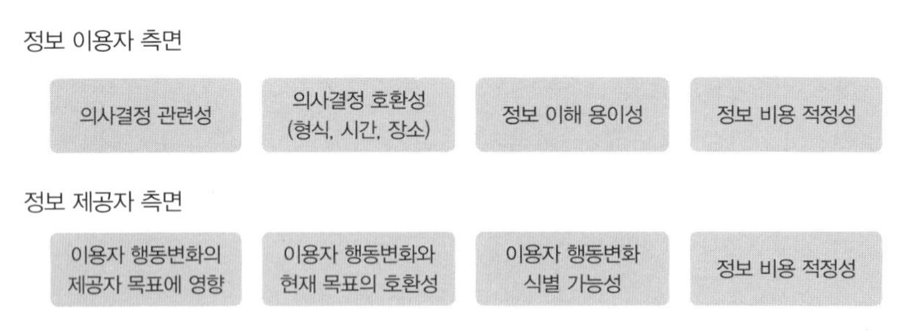

출처: Weil et al.(2006)의 연구내용 재구성.

8 앞서 기술한 조건들 중 제3 중개자의 영향은 정보공개 시스템 자체의 효과성을 직접적으로 보여주는 부분이 아니므로 논의에서 제외하였다.

Ⅳ. 국내 화학물질 정보제공시스템의 효과적 활용

1. 정보제공시스템 사례별 특성

물질안전보건자료, 화학물질 배출량공개, 화장품 전성분 표시의무제 등 화학물질의 정보를 제공하는 세 가지 사례를 중심으로 하여, 그 공개 방식이 효과적인 정보의 조건에 얼마나 부합하는지 진단해 보았다. 분석 결과를 보기에 앞서 세 정보제공시스템의 개요를 〈표 3-1〉과 같이 정리하였다.

각 시스템은 기본적으로 이용자가 위험을 예측하여 의사결정을 수행할 수 있도록 잠재적 위험요인에 대한 정보를 제공하며, 정보를 제공해야 하는 제공자에게는 스스로 위험을 제어하거나 경감하도록 하는 억제의 효과를 주고자 한다는 공통점을 가지고 있다. 물질안전보건자료의 당사자는 특정 유해물질의 제조업체와 유해물질을 공정에 사용하게 되는 사업장의 업주, 그리고 사업장 근로자로 구분되며, 사업장의 업주(또는 관리자)는 유해물질을 구매하는 입장에서는 이용자가 되지만 사업장 근로자에 제공할 때는 제공자가 된다. 물질안전보건자료와 화장품 전성분표시의무제의 정보이용자가 구체적으로 특정 제품을 사용하는 사용자라면, 화학물질 배출량 정보의 경우 이용자는 일반대중과 규제기관(지자체 혹은 환경청)이 된다. 이는 주로 대기 혹은 수중으로 배출되거나 매립되는 화학물질은 제품과 달리 범위를 특정할 수 없는 주변지역에 인적·물적 피해를 미칠 수 있고, 이러한 환경피해 가능성으로 규제의 대상이 되기 때문이다. 공개방식을 보면 물질안전보건자료는 물질을 거래할 때 함께 인계해야 하며, 관리자는 근로자가 유해물질을 사용하게 되는 사업장에 비치해야 한다. 따라서

〈표 3-1〉 정보제공시스템 사례별 특성 정보

정책명	화학물질 배출량	물질안전보건자료	화장품 전성분표시의무제
공개 목적	주민의 알권리 충족 및 사업장의 자율적 배출량 감축 촉구	유해물질 취급사업장 위험성 인지 및 피해 최소화	소비자의 알 권리 및 부작용 피해 최소화
제공자	사업장	제조업체 / 사용업주	제조업체
이용자	대중 / 규제기관	사용업주 / 근로자	소비자
공개 방식	인터넷	산업현장	제품용기 및 포장 표기
공개 내용	사업장의 화학물질별 배출량 및 배출방식	취급물질 위험정보	제품의 제조에 사용된 성분 명칭

이 정보는 대상이 사용되는 산업현장에서 직접적이고 즉각적으로 확인할 수 있게 된다. 화장품 전성분표시의무제의 경우에도 제품 용기와 포장에 표기하게 되어있어 제품을 구매하는 소비자가 바로 내용을 확인할 수 있다. 반면 화학물질 배출량 정보의 경우 인터넷 사이트를 통해서 그 내용을 확인할 수 있으며 실시간으로 이용자의 주변에서 얼마나 배출이 이루어지고 있는지를 파악하기에는 한계가 있다. 이러한 세 가지 사례의 정보공개시스템이 실제로 정책목표에 따라 효과적으로 정보 이용자와 제공자의 의사결정에 반영되는지 앞서 제시하였던 조건을 중심으로 살펴본다.

2. 사례별 분석 결과

1) 화학물질 배출량 정보

생산과정에서 화학물질은 대기 중, 수계, 토양 등으로 배출되며, 이는 주변의 환경과 인체에 영향을 줄 수 있다는 위험성이 있다. 또한 2012년 후반부터 2013년까지 연쇄적으로 발생했던 화학공장의 유해물질 유출사건들을 계기로 주거지역 주변의 사업장이 취급하는 유해화학물질에 대한 관심이 커졌다. 그럼에도 사업장 인근 거주자가 사업장에서 발생하는 화학물질로 인해 당장 나에게 위해를 가할 것이라고 보기는 어렵다. 환경 중으로 퍼진 화학물질은 폭발사고에서처럼 단기에 뚜렷한 영향을 보여주는 것이 아니고 매우 긴 시간에 걸쳐 영향을 주는 경우가 많기 때문에, 이러한 배출량을 확인하였다 하여 개인의 중대한 의사결정에 영향을 주기는 어렵다. 따라서 화학물질 배출량 정보는 주거지역이나 산업지역 등의 입지와 생활 속 위험을 사전에 회피하고자 하는 의사결정에 관련성이 있더라도 그 정도가 매우 낮다.

또한 화학물질은 대기환경으로 배출되기 때문에 이용자는 이 정보가 나에게 얼마나 피해를 주고 있는지를 특정하기 어렵다. 정보가 인터넷 웹페이지를 통해 제공되고 있는 만큼, 이 정보를 주거 혹은 산업의 입지결정에 사용하고자 한다면 현장에서 바로 파악할 수 없다는 점 또한 정보가 의사결정에 호환되기 어렵게 한다. 시스템 상에 제공되는 정보는 시·군·구 단위 혹은 사업체 단위의 총량, 그리고 세부적으로 물질별 배출량이다. 따라서 이 내용을 통해 지역별 정보 혹은 사업체별 정보를 확인할 수 있으나, 이러한 배출량이 어느 정도의 유해성을 가지고 있는지에 대해서는 추가적인 지식이 필요하다.

화학물질 배출량 정보가 공개되면 정보 이용자인 지역주민이나 지역 사업자는 거주지를 이동할 수 있고, 이는 지역의 지가에 영향을 줄 수 있으나 사업장의 중요한 목표에 영향을 주는 변화라고 보기는 어렵다. 또한 이러한 지가의 변동은 화학물질 배출량의 영향에 따른 것인지를 명확히 규명하기 힘들다. 다만, 최근 화학물질에 대한 위험성이 증가한 만큼 위험물질의 배출 비중이 큰 기업이 초래할 수 있는 잠재적 위험으로 인해 주가가 하락할 수 있다. 이런 이용자의 반응은 사업장에 중요한 영향을 준다. 또한 규제기관이 이러한 배출정보를 바탕으로 다양한 사업장을 지속적으로 감시할 수 있다는 것도 정보제공자가 스스로 배출량을 줄이게 하는 요인이다(Maxwell, et al., 2000).

화학물질의 배출은 사업장에서 필연적으로 발생하지만, 그 배출 규모는 공정상의 비효율을 개선하거나 여과장치 등을 설치하여 어느 정도의 해결이 가능하다. 따라서 정보제공자인 사업장에서는 배출하는 화학물질을 다른 물질로 바로 대체하는 결정을 내리긴 어렵다 하더라도 그 감축을 위한 의사결정이 가능하다.

이러한 내용을 살펴보았을 때, 이용자 측면에서 의사결정 관련된 정보를 제공하며 원자료를 홈페이지상에 전면 공개하고 있어 지역별 화학물질 배출량 정보를 획득하는 비용이 낮은 효과적인 측면을 보이고 있으나, 제공되는 정보의 호환성이 낮고, 배출량 수치를 통해 환경에의 영향을 판단하기에는 추가적 정보가 필요하다. 따라서 정보 이용자의 의사결정에 반영되기에 완전한 효과성을 나타내는 정책이라고 보기 어렵다. 정보제공자의 측면에서는 자료의 효과가 이용자의 행동변화가 어떤 수준이냐에 따라 다르게 나타날 것을 예상할 수 있다. 이용자가 단순히 지역을 벗어나는 반응을 보이는 경우 정보제공자의 목표에 영향을 주기 어려울 뿐 아니라 배출량의 영향을 식별하기도 어렵다. 다만 과다한 배출량에 의해 주가변동이 발생하거나, 공개된 정보를 통한 규제가 예상되는 경우 사업장의 중대한 목표에 영향을 준다. 따라서 화학물질 배출량 정보는 정보제공자 측면에서 크게 효과성을 나타내지 않으나, 민감한 사건의 발생 혹은 규제의 영향이 있는 경우에 의미가 있다.

2) 물질안전보건자료

물질안전보건자료는 화학물질 사용에 따라 발생하는 작업장에서의 잠재적 위험을 근로자와 관리자(고용주)가 확인할 수 있게 한다. 이러한 정보는 근로자가 발생할 수 있는 위험을 인지하고 대비할 수 있게 하고 관리자 역시 작업환경 조성 등에 이러한 위험을 고려하게 한다. 다만 근로자의 경우 작업환경을 자율적으로 조정하기보다는 주어진 환경 속에서 일을 하게 되는 경우가 많으며, 업무상 사용되는 물질에 대해 물질안전보건자료를 확인하지 않거나 그러한 내용이 있다는 인지도 하지 못하는 근로자도 상당수 존재한다(김해경·최상준, 2015). 따라서 물질안전보건자료는 이용자의 안전에 대한 정보임에도 중요한 부분에 대한 의사결정, 즉 위험물질의 사용 여부 및 작업과정에서의 안전장치 마련 여부에 대한 결정은 이용자인 근로자의 의사가 배제될 가능성이 높다.

이러한 자료는 해당 물질을 다루는 작업장 내에 비치하도록 하고 있으므로 의사결정에 포함되기에 적절한 환경에 제공되어있어 호환성이 높다. 그럼에도 물질안전보건자료를 구성하고 있는 내용은 전문적인 부분이 많아 이용자가 대상 물질의 유해성을 파악하기 어렵다(김기웅·박진우, 2012; 오나래 외, 2017).

물질안전보건자료를 바탕으로 한 이용자의 의사결정은 주로 사업장의 고용주가 해당 제품을 이용하지 않기로 결정을 내리거나, 근로자가 유해한 화학제품을 대체 용품으로 변경해줄 것을 요구하는 형태로 나타난다. 이러한 정보는 제조사 혹은 유통사, 그리고 근로자에 정보를 제공한 고용주가 파악할 수 있는 정보이다. 이러한 정보는 제공자의 결정으로 즉각적으로 이어지지 않을 수도 있다. 산업현장에서 사용된 물질에 대한 즉각적인 대체재가 없는 경우 사용중지 결정을 내리기 어렵고, 제조사 또한 사용자의 요구에 따라 물질의 위험성을 줄이는 제품개발을 하는 데 시간이 소모될 경우에는 정보제공에 따른 시장의 반응에 대한 즉각적인 대응이 어렵다.

반면 제공자의 입장에서는 물질안전보건자료의 제공에 대한 이용자의 반응은 수집이 용이한 측면도 있다. 물질안전보건자료의 작성이 요구되는 물질은 주로 특수한 공정이 요구되는 산업분야이므로 정보 이용자는 직접적으로 제공자에 의견을 전달할 수 있고, 제공자는 일반대중을 상대방으로 할 때에 비해 이용자의 반응에 대한 수집 혹은 가공의 노력이 비교적 적게 소모된다.

이용자 측면에서 물질안전보건자료를 분석한 결과 정보를 적시에 적소에서 확인할 수 있다는 높은 호환성이 있음에도 불구하고 의사결정에 반영을 어렵게 하는 조건은 내용의 전문성이다. 그럼에도 물질안전보건자료는 취급과정에서 안전에 관련한 상세한 항목의 정보를 다루고 있으므로 활용을 높인다면 산업현장에서의 위험을 상당부분 감소시킬 수 있다. 또한 제공자와 이용자가 특정되어있으므로 이용자의 반응은 제공자의 의사결정에 매우 직접적으로 반영될 수 있는 정보이다. 다만 기존의 위험을 감소시키는 새로운 화학제품을 만들어 이에 대응하기까지는 전문적인 기술의 개발이 필요해 정보의 제공이 효과적으로 위험을 줄이는 데 어려움이 존재한다.

3) 화장품 전성분 표시의무제

소비자가 화장품을 구매하였을 때 전성분은 주로 화장품 용기 뒷면과 포장 뒷면에 표시되고 있으며, 화장품에 포함된 성분 전체(법령에 의거한 예외사항을 제외)의 명칭을 표기하고 있어 매우 획득하기 쉬운 정보이다. 또한 화장품은 인체에 바르거나 뿌리는 등의 방법으로 사용되는 물품 중 의약품을 제외한 다양한 제품군으로(화장품법 제2조 제1항), 인체에 직접적으로 사용하기 때문에 그 성분에 대한 정보는 소비자의 의사결정에 관련성이 높고 구매 시 즉각 반영될 수 있다.

다른 화학물질에 대한 정보와 마찬가지로 화장품의 전성분 정보 또한 전문용어이므로 일반대중이 이해하기 어렵고 전문적인 지식이 필요하다(김명희·노영희, 2010). 뿐만 아니라 전성분 표시의 경우 성분의 명칭을 나열한 형태이며 그 함량에 대해서는 기제순서를 통해 유추될 뿐 정확한 함유 비율을 제시해야 할 의무 규정이 없다. 따라서 공개된 정보에는 인체에 미치는 위험이 명확히 드러나지 않으며, 따라서 소비자가 정보를 이해하기 어렵다는 한계가 있다. 또한 정확한 함유량 등의 세부 정보를 포함하지 않기 때문에 정보이용자가 이 정보를 이용하여 여러 상품을 비교해 구매결정을 할 수 없어 정보의 효율성을 떨어뜨린다(오승한, 2014).

화장품 전성분 표시에 따른 소비자의 반응은 인체 유해성이 높은 제품에 대한 판매량 하락과 유해성이 낮은 제품으로의 소비자 이동으로 나타날 수 있다. 따라서 화장품을 제조하는 업체의 입장에서 소비자의 반응은 판매량에 영향을 주는 매우 중요한 정보이며, 제품개발의 방향에 영향을 주기도 한다. 판매량의 변화는 이용자의 의사결정을 나타내는 지표라고 볼 수 있으나, 판매량을 좌우하는 요인은 다양하게 나타날 수 있다는 점에서 판매량에서 정보제공시스템의 영향을 식별하기는 어렵다. 대신 판매자는 설문조사, 판매업소를 통한 정보수집, 인터넷 후기 등을 통해 이용자의 반응을 확인할 수 있는데, 이러한 정보를 모으는 데는 비용과 시간이 소모된다.

화장품 전성분 표시의무제의 효율성을 낮추는 가장 대표적인 요인은 정보가 전문적이면서도 축약되어있어 의사결정에 반영하기 위해 이용자가 위험수준을 판단하기 어렵다는 점이다. 소비자에게 닥칠 수 있는 잠재적 위험에 대한 중요 정보를 제공하고 있다는 점에서 전성분 정보는 화장품을 고르는 데 매우 중요하지만, 대부분의 소비자는 이러한 정보를 이해하기 어렵기 때문에 성분에 대한 이해를 높이고자 하는 노력을 포기하고 주로 브랜드에 의존하여 구매의사를 결정하게 된다(양진희, 2012; 오승한, 2014).

전성분 정보에 대한 소비자의 반응은 정보제공자에게 매우 중요한 정보이며, 이러한 정보를 인지한 화장품 제조사는 유해성을 낮추기 위한 제품개발을 하게 되어 품질개선과 경쟁력 향상을 도모할 수 있다. 이용자의 의사결정정보를 제조사가 즉각적으로 식별하기 위해서는 비용과 노력이 소모되나, 화학물질배출량정보에 대한 이용자의 반응에 비해 특정된 고객의 반응이므로 시장조사를 통해 정보 수집이 가능하다.

4) 결과 종합

이상에서 세 사례에 대해 정보이용자와 정보제공자 측면에서 효과적인 의사결정에의 활용여부를 분석하여 〈표 3-2〉와 같이 정리하였다. 화학물질 배출량정보의 경우 의사결정 활용정도가 낮으며, 화학물질이 배출이 일반대중에 미치는 위험수준은 현재의 결정에 중대한 영향을 줄 만큼 크지 않다는 점이 활용도를 떨어뜨리고 있는 것으로 보인다. 또한 이용자가 정보를 통해 내리는 의사결정도 특정하기 어려우므로 이를 바탕으로 제공자가 배출량을 줄일 것을 기대하기는 어렵다. 대신 이 정보를 바탕으로 하는 주가변동, 규제 등의 특수한 집단이 주는 영향은 정보제공자의 행동을 제약할 수 있다.

물질안전보건자료의 경우 이용자와 제공자 모두가 중간 정도의 효과적인 정보 활용이 가능한 것으로 보인다. 다만 대상자를 누구로 특정하냐에 따라 그 활용도는 달라지는데, 이용자가 산업현장의 근로자인 경우에는 이러한 정보는 파악하기 어렵고 위험을 인지한다고 해서 사용을 중지하는 등 중요한 의사결정을 내리기도 어렵다.

화장품 전성분 표시의무제는 인체에 직접적으로 작용하는 화장품의 안전성을 확인할 수 있는 정보인 만큼 그 활용성이 중요하다. 그럼에도 단순

〈표 3-2〉 정보의 효과적 의사결정 활용 여부 분석 결과

정책명		화학물질 배출량	물질안전보건자료	화장품 전성분 표시의무제
이용자 측면	관련성	〈하〉 미래의 가능한 위험에 대한 정보	〈중〉 잠재적 위험에 대한 정보	〈상〉 인체에 대한 직접적 위험 정보
	호환성	〈하〉 입지의사결정에 반영 어려움	〈중〉 관리자는 호환이 용이하나 근로자는 호환이 어려움	〈상〉 구매의사결정시 바로 확인가능
	이해 용이성	〈중〉 물질에 대한 상세한 지식 요구됨	〈중〉 전문지식 요구됨	〈하〉 세부정보 생략됨
	비용 적정성	〈중〉 획득비용 낮으나, 활용비용 높음	〈중〉 획득비용 낮으나, 활용비용 높음	〈하〉 획득비용 낮으나 중요 정보가 생략됨 활용비용 높음
	의사결정 활용	하	중(관리자) 하(근로자)	하
제공자 측면	관련성	〈중〉 일반적 영향보다 주가, 규제 등을 통한 간접 영향	〈중〉 제조업자는 구매를 중단 하는 경우 손익에 영향	〈상〉 유해성분 문제는 판매량에 즉각 영향
	호환성	〈중〉 공정관리를 통해 배출량 관리	〈중〉 제조업자의 제품 생산 결정에 영향	〈중〉 제품 생산 결정에 영향
	식별 가능성	〈하〉 규제나 소송 없이는 식별불가	〈중〉 근로자의 의사는 식별에 한계	〈중〉 문제점의 이슈화 전에 식별어려움
	비용 적정성	〈하〉 정보 수집 어려움	〈상〉 직접적으로 전달	〈하〉 개별적 분석 노력 필요
	의사결정 활용	하	중	중

하게 성분을 나열하여 위험성의 식별과 제품들 간의 비교가능성 등 정보의 활용성이 매우 낮고, 이러한 측면이 소비자의 의사결정에 반영을 어렵게 하였다. 그러나 유해성분에 대한 정보를 바탕으로 소비자가 내린 의사결정은 제품 판매량에 직접적으로 영향을 줄 수 있기 때문에 제조과정에서는 좀 더 정보의 영향력이 크게 작용한다.

종합적으로 보면 이용자가 특정되어 있을 때 의사결정에 활용 가능성이 더 높아지는 경향을 확인할 수 있으며, 제공된 정보가 단순하고 많은 정보를 생략할수록 활용 가능성이 낮아지는 것을 알 수 있다. 또한 제공자와 이용자가 직접적으로 시장에서 거래를 하는 관계일 경우 그 반응이 정보제공자의 의사결정에 반영될 가능성이 높아지며, 화학물질 배출량 정보와 같이 직접 거래관계를 형성하고 있지 않은 경우에는 제공자가 반응을 특정하기 어려워 특별한 대응으로 이어지지 않는다.

V. 결론

본 장에서는 Weil et al.(2006)의 연구를 통해 위험을 효과적으로 감소시킬 수 있는 정보제공정책의 조건을 검토하고, 국내에서 정보제공정책이 다양하게 시행되고 있는 화학물질 분야에 초점을 맞추어 정보가 얼마나 효과적으로 제공되고 있는지 살펴보았다. 위험성에 대한 정보의 공개가 이용자와 제공자에 효과적으로 영향을 미친다는 것은, 이용자와 제공자가 의사결정을 하는 데 있어서 제공된 정보를 바탕으로 위험을 줄이는 방안을 고려하게 됨을 의미한다. 이러한 정보공개의 영향이 효과적으로 작동하고 있는지 확인하기 위해 화학물질과 관련한 정보를 제공하는 화학물질 배출량정보공개, 물질안전보건자료, 화장품 전성분표시의무제의 세 정보 투명성 정책 사례를 분석하였다.

분석결과에 따르면 유해화학물질에 대한 정보제공정책은 효과적으로 이용자와 공개자의 의사결정에 영향을 주고 있다는 평가를 내리기 어렵다.

정책의 효과적인 시행을 방해하는 요인으로는 제공되는 화학물질 정보의 전문성에 따른 해석이 난해하며, 특정되지 않은 외부에 정보가 공개됨에 따라 공개자가 이용자의 반응을 포착하기 어렵다는 점을 들 수 있다. 또한 화장품 전성분표시의무제의 경우 이용자의 의사결정에 매우 중요한 정보임에도 그 표시형식이 많은 내용을 생략하고 명칭만을 표기하고 있어 정보를 효과적으로 활용하기 어려웠다.

따라서 정보는 이용자의 이해가능성을 고려해서 제공되어야 하며, 중요한 정보를 생략하지 않도록 규정의 보완이 이루어져야 한다. 또한 전문적인 정보의 경우 이를 이해가 용이하게 변경할 수 있는 중개자의 역할이 중요해진다. 미국 의학도서관(United States National Library of Medicine: NLM)[9]은 미국의 유독물질 배출목록제도를 통해 수집된 독성 정보를 지리적으로 표현한 TOXMAP을 제공하여 이용자의 위치별 유해물질 배출 수준에 대한 이해를 돕고 있다. 이처럼 중개자를 통해 대중에 공개되는 정보를 적절히 가공한다면 정보의 효과가 더 증대될 수 있을 것이다.

이용자의 정보 활용뿐 아니라 제공자의 의사결정에도 영향을 미치기 위해서는 이용자의 반응을 제공자가 파악할 수 있어야 한다. 화학물질 배출량 정보공개와 같이 정보이용자의 반응을 사업체가 식별하기 어려운 상황에서 정보제공정책이 제대로 작동하려면 이용자의 반응을 전달할 수 있는 시스템의 구축이 필요하다. 많은 연구에 따르면 기업은 공공의 압력에 민감하게 반응하며(Hamilton, 1995; Schlenker & Scorse, 2000), 정책 차원에서 이용자의 반응 정보를 수집하고 기업이 이를 확인할 수 있는 체계를 확립한다면 정보제공의 효과성을 높일 수 있을 것이다.

정보가 효과적으로 의사결정에 반영될 수 있는 조건을 갖추고 있다면

9 https://toxmap.nlm.nih.gov/toxmap/(검색일: 2017. 12. 22.)

사회적으로 위험을 줄이고 삶의 질을 개선하는 데 큰 역할을 할 수 있지만, 이에 대한 가장 큰 전제조건은 신뢰성 있는 정보의 제공이다. 이권섭 외(2007)의 연구에 따르면 물질안전보건자료상의 성분과 실제 성분 간의 불일치, 혹은 자료에 기재된 독성정보와 실제 영향의 불일치 등이 빈번히 나타나 정보의 신뢰성 문제가 제기되기도 한다. 또한 그 작성내용에 있어 유해성이 높다고 지정된 물질을 한정한 규정과, 영업상 비밀에 대한 광범위한 적용 등의 문제로 인해 의사결정을 위해 필요한 정보들이 누락되었을 위험이 있다(김신범 외, 2015). 정보의 투명성을 제고하고 제공된 정보가 위험을 더 효과적으로 관리하기 위해서는, 작성되는 정보의 신뢰성을 높이기 위한 방안을 함께 고려하는 것 또한 중요할 것이다.

참고문헌

구혜경. (2012). 기술적 정보로서 화장품 전성분 정보의 소비자 활용방안 증대를 위한 탐색적 연구. 〈소비자문제연구〉, 42: 219-248.

김기웅·박진우. (2012). 물질안전보건자료 교육에 대한 안전보건관리자와 근로자의 인식. 〈한국산업위생학회지〉, 22(4): 276-283.

김명희·노영희. (2010). 화장품 전 성분 표시제에 대한 소비자 인식 연구. 〈대한피부미용학회지〉, 8(4): 1-12.

김신범·이윤근·최영은. (2015). 물질안전보건자료 및 표시 제도의 개선 방향 제안-미국 유해정보소통기준(HCS)의 비판적 고찰에 기초하여. 〈한국산업보건학회지〉, 25(1): 1-12.

김영찬·황순욱·김대중. (2005). 주요 국가의 화장품규정과 비교한 우리나라의 화장품법령 개정방안. 〈대한화장품학회지〉, 31(1): 1-11.

김해경·최상준. (2015). 대구경북 치과위생사들의 치과재료에 대한 유해정보 소통 실태. 〈한국산업보건학회지〉, 25(4): 506-515.

문성제. (2014). 가습기 살균제로 인한 피해와 국가의 위험관리책임. 〈소비자문제연구〉, 45(1): 67-88.

양진희. (2012). 화장품 전성분표시제 이용실태 및 개선방안에 관한 연구. 〈대한피부미용학회지〉, 10(3): 685-693.

오나래·김해경·조민정. (2017). 치과위생사의 물질안전보건자료 인식에 대한 융복합 연구. 〈디지털융복합연구〉, 15(2): 215-223.

오승한. (2014). 식품·화장품의 품질경쟁 유인과 소비자선택권 보장을 위한 표시규제 개선 방향 –식품과 화장품의 원재료 성분표시를 중심으로. 〈규제연구〉, 23(1): 3-60.

이권섭·윤석준·최재욱·김현옥·이종한·양정선. (2007). 국내 MSDS 등 화학물질정보의 제공실태와 DB 관리 개선방안 연구. 〈한국산업보건학회지〉, 17(1): 63-70.

황윤재·우병준. (2011). 축산물위해요소 정보인식이 식품소비에 미치는 영향 분석. 〈농촌경제〉, 34(5): 19-41.

Bennear, L. S. & Olmstead, S. M. (2008). The impacts of the "right to know": Information disclosure and the violation of drinking water standards. *Journal of Environmental Economics and Management*, 56: 117-130.

Greenberg, M. I., Cone, D. C. & Roberts, J. R. (1996). Material safety data sheet: a useful resource for the emergency physician. *Annals of emergency medicine*, 27(3): 347-352.

Hamilton, J. T. (1995). Pollution as News: Media and Stock Market Reactions to the Toxics Release Inventory Data. *Journal of Environmental Economics and Management*, 28(1): 98-113.

Kleindorfer, P. R. & Orts, E. W. (1998). Informational regulation of environmental risks. *Risk Analysis*, 18(2): 155-170.

Konar, S. & Cohen, M. A. (1997). Information as Regulation: The Effect of Community Right to Know Laws on Toxic Emissions. *Journal of Environmental Economics and Management*, 32(1): 109-124.

Kristal, A. R., Levy, L., Patterson, R. E., Li, S. S. & White, E. (1998). Trends in food label use associated with new nutrition labeling regulations. *American Journal of Public Health*, 88(8): 1212-1215.

Maxwell, J. W., Lyon, T. P. & Hackett, S. C. (2000). Self Regulation and Social Welfare: The Political Economy of Corporate Environmentalism. *Journal of Law and Economics*, 43(2): 583-617.

Pope, J. C. (2008). Fear of crime and housing prices: Household reactions to sex offender registries. *Journal of Urban Economics*, 64: 601-614.

Schlenker, W. & Scorse, J. (2000). Does being a "top 10" worst polluter affect environmental releases? Evidence from the US toxic release inventory. *Atlantic Monthly*.

WBCSD. (2014). *Life Cycle Metrics for Chemical Products. Geneva: World Business Council for Sustainable Development*.

Weil, D., Fung, A., Graham, M. & Fagotto, E. (2006). The effectiveness of regulatory disclosure policies. *Journal of Policy Analysis and Management*, 25(1): 155-181.

제4장

인공지능과 로봇, 그리고 직업의 변화

이삼열 · 설지영 · 하윤상

I. 알파고의 충격과 인공지능의 본격적인 등장

알파고로 대표되는 인공지능의 본격적인 등장은 많은 이들에게 충격을 주었다. 인공지능이 개발되고 많은 기술에 적용되기도 했지만 기술의 개발을 많은 이들이 경험하게 된 것은 알파고의 등장이었다. 이미 복잡한 두뇌게임 중 하나인 체스챔피언을 인공지능이 물리치기도 했지만, 많은 이들이 바둑은 인공지능이 따라오지 못할 영역이라고 생각했었다. 바둑이 서양에는 익숙하지 않은 게임이라 이에 대한 투자와 관심이 적었던 것을 고려해도 바둑은 매우 복잡한 게임이기 때문에 단순한 계산을 반복하는 인공지능이 이를 습득하지 못할 것이라고 생각한 점도 있다. 하지만 혜성과 같이 등장한 알파고는 이미 충분한 역량을 지닌 상태에서 이세돌 9단과 맞붙어 4승 1패라는 놀라운 결과를 낳았고, 많은 이들을 충격에 빠뜨렸다. 알파고를 통해 우리 사회는 인공지능이 미래사회에 도래할 막연한 기술이 아닌 우리 사회에 이미 도달해 있는 기술임을 알게 되었다.

알파고 등장 이후 인공지능은 우리 생활 곳곳에 침투하고 있다. 가시적으로 생활에 등장한 것은 음성인식을 기반으로 한 똑똑한 스피커들이다. 많은 사람들이 인공지능스피커를 음악을 재생하는 데 활용하고 있지만 인공지능은 안방에 들어와 스피커의 모습으로 데이터를 수집하고 이를 바탕으로 맞춤형 서비스를 제공하고 있다. 심지어 인공지능 스피커와 수다도 떨 수 있게 되었다. 매일 사용하고 있는 페이스북도 '좋아요'를 바탕으로 끊임없이 내가 좋아하는 내용을 새롭게 제시하고 광고에 노출시키고 혹시 '이 사람'을 알고 있냐고 물어온다. 구글은 더 말할 것도 없이 내가 사용하는 전자메일의 내용을 훑어가서 '내가 모르는 나'를 끊임없이 알려준다.

인공지능이 매우 커다란 변화를 일으킬 것은 분명해 보인다. 많은 영향

중에서 본 장에서 초점을 맞추는 것은 인공지능이 인간의 노동력을 상당수 대체할 수 있다는 점이다. 인공지능의 발전으로 머지않아 많은 이들의 직업이 사라질 위기에 있기 때문이다. 오랜 기간에 걸쳐 직업이 사라진다면 사회가 이에 적응하고 없어질 직업에 새롭게 진입하는 이들이 줄어들어 그리 큰 사회문제가 되지 않을 것이다. 하지만 인공지능의 본격적인 등장이 충격적인 가장 큰 이유는 우리 사회가 경험해 보지 못한 속도로 큰 변화가 일어날 수 있다는 점이다. 예를 들어, 알파고로부터 자율주행자동차의 등장은 그리 오래 걸리지 않았다. 일반인들에게 기술의 발전 속도는 충격적이기까지 하다. 자율주행자동차는 먼 미래의 일이라고 했지만 벌써 많은 자동차 업체들이 5년 안에 자율주행자동차를 출시할 것이라고 얘기하고 있다.[1]

본 장에서는 인공지능의 특징과 이러한 특징이 불러온 미래의 직업 변화에 초점을 맞추고 이를 공공정책의 관점에서 분석한다. 미래의 직업변화가 급격한 사회 변화를 초래할 것으로 예상되어 사회적 위기라고 할 수 있다. 본 장에서는 이러한 위기의 특성을 분석하고 이러한 문제를 해결하기 위한 정부의 대책을 고민한다.

1 GM은 2019년에 완전자율주행차량을 출시할 것이라고 발표했다(조재환, 2016년 8월).

Ⅱ. 인공지능의 특징

인공지능분야는 이른바 '딥러닝'이 본격화되기 전까지는 큰 발전이 없었다. 한동안 연구 수준이 기대 이하에 머물러 있었기 때문에 이를 조롱하는 경우들도 있었다. 인공지능이 고양이와 컵케이크를 구별하지 못한다는 사례들도 제시되었다. 또한 자율주행차가 처리해야 하는 데이터의 양이 지나치게 많아 이를 처리하기 위해서는 슈퍼컴퓨터를 싣고 다녀야 한다고도 했다. 하지만 딥러닝이 적용되기 시작하면서 획기적인 발전이 일어나기 시작했다. 인공지능은 과거에는 불가능했거나 부정확하게 수행했던 업무를 거뜬히, 우수하게 처리하고 있다. 여전히 인공지능이 어떻게 놀라운 성과를 만들어내는지에 관한 의문은 남아있지만[2] 결과물은 매우 만족스러운 수준까지 이르고 있다. 이러한 인공지능은 그동안 인간이 수행했던 많은 활동들을 대체할 것으로 예측되는데 인공지능은 직업의 관점에서 볼 때 어떤 특징을 갖고 있을까?

먼저, 인공지능 덕분에 자동화가 한층 강력해 졌다. 자동화란 업무수행에 인간의 개입이 불필요하거나 최소한의 수준에 머물게 하는 것이다. 인간의 개입이 최소화된다는 것은 노동자를 대신하여 인공지능을 탑재한 기계가 일하게 되어, 노동력이 전에 생각지 못했던 수준으로 절감된다는 것이다. 예를 들어, 인공지능을 탑재한 자율주행자동차는 운전자의 개입을 최소화하여 도로상황을 파악하고 안전하게 탑승자를 목적지까지 데려다 줄 수 있다. 탑승자는 있지만 운전자의 역할은 최소화되거나 없어지게 된다. 예전의 자동화는 기계적 장치에 의존한 자동화라면 인공지능에 기반

2 딥러닝을 활용한 인공지능이 사진 속에서 어떠한 논리로 얼굴을 인식해 내는지 설명할 수가 없어 이는 '암흑상자'로 불린다.

을 둔 자동화는 수집한 데이터를 처리하여 최적의 해결책을 제시하고 이를 바탕으로 자동으로 업무를 처리하는 방식이다. 하지만 예전의 자동화가 몇 개의 주어진 시나리오 안에서만 유용했다면 인공지능에 기반을 둔 자동화는 환경변화에 대응하여 최선의 방안을 모색하는 방향으로 이루어진다. 학습을 통해 더욱 효율적인 일처리방식을 알아내고 지속적인 개선이 일어난다. 알파고가 전형적인 예라고 할 수 있다. 바둑을 작업이라고 한다면 알파고가 이루어낸 성취는 획기적이다.

두 번째, 인공지능을 탑재한 자동 장치들 또는 로봇이 작업 효율성을 눈부시게 증가시킬 것으로 기대된다. 또한 인공지능을 활용하는 프로그램이 높은 업무 효율을 보일 것이다. 인공지능에 기반을 둔 장치들은 24시간 가동이 가능하기 때문에 효율성이 현재보다 높을 것이다. 현재 우리나라의 물류창고에서는 지게차를 활용해 상품을 배치하고 있지만, 인공지능을 활용해 자동으로 창고에 물건을 재배치하는 자동화설비들은 아마존닷컴 등의 사례에서 볼 수 있듯이 이미 상상을 초월하는 효율성을 낳고 있다. 또한 금융분야에서는 대출신청자의 신용도를 빠르게 판단하는 서비스를 인공지능이 수행하고 있다. 이로 인해 일본의 은행고용감축이 대규모로 일어날 것으로 예측된다.[3] 월스트리트의 주식 거래 대부분은 이미 프로그램을 활용해 이루어지고 있다. 전화기에 대고 소리치며 거래하는 모습은 이미 오래 전에 사라졌다. 앞으로 금융계에서 일하는 사람들의 절반 이상이 직업을 잃을 것이라는 전망도 나오고 있다.[4]

세 번째, 앞으로의 인공지능은 시나리오에 기반을 두지 않고 데이터만

---

3 이승철. (2017. 12.). 'AI 역습' 벌써 현실화..日 은행의 대규모 감원 태풍. KBS. 2018년 3월 21일에 접근(http://v.media.daum.net/v/20171211214218709).

4 Nathaniel Popper. (2016. 4.). 월스트리트를 호령하는 로봇. New York Times. 2018년 3월 21일에 접근(https://www.nytimes.com/2016/04/08/universal/ko/the-robots-are-coming-for-wall-street-korean.html).

을 활용해 지속적으로 해결책을 만들어낼 것이다. 즉 스스로 학습하여 지속적인 개선을 스스로 이루어낼 것으로 기대된다. '알파고 리'는 이세돌을 이기기 위해 이세돌의 기보들을 학습하고 기존의 기보를 활용하여 이세돌을 4대 1로 이길 수 있었다. 하지만 그 이후에 새로 만들어진 '알파고 제로'는 이전의 자료 없이 자기 스스로를 상대로 사흘 동안 연습하고 '알파고 리'를 100대 0으로 이겼다.[5] 이는 인공지능의 발전에 인간의 개입할 필요가 많이 줄어들고 인공지능이 기본적인 원리만 교육 받은 후 스스로 학습하게 되는 것을 의미한다. 인공지능을 활용한 프로그램과 로봇 등의 효율성은 지속적으로 개선될 것이다.

인공지능의 이러한 특징은 다양한 사회적 문제를 일으킬 것으로 예측된다. 첫째는 실업문제이고 두 번째 특징은 특이점(singularity)이라고 불리는 개념 즉 '인공지능이 인간의 지능을 넘어설 수 있을 것인가'와 연결되어 있다.

실업문제에 대해서는 다양한 의견들이 제시되고 있는데, 크게 보면 긍정적인 관점과 부정적인 관점이 팽팽히 맞서고 있다. 실업문제에 긍정적이라는 뜻은 역사적으로 볼 때 과학기술의 발전은 슘페터가 주장했던 '창조적 파괴(creative destruction)'를 일으켜 왔는데, 결과적으로 과학기술의 발전이 파괴적이었다기보다는 창조적이었다는 점을 중시하는 시각이다. 마치 철도산업과 자동차산업의 발전이 말과 마차에 관련된 산업을 무너뜨렸지만 이후에 더 많은 이들을 고용했던 것과 같이, 인공지능의 발전으로 인해 상당히 많은 직업들이 사라질 수 있지만 이로 인해 새롭게 생겨나는 직업들이 더욱 많아져 실업의 문제가 더 이상 심각하지 않을 것이라

5 주영재. (2017. 10.). 알파고에 100전 100승 거둔 '알파고 제로' 등장...인간 지식 없이 스스로 학습해 창의성 발휘. 경향비즈. 2018년 3월 21일에 접근(http://biz.khan.co.kr/khan_art_view.html?artid=201710190200001&code=920501).

고 주장한다. 이들에게는 인공지능의 발전으로 인한 실업은 일시적인 문제일 뿐이며, 개선된 생산성으로 인해 인류의 삶이 더 윤택해질 것이라고 주장한다.

하지만 실업문제에 부정적인 시각을 지닌 이들은 인공지능이 자동화로부터 비교적 안전했던 화이트컬러 계층의 직업들까지 대체하기 시작해 예측할 수 없는 수준의 실업이 광범위하게 일어날 것이라고 주장한다. 부정적인 주장을 하는 이들도 과학기술의 발전이 새로운 직업을 만들어내는 것에는 동의하지만 과학기술의 발전 속도가 예전과 달리 너무 빨라 사회구조의 적응능력이 현저히 떨어지기 때문에, 상당기간 동안 커다란 고용문제를 일으킬 것이라고 지적한다.

특이점이란 인공지능이 인간의 지능수준과 동일해지는 시점을 뜻한다.[6] 특이점을 두고 낙관적인 의견과 비관적인 의견이 엇갈리고 있는데, 커즈와일은 특이점에 대해 긍정적인 관점을 지니고 있다. 커즈와일은 인공지능의 수준이 인간의 지능수준과 동일해지거나 이를 넘어서게 되면 이를 통해 인간의 지능과 인공지능이 공존하게 되어 인간의 영역을 확장시킬 수 있을 것이라고 주장한다. 즉 인공지능의 힘을 빌어 인간이 전에 도달하지 못했던 지경과 수준에 도달할 수 있을 것이라고 예측한다. 커즈와일의 주장은 지나치게 낙관적인 성향이 있지만 많은 과학기술자들은 인공지능이 인류가 당면하고 있는 심각한 문제들을 해결할 수 있을 것이라는 주장에 대체적으로 의견을 같이 한다.

하지만 인공지능에 관해서 비관적인 의견을 펼치는 이들도 다수 존재한다. 약한 인공지능이 사회 문제 해결에 도움을 줄 것이라는 점은 동의하지만 강한 인공지능은 장기적으로 인류에 위협이 될 것이라고 우려를 표

6 Raymond Kurzweil. (2006). The Singulairy is Near. Penguin Books.

한다. 마이크로소프트를 창업한 빌 게이츠는 약한 수준의 인공지능은 인류에 큰 도움을 줄 수 있지만 크게 발전한 형태의 초지능(super intelligence)은 인류의 미래에 위협이 될 것이라고 주장했다.[7] 테슬라의 설립자인 엘론 머스크도 인공지능은 핵무기보다 위험하다고 주장하기도 했다.[8] 문명학자나 철학자가 아닌 정보통신기술의 최첨단을 달리는 기업의 창업자와 CEO가 제시한 강한 인공지능의 출현이 인류에 큰 위협이 될 것이라는 경고는 충분히 고려될 필요가 있다.

III. 직업의 현황과 직업별 인공지능의 영향

인공지능과 로봇의 등장으로 인해 미래의 직업은 지금과 많이 다를 것이라는 예측에는 이견이 거의 없다. 다만 앞에서 논의한 바와 같이 인공지능과 로봇에 의해 없어지게 될 직업의 규모와 새롭게 창출될 직업의 규모에 대한 논쟁이 있을 뿐이다. 잘 알고 있는 바와 같이 미래의 직업은 현재의 데이터를 기반으로 예측할 수밖에 없기 때문에 항상 한계가 존재한다. 그렇기 때문에 미래의 직업에 대한 예측은 구체적인 숫자에 지나친 관심을 두는 것보다 방향성에 관심을 쏟는 것이 바람직하다. 예를 들어 '미래

7 김지섭. (2015. 1.). 빌 게이츠 "인공지능 기술, 인류에 위협될 것". 조선일보. 2018년 3월 21일에 접근(http://news.chosun.com/site/data/html_dir/2015/01/29/2015012904418.html).

8 손경호. (2014. 10.). 엘론 머스크 "인공지능 연구, 악마 부른다". ZDNet Korea. 2018년 3월 21일에 접근(http://www.zdnet.co.kr/news/news_view.asp?artice_id=20141026165058).

에는 현재 직업의 40%가 없어진다.'는 예측을 접했을 때, 40%라는 구체적인 숫자에 집중하기보다는 상당수의 직업이 사라질 것이라는 대략적인 규모와 방향에 주목하는 것이 보다 바람직하다.

미래의 직업 전망에 대해서는 여러 가지 연구가 진행되었다. 본 장에서는 그중 대표적인 연구들을 참고하여 미래의 직업에 대한 전망을 분석한다.

맥킨지에서 2017년 12월에 발행한 "Lost Jobs, Jobs Gained: Workforce Transitions in a Time of Automation"은 미래의 직업에 관한 가장 최근의 보고서다. 이 보고서에 따르면 46개 국가에서 평균 15%의 직업이 2030년까지 사라질 것이라고 예측한다. 가장 변화가 큰 나라는 46%까지 직업이 대체될 것이라고 전망하는데, 이러한 변화에도 불구하고 새롭게 만들어지는 직업들이 이러한 충격을 해소할 것이라고 주장한다. 역설적으로 상당수의 직업을 사라지게 만들 자동화기술로 인한 생산성 증가와 경제성장이 노동자에 대한 수요를 증가시킬 것이라고 주장한다. 단순한 비율은 이러한 변화의 크기에 둔감하게 만들 수 있다. 맥킨지의 보고서에 따르면, 2030년까지 (현재 2018년에서 12년 밖에 안 남았다) 7천5백만 명에서 3억 7천5백만 명까지의 노동자가 직업을 바꾸어야할 것이다. 이러한 변화에 따른 적절한 정책이 뒤따르지 않는다면 중산층을 이루고 있는 화이트컬러 노동자와 대규모 제조업의 블루컬러 노동자의 상당수가 직업을 잃게 되어 사회에 큰 충격을 일으킬 것으로 예측된다. 이로 인해 자본을 소유하고 있는 부유층의 소득은 지속적으로 성장하고 중산층의 임금은 크게 떨어져 소득불평등이 심화될 가능성이 매우 높다. 특히 자동화로 인해 직업을 잃게 되는 이들이 단기간에 다른 직업을 구할 수 없을 경우 대규모의 실업상태가 발생할 가능성이 매우 높고 이로 인한 임금의 급격한 하락도 우려된다. 단기간의 대규모 실업은 심각한 사회적 불안정을 낳을 수 있기 때문에 정부는 이에 대한 대책을 수립할 필요가 있다.

세계 경제포럼(WEF)은 2016년에 'The Future of Jobs'라는 보고서를 발표했다. 이 보고서는 올해 초등학교에 입학하는 7세 어린이의 65%는 현재 존재하지 않은 일자리에서 일할 것이라고 예측했다. 이 정도의 변화는 자녀들에 대한 부모들의 진로지도가 무의미해지는 수준이라고 할 수 있는데, 부모들이 경험해 보지 못한 직업을 자녀들에게 지도할 수 없기 때문이다. WEF는 인공지능, 로봇, 생명과학 등이 주도하는 4차 산업혁명이 이러한 변화를 일으킬 것이라고 주장하면서 2021년까지 710만 개의 일자리가 사라지고 새로운 일자리가 200만 개 창출될 것으로 예측했다. 결과적으로 500만 개의 일자리가 사라질 것으로 예측했다.

옥스퍼드대의 프레이와 오스번 교수는 2013년에 발표한 'The Future of Employment: How Susceptible are jobs to Computerisation'이라는 보고서를 발표했다. 이 보고서는 미국의 702개 직업을 조사해 이 중 10년 또는 20년 내에 현재 직업의 47%가 사라질 위험에 놓여있다고 주장해 큰 충격을 주었다. 더 나아가 자동화가 진행될 확률이 높은 직업의 경우 임금이 상당히 하락하고 동일한 학위소유자의 경우도 자동화 확률이 높을 경우 임금이 하락할 것이라고 예측했다.

한국직업능력개발원은 2017년에 '제4차 산업혁명에 따른 취약계층 및 전공별 영향'이라는 보고서를 발표했다. 직업별 컴퓨터 대체 확률을 계산하여 0.3 미만은 저위험 직업군, 03.~0.7은 중위험 직업군, 0.7 이상 1.0 이하는 고위험 직업군으로 분류하였다. 이 보고서에 따르면 우리나라 전체 일자리의 52%가 인간노동이 컴퓨터로 대체될 가능성이 높은 고위험군으로 분류되었다. 노동자 중 남자, 50세 이상의 중장년층, 고졸 이하, 임시직이나 일용직 등이 상대적인 취약계층으로 분류되었다. 〈표 4-1〉에 따르면 운수업과 도매 및 소매업, 금융 및 보험업 등이 고위험 직업군 종

〈표 4-1〉 산업별 고위험 직업군 종사자 비율

산업	2008년	2015년	산업	2008년	2015년
운수업	83.0	81.3	국제 및 외국기관	29.8	27.9
도매 및 소매업	85.3	81.1	공공행정·국방 및 사회보장행정	23.6	27.0
금융 및 보험업	79.9	78.9	농업· 임업 및 어업	26.2	21.5
사업시설관리 및 사업지원서비스업	72.9	70.3	출판·영상·방송통신 및 정보서비스업	30.3	21.1
하수폐기물 처리원료재생 및 환경복원업	69.6	68.6	전기·가스·증기 및 수도사업	21.2	20.4
건설업	64.1	65.8	예술·스포츠 및 여가 관련 서비스업	18.6	19.5
숙박 및 음식점업	56.3	61.2	전문 과학 및 기술서비스업	21.0	18.7
제조업	60.1	59.4	보건업 및 사회복지서비스업	12.0	12.2
광업	40.2	51.7	교육서비스업	8.1	9.0
부동산업 및 임대업	41.7	46.5	자가소비생산활동	1.8	2.7
협회·단체수리 및 기타 개인서비스업	46.5	40.8	**전체**	**54.0**	**52.0**

출처: 한국직업능력개발원. (2017). 제4차 산업혁명에 따른 취약계층 및 전공별 영향. KRIVET Issue Brief 123호.

사자 비율이 80%를 초과하거나 근접하여 매우 큰 위험에 노출되어 있음을 알 수 있다. 이러한 분석은 최근에 급격하게 발전하고 있는 자율주행차량에 초점을 맞추고 있는 것으로 추측된다. 금융 및 보험업의 경우 인공지능의 도입으로 노동자들이 대체되는 현상이 반영된 것으로 보인다. 제조업의 경우 59.4%로 생각보다 높지 않지만 제조업의 고용비중을 고려할 때 매우 심각한 수준이다.

위의 연구들에서 공통적으로 나타난 예측들을 종합하면 다음과 같다. 먼저, 공통적으로 현재의 직업 중 상당히 많은 직업이 없어질 것이라고 예측된다. 어떤 직업이 언제, 어떻게 영향을 받을 지에는 이견이 있지만 인공지능에 기반을 둔 자동화가 상당수 인간의 노동력이 불필요한 상황을 낳을 것이라는 것을 분명해 보인다. 벌써 상당수의 산업에서 그러한 현상이 나타나고 있기도 하다. 두 번째, 단기간의 대규모의 실업이 발생하여 사회문제가 생길 것이라는 예측은 공통적이다. 예를 들어 금융 및 보험업에서 직장을 잃은 사람들이 새로운 직장으로 옮기는 것은 쉬운 일이 아니다. 옮길 수 있는 유사한 직장에서 대규모 실업들이 동시에 또는 순차적으로 일어날 것이기 때문이다. 세 번째, 이러한 대규모 실업들로 인해 소득격차가 심화될 것이라고 예측한다. 특히 화이트컬러 계층에서 대규모 실업이 일어날 경우 전직에 성공하더라도 예전과 유사하거나 높은 수준의 임금을 받을 수 있는 가능성이 매우 낮기 때문에 전체적인 소득이 감소할 것으로 예측된다. 이로 인해 단순한 봉급생활자들의 소득이 현저히 줄어들고 생산수단을 소유한 이들의 소득을 상승하게 되어 적어도 단기간에는 소득격차가 한층 심화될 것으로 예측된다.

미래예측에 관한 이견도 존재한다. 먼저, 보다 낙관적인 시각을 지닌 이들은 새로운 기술의 영향으로 없어지는 직업도 있지만 새로 생기는 직업도 있어 대규모 실업의 공포는 다소 과장된 것이라고 생각한다. 일시적으로 생기는 대규모 실업사태는 새로 만들어지는 직업으로 상쇄될 것이기 때문이다. 인공지능에 기반을 둔 자동화로 인해 자율주행차가 늘어나면 예전의 자동차산업이 재편되어 많은 이들이 직업을 잃을 수도 있지만 자율주행자동차의 운행거리가 늘어나면서 자동차 정비, 센서 관련 산업 등에 새로운 직업이 만들어질 것이기 때문에 충격이 그리 크지 않을 것이라고 지적한다. 마지막으로 일시적으로는 소득격차가 커질 수도 있지만 중장기적으로는 인공지능에 기반을 둔 자동화로 인해 전체 산업의 생산성이 증가하여 사회가 보다 윤택해질 것이라고 한다. 즉 노동시간을 줄여도 동일한 수준의 생산성을 얻을 수 있기 때문에 노동자들에게 보다 많은 여가시간이 주어질 것이라고 주장한다.

미래는 불확실의 영역에 있고 이에 대한 예측도 열려 있지만 정부는 앞으로 일어날 사회문제와 이의 변화를 미리미리 준비할 필요가 있다. 또한 기술은 발전은 기술의 자율성에만 기반한 것이 아니라 사회의 필요에도 강하게 영향을 받기 때문에 정부는 어떠한 기술을 발전시킬 것인가에 대한 고민도 국민들과 함께 논의할 필요가 있다.

IV. 인공지능과 자동화에 따른 사회문제

앞에서 분석한 미래예측들을 참고하여 인공지능과 자동화로 인해 나타날 수 있는 사회문제를 다음과 같이 크게 분류할 수 있다.

먼저, 대규모 실업사태가 가장 큰 사회문제일 것으로 예측된다. 실업사태는 언제나 있어왔지만 인공지능의 등장으로 인한 실업사태는 우리가 경험해온 것과는 차원이 다를 것으로 예측된다. 그렇기 때문에 WEF는 이러한 변화를 4차 산업혁명의 틀을 사용해 설명하고 있다. 그 충격이 산업혁명이 인류역사에 만들어낸 충격의 수준에 근접하거나 넘어선다는 예측이다. 사회적 안전망이 비교적 약한 우리나라의 경우 대규모 실업사태가 발생하면 가정 생계수단의 붕괴로 이어져 극도의 사회적 불안을 초래할 가능성이 매우 높다. 더군다나 교육에 들어가는 비용이 높고 첫 직장을 찾는 나이가 다소 늦은 것을 고려하면 부모의 실업은 가계에 매우 큰 충격을 줄 것이다. 이에 더하여 거시적으로 실업으로 인해 소득이 줄고 이로 인한 경기수축이 일어난다면 경기악순환이 지속될 가능성이 매우 높아 이에 대한 선제적 대응이 필수적이다.

둘째는 이들 실업자들의 재교육이다. 자동화로 인해 직장을 잃은 노동자들이 새로운 직업을 갖도록 유도해야 한다. 기존 기술의 경제적 가치가 떨어져 실업에 내몰린 이들의 경우 동일한 기술을 바탕으로 새로운 직장을 구하는 것은 매우 어려울 것이다. 그렇기 때문에 새로운 직무기술을 갖도록 직업교육을 강화할 필요가 있다. 하지만 이에는 두 가지 문제가 존재한다. 먼저 이들이 새롭게 갖게 될 직업들이 예전의 소득수준을 보장할지 여부는 매우 불확실한데, 현재로는 비관적이다. 보다 높은 수준의 임금을 제공할 수 있는 직업이 다수 존재한다면 실업 전에 이직이 일어날 수 있기 때문에 대량 실업이 사회문제가 될 이유도 없을 것이다. 그러므로 대량 실업 이후에 새롭게 나타날 직업들은 이전의 직업들보다 보수 수준이 대부분 낮을 것으로 예측된다. 이로 인해 소득수준이 하락하여 가계에 큰 경제적 부담을 줄 것이다. 결과적으로 상당수 노동자의 소득수준이 하락할 가능성이 매우 높다.

또 다른 심각한 문제 중 하나는 충분한 임금을 지급할 수 있는 새로운 기술들을 실업자들이 용이하게 습득할 수 있을지 여부이다. 점진적인 변화가 있을 경우 새로운 기술들을 습득하는 것이 다소 용이하다. 기존 기술을 응용하여 적절히 변형하면 새로운 기술을 습득할 수 있기 때문이다. 가솔린차에서 전기차로 변화하더라도 공장의 노동자들은 기술을 익혀나가 적응할 수 있다. 테슬라의 자동차 공장이 예전 가솔린 자동차를 만들던 자동차 공장을 인수하여 활용하고 있는 것은 좋은 예이다. 가솔린차든 전기차든 제조업의 본질은 유사하기 때문이다. 하지만 가솔린차와 전기차의 가장 큰 차이는 전기차에는 엔진과 변속기 대신에 모터가 들어간다는 점이다. 즉 기존의 엔진과 변속기의 기술을 지닌 이들은 전기차로 전체 자동차산업이 변화할 경우 실업에 직면할 위험이 매우 높다. 다만 엔진과 변속기 가공 및 조립 등에 종사하던 이들은 재교육 후 모터와 배터리를 만드는 직장에 새로 취직할 가능성이 여전히 열려있다. 하지만 기술의 단절적인 변화가 있을 경우 새로운 직업에 필요한 기술을 익히는 것은 현실적으로 불가능할 수 있다. 자동차의 자율주행과 관련된 기술이 발달하게 되어 자동차 산업의 부가가치 중 상당수를 차지하게 된다면, 예전에 변속기나 엔진 관련하여 숙련노동력을 지닌 이들이 새로운 분야에 필요한 기술을 얻기가 그리 쉽지는 않은 것이기 때문이다. 보험 등에 종사하던 이들이 인공지능에 기반을 둔 프로그램 때문에 직장을 잃게 되는 경우 직업교육을 통해 새로운 기술을 습득하는 것은 상당히 어려울 것으로 판단된다. 그러므로 직업교육의 재교육은 지금까지와 전혀 다른 규모와 질로 이루어질 필요가 있다.

셋째, 소득격차의 문제가 더욱 커질 수 있다. 자동화로 인해 생산성이 증가하고 경제의 효율성은 더욱 높아질 것으로 기대되는데 생산수단을 소유한 이들의 소득은 늘어나지만 임금노동자들의 소득은 대량실업과 자동화로 더욱 줄어들 가능성이 매우 높다. 또한 새롭게 만들어지는 직업들의 임금수준이 그리 높지 않은 경우 사회 내 소득격차는 더욱 심각하게 될 것이다. 최근 들어 부동산 가격의 지나친 상승으로 인해 월세를 내고 장사하는 이들이 가게문을 닫고 지역을 떠나는 모습이 자주 목격되면서 '젠트리피케이션'이라고 비판받고 있다. 또한 조물주 밑에 '건물주'라는 자조 섞인 비아냥도 많이 들린다. 이는 우리 사회의 기본적인 구조가 건물주와 임대인의 공생을 염두에 두지 않고 설계되어 있기 때문에 서로 자신의 이익을 극대화하기 위하여 나타나는 현상으로, 젠트리피케이션으로 인해 공멸하는 현상으로 귀결되고 있다. 지나친 임대료로 인해 상권이 무너진 신촌이나 이대 그리고 가로수길 지역들이 대표적인 사례들이다. 그렇다면 기술의 발전으로 인해 높아진 생산성으로 만들어진 이익을 사용자와 노동자가 어떻게 나눌 것인가는 기술예측의 문제가 아니라 정치적인 문제가 된다.

또한 대기업의 사용자와 노동자만 이익을 나누는 데 그치는 것이 아니라 사회 전체와 어떻게 이러한 이익을 나눌 것인가도 함께 고려할 필요가 있다. 우리나라의 사회안전망은 여전히 낮은 수준이기 때문이다. 현재의 사회안전망에 수준에 그친 상태로 대규모 실업이 임박하게 되면 실업의 위기에 처한 노동자들의 반발이 극렬해져서 기업의 더 나은 기술 수용시기도 상당히 미뤄질 가능성이 있다. 더 나은 기술을 제때에 도입하지 못할 경우 기업의 경쟁력은 떨어지게 되어 전체 산업의 경쟁력이 악화될 우려도 있다. 하지만 지나친 소득격차는 사회불안으로 이어질 가능성이 매우 높고 21세기의 러다이트 운동으로 확산될 가능성도 아주 배제할 수 없을 것이다.

넷째, 학생들에 대한 기술교육과 직업교육의 틀이 미래 상황 변화에 따라가지 못하고 있다. 현재의 교육시스템은 여전히 산업시대에 최적화되어 있어 새롭게 발전하고 있는 기술의 변화를 반영하지 못하고 있다. 예를 들어 교육대학교 시스템은 초등학교 선생의 자격요건을 한정하여 탄력성 있는 교육을 상당수 제한하고 있다. 우리나라의 경우 입학시험 문제에 교육부가 개입하는 상황에서 새로운 시대에 걸맞은 교육을 기획하고 수행하는 것은 거의 불가능에 가까운 상황이다. 교육이 국가 중심의 교육체계 안에서만 다루기에는 너무 빠르게 변화하고 있다. 이제 교과서의 의미가 무색해지고 있기 때문이다. 산업시대에 맞게 발전해온 현재의 교육체제는 그 효용성과 정당성을 계속 도전받고 있다. 하지만 이를 변화시키기 위해서는 기존의 제도들을 근본부터 변화시켜야 하기 때문에 알면서도 이를 변화시키기 어려운 상황이다. 정부에게는 매우 큰 과제이다.

다섯째, 여전히 위계제와 신분보장제에 근거하고 있는 정부의 구조도 기술의 변화와 보조를 맞추고 있지 못하다. 지식을 외우는 것의 효용성이 떨어지고 있는 상황에서 여전히 공무원 임용시험은 암기력을 측정하고 있고, 신분보장제로 인해 공무원들은 임용 후 역량강화의 기회를 충분히 활용하지 못하고 있다. 일단 공무원이 된 뒤에는 은퇴 시까지 공무원의 신분을 유지할 수 있기 때문에, 끊임없이 창업하면서 생애에 수차례 직업을 바꾸는 민간사회의 변화를 현재의 정부 구조가 담아내지 못하고 있다. 더욱이 현재의 정부체계는 산업시대에 매우 적합한 행태를 띄고 있어 인공지능과 자동화에 매우 취약한 모습을 보이고 있다. 많은 보고서들이 미래에는 사무를 담당하는 일자리가 매우 큰 규모로 감소할 것이라고 예측하고 있는데 공교롭게도 공무원의 상당수는 사무를 담당하고 있다. 이로 인해 인공지능을 바탕으로 한 자동화는 정부의 규모에도 상당한 영향을 끼칠 것으로 예측된다. 하지만 신분보장이 되어 직업공무원이 이러한 변화를 스스로 일으키기 어려운 상황에 있다. 외부로부터 강한 충격이 있어야 비로소 변화할 것이다.

V. 정책제언과 맺는 말

앞에서 논의한 사회적 문제점들에 대응할 수 있는 정책의 방향을 고민해 보면 다음과 같다.

먼저, 정부는 갈수록 악화될 대량실업의 문제에 선제 대응할 필요가 있다. 산업은 기술의 발전으로 조만간 그 근본이 변화할 것이며 이로 인해 고용시장이 큰 충격을 받을 것이다. 이러한 충격을 완화하기 위해 최우선적으로 사회안전망을 확충할 필요가 있다. 미국기업 아마존닷컴은 '아마존고'라는 무인편의점을 시범적으로 개설하여 운영하고 있다.[9] 이러한 점포들이 늘어나게 되면 경쟁업체들이 이에 발을 맞출 수밖에 없게 되고 편의점 사업에서 고용하는 인원들은 줄어들 수밖에 없다. 편의점에서 일하는 인력이 다른 기술을 습득할 수 있는 확률은 그리 높지 않기 때문에 저소득층과 단순노동자들의 경우 대량실업이 짧은 기간에 일어날 것으로 예측된다. 이러한 대량실업에 어떻게 대응할 수 있을까? 우선적으로 사회안전망이 이들이 다른 직업을 찾는 동안 정상적인 생활을 할 수 있도록 충분히 도와줄 수 있는 수준으로 확충되어야 한다. 이러한 관점에서 최근에 논의되고 있는 기본소득의 도입 논의는 시의적절하다고 할 수 있다. 기본소득에 관한 논의에서 많은 이글이 기본소득은 '퍼주기'에 불과하다고 지적한다. 하지만 앞에서도 언급한 바와 같이 사회안전망 확충을 통해 기업은 신규기술의 도입을 좀 더 용이하게 할 수 있다. 즉 기업의 구조조정을 도울 수 있는 사회적 장치이기도 하다. 노동자들에게 출구가 없다면, 즉 기존의 직장에서 정리해고되어 빈곤층으로 전락하게 될 가능성이 높다면, 노동자들은 기업의 신규기술도입을 반대하고 기존 기술을 유지하려고 할 것이기 때문이다. 하지만 기업은 세계시장에서 경쟁하기 때문에 몇몇 경쟁기업이 새로운 기술을 도입하고 이에 뒤떨어지게 되면 경쟁력을 잃게 되어 회사 전체의 사활이 문제가 될 수 있다. 그렇기 때문에 기본소득 등을 포함한 사회안전망의 확충은 기업의 신규기술도입과 구조조정을 한층 수월하게 할 것이다.

두 번째, 미래의 인력을 양성하기 위한 교육패러다임을 단절적으로 변화시켜야 한다. 앞에서 언급한 바와 같이 현재의 교육체제는 양질의 산업

9 김효진. (2018. 1.). 무인편의점 '아마존 고' 등장…중국엔 이런 편의점 올해만 5천 곳. 한겨레, 한겨레. 2018년 3월 21일에 접근(http://www.hani.co.kr/arti/international/america/828856.html).

인력을 대규모로 양성하기에 적절한 체계를 띄고 있다. 평균 역량 이상의 인력을 꽉 짜인 교육과정을 통해 대량생산하는 특징을 지니고 있다. 하지만 더 이상은 기존의 교육체계가 유용하지 않은 환경변화를 겪을 것으로 예상되기 때문에 교육체계의 변화가 필요하다. 먼저 학교 안 교육과 학교 밖 교육을 구분하는 현재 체계의 변화가 필요하다. 국가가 교육을 담당하는 통제하는 현재 체계가 교육혁신을 활성화하지 못하고 있기 때문에, 교육의 주도권을 민간에게 넘겨 자율성을 확대하는 방향으로 전환할 필요가 있다. 현재 획일적인 규제에 의해 실험적인 교육이나 교육의 혁신 등이 방해를 받고 있다. 지난 번 국정교과서 사태에서도 잘 드러난 것처럼 현재의 교육체제는 교육혁신의 발목을 잡고 있다. 이러한 규제체제는 교육기관들이 규제의 틀 속에서 안주하게 만드는 효과도 있다. 이러한 교육체제는 외부충격이 왔을 때 매우 취약해 진다. 또한 이미 많이 변화하고 있지만 20세 이전에만 집중하는 현재의 교육체제에서 벗어나 인공지능 시대에 걸맞은 평생교육체제로서의 전환을 더욱 신속히 이루고 맞춤형 교육의 확대 및 온라인 교육의 확대 등을 체계적으로 이루어낼 필요가 있다. 더불어 현행 교사인력의 수급에 관한 정부의 통제를 완화할 필요가 있다. 현재의 구조는 기득권 세력만을 양산하고 결과적으로 교육의 혁신을 가로막고 있기 때문이다. 공부할 수 있는 자료들과 선생님들이 인터넷에 어마어마하게 제공되는 현실 속에서 학교에서는 자격증을 지닌 사람만 가르칠 수 있고 이들이 가르친 것만 교육으로 인정되는 상황은 인공지능의 시대에는 더 이상 걸맞지 않다.

셋째, 직업의 변화에 관한 교육과 토론이 지속적으로 이루어져야 한다. 사람들이 과거의 경험 또는 현재의 관찰에 근거를 두고 미래의 직업을 선택하는 경향이 매우 높다. 하지만 앞에서도 언급한 바와 같이 미래의 직업 상황은 단절적인 변화를 겪을 것이기 때문에 이를 과거의 경험이나 현재 상황에 근거한 관찰은 매우 왜곡된 결과를 낳을 가능성이 매우 높다. 그렇기 때문에 현재 직업을 준비하거나 교육과정에 있는 이들이 보다 나은 학습과 직업준비를 할 수 있도록 미래의 산업구조의 변화와 직업의 변화, 그리고 필요한 기술 및 지식에 대한 다양한 노출이 일어날 필요가 있다. 지금도 어느 정도 이루어지고 있지만 보다 체계적으로 미래 세대들에게 예전에 보지 못하였던 변화가 다가오고 있음을 경고해 주고 이를 대비하도록 도와주어야 한다.

넷째, 인공지능과 로봇 등과 관련하여 새롭게 성장하고 있는 영역에 보다 많은 일자리들이 창출되고 기존의 노동자들과 미래 세대들이 이러한 산업에 일자리를 찾을 수 있도록 정책적 지원이 필요하다. 정부라고 해서 만능열쇠를 지니고 있지는 않지만 이러한 문제를 해결하기 위한 단초는 정부에 의해 시작될 수밖에 없다.

다섯째, 정부의 형태도 기술의 변화에 맞추어 변화할 필요가 있다. 공무원 시험, 신분보장, 순환보직, 공무원 연금 등으로 대표되는 현재의 정부형태는 과거의 잔상일 뿐이며 새롭게 나타나는 기술의 충격을 앞서서 극복하기는커녕 이를 스스로 감당하기도 어려운 상황이다. 최근 들어 문제가 되었던 가상화폐를 둘러 싼 대응을 보면 기술의 충격이 얼마나 복잡한 정책문제를 발생시키는지 쉽게 알 수 있다. 앞으로의 정부형태는 공공성을 유지하면서도 민간의 혁신을 충분히 활용할 수 있는 '플랫폼정부'로 전환할 필요가 있다.[10]

앞으로의 변화는 우리의 상상과 경험을 모두 뛰어넘을 것으로 보인다. 이러한 위험을 극복하고 기회로 만들기 위해서는 공동체로서의 가치를 재발견하고 이를 함께 대처하는 것이 바람직하다. 큰 충격이 오면 소수의 사

10 이삼열 외. (2017). 미래 사회변화와 파괴적 기술발전에 대응하는 정부운영 방안. 한국행정연구원.

람들은 큰 기회를 발견하고 큰 부를 이룰 수 있지만 많은 이들은 기존의 생활터전을 잃어버리게 되어 빈곤층으로 전락할 가능성이 높아진다. 새로운 기술의 충격이 새로운 부를 만들어 낼 것은 분명하지만 우리 사회는 이렇게 새롭게 만들어질 부를 어떻게 분배할 것인가에 대해서도 고민할 필요가 있다. 이러한 고민은 지금부터 시작해도 늦다고 생각된다.

참고문헌

김지섭. (2015. 1.). 빌 게이츠 "인공지능 기술, 인류에 위협될 것". 조선일보. 2018년 3월 21일에 접근(http://news.chosun.com/site/data/html_dir/2015/01/29/2015012904418.html).

김효진. (2018. 1.). 무인편의점 '아마존 고' 등장...중국엔 이런 편의점 올해만 5천 곳. 한겨레. 2018년 3월 21일에 접근(http://www.hani.co.kr/arti/international/america/828856.html).

손경호. (2014. 10.). 엘론 머스크 "인공지능 연구, 악마 부른다". ZDNet Korea. 2018년 3월 21일에 접근(http://www.zdnet.co.kr/news/news_view.asp?artice_id=20141026165058).

이삼열 외. (2017). 미래 사회변화와 파괴적 기술발전에 대응하는 정부운영 방안. 한국행정연구원.

이승철. (2017. 12.). 'AI 역습' 벌써 현실화...日 은행의 대규모 감원 태풍. KBS. 2018년 3월 21일에 접근(http://v.media.daum.net/v/20171211214218709).

조재환. (2016. 8.). '완전 자율주행' GM 공유차량, 2019년 1월에 나온다. ZDNet Korea. 2018년 3월 2일에 접근(http://www.zdnet.co.kr/news/news_view.asp?artice_id=20160811082139).

주영재. (2017. 10.). 알파고에 100전 100승 거둔 '알파고 제로' 등장...인간 지식 없이 스스로 학습해 창의성 발휘. 경향비즈. 2018년 3월 21일에 접근(http://biz.khan.co.kr/khan_art_view.html?artid=201710190200001&code=920501).

한국직업능력개발원. (2017). 제4차 산업혁명에 따른 취약계층 및 전공별 영향. KRIVET Issue Brief 123호.

Frey, C. B. & Osborne, M. A. (2017). The future of employment: how susceptible are jobs to computerisation?. *Technological Forecasting and Social Change*, 114: 254-280.

Kerzweil, R. (2006). The Singulairy is Near. Penguin Books.

Manyika, J. et al. (2017). Jobs lost, jobs gained: Workforce transitions in a time of automation. McKinsey Global Institute, December.

Popper, N. (2016. 4.). 월스트리트를 호령하는 로봇. *New York Times*. 2018년 3월 21일에 접근(https://www.nytimes.com/2016/04/08/universal/ko/the-robots-are-coming-for-wall-street-korean.html).

World Economic Forum. (2016). The future of jobs: Employment, skills and workforce strategy for the fourth industrial revolution. World Economic Forum, Geneva, Switzerland.

제5장

한국 노동시장의 질과 노동자 삶의 질

이호연 · 양재진

I. 서론

대부분의 발전국가가 그렇듯 우리는 오랜 시간동안 노동을 보다 사회적인 것, 국가를 위해 헌신해야 하는 무언가로 인식해왔다. 노동은 개인의 활동이라기보다 국가의 성장과 발전이라는 슬로건 아래 일종의 사회적 소유물로 인식되었다. 이는 어쩌면 노동력이 유일하고도 강력한 자원이었던 우리에게 자연스러운 일이었는지도 모른다. 그렇게 1960년대 후반부터 1980년대 후반까지 지속된 발전국가 이데올로기 속에서 개인적 차원의 노동은 국가 경제를 위해 조금은 '양보할 수 있는 것'으로 여겨져 왔다.

실제로 1970년대 새마을 운동의 대표적 표어는 '근면·자조·협동'이었으며, 노동자들을 '수출역군', '산업전사', '새마을 아가씨'라고 지칭했다. 1976년 해태제과 여공들은 "하루 열두시간만 일하게 해 달라."고 탄원했으며, 1980년대 철강·석유화학 산업 노동자들은 휴일 없이 24시간 맞교대 근무를 했다(한겨레, 2015. 12. 10.). 노동 환경과 노동자들의 삶의 질은 노동의 최저 가격과, 최적의 양을 찾는 일 앞에서 조금은 덜 중요한 주제였다.

하지만 시민들의 삶의 질이 높아지기 위해서는 노동의 질이 높아져야 한다. 만족스러운 의식주를 영위할 수 있을 만큼의 임금을 보장받아야 하고, 적정한 노동 시간과 휴식은 다시금 생산적인 노동을 제공하기 위해서라도 필수적이다. 일을 통해 자아실현을 할 수 있다면 금상첨화다. 노동시장은 시민들이 삶의 대부분을 보내는 주된 삶의 공간 그 자체이기 때문이다. 정부 역시 이 사실을 인지하고 있는 듯하다. 2018년, 정부의 표어

* 이 글은 〈한국정책학회보〉 (제26권 4호, 65-103)에 게재된 동 저자의 [퍼지셋 분석을 통해 본 한국 노동시장의 이중구조와 불안정 노동자(2017)]의 내용을 수정, 보완한 것임.

는 “좋은 일자리를 통한 국민 삶의 질 향상”이다(고용노동부, 2018). 정부의 표어가 변한 만큼 노동시장에도 많은 변화가 있었을 것이다. 그렇다면 과거 발전국가 이데올로기로부터 20여 년이 지난 한국 노동시장의 수준은 어느 정도일까? 그들이 위치한 노동시장의 수준에 따라 노동자들이 느끼는 삶의 질은 어떠할까?

OECD의 지표를 통해 현재 우리나라 노동시장의 수준을 간략히 살펴보면 다음과 같다. 2013년을 기준으로, 우리나라는 저임금 노동자의 비중이 OECD 국가 중 두 번째로 높은 국가이다. 전체 노동자 평균임금의 2/3 이하를 받는 저임금 근로자의 비중이 전체 근로자의 약 24%에 달한다. 이들은 대부분 비정규직에 속하는데, 임금뿐만 아니라 노동여건 측면에서 정규직 근로자들과 큰 차이를 보이고 있다. 우리나라 저임금 근로자의 월 평균 임금은 139만 원, 근속기간은 약 2년, 공적연금 가입비율은 32.9%, 퇴직금 적용 비율은 37.6%이다. 게다가 비정규직 고용 후 정규직으로 이동하는 확률도 매우 낮은데, 비정규직으로 3년을 일한 후 정규직으로 이동하는 확률은 22.4%에 불과하다. 이는 높은 정규직 전환률을 보이는 룩셈부르크(79.7%), 영국(63.4%), 덴마크(61.3%)와 같은 국가와 비교해도 낮은 수치이지만, 노동시장이 상대적으로 경직적이라고 평가받는 프랑스(45.3%)나 이탈리아(47.2%)보다도 낮은 수치이다.

요약하자면, 우리나라 노동시장은 양극화가 정도가 크고, 뚜렷하다고 말할 수 있다(OECD, 2013: 125; 양재진, 2015).[1] 특히, 저임금 근로자의 비중이 높고 이들의 근로여건이 열악하다고 요약할 수 있다. 실제로 최근 한국은행 경제연구원에서 발표한 「우리나라 노동시장 이중구조에 관한 연구」 보고서에 따르면, “우리나라 노동시장에 고임금·정규직으로 구성된 1차 시장

1 아래 글에서부터는 이 노동시장이 양극화되어 나뉘어있는 것을 이중화, 양극화가 뚜렷한 것을 분절화라고 이야기하도록 한다.

과 저임금·비정규직으로 구성된 2차 시장의 구분이 확연하며, 이것이 우리나라의 성장잠재력을 떨어뜨리고 있다."고 한다(Chung & Jung, 2016).

그렇다면 정부는 무엇을 하고 있었을까? 정부 역시 현재 우리나라 노동시장 문제 주요한 문제로 노동시장의 이중화, 분절화, 고용의 질 문제를 인식하고 이를 해결하기 위해 노력해왔다. 정부의 고용 관련 예산은 2013년 약 11조 원, 2014년 약 12조 원, 2016년에는 약 15.8조 원으로 규모 자체도 커졌을 뿐 아니라, 증가폭 역시 점차 커졌다. 하지만 효과는 기대에 미치지 못했다. 정부가 추진한 일자리 창출 정책이 단기·시간제·계약직 일자리에 집중되어 있었기 때문이다. 정부 일자리 정책을 통해 취직한 이들은 주로 5인 미만 중소기업에 속했으며(62.9%), 비정규직으로(38.1%), 월평균 180만원 미만의 저임금을 받았다(국회예산정책처, 2015). 오히려 정부가 열악한 일자리를 양산하는 정책을 추진해 온 것이 아니냐는 비판이 있는 이유다(주간동아, 2015. 10. 21.).

여기서 우리는 한 가지 의문을 가지게 된다. 우리나라에서도 일자리 창출과 더불어 그 노동의 질 역시 높여야 한다는 사회적 합의가 이루어지고 있고, 정부 역시 막대한 예산을 투입하며 노동시장의 질을 개선하기 위해 노력하는데 왜 문제는 쉽게 개선되지 않는가?

노동시장의 질을 높이기 위해서는 정부에 보다 새로운 접근법이 필요해 보인다. 단기적으로 낮은 질의 일자리를 양산하는 데 치중하기보다는, 어떠한 노동시장이 취약한지, 누가, 얼마나 불안정한 위치에 놓여있는지를 찾아내서, 이를 위한 맞춤형 정책을 설계하는 일이 수반되어야 한다.

본 장은 이러한 정책 설계의 토대를 마련하는 데 도움을 주고자 한다. 필자들이 던지는 질문은 다음과 같다. 아래의 질문들을 염두에 두고 글을 읽으면 이해에 도움이 될 것이다. 첫째, 양극화되어 있다고 하는 노동시장은 정확히 두 개의 노동시장으로 구분이 되는가, 아니면 다양한 노동조건의 질에 따라 몇 개의 노동시장으로 나누어 볼 수 있는가? 둘째, 만약 우리나라의 노동시장이 여러 개의 하부 노동시장으로 나누어져 있다면, 그 노동시장의 질은 어떻게 다른가? 마지막으로 삶의 질과 관련하여, 개별 노동시장에 위치한 노동자들의 삶의 만족도에는 차이가 있는가? 이 질문들에 답하기 위해 노동시장 이중구조와 불안정 노동자에 관한 이론들 역시 다루도록 하겠다.

II. 노동시장 이중구조 논의와 한국의 노동시장

1. 노동시장의 이중구조 및 특징

한국의 노동시장을 다루기 전에 먼저 노동시장의 이중구조가 무엇을 의미하는지에 대한 이론을 간략하게 살펴보자. 노동시장의 이중구조란, 한 사회의 노동시장이 그 시장을 구성하고 작동시키는 다양한 기제가 단일하게 적용되는 하나의 연속적인 노동시장으로 구성된 것이 아니라, 분절된 영역에서 각 노동시장이 서로 다른 규칙의 적용을 받는 상태로 존재하는 것을 의미한다(이승윤 외, 2016). 이중구조를 표현하는 방식이나,[2] 그 세부적인 특성의 차이에 대해서는 연구자마다 조금씩 의견이 갈리지만, 현재 노동시장이 이중구조를 보인다는 사실 자체는 공통적으로 인정하고 있

2 관련 연구들은 임금 등 근로조건이 양호한 노동시장을 1차 노동시장·중심노동시장·내부노동시장이라고 하며, 근로조건이 상대적으로 열악한 노동시장을 2차 노동시장·주변부노동시장·외부노동시장이라고 칭한다. 본 논문에서는 내부노동시장·외부노동시장의 표현을 사용한다.

다. 본 장에서는 이중구조를 내부노동시장과 외부노동시장으로 명명하고자 한다.

내부노동시장은 소위 좋은 질의 일자리로 이루어진 노동시장이다. 내부노동시장의 일자리는 노동자들에게 근로조건의 다양한 측면에서 외부노동시장과는 다른 독점적인 지위를 부여한다. 내부노동시장의 기업은 지속적인 경쟁력의 우위를 점하기 위해 안정적인 고용관계와 효율적인 인력관리를 매우 중요하게 여긴다. 뛰어난 인재를 선점하고, 시장임금보다 높은 임금수준을 유지함으로써 노동자들의 자발적인 헌신을 가능하게 하기 때문이다. 또한 선점한 훌륭한 인재들을 바탕으로 노동력을 공고화하기 위해 기업 차원에서 숙련을 형성한다. 이러한 내부노동시장에 진입은 주로 제일 아래의 부분만 열려있을 뿐이다. 즉, 내부노동시장을 가진 기업은 연공서열과 승진을 바탕으로 한 관료제적 성격을 띤다. 평생고용, 연공서열, 그리고 기업복지가 접목된 고도성장기 일본 대기업의 내부노동시장이 대표적인 예이다.

이렇듯 내부노동시장의 경우 고용안정성·높은 임금·우수한 근로조건을 보장하는 반면, 외부노동시장은 그렇지 않다. 외부노동시장은 상대적으로 질 나쁜 일자리로 구성된 노동시장이다. 외부노동시장에 위치한 노동자는 설사 내부노동시장의 노동자들과 동일한 능력을 지닌다 할지라도 상대적으로 낮은 임금·불안정한 고용관계 및 사회적 보호로부터의 배제에 시달린다. 이들의 경우 한 번 외부노동시장에 속하게 되면 내부노동시장의 진입에 상당한 제약을 받는다. 내부노동시장은 주로 맨 하층의 최초 진입부만이 열려있기 때문이다. 반대로 외부노동시장의 경우 기업의 모든 층위의 일자리가 상당히 개방적이다.

이러한 노동시장 이중구조는 산업변화에 따라 더욱 심화되었다. 내부노동시장과 외부노동시장의 격차는 확대되고 외부노동시장은 비대화되어

온 것이다. 이중구조가 심화된 노동시장에서 지배적인 고용형태는 비정규직이다. 기존의 정규직 일자리가 비정규직으로 대체될 뿐만 아니라, 새롭게 생겨나는 일자리마저 대개 비정규직이기 때문이다. 실제로 미국과 스페인을 위시한 유럽의 많은 국가에서 노동시장의 유연성을 강조하며 정규직 일자리를 비정규직으로 전환해 왔다.

최근에는 노동시장의 이중구조가 노동시장 내부의 근로조건 차원을 넘어서 사회보호 차원에까지 영향을 미치고 있다(Hausermann & Schwander, 2012; 백승호, 2014). 연금과 같은 기존의 사회보험제도가 주로 정규직 노동자를 대상으로 설계된 바, 다양한 사회보장제도에서 비정규직은 자연스레 배제되는 것이다. 또한 노동조합 결성과 같은 정치적인 의견 표출의 기회에서도 정규직과 비정규직은 차이를 보이고 있다. 이렇듯 노동 시장의 지위 차이는 근로조건에서도 드러나지만, 다양한 사회제도와 결합해 노동이외의 영역에도 영향을 미치고 있다. 지금까지의 내용을 정리하면 〈표 5-1〉과 같다.

〈표 5-1〉 내부노동시장과 외부노동시장의 특징

	내부노동시장	외부노동시장
기업 경쟁력	높은 경쟁력(독점적 지위)	약한 경쟁력
기업규모	상대적으로 대규모	상대적으로 소규모
조직 특성	연공제적(관료제적)	직무중심
숙련 형성	기업 내부 훈련	숙련된 인재 고용/ 미숙련직종
조직 개방성	폐쇄적(가장 하층만 개방)	전 계층에 걸쳐 개방
고용관계	안정적(장기고용)	불안정(단기고용)
임금 수준	고임금(효율임금)	상대적 저임금
사회적 보호 수준	높음	상대적으로 낮음
노동시장 간 이동	양 부문 간 노동력의 이동은 상당히 제약적	

2. 한국의 노동시장의 구조와 질

1) 과거 한국 노동시장의 구조와 특징

그렇다면 우리나라의 노동시장은 어떤 모습을 띠고 있을까? 우리나라의 노동시장은 이중구조가 매우 뚜렷하다는 것이 중론이다(이주호, 1992; 정이환, 1992; 남춘호, 1991, 1995, 2001; 이건, 2001; 황수경, 2003; Chung & Jung, 2016). 우리나라에서 노동시장의 이중구조는 산업화과정에서 나타나기 시작해 탈산업화와 기술혁신을 거치며 심화되는 양상을 보여 왔다.

우리나라에서는 1990년 이후부터 이중구조의 경향이 뚜렷이 존재했다. 특히, 제조업, 그중에서도 대규모 중화학 공업부문을 기준으로 내부노동시장이 형성됐다. 우리나라는 여전히 제조업 분야가 국내 총생산의 절반가량(약 49%)을 차지할 정도로 제조업이 국가의 핵심 산업이며, OECD 국가들의 평균인 26%를 훨씬 상회한다. 한국의 산업화 과정은 세계에서도 유례가 없을 정도로 빠르고 압축적으로 이루어졌다. 그만큼 제조업 부문에 국가의 많은 자원이 투여됐고, 이는 내부노동시장 형성에 결정적인 기여를 했다.

1987년 노동자 대투쟁 이후 기업들의 노사관리 전략의 변화가 우리나라 내부노동시장 형성에 결정적인 영향을 미쳤다. 1987년 민주화 이후 노동자 대투쟁을 겪은 대기업들은 노사관리 기조를 대결에서 포용으로 바꾸며 노조를 기업내부로 전입시키는 일본식 신경영전략을 도입했다. 이 시기부터 대기업들은 노동조합을 인정하고, 임금수준을 높이고, 근로조건을 다른 노동부문에 비해 월등히 개선시켰다.

2000년대 이후부터는 노동시장의 이중구조가 제조업을 벗어나 전체 노동시장에서 뚜렷하게 나타나기 시작했다. 특히, IMF 이후 비정규직 고용이 정형화되기 시작하며 노동시장 이중구조의 흐름에 박차를 가했다. 주로 대기업·정규직·노조조합원·남성이 준수한 근로조건을 가지고, 중소기업·비정규직·비노조·여성이 열악한 근로환경에 처하는 경우가 많았다. 또한 2000년대 이후 파견·도급·하청 등으로 인해 동일한 사업장·동일한 업무에 대해서도 상이한 임금과 복지가 지급되기 시작했다. 그렇다면, 현재의 한국의 노동시장은 어떠할까?

2) 현재 한국 노동시장 구조와 질

본 장의 연구 질문 1번을 다시 떠올려보자. 양극화되어 있다고 하는 노동시장은 정확히 두 개의 노동시장으로 구분이 되는가, 아니면 다양한 노동조건의 질에 따라 몇 개의 노동시장으로 나누어 볼 수 있는가? 기존의 많은 연구들은 우리나라 노동시장을 구분하는 데 임금 변수만을 이용했다. 해당 노동시장의 임금이 높으면 내부노동시장, 임금이 낮으면 외부노동시장이라고 구분했다. 대다수의 연구들이 이러한 방식을 채택했다(이주호, 1992; 정이환, 1992; 남춘호, 1991, 1995, 2001; 이건, 2001; 황수경, 2003; Chung & Jung, 2016).

하지만, 어떠한 일자리가 좋은 일자리인지, 누가 불안정 노동자인지를 판별하는 기준들을 이용하면, 노동시장을 더욱 세분화하여 살펴볼 수 있다. 예를 들어, 좋은 일자리에 관한연구, 불안정 노동에 관한 연구는 각 개념을 정의하는 데 임금·고용안정성·사회보장 정도를 주요한 기준으로 삼는다. 이를 노동시장 세분화에 사용하면 우리나라의 노동시장을 〈표 5-2〉와 같이 8개의 세부적인 노동시장으로 유형화할 수 있다. 구체적으로, 본 장에서는 한국 노동패널 조사의 17차 년도(2014년) 자료를 기준으로 노동자의 임금·사회보장정도·고용안정성 각 변수의 값이 평균을 넘으면 '높음'에, 평균에 미치지 못하면 '낮음'으로 분류하고, 이를 조합해 절대적 내부노동시장부터 절대적 외부노동시장까지 8개의 시장을 이념화했다.

예를 들어 임금수준, 사회보장정도, 고용안정성 세 기준이 모두 높은 시장은 절대적 내부노동시장이다. 세 가지 기준 중에 고용안정성만 낮은 노동시장은 고용불안정형 내부노동시장, 사회보장정도만 낮은 것은 미사회보장형 내부노동시장, 임금만 낮은 것은 저임금형 내부노동시장이며 이들은 상대적 내부노동시장 범주에 속한다. 반면, 세 가지 기준 중 한 가지 기준만 높은 시장은 고임금형 외부노동시장, 사회보장형 외부노동시장, 고용안정형 외부노동시장으로 상대적 외부노동시장의 범주에 포함된다. 이 세 가지가 모두 낮은 시장은 절대적 외부노동시장이다.

현실의 노동자들을 그들의 임금, 사회보장정도, 고용형태에 따라 이렇게 만들어진 8개의 이념적 노동시장에 배치해보면 어떠한 결과가 나타날까? 조건에 맞는 노동자가 다수 존재하면 해당 이념노동시장에 많은 노동자들이 배치될 것이고, 조건에 맞는 노동자가 없다면 그 노동시장은 공란으로 남을 것이다.

〈표 5-2〉 한국의 노동시장 구분을 위한 이념적 틀

노동시장 명칭	임금수준 (Wage)	사회보장정도 (Health-insurance)	고용안정성 (Full time job)	노동시장 범주
절대적 내부노동시장	W(높음)	H(높음)	F(높음)	절대적 내부노동시장
고용불안정형 내부노동시장	W(높음)	H(높음)	f(낮음)	상대적 내부노동시장
미사회보장형 내부노동시장	W(높음)	h(낮음)	F(높음)	상대적 내부노동시장
저임금 내부노동시장	w(낮음)	H(높음)	F(높음)	상대적 내부노동시장
고임금 외부노동시장	W(높음)	h(낮음)	f(낮음)	상대적 외부노동시장
사회보장형 외부노동시장	w(낮음)	H(높음)	f(낮음)	상대적 외부노동시장
고용안정형 외부노동시장	w(낮음)	h(낮음)	F(높음)	상대적 외부노동시장
절대적 외부노동시장	w(낮음)	h(낮음)	f(낮음)	절대적 외부노동시장

이념형 노동시장에 노동자를 배치하기 위해 노동자 그룹은 연령·성별·직종으로 구분하여 30개 집단으로 나누었다. 연령은 청년고용촉진특별법과 고용상연령차별금지 및 고령자고용촉진법을 기준으로 청년(15~29세)·중장년(30~54세)·고령(55세 이상)으로 나누었으며, 성별은 남·여, 직종은 자본가 및 관리직·사회문화전문직·혼합서비스직·생산직·단순서비스직 등 5개로 나누었다.

30개로 세분화된 노동자 집단이 앞서 8개로 이념화하여 구분된 노동시장 중 어디에 위치하는지를 매칭해 본 결과가 〈표 5-3〉이다. 〈표 5-3〉의 개별 노동시장의 이념형에서 노동자 그룹이 높은 곳에 위치할수록 해당 이념형에 더욱 근접한 것이라고 해석할 수 있다. 예를 들어, 절대적 내부노동시장의 카테고리에서 높은 위치를 차지한 고령 여성 자본가 및 관리직이나 중년 남성 자본가 및 관리직의 노동여건이 청년여성자본가 및 관리직의 여건보다 절대적 내부노동시장 이념형에 더 가깝다고 볼 수 있다.

한국 노동시장의 구조와 질을 분석해 보면 그 특징은 다음과 같다.[3]

첫째, 우리나라 노동시장은 두 개의 노동시장으로 구분되기보다, 비중의 차이는 있지만 8개의 이념형 노동시장이 모두 존재했다. 즉, 임금·사회보장정도·고용안정성에 따라 다양한 노동시장이 존재했다. 둘째, 그럼에도 불구하고, 기존의 문헌들이 지적하듯 우리나라에서는 노동자들의 노동시장 분포와 노동시장의 질 모두에서 양극화가 뚜렷하게 나타나고 있다. 8개로 유형화한 노동시장에서 양 극단인 절대적 내부노동시장(44.39%)과 절대적 외부노동시장(31.35%)에 전체 노동자의 75.8%가 위치한다.

본 챕터의 연구 질문 1번, "양극화되어 있다고 하는 노동시장은 정확히

3 한국노동패널조사의 17차 년도 자료를 이용하여 임금은 시간당 임금, 사회보장정도는 직장건강보험가입률, 고용안정성은 정규직 여부를 사용했다.

〈표 5-3〉 노동자 그룹과 노동시장 유형별 매칭 표

노동시장의 이념형	비중(%) (/전체노동시장)	평균 임금 (원)	직장 의료보험 (%)	정규직 비율 (%)	해당 노동자 그룹
W*H*F 절대적 내부노동시장	44.42	16,258	89.93	84.90	고령·여성·자본가 및 관리직 중년·남성·자본가 및 관리직 중년·남성·사회문화전문직 중년·남성·혼합서비스직 중년·여성·자본가 및 관리직 고령·남성·혼합서비스직 중년·남성·생산직 청년·남성·자본가 및 관리직 중년·여성·사회문화전문직 청년·여성·자본가 및 관리직
W*H*f 고용불안정 내부노동시장	0.8	19,315	89.47	65.79	고령·남성·자본가 및 관리직
W*h*F 미사회보장형 내부 노동시장	7.66	13,151	75.38	68.69	고령·남성·사회문화전문직 중년·남성·단순서비스직
w*H*F 저임금형 내부 노동시장	5.80	10,142	87.95	80.72	청년·여성·사회문화전문직 청년·여성·생산직 청년·남성·생산직 청년·여성·혼합서비스직
W*h*f 고임금형 외부노동시장	3.73	17,010	68.75	62.50	고령·여성·사회문화전문직
w*H*f 사회보장형 외부노동시장	0.63	10,323	85.19	66.67	청년·남성·사회문화전문직
w*h*F 고용안정형 노동외부시장	8.85	12,069	76.84	69.47	중년·여성·혼합서비스직 청년·남성·혼합서비스직
w*h*f 절대적 외부시장	31.38	8,273	65.40	41.65	고령·여성·혼합서비스직 고령·여성·단순서비스직 청년·남성·단순서비스직 고령·여성·생산직 고령·남성·생산직 청년·여성·단순서비스직 중년·여성·단순서비스직 고령·남성·단순서비스직 중년·여성·생산직

두 개의 노동시장으로 구분이 되는가 아니면 다양한 노동조건의 질에 따라 몇 개의 노동시장으로 나누어 볼 수 있는가?"에 대해서는, 우리나라의 노동시장은 임금·사회보장정보·고용안정성에 따라 2개 이상으로 나누어 볼 수 있지만, 절대적 내부노동시장과 절대적 외부노동시장이 가장 큰 비중을 차지하는 데서 알 수 있듯 이중화 현상이 뚜렷하다고 볼 수 있다.

연구 질문 2번, "그 노동시장 간의 질은 어떻게 다른가?"에 대한 대답은 다음과 같다. 우선, 절대적 내부노동시장과 절대적 외부노동시장의 질은 임금수준·근로조건·고용안정성 모두에서 큰 차이를 보인다. 구체적으로 자료에서는 절대적노동시장에 위치한 노동자의 평균임금은 16,258원, 직장의료보험 가입비율은 89.9%, 정규직 비율은 84.9%인 반면, 절대적 외부노동시장에 위치한 노동자의 경우 각각 8,273원, 65.4%, 41.64%에 불과했다. 이처럼 우리나라 노동시장은 고임금·정규직 내부노동시장과 저임금·비정규직 외부노동시장의 구분이 확연하다. 특히, 저임금 근로자의 비중이 매우 높은 것으로 나타난다. OECD(2013)는 우리나라 평균임금의 2/3 이하를 받는 저임금 근로자가 전체의 24%로 양극화가 심각한 수준이라고 지적했는데, 2014년을 조사한 노동패널 자료를 분석한 결과는 이보다 악화된 수준인 약 31%가량의 노동자가 평균임금(시급 12,807원) 2/3 가량의 저임금에 위치하는 것으로 확인됐다.

이 두 극단의 노동시장 이외의 노동시장은 어떠할까? 이들의 임금·사회보장정도·고용안정성의 비교는 [그림 5-1]을 보면 알 수 있다. 상대적 내부노동시장과 상대적 외부노동시장에도 많은 노동자들이 위치한다(전체의 25.06%). 저자는 이 상대적 내부노동시장과 상대적 외부노동시장이 그동안 간과되어 왔다는 점과, 양 극단의 노동시장의 중간적인 특성을 지닌다는 점을 강조하며 회색지대로 칭하고자 한다. 이 회색지대는 총 6개의 이념형 노동시장으로 구성되어 있는데, 유형별로 그 특색이 매우 뚜렷하

[그림 5-1] 노동시장의 질 비교

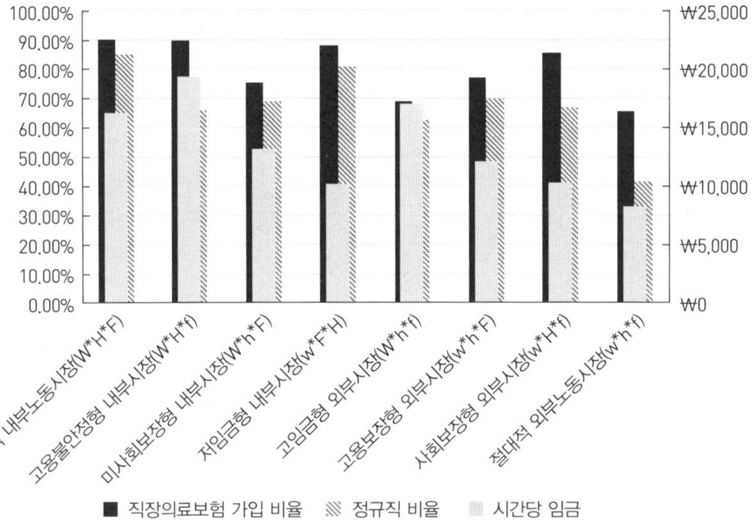

다. 구체적으로 어떠한 노동자 그룹이 위치하는지 살펴보면 다음과 같다.

우선, 임금과 사회보장정도는 높지만 고용안정성이 낮은 고용불안정형 내부노동시장에는 고령남성자본가 및 관리직이 위치한다. 이들은 주로 중소기업의 사장이나, 계약직 전문직 공무원, 중견 기업 이상의 간부 및 계약직 CEO와 같은 사람들이 포진해 있다. 정규직 유무를 기준으로 판단을 해보면, 단기 계약을 맺는 이들의 특성상 고용안정성이 낮은 것은 사실이다. 하지만, 이들을 단순히 불안정 노동자라고 보기는 어렵다. 이들의 근로계약은 상당한 고임금을 바탕으로 할 뿐 아니라 성과에 따라 이를 갱신하는 형태로 이루어지기 때문이다.

세 기준 중 사회보장정도만 낮은 미사회보장형 내부노동시장에는 고령의 남성 사회문화전문직과 중년의 남성 단순서비스직들이 위치한다. 이들은 주로 기간제 교사와 같은 전문직에 종사하는 고령자들이거나, 요식업·미용업과 같은 서비스업에 종사하는 경력이 많은 중년 남성들이다. 이들의 임금이나 고용안정성은 상대적으로 준수한 편이다.

임금 수준만 평균보다 낮은 저임금형 내부노동시장에는 주로 생산직에서 일하는 청년들과 교직 등 사회서비스를 제공하는 여성들이 위치한다. 이들은 입직한지 얼마 되지 않은 청년들로, 임금은 낮지만 높은 사회보장 정도와 높은 정규직 비율을 보이고 있다. 이들은 현재 회색지대에 위치하고 있지만, 안정된 고용관계를 바탕으로 근속연수가 길어지면 향후 자연스럽게 절대적 내부노동시장으로 편입이 예상된다. 하지만 청년 여성 생산직의 경우, 중년 여성 생산직이 모든 근로 조건이 상대적으로 낮은 절대적 외부노동시장에 위치하는 것으로 볼 때, 다른 청년 집단과 같이 연차가 쌓임에 따라 자연스레 절대적 내부노동시장으로 편입한다고 보기는 어렵다. 오히려 이들은 결혼·임신·출산·육아 이후 경력 단절 등으로 인해 시장에서 벗어났다가 절대적 외부노동시장으로 편입될 가능성이 높다.

임금만 높은 상대적 외부노동시장에는 고령의 교사와 같은 여성 사회문화전문직 노동자들이 위치한다. 이들은 주로 은퇴 후 기존의 경력을 바탕으로 프리랜서로 일하며 높은 임금 수준을 향유하는 노동자들이다. 이들의 평균임금은 시간당 17,010원으로 전체 평균인 12,807원보다 더 높을 뿐 아니라 절대적 내부노동시장의 시간당 임금인 16,258원보다 더욱 높다. 이들이 일하는 일자리 역시 사회에서 인식하는 나쁜 일자리와는 거리가 있다.

다른 상대적 외부노동시장에는 사회보장형 외부노동시장과 고용안정형 외부노동시장이 있다. 임금 수준이 낮고 고용보호 수준이 낮은 사회보장형 외부노동시장에 위치한 이들은 주로 공공기관이나 공기업에서 일하는 젊은 남성 계약직 노동자들이다. 고용안전성만 보장되고 임금 수준이나 사회장정도가 낮은 고용안정형 외부노동시장에 일하는 이들은 주로 중소기업의 정규직 청년과 중년 여성들이다.

이러한 회색지대는 내부노동시장(1차 노동시장), 외부노동시장(2차 노동시장)의 단순한 중간 이상의 의미를 지닌다. 양 극단의 노동시장은 현재 양극화가 상당하며 두 노동시장 간 이동이 상당히 제약적이다. 이 회색지대를 강화한다면, 전체적으로 노동시장 간 이동이 상대적으로 더 원활하며 제도적으로 유연하고도 안전한 노동시장을 만드는 데 기여할 수 있다. 또한 이 회색지대를 살펴보는 것은 그 자체로 구체적인 노동 정책을 수립하는 데 방향을 제시해줄 수 있다. 예를 들어 청년 여성 생산직들에 대한 경력단절의 문제, 공공부문에서 일하는 청년들의 고용 불안정성, 중소기업의 낮은 임금 및 사회보장정도 역시 세부적인 노동시장 구성을 살펴봄으로써 더욱 명확하게 인식할 수 있다.

또한 여기서 기존의 노동시장에 대한 편견을 짚고 넘어가고자 한다. 기존의 노동시장에 대해 지배적인 통념은 좋은 일자리가 매우 부족하다는 것이다. 다수의 학자들뿐 아니라 사회적으로도 이러한 시각이 팽배하다.[4] 하지만 분석에 따르면, 이는 좋은 일자리라고 불리는 절대적 내부노동시장을 명백히 과소 추계한 것으로 나타났다. 우리나라는 노동시장 양극화가 상당 부분 진행되었음에도 불구하고, 절대적인 내부노동시장의 크기는 통념보다 상당히 크기 때문이다(44.39%).

기존에 좋은 일자리라고 불리는 내부노동시장의 과소추계는 통계청의 '전국 사업체 조사'나 고용부의 '사업체 노동력 조사'와 같은 통계자료에서 비롯된 것으로 보인다. 2014년 전국사업체 조사에 따르면, 중소기업이

4 정부의 시각도 마찬가지이다. 황교안 전 국무총리의 발언이 이를 대변한다. "...기업수의 99%를 중소기업이 차지하고 고용의 88%를 담당하고 있는 중소기업의 역할이 절대적....." 중소기업뉴스, 2015년 8월 26일자. http://news.kbiz.or.kr/news/articleView.html?idxno=39243(검색일: 2017년 7월 12일).

라고 알려져 있는 300인 미만 사업체와 대기업이라고 알려져 있는 300인 이상 사업체 수의 비율은 99.9 : 0.1이다. 고용규모(종사자 수)의 비중은 86.4 : 13.6이다. 고용노동부에서 시행하는 '사업체 노동력 조사'도 비슷한 통계를 제시한다. 즉, 우리나라 고용의 85% 이상을 중소기업이 담당하고 있으며 이 일자리는 대부분 좋지 않은 일자리라고 알려져 있는 것이다.

하지만, 고용의 85%를 담당하고 있는 300인 미만 사업체가 모두 중소기업인지는 다시 한 번 살펴볼 필요가 있다. '사업체(workplace)' 조사의 경우, 실제로 대기업과 공공부문에 속하는 일자리인 대기업의 판매지점, 은행의 지점, 학교, 우체국, 주민센터 등을 대부분 300인 이하 '사업체'로 분류하기 때문이다(프레시안, 2017).

2014년 7월부터 실시된 '고용형태공시제'를 보면 우리가 좋은 일자리의 수를 과소평가하고 있었다는 것을 알 수 있다. '고용형태공시제'는 사업체 기준이 아니라 '기업'을 기준으로 고용규모와 고용형태를 공시하게끔 되어 있다. 이에 따르면, 2016년 기준 300인 이상 기업체가 담당하는 고용이 우리나라 전체 임금근로자의 약 29.1%인 약 474만 명이다. 이들 중 대다수에 해당하는 381만 명(약 80.3%)은 사업장 내 파견이나 하청을 제외한 직접 고용인원이다. 통계청이 기업체별로 조사해 발표하는 '임금근로 일자리 행정통계'를 보면 이는 더욱 확실해 진다. 2014년을 기준으로 자영업자나 무급가족종사자를 제외한 300인 이상 기업에 고용되어있는 자는 전체 1,705만 명 노동자 중 738만 명으로 전체 노동자의 43.3%에 해당한다. 이에 더해 300인 미만의 소규모 사업장에도 좋은 일자리가 존재한다는 것을 고려해 볼 때, 〈표 5-3〉에서 절대적 내부노동시장의 규모가 전체의 44.39%라는 것이 현실을 보다 적절하게 반영하고 있다고 볼 수 있다.

3. 한국의 노동시장 질과 노동자 삶의 질

연구 질문 3번은 "개별 노동시장에 위치한 노동자들의 삶의 만족도에는 차이가 있는가?"였다. 결과는 어떠할까? 개별 노동자들이 위치한 노동시장의 질에 따라, 삶의 질에도 차이가 있을까? 절대적 내부노동시장에 위치한 노동자들은 삶의 질이 높고, 절대적 외부노동시장에 위치한 노동자들은 삶의 질이 낮을까?

사실 삶의 질을 측정하는 것은 쉬운 일이 아니다. 삶의 질 하나만을 측정하려고 해도 아주 세밀한 연구 설계와 탄탄한 데이터를 필요로 한다. 하지만 아직 우리나라에서 '삶의 질'을 주제로 하는 2차 자료나 패널조사는 흔치 않다. 통계청의 '사회조사'나 한국노동패널조사에서 하위 문항으로 한 두 질문을 포함하는 정도로 진행되고 있다.

다행히, 한국노동패널 조사에서 '삶의 만족도' 문항이 있어, 이를 토대로 삶의 질 분석을 함께 수행했다. 앞서 언급했듯, 자료의 한계는 연구를 쉽지 않게 만드는 요소이다. 저자들도 분석을 진행하며 처음에는 이 자료로 삶의 질을 이야기할 수 있을지에 대해서 회의적이었다. 질문 자체가 "전반적인 삶의 만족도는 어떠한가?"(질문 문항 p176508)로 다소 추상적이었다. 더욱이, 보기가 '매우 불만족' 1점에서 '매우 만족' 5점까지 5점 척도로 이루어져 있는데, 자료를 확인한 결과 4274명의 응답 중 97.7%가 '보통'과 '대체로 만족'에 몰려 있었기 때문이다. 또한 만족도 질문에 따른 2차 질문이 구성되어 있지 않기 때문에, 이들이 왜 삶에 만족하는지, 만족하지 않는지에 대한 직접적인 인과를 설명하기도 어려웠다.

하지만 자료를 보다 자세히 살펴보는 와중에 흥미로운 점을 발견할 수 있었다. 이 두 문항 '보통'과 '대체로 만족'의 선택 비중이 노동시장별로, 노동자 그룹별로, 여성·연령 등 각 노동자들이 가지고 특성별로 매우 상이하게 나타났기 때문이다. 이를 구체적으로 살펴보면 다음과 같다.

한국노동패널조사 17년차 자료에서 위 노동시장 분석의 대상 4274명(22명 무응답)의 삶의 만족도 응답자 평균은 3.472, 표준편차는 0.544였다. 매우 불만족이 1점, 불만족이 2점, 보통이 3점, 대체로 만족이 4점, 만족이 5점이라는 것을 고려해 볼 때, 이것이 의미하는 바는 조사 대상의 대부분이 '보통'이나 '대체로 만족'을 선택을 했다는 것이다. 실제로 응답자의 97.7%가 이 두 응답에 몰려있었다. 그렇다면, 8개의 노동시장에 속한 노동자들을 기준으로 삶의 만족도 응답을 살펴보면 어떠한 결과가 나타날까? [그림 5-2]를 살펴보자.

[그림 5-2]를 보면, 절대적 외부노동시장에 위치한 노동자들의 삶의 만족도가 3.36으로 가장 낮은 것으로 나타났다. 반면, 절대적 내부노동시장에 위치한 이들의 삶의 만족도가 가장 높은 것은 아니었다. 오히려 삶

[그림 5-2] 소속 노동시장에 따른 삶의 만족도

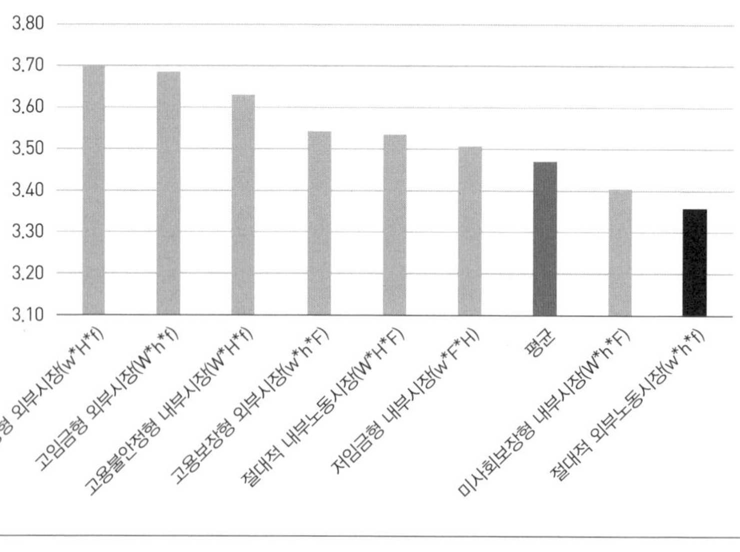

의 만족도가 가장 높은 사람들은 사회보장형 외부시장에 위치한 사람들로 나타났다. 절대적 외부노동시장에 위치한 노동자들은 52.8%의 사람들만이 삶에 만족한다고 답변했지만, 사회보장형 외부시장에 위치한 사람들은 70.4%의 사람들이 삶에 만족한다고 답했다. 사람들이 설문에 대부분 '만족'과 '보통'으로 응답했지만, 그 둘의 비율에서도 큰 차이를 보이는 것이다.

어떠한 요인들이 이들의 삶을 만족스럽게 만들고 또 이들의 삶을 만족스럽지 않게 만드는 것일까. 앞서 설명했듯, 이 문항에는 문항 선택에 대한 추가 질문이 없어서, 이것이 본인의 근로 환경 때문인지, 가정환경 때문인지, 이유를 알 수 없다. 그럼에도 왜 하필 근로조건이 가장 열악한 절대적 외부노동시장에 위치한 노동자들의 삶의 만족도가 가장 낮은지에 대해서는 조금 더 설명할 필요가 있어 보인다. 최근 학계에서는 열악한 근로환경에서 일하는 사람들을 '불안정 근로자'라고 부른다. 또, 본 노동시장에서 '절대적 외부노동시장'을 분류하기 위해 만든 기준 또한 이를 참고한 것이다. 삶의 만족도가 가장 낮게 나온 절대적 외부노동시장을 구성하는 노동자들, 불안정 노동자들은 누구일까? 그리고 이들의 삶의 만족도가 낮은 이유는 무엇일까?

Ⅲ. 한국 노동시장 불안정 노동자의 삶의 질

1. 불안정 노동자의 특성

열악한 노동조건에 처해있고, 삶의 만족도도 낮은 절대적 외부노동시장을 구성하는 노동자들은 누구인가? 이들의 어떠한 특징들이 이들을 불안정한 노동에 머무르게 만드는가? 이를 살펴보기 위해 우선, 불안정 노동자에 관한 이론을 간략히 살펴보도록 하자. 이후 분석 자료를 통해 한국노동시장에서는 어떠한 양상이 나타나는지 확인해보도록 하겠다.

최근에 불안정 노동자(precariat)라는 개념이 주목받고 있다(Standing, 2011: 23). Standing은 노동시장의 외부자인 불안정 노동자들은 산업과 기술변화 속에서 기존 고용에서 보장받던 안정성과 혜택들을 지속적으로 상실한다고 말한다. 불안정 노동에 대한 묘사는 다양하지만, 공통적으로 제시되는 특징은 불확실성(uncertainty), 불안정성(instability), 그리고 불안전성(insecurity)이다. 이는 구체적으로 낮은 임금·정년 미보장·사회적 보호에서의 누락 등으로 나타난다고 지적한다. 그렇다면 어떤 특성을 가진 노동자들이 외부노동시장의 노동자, 불안정 노동자가 되는 걸까? 기존의 연구에 따르면, 노동자들이 누리는 노동시장에서의 지위는 성별, 연령, 숙련 정도에 따라 차이를 보인다고 한다. 이를 순서대로 살펴보자.

우선 많은 연구는 여성들이 주로 불안정 노동자라고 지적한다. 산업화를 통해 노동력의 수요가 폭발적으로 증가하고 여성들의 교육수준이 높아지면서 많은 여성들이 사회로 진출하기 시작했지만, 여전히 여성들은 노동시장에서 능력이나 학력수준과 상관없이 다양한 종류의 결핍을 겪고 있다. 여성들의 경우 일자리를 얻는 것 자체가 쉽지 않으며, 직장을 잡게 되더라도 그 일자리는 저임금을 비롯해 근로조건이 열악한 경우가 많다. 여성이 비슷한 수준의 남성에 비해 임금·연금·각종 보험급여를 더 적게 받을 뿐 아니라, 동일한 직종 내에서도 승진할 가능성이 더 적다는 연구들이 이어지고 있다.

우리나라에서도 기존 내부노동시장에 자리 잡고 있지 않은 여성들이 새롭게 노동시장에 참여하는 경우, 대개는 유휴노동력 차원에서 동원되면서 비정규직으로 대거 충원되었다. 일본의 경우에도 한국과 마찬가지로 여성의 고용은 비정규직인 파트타임잡을 중심으로 증가했으며, 그 결과 여성은 부차적인 노동력이라는 사회적 통념이 정착되었다. 특히, 21세기 이후 가사노동이 외주화되면서 많은 여성들이 돌봄·가사 노동과 관련한 서비스 부문에 대거 종사하고 있는데, 이러한 영역의 일자리는 주로 저임금이며 다양한 사회보장의 사각지대에 놓여있다(Estevez-Abe & Hobson, 2015; Estevez-Abe, 2015). 내부노동시장에 진입한 고학력 여성의 경우에도 고용유지가 쉽지 않다. 고학력의 여성 역시 육아와 결혼 등의 문제로 다시금 외부노동시장으로 밀려날 위험에 노출되어 있기 때문이다. 이처럼 노동시장이 분절되는 과정에서 가장 먼저 외부로 떨어져 나오거나, 외부에 머무르는 집단은 여성인 경우가 많다(이승윤 외, 2016).

노동시장의 또 다른 약자는 청년과 고령자이다. 청년은 경제가 저성장 국면이거나, 성장을 하더라도 일자리가 크게 증가하지 않는 상황에서는 그 윗세대에 비해 내부노동시장의 안정된 일자리를 잡을 기회가 상대적으로 적다. 이미 발전된 여러 국가의 경우를 볼 때, 1950년대 이후 경제의 황금기에는 일자리를 잡기가 보다 수월했지만 1980년대 이후 노동시장에 입직한 세대는 일자리를 잡을 기회에서부터 차이가 난다. 게다가 기술혁신과 자동화로 인해 청년들이 노동시장에서 가지는 강점인 젊음이나 힘이 예전만큼 강점으로 작용하지 않으며, 이러한 경향은 차츰 청년세대를 노동시장의 상대적 약자로 만들고 있다. 선진경제일수록 경험과 숙련 정도가 중요해지고 있다. 내부노동시장에 진입해 있는 중장년층 노동자들은 생산에 필요한 숙련을 제공하고, 청년들은 외부노동시장에서 단순한 노동력만을 제공하는 경향이 강해지고 있다.

고령자의 경우 인류 역사에서 노동시장이 형성된 이후 줄곧 노동시장의 약자였다. 이들의 노동생산성이 현격하게 저하되어 있기 때문이다. 고령자들의 경우 경험과 숙련 정도가 특수하게 강조되는 일부 영역을 제외하고는 노동시장에서 비교우위를 가지기 쉽지 않다. 결국, 경쟁에서 밀려난 이들은 임금이 매우 낮고 근로조건이 열악한 기피 직종에 몰리게 된다. 따라서 상당한 정도의 자산을 축적하지 않은 고령자의 경우, 생계를 위해서 은퇴를 미루고 낮은 질의 일자리에서라도 일을 할 수밖에 없다. 우리나라의 경우도 마찬가지이다. 우리나라의 은퇴 연령은 2016년을 기준으로 남성이 71.5세, 여성이 70.5세이다. 즉, 대부분의 고령자들이 50대 후반 기존의 일자리에서 나온 뒤 10년 이상을 열악한 일자리에서 더 일하고 있는 것이다.

마지막으로 탈산업화 시대에 대표적인 노동시장의 약자는 저숙련 노동자이다. 저숙련 노동자란, 특정한 업무를 위한 전문적인 능력 또는 지식을 가지지 않은 노동자를 칭한다. 또한, 해당 직종에 종사하기 위해 특별한 업무 학습을 필요로 하지 않거나, 아주 기본적인 교육이 단기간으로 요구되는 직종에 종사하는 자를 뜻한다. 고용주는 이들을 고용하기 위해 임금을 높게 설정하거나, 좋은 고용조건을 보장할 필요가 없다. 고용주들은 언제든지 비슷한 인력을 다른 노동자나 기계로 대체할 수 있기 때문이다. 따라서 고용주는 해당 업무를 외주화하거나, 임금을 시장의 최저수준으로 유지하게 된다.

2. 우리나라 불안정 노동자와 삶의 질

그렇다면, 여성, 청년과 고령자, 저숙련 노동자를 기준으로 삶의 만족도는 어떠한지, 실제로 어떠한 노동시장에 위치하고 있는지 알아보자.

[그림 5-3]에서도 볼 수 있듯, 해당 분석에서 여성의 삶의 만족도는 남성에 비해 낮은 것으로 나타났다. 혹자는 남성과 여성의 삶의 만족도 차이가 크지 않기 때문에 그리 문제가 되지 않을 수 있다고 말할 수 있다. 하지만, 문제는 이 결과가 평균적으로 여성의 삶의 만족도가 남성보다 높다는 기존의 연구와 배치된다는 점이다(양재진 외, 2016). 즉, 표본에서의 여성은 기존의 삶의 만족도 연구에서 말하는 결과와 전혀 다른 결과를 보이고 있는 것이다. 왜 그럴까?

힌트는 이 연구의 표본이 '일하는 사람'으로 한정되어 있다는 사실이다. 분석에 따르면, 2014년 현재 우리나라에서는 과반의 여성이 절대적 외부노동시장에 위치하고 있기 때문이다. 과반의 여성들이(52.1%) 절대적 외부노동시장에 위치한다. 절대적 내부노동시장에 위치하는 여성은 20%

[그림 5-3] 여성과 남성의 삶의 만족도

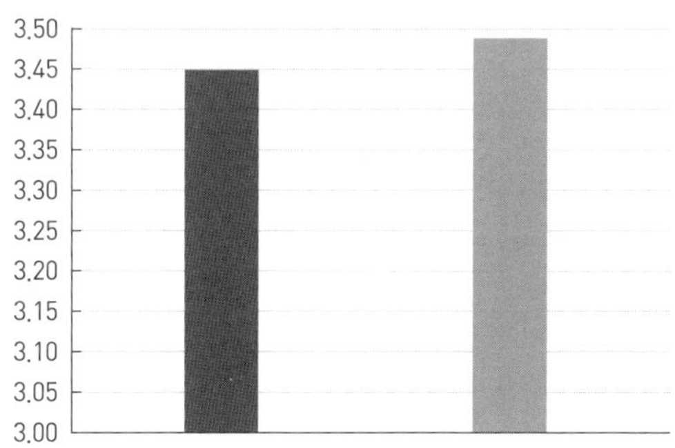

가 채 되지 않는다(18.9%). 반면에 남성의 경우, 절대적 내부노동시장에 62.8%, 상대적 내부노동시장에 21.9%가 위치하며 여성과 대비되고 있다. 이들이 위치한 노동시장의 여건을 고려해 본다면, 여성들의 삶의 만족도가 남성보다 높게 나온다면 그것이 더 이상한 일처럼 보인다. 임금의 측면에서도 여성의 경우 자본가 및 관리자나 고령의 교사 등을 제외하고는 모두 낮은 임금을 받고 있다. 교사일지라도 젊은 여성의 경우에는 임금수준이 낮은 것으로 나타났다. 여성의 시간당 평균임금은 약 9,933원, 건강보험 가입비율은 73%, 정규직 비율은 57.8%였다.

최근 여성들의 평균적인 학력 수준이 높아짐에 따라 여성들의 노동시장 참여가 늘고 있다. 그러나 노동시장에 참여하는 여성들의 대부분은 여전히 상대적으로 질이 낮은 외부노동시장에서 직업을 구하는 것으로 나타나고 있다. 일본의 사례처럼 우리 사회가 여전히 여성을 유휴인력이나 제 2의 노동으로 여기고 있는 것은 아닌지 점검해 볼 필요가 있다(이승윤 외, 2016).

연령에 따른 삶의 만족도는 어떻게 나타날까? [그림 5-4]를 보면 알 수 있듯, 청년들이 삶의 만족도가 가장 높고, 고령자들이 삶의 만족도가 가장 낮다. 언론에서도, 여러 문헌들에서도 청년들이 약자라고 하는데 삶의 만족도는 상대적으로 왜 높게 나타날까? 그리고 고령자들은 상대적으로 더 낮게 나타날까?

분석에서도 청년들은 현재 한국 노동시장에서 약자라고 확인된다. 자본가 및 관리자 직군을 제외하고 남·여할 것 없이 다른 모든 직군에서 절대적 내부노동시장에 위치하는 청년들을 발견할 수 없다. 또한 연공제가 지배적인 노동시장의 특성을 반영하듯, 정규직에서조차 많은 청년들이 상대적으로 낮은 임금을 받고 있다. 더욱이 단순서비스직에 종사하는 청년들의 경우 모든 조건이 열악한 절대적 외부노동시장에 위치하고 있다. 즉,

[그림 5-4] 연령에 따른 삶의 만족도

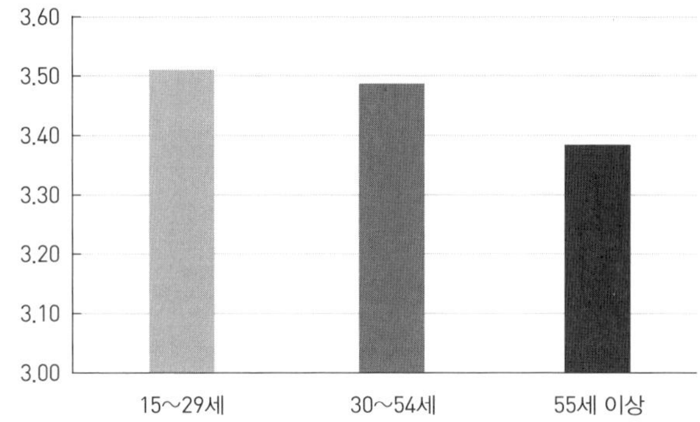

현재 청년들이 노동시장에 진입할 경우 대다수가 저임금에 놓이며, 단순직의 경우 절대적 외부시장에 놓이는 것이다.

그럼에도 삶의 만족도가 상대적으로 높게 나온 이유는 다음과 같은 것들을 꼽을 수 있다. 첫째, 기본적으로 젊은 사람들이 중장년보다 삶에 대한 높은 만족도를 보이는 경향이 있다(양재진 외, 2016). 둘째, 무엇보다 이 연구 분석의 대상인 '일하는 청년'의 경우 다른 청년들과는 다르게 노동시장 진입에 성공한 청년들이라는 것이다. 이 자료는 근로자를 대상으로 했기 때문에, 실직자나 취업준비자들의 경우 분석 대상에 포함되지 않는다. 보통 청년 세대의 경우 분절된 노동시장 내 이동이 원활하지 않은 경우, 장기적 위험에 대한 두려움으로 인해 좋은 일자리를 제외하고는 쉽사리 노동시장에 진입하지 않는 특징을 지닌다(김영미, 2016). 많은 경우 청년들은 노동조건이 준수한 내부노동시장에 안착할 것이 아니라면, 차라리 실업상태에 머무르는 선택을 하기 때문이다. 이러한 실업상태에 놓인 청년들보다 힘들지만 취직해서 일하는 청년들은 상대적으로 삶의 만족도가 높을 수 있다.

반면 분석에 따르면 고령자의 삶의 만족도는 매우 낮다. 이들이 노동시장의 최대 약자이기 때문이다. 사실 이러한 결과는 고령자들의 경우, 큰 질병을 앓고 있는 것이 아니라면 나이가 들수록 삶에 만족하는 경향이 있다고 하는 기존 문헌과 배치되는 결과다. 하지만, 현재 우리나라 노동시장에서 고령 근로자가 위치한 조건을 보면 삶의 만족도가 높기가 더 어려운 상황이다. 대다수의 고령근로자가 절대적 외부노동시장에 위치해 있는데, 구체적으로 고령자 중 84.19%가 절대적 외부노동시장에서 노동을 제공하고 있다. 이는 청년층(26.9%), 중년층(18.46%)에 비해 굉장히 높은 수치이다. 55세 이상 고령의 시간당 임금은 9,890원[5], 직장의료보험 가입비율은 64.4%, 정규직 비율은 38.92%에 불과하다.

실제로, 우리나라 고령자들의 삶의 질을 결정하는 중요한 요소 중에 중요한 것은 '근로 유무'다. 일을 하지 않아서 즐겁고, 일을 해서 즐겁지 않은 것이 아니다. 이미 노후 준비를 마친 고령자들은 여가 생활을 즐기며 노후를 보내지만, 근로를 지속하는 고령자들의 경우 일자리의 질이 매우 낮음에도 생계를 이유로 일을 할 수밖에 없기 때문이다(양재진 외, 2016). 결국 이들은 임금·사회보장·고용안정의 영역에서 외부자일 뿐 아니라, 은퇴의 권리에서도 한 걸음 떨어져 있는 외부자인 것이다.

숙련 정도와 직종에 따라서는 어떨까? 정말 저숙련 단순서비스직의 삶의 만족도가 낮게 나타날까? [그림 5-5]에 따르면, 우리나라 노동시장에 위치한 단순서비스직 노동자들이 다른 직종에 위치한 노동자들보다 삶의 만족도가 낮은 것으로 나타났다. 약간의 차이는 있지만, 숙련 정도가 높을수록 통제 권한이 높은 직군일수록 삶의 만족도도 높은 것으로 나타났다.

5 동일 연령 내 직종 간 임금 차이가 가장 큰 것이 고령집단으로 나타났다. 여성고령자본가 및 관리직의 경우 시간당 평균임금이 22,510원, 여성고령단순직의 경우 6,134원, 남성고령단순직의 경우 7,142원을 받는다.

[그림 5-5] 숙련 및 직종에 따른 삶의 만족도

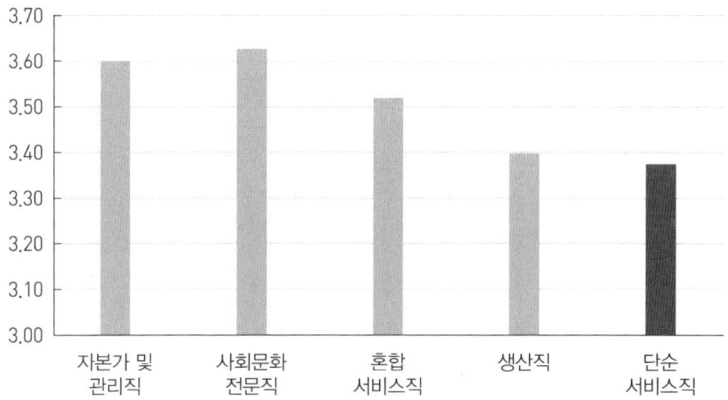

노동시장 분석에 따르면, 낮은 직군에 일하는 노동자일수록 노동시장에서 명백한 약자이다. 대부분의 좋은 일자리는 자본가 및 관리직과 사회문화서비스 전문직이 차지하고 있다. 자본가 및 관리직의 경우 대다수가 절대적 내부노동시장에 위치하며, 사회문화전문직 역시 상당수가 절대적 내부노동시장에 위치하고 있다(해당직군의 75%). 혼합서비스직, 생산직, 단순서비스직과 같이 숙련 정도가 낮은 직군일수록 일자리 수준이 낮은 절대적 외부노동시장에 위치하는 경우가 많다. 반면, 현재 한국 노동시장에서 단순서비스직에 종사하는 경우 안정적이고 괜찮은 일자리를 갖기란 불가능에 가깝다. 현재, 노동시장에서 단순서비스직군의 경우 중년남성 단순직을 제외하고는 모두 절대적 외부시장에 위치하고 있다. 단순서비스직 노동자의 경우 시간당 평균임금이 9,095원, 직장의료보험 가입비율이 67.5%, 정규직 비율이 45.62%로 모든 조건이 다른 직군에 비해 상당히 낮았다. 숙련수준이 낮을수록 삶의 만족도가 낮을 만한 노동여건에 위치한 것이다.

그렇다면, 성별·연령·숙련수준의 조합에 따라서 만족도는 어떻게 될

[그림 5-6] 연령·성별·숙련수준 및 직종에 따른 삶의 만족도

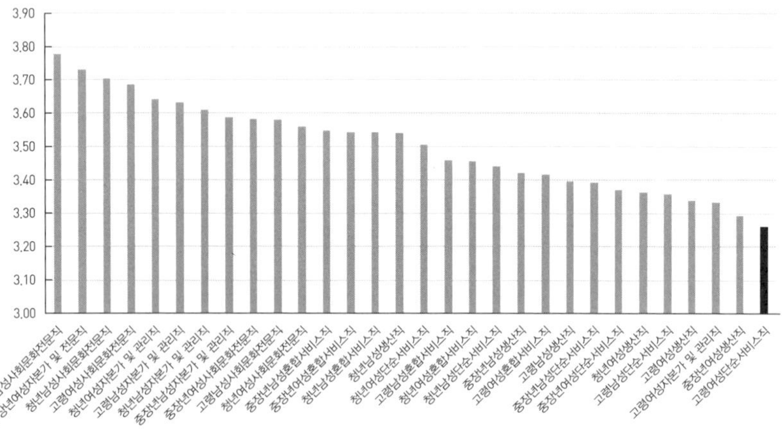

까? 이론들을 종합해보면 우리나라에서 가장 어려운 노동여건에 있을만한 노동자 집단은 고령의 단순서비스직 종사 여성이다. 이들의 삶의 만족도와, 노동여건은 어떠할까?

[그림 5-6]에서 볼 수 있듯, 연령·성별·숙련수준 및 직종에 따라 나눈 30개의 그룹 중 고령여성단순서비스직 노동자들의 삶의 만족도가 가장 낮았다. 이들은 절대적 외부노동시장에서도 가장 열악한 노동여건에 위치했으며, 시간당 평균임금은 6,134원이며, 직장의료보험 가입률은 48.78%, 정규직 비율은 17.24%밖에 되지 않는다. 이들의 실제 직업은 주로 환경미화원·가사도우미·요양보호사·간병인·매장영업담당 및 주방담당이었다.

Ⅳ. 결론 및 시사점

본 장은 한국의 노동시장의 질은 어떠한지, 어떠한 특성을 지닌 노동자들이 어떠한 노동시장에 위치하는지, 그 속에서 노동자들이 느끼는 삶의 질은 어떠한지 알아보았다. 지금까지의 논의를 요약해보면 다음과 같다.

첫째, 기존 문헌들이 지적하듯 우리나라의 노동시장은 크게 내부시장과 외부시장으로 양극화되어 있다. 전체의 44.39%로 절반에 가까운 절대적 내부노동시장을 가지고 있는 것은 긍정적으로 평가할 수 있지만, 약 31%라는 커다란 절대적 외부노동시장을 가지고 있는 것 역시 사실이다. 또한 이 두 노동시장은 임금수준·사회보장정도·고용안정성에서 매우 큰 차이를 보이고 있다.

둘째, 그렇지만 우리나라의 노동시장이 단순히 두 개의 하위 노동시장으로 구성된 것은 아니다. 양 극단의 노동시장 사이에 중간수준의 노동시장들이 존재한다. 많은 연구는 그동안 이중노동시장(Dual labor markets)이나 양극화의 개념에만 집중하며, 마치 중간 지대는 없는 것처럼 여겨져 왔다. 하지만 우리노동시장에서 상대적 내부노동시장과 상대적 외부노동시장이 전체 노동시장의 25%를 차지하고 있다. 중간지대는 양극화된 노동시장 간 가교가 될 수 있는 시장으로써 그 의미가 매우 크다. 또한, 일부 상대적 내부·외부노동시장의 경우 몇 가지 보완을 통해 더 좋은 일자리로 거듭날 여지가 있기에 더 많은 관심을 요한다.

셋째, 삶의 질과 관련하여 노동 여건이 열악한 절대적 외부노동자들의 삶의 만족도가 가장 낮다. 이 절대적 외부노동자들을 주로 구성하는 인구학적·사회학적 특성인 여성, 고령, 저숙련 노동자일수록 삶의 만족도가 낮은 것을 확인할 수 있었다. 또한, 여성·고령·저숙련의 특징을 모두 가진 노동자 집단의 삶의 만족도가 전체 30개 노동자 집단 중 가장 낮았다.

연구를 통해 얻을 수 있는 정책적 함의는 다음과 같다. 첫째, 외부노동시장의 불안정 노동에 처해 있는 대부분의 여성들에 대해 고용정책을 집중할 필요가 있다. 절대적 외부노동시장에 놓여 있는 근로연령대 여성들을 상대적 내부노동시장에 진입시키는 전략이 필요하다. 또한, 상대적 내부노동시장에 놓여있는 노동자 집단 중 청년여성생산직의 경우 경력단절과 그 이후 직업의 질이 낮아지는 문제에 대한 대책이 필요하다. 네덜란드나 스웨덴의 사례와 같이 일·가정 양립을 위해 근로시간의 유연성은 확보하면서 고용안정성과 시간당 임금 인상 그리고 사회적 보호를 유도하는 정책도 요구된다. 얼마 전부터 정부에서 시도하고 있는 시간선택제 등 정규직 시간제 일자리의 확대도 요긴해 보인다.

둘째, 고령자 맞춤 정책이 시급하다. 평생근로의 개념 자체는 바람직하지만 현재 고령자들의 근로는 평생근로의 취지와는 거리가 멀다. 이들이 열악한 근로조건 속에서도 근로를 지속하는 이유는 주로 생계유지 때문이다. 일차적으로 대다수 고령노동자들이 일하고 있는 절대적 외부노동시장의 임금과 사회보장 수준을 높일 수 있는 정책적 개입이 필요하다. 최저임금의 적절한 인상과 근로장려세제의 확대, 그리고 사회보험료 지원사업인 두루누리 사업의 확대가 하나의 방안이 될 수 있다. 또한, 중장년층에게 직업훈련과 전직훈련의 기회를 확대해 되도록 절대적·상대적 내부노동시장 안에서의 인생 이모작 기회를 주어야 한다. 700만 명에 달하는 베이비부머 세대의 은퇴를 앞둔 상황에서는 더욱 그러하다. 싱가포르에서 시도하고 있는 점진적 은퇴연령의 연장 및 동일기업 재취업제도의 도입과 적용과정 역시 우리에게 시사하는 바가 있다.[6]

6 최근 싱가포르 인력부(Ministry of Manpower)에서 이와 관련한 수정안을 한 번 더 발표했다(2017. 7. 1.).

셋째, 단순서비스직에 종사하는 저숙련 노동자를 위한 숙련 향상 시스템이 마련되어야 한다. 현재 우리나라에서는 노동자가 숙련 수준이 낮으면 내부노동시장에 접근할 방법이 없다. 직업훈련의 중요성이 다시 한 번 부각되는 부분이다. 맞춤형 고용서비스와 함께 직업훈련 인프라 혁신이 수반되어야 한다. 학습과 근로를 병행할 수 있도록 노동시간의 유연성을 확보하고, 시간에 대한 통제권 역시 노동권으로 인정될 필요가 있다.

마지막으로, 노동시장 정책·일자리정책에 대한 정부의 선택과 집중이 요구된다. 우리나라 노동시장의 44.39%는 절대적 내부노동시장이며, 이들의 고용주는 주로 대기업 및 공공부문이다. 25%를 차지하는 중간 노동시장에도 좋은 일자리가 많다. 대기업 부문과 공공부문의 경우 자체적으로 노동자들에게 더 나은 근로여건을 제공할 수 있도록 격려하면 된다. 정부는 청년여성생산직들의 경력단절, 공공부문 청년노동자들의 고용안정성, 절대적 외부노동시장에 위치한 직종들의 임금과 사회보장제도 안으로의 편입에 더 집중해야 할 것이다.

연구 결과, 열악한 노동 환경에 위치한 사람들이 대개 삶의 만족도 역시 낮은 것으로 나타났다. 결국 노동시장의 다양한 조건을 향상시키기 위한 노력은 그 자체로 곧 시민의 삶의 질을 높이는 노력이기도 한 것이다. 한국 노동시장의 문제해결은 곧 우리 시민들 삶의 문제를 해결하는 것이다. 향후 정부가 보다 세밀한 정책을 마련해 한국 노동시장 문제 해결의 단초가 마련되기를 바란다.

참고문헌

김영미. (2016). 계층화된 젊음: 일, 가족형성에서 나타나는 청년기 기회불평등. 〈사회과학논집〉. 47(2): 27-52.

남춘호. (2011a). 고용의 질 지수를 이용한 노동시장의 불평등과 양극화추세 분석. 〈경제와사회〉. 305-350.

백승호. (2014). 서비스경제와 한국사회의 계급, 그리고 불안정 노동 분석. 〈한국사회정책〉. 21(2): 57-90.

양재진. (2014). 국민통합의 현안과 과제: 노동시장과 사각지대 문제를 중심으로. 〈보건복지포럼〉. 2014년 제12호, 30-41.

양재진. (2015). 노동시장의 이중화와 사회적 위험. 하연섭 편. 〈위험사회와 국가정책〉. 박영사.

양재진 외. (2016). 한국 노년층의 삶의 만족과 행복 기회 불평등. 〈사회과학논집〉. 47(2): 75-102.

이 건. (2001). 제조업 노동시장 이중구조의 계량화. 〈한국사회학〉. 35(5): 147-172.

이승윤·안주영·김유휘. (2016). 여성은 왜 외부자로 남아 있는가? 〈한국사회정책〉. 23(2): 201-237.

이주호. (1992). 한국의 이중노동시장에 관한 실증분석. 〈노동경제논집〉. 15(단일호): 37-75.

정이환. (1992). 〈제조업 내부노동시장의 변화와 노사관계〉. 서울대학교 사회학과 박사학위논문.

프레시안. (2017. 2. 13.). "대기업 지점 직원이 중소기업 고용으로 분류되는 '마법'". www.pressian.com/news/article.html?no=150614&ref=nav_search.

황수경. (2003). 내부자(Insiders) 노동시장과 외부자(Outsiders) 노동시장의 구조 분석을 위한 탐색적 연구. 〈노동정책연구〉. 3(3): 49-86.

Chung, S. & Jung, S. (2016). Testing the Labor Market Dualism in Korea. Economic Research Institute, The Bank of Korea.

Estévez-Abe, M. (2015). The outsourcing of house cleaning and low skill immigrant workers. *Social Politics: International Studies in Gender, State & Society*, 22(2): 147-169.

Estévez-Abe, M. & Hobson, B. (2015). Outsourcing domestic (care) work: The politics, policies, and political economy. *Social Politics: International Studies in Gender, State & Society*, 22(2): 133-146.

Häusermann, S. & Schwander, H. (2012). Varieties of Dualization? Labor Market Segmentation and Insider Outsider Divides Across Regimes. *The Age of Dualization: The Changing Face of Inequality in Deindustrializing Societies*. 27-51.

OECD. (2013). Strengthening Social Cohesion in Korea. OECD Publishing.

Standing, G. (2016). The Precariat: The New Dangerous Class. Bloomsbury Publishing.

Yang. (2017). The Political Economy of the Small Welfare State in South Korea. Cambridge University Press.

제3부

정부의 질 향상을 위한 거버넌스 개혁

제6장

정부의 질 향상을 위한 인적자원관리

조윤직 · 송현진

I. 서론

우수한 인적자원의 영향력을 배제하고 한국 사회의 발전을 논의하기는 어렵고, 한국 사회의 미래성장 동력을 찾는 데 있어서도 인적자원은 여전히 핵심적인 요소이다. 정부조직의 경쟁력 역시 정부를 구성하는 공무원의 인적자원의 질에 좌우된다고 해도 과언이 아니다. 정부조직을 구성하는 공무원이 국민들에게 공공서비스를 제공하는 실제 주체이고 대부분의 국가정책은 공무원을 통해 이루어진다는 사실을 생각할 때, 궁극적인 정부의 질 향상을 위해서 효과적인 인적자원의 관리는 필수적이다. 달리 표현하자면, 인사개혁이 없이는 전반적인 국정개혁 역시 제대로 이루어지기 어렵다. 이때의 인사개혁이란 "인사행정의 실효성을 지속적으로 높여하는 과정"으로, 여기에는 인적자원의 선발, 배치, 관리 및 운영 등 인사행정 전반이 포함된다(박천오, 2006: 3). 한국 정부는 인사개혁을 위해 끊임없이 노력해 왔고, 인사 제도의 정비를 통해 국가운영체계를 개혁하고 환경변화에 대응해 왔다.

한국 정부의 초기의 인사개혁은 소극적, 방어적 차원으로 이루어진 경향이 있었다. 여기서 소극적, 방어적 차원의 관리는 과거 정실주의 및 엽관제도에서 나타난 정치적 영향력을 최대한 배제하고 공정한 인사운영을 위한 법과 규정을 강조하는 관리를 의미한다(오석홍, 1993). 즉, 현행 제도를 운영하면서 발생하는 문제를 최소화하는 방향의 개혁이 시도되었다. 일례로 제2공화국 시기에는 제1공화국의 관료제 부패와 정실인사로 전문성이 결여된 채 채용된 고급공무원 문제를 해결하기 위해 기존 인사의 퇴진과 함께 내부승진, 대졸자의 공개채용, 경찰공무원의 정치적 중립, 감찰위원회의 부활 등 전문성과 능력 기준의 참모 선발을 시도하였으나,

5.16과 제3공화국의 출현으로 이러한 시도가 충분히 현실화되지 못했다(박수경, 2006). 21세기 이전의 각 정부는 정권 교체 시기마다 정부 조직 구성원의 역량과 전문성을 강화하고 정당성을 인정받는 인적 구성을 갖추기 위해 입법기능, 준사법기능, 감사기능, 신분보장, 공직윤리 등에 있어서 다양한 개혁을 시도하였다. 하지만 많은 개혁시도는 과거 정부의 한계를 소극적, 또는 방어적인 수준에서 보완하는 차원에 그쳤다(조윤직·박성민·조문석, 2016).

그러다 21세기에 접어들면서 한국의 인사개혁도 주요 국가들의 행정개혁에 지대한 영향을 미친 신공공관리의 영향을 받게 되었다. 이 시기의 한국 정부의 인적자원관리는 과거에 비해 적극적, 능동적 양상을 보였다. 즉, 민간부문의 인사관리 기법을 적극적으로 공공부문에 적용시키는 가운데 성과 향상에 초점을 두었고, 이를 위해 중간관리자의 재량을 승가시켜 행정의 탄력성과 대응성을 제고하는 방향의 변화를 모색했다(Hays & Kearney, 2001; 박천오, 2006). 예를 들어 노무현 정부의 인사개혁은 여러 개혁과제를 단편적으로 추진한 선행 정부의 인사개혁을 보다 광범위하고 과감하게 추진한 것으로 평가된다(정광호, 2005). 구체적으로 과거의 인사제도가 계급제, 폐쇄형 충원, 일반행정가 중심의 채용, 신분보장, 연공서열 위주의 획일적 보수, 체계적이지 못한 성과관리로 대표된다면, 노무현 정부의 인사개혁은 다음의 10대 아젠다를 포함하고 있어 혁신적이며 광범위한 특성이 있었다. "① 국가 인사기능 통합과 자율·분권화, ② 탄력적 인력관리 체제 구축, ③ 투명하고 공정한 선발시스템 구축, ④ 차별 없는 균형적 인재등용, ⑤ 공직경쟁력 강화를 위한 임용제도 다양화, ⑥ 전문성을 강화하는 경력개발체제 구축, ⑦ 공공 인적자원의 핵심역량 강화, ⑧ 다양한 평가시스템의 개발 및 활용, ⑨ 보수합리화와 공무원 삶의 질 향상, ⑩ 상생적 노사관계 구축 등이 이에 포함된다(정부혁신지방분권위원회, 2003; 박천오, 2006: 5 재인용).” 위 아젠다가 모두 성공적으로 충실히 실현되었는지를 차치하고서라도, 이전에 비해 인사개혁이 총체적이고 포괄적인 접근을 취하게 되었다.

본 장에서는 소극적, 방어적 차원의 인사개혁에서 시작해서 적극적, 능동적 차원의 인사개혁에 이르기까지 한국 정부의 인적자원관리의 발전과정과 그 주요내용을 정리한다. 인적자원관리 부문에서의 그간의 성과와 아직 남아있는 과제를 논의한 후, 이를 바탕으로 향후 정부의 질, 나아가서 국민의 삶의 질을 향상시키기 위한 인사개혁의 큰 방향으로 1) 인적자원관리에 있어서의 장기적인 전략적 접근, 2) 개방형 직위제를 통한 우수인재의 확보, 3) 공공인재의 양성을 위한 효과적 교육훈련의 실시 등 세 가지 요인에 초점을 두어 논의할 것이다.

II. 정부의 인적자원관리 발전과정

1. 한국 정부 인적자원관리의 변화과정

한국 정부의 인사행정은 인적자원의 확보, 개발, 활용, 평가, 보상의 영역에 있어서 여러 조직적·제도적 변화를 겪어 왔다. 따라서 정부의 질 향상을 위한 인사개혁의 방향을 논의하기에 앞서 본 소절에서는 중앙인사관장기관의 변화와 인사관련법의 변화를 통해 지금까지의 인적자원관리의 발전과정의 주요 내용을 검토해 그간의 성과와 과제에 대해 논의할 것이다.

1) 중앙인사관장기관의 변화

한국 정부의 중앙인사관장기관은 〈표 6-1〉에 나타난 바와 같이 약 70년간에 걸쳐 독립성을 확보하고 인사행정의 전문성을 높이기 위해 변화를 지속해 왔다. 1948년 정부조직법에 의거해 고시위원회와 총무처가 출범할

〈표 6-1〉 중앙인사관장기관 연혁

연도	내용
1948년	**고시위원회와 총무처로 출범** - (고시위원회) 대통령 소속 독립위원회, 공무원시험만 관장 - (총무처) 국무총리 직속, 시험을 제외한 나머지 인사업무* 관장 * 공무원의 종류, 정원, 보수, 복무, 연금과 훈련, 공무원의 임면과 상벌, 복무상황과 성행의 조사 및 취임희망자의 성행경력과 자격의 조사, 공무원의 후생시설과 후생물자 등 (舊총무처 직제)
1955년	**국무원 사무국 → 1960년 국무원 사무처** - 고시위와 총무처(인사국)를 국무원 사무국내 고시과 인사과로 축소 → 1960년에 사무처로 승격
1963년	**총무처 인사국** - 인사에 관한 중요사항 자문을 위한 인사위원회(비상설, 1973년 폐지) 및 소청심사위원회 설치
1998년	행정자치부(총무처 + 내무부) 인사국
1999년	**중앙인사위원회 신설, 행정자치부로 이원화** - (행정자치부) 인사국 및 소청심사위원회, 중앙공무원교육원 * 인사법령의 관장, 충원·파견·인사교류·인사발령 등 인사관리 * 공무원 복지, 교육훈련, 채용, 복무 * 소청심사위원회 및 제 1·2중앙징계위원회 - (중앙인사위원회) 인사위원회 및 사무처 * 인사개혁 및 인사정책 수립, 인사법령의 심의 * 1~3급 공무원 채용 및 승진심사, 인사감사
2004년	**중앙인사위원회로 정부 인사업무 일원화** - 행정자치부 인사기능 중 윤리·복무·연금 제외
2008년	**행정안전부 인사실** - 大부처주의 조직개편으로 중앙인사위 폐지
2014년	**인사혁신처 신설** - 총리 소속 독임제 기관, 공무원 인사 · 윤리 · 복무 · 연금 사무 관장
2016년	**인사혁신처 세종시 이전**

출처: 인사혁신처 홈페이지(www.mpm.go.kr) 연혁.

당시 고시위원회는 대통령 직속기관으로 외부로부터 직무능력을 갖춘 공무원을 선발하는 역할을 담당했고 나머지 인사기능은 국무총리실 산하의 인사국이 담당하는 이원화된 체계를 갖고 있었다(조윤직 외, 2016). 또한 명목적으로 고시위원회는 합의제 독립기구였지만 대통령이 위원의 임면권을 갖고 있었기 때문에 엄밀한 의미에서 독립 기관으로 보기에도 어려움이 있었다(정우열·정재도, 2015).

1955년에는 제2차 헌법 개정을 계기로 국무총리제도가 폐지되면서 국무총리실 산하의 인사국이 국무원 사무국 소속 인사과와 고시과로 축소개편되었다(박동서, 1994). 이후 1960년 4.19 혁명으로 인해 정부조직법이 개정되면서 인사과는 인사국으로 승격되고 기획과, 고시과, 인사과, 연금급여과, 연금기금과 등으로 구성되면서 중앙인사행정을 관장하는 위상을 지니는 듯하였다(박연호, 1999). 하지만 1961년 군사정부의 등장으로 인사국 기획과는 폐지되었고 대신 행정관리국이 신설되어 인사행정 개선업무를 담당하였다(정우열·정재도, 2015).

1963년에는 국가공무원법의 제정을 통해 내각사무처 산하에 인사와 관련된 자문을 위한 인사위원회와 소청심사위원회가 설치되었다. 내각사무처는 후에 총무처로 개편되었고 산하기관인 인사위원회는 1973년 폐지되어 총무처는 가장 오랫동안 인사행정기능을 총괄 및 수행하게 된다(조선일, 2007; 조윤직 외, 2016). 총무처의 존속은 직업공무원제의 정착과 운영에 기여한 반면, 기존에 수행하던 기능 이외에도 조직관리, 의전, 사무개선, 행정전산화, 청사관리, 서무업무 등 백화점식 업무 수행으로 인해 전문적인 인사업무에 대해 체계적인 계획 수립이나 장기 비전과 목표를 수립하고 전념하기에는 한계를 지니고 있었다(백종섭, 2013).

비교적 최근인 1990년대까지 30여 년간 인사행정기능을 총괄하던 총무처는 김대중 정부에 와서 내무부와 통합되어 행정자치부로 출범하였다.

총무처도 그랬지만, 행정자치부는 인사 기능 이외에 더욱 광범위한 영역까지 관장하는 기관으로 민생치안, 재난관리, 행정조직관리 및 지방자치제도 등을 담당하였다. 행정자치부의 인사행정 관리부서에는 인사복무국, 고시훈련국, 행정관리국, 소청심사위원회 등이 포함되었으며, 이중 소청심사위원회는 공무원 권리구제를 위해 유일하게 독립합의제형 성격으로 운영되었고, 그밖의 실질적인 인사행정기능은 대부분 행정자치부의 관할 아래 수행되었다(이형우, 2005). 행정자치부는 광범위한 행정영역을 총괄하는 기관으로 중앙뿐만 아니라 지방의 인사기능을 총괄했기 때문에 통일성을 지닌 인사 정책 추진에 긍정적인 영향을 미칠 수 있었지만, 한편으로는 인사기능 이외에도 정부서무업무와 지방자치기능 등 다양한 영역을 아우르는 과정에서 오히려 인사행정의 전문성을 추구하는 데 한계가 있었다는 지적도 존재한다(백종섭, 2013).

1999년에는 중앙인사위원회가 설치되어 인사행정의 공정성과 중립성에 초점을 맞추어 기본적인 인사개혁 및 인사정책 방향 수립과 인사법령의 심의를 담당하였다. 또한 중앙인사위원회는 1~3급 공무원의 채용, 승진심사, 인사운영의 적정성에 대한 감사기능 등도 담당하였다(정우열·정재도, 2015). 이러한 조치를 통해 과거에 비해서는 개선되었지만 여전히 인사법령의 관장, 충원·파견·인사교류·인사발령 등 인사관리에 관한 업무와 공무원 복지, 교육훈련, 채용, 복무에 관한 업무 및 소청심사위원회 및 제 1·2 중앙징계위원회의 업무는 행정자치부에 남아있어 통일된 운영이 곤란한 측면이 있었다. 또한 중앙인사위원회가 합의제 기구였지만 위원장과 상임위원인 사무처장은 직무상 상하관계로 상임위원이 소신 있게 의결권을 행사하기에 어려움이 있었다(하미승, 2008).

노무현 정부시기에 들어서 중앙인사위원회의 기능은 더욱 일원화되었다. 기존에 행정자치부에 집중되어 있었던 인사기능 중에서 공무원 선발과 고시, 교육훈련, 복리후생, 성과관리, 퇴직관리, 소청업무가 이 시기에 중앙인사위원회로 이관되고, 산하기관인 중앙공무원교육원과 소청심사위원회도 중앙인사위원회로 배치되었다. 따라서 행정자치부는 공무원연금, 복무관리, 징계 및 공무원단체 등에 관한 업무만을 담당하게 되었다. 이러한 중앙인사위원회의 기능 강화는 2005년 이후 매 5년마다 수립되는 중장기인력관리계획을 마련하는 토대가 되었으며, 실적주의, 직업공무원제, 계급제에 기반을 둔 전통적 인사행정기능에 변화를 가져왔다.

이명박 정부는 지금까지 중앙인사위원회에 집중되었던 인사행정기능에 행정자치부, 비상기획위원회, 정보통신부의 일부기능을 통합하여 행정안전부를 출범시켰다. 하지만 이는 인사행정기능을 통합보다는 정책적으로 작은 정부를 표방하는 데 주된 목적이 있었다. 따라서 기존의 인사행정기능은 3관 10과로 행정안전부의 인사실이 담당해 비독립 단독형 형태로 재편하고, 그 외에 업무인 국무회의 서무, 법령 및 조약의 공포, 정부혁신, 행정능률, 전자정부, 정보보호, 정부청사관리, 지방자치, 선거, 국민투표, 안전관리정책, 비상대비·민방위, 재난관리 등의 복합적인 기능 또한 행정안전부에서 담당도록 했다(정우열·정재도, 2015). 이러한 변화는 과거 중앙인사위원회 시기와 비교해 오히려 독립성과 합의성이 낮아졌다는 평가를 받는다(정우열·정재도, 2015; 조윤직 외 2016).

박근혜 정부에서는 안전을 강조하는 취지에서 행정안전부를 안전행정부로 명칭을 변경한 것 이외에 특별한 개혁을 추진하지 않다가 2014년 세월호 침몰사고를 계기로 11월 정부조직법 개정을 통해 국무총리실 소속의 인사혁신처를 설치하였다. 인사혁신처의 명칭에서부터 '혁신'이라는 표현을 사용해 단순한 관리 운영이 아닌 공직 전반의 변화와 발전의 의지를 반영하였다(김선아·박성민, 2016; 박성민, 2017). 인사혁신처는 공직개혁을 그 목적으로 하여 출범하였으며 한국 정부의 중앙인사관장기관으로 행정부 소속 국가공무원의 인사제도를 총괄하여 공무원의 채용, 인재개발, 성과관리, 공직윤리 등을 관리총괄 업무를 담당한다. 현재 인사혁신처의 소속기관으로는 국가직 공무원에 대한 교육·훈련 기능을 담당하는 국가공무원인재개발원과 국가직 공무원에 대한 소청 및 고충처리 기능을 담당하는 소청심사위원회가 있다(최성주 외, 2017). 인사혁신처는 세종시 이전과 함께 미래정부를 위한 변화를 모색하는 과정에 있다.

2) 인사관리 관련법의 변화

중앙행정기관 인사관리 관련 법률에는 국가직 공무원 인사관리와 관련된 6개의 법률이 존재한다. 「국가공무원법」, 「공무원 인재개발법」, 「공무원 연금법」, 「공직자윤리법」, 「임용결격공무원 등에 대한 퇴직보상금지급 등에 관한 특례법」, 「1980년 해직공무원의 보상 등에 관한 특별조치법」이다. 그중에서 국가공무원법은 공무원의 확보, 개발, 활용, 평가, 보상을 아우르는 내용을 담고 있는 대표적인 법률로 여기서는 해당법의 제·개정과 인사관리와 관련된 제도의 변화를 통해 정권별 인사행정의 변화를 살펴보도록 한다.

역대 정부는 환경 변화에 따른 다양한 행정수요와 난해한 정책문제 해결을 위해 지속적인 개혁을 지속해 왔다. 인사행정의 이러한 변화는 국가공무원법의 개정을 통해 잘 드러나는데, 1949년 8월 12일에 제정된 이후 현재까지 〈표 6-2〉에 제시된 바와 같이 약 42회의 개정을 통해 인사행정의 가치, 제도, 운영 및 관리가 시대에 맞는 적실성 있는 내용을 갖추도록 노력해왔다(김한창, 2007). 인적자원관리에 대한 역대 정부의 주요 성과를 정리해 보면 먼저, 제1공화국의 인사행정은 정부수립 시기에 국정을 뒷받침하는 역할을 수행함에 있어 선발의 공정성과 대국민 봉사를 위한 능률성을 중요시했다. 따라서 국가공무원법을 근거로 공무원 임명, 고시,

보수, 복무, 신분보장, 징계, 벌칙 등을 규정하고 계급제와 실적주의 토대의 근간을 마련했다(권용수·박수영, 2012). 뒤이은 제2공화국과 공백기 동안에는 공무원 징계에 관한 내용을 신설하여 상세히 규정하였다. 실질적으로 제2공화국 시기에는 제1공화국 시기에 자유당 정권의 비리에 앞장섰던 고위직 퇴진을 위해 세대교체를 모색했다(박수경, 2006). 제1공화국

〈표 6-2〉 국가공무원법 제·개정 연혁

구분	제·개정일시	내용	비고
1	1948. 8. 12.	신규제정	제1 공화국
2	1950. 3. 3.	외국고등고시합격자에 대한 특례	
3	1961. 9. 18.	징계제도를 실효성 있게 개선 강화	공백기
4	1962. 2. 23.	노무종사 공무원 노동운동 가능성	
5	1963. 4. 17.	폐지·제정(현행법이 전근대적이며 봉건적인 법체제를 탈피하지 못함)	
6	1963. 12. 16.	별정직 조정 및 특별채용시험 응시자격 확대	
7	1964. 5. 26.	국회와 법원 공무원 채용분리 및 인사규칙제정권을 총리령으로 교체	제3 공화국
8	1965. 10. 20.	특별승진임용의 범위조정 및 직위해제 및 해임제도 신설	
9	1973. 2. 5.	특별채용 제도 개선	제4 공화국
10	1978. 12. 5.	공무원의 신분보장 강화 및 자질향상 제도 도입	
11	1981. 4. 20.	실적주의에 입각한 승진 및 보직관리체계 확립	제5 공화국
12	1982. 12. 28.	직업공무원제의 내실화	
13	1986. 12. 31.	실무계층의 공무원 신분 강화	
14	1991. 5. 31.	신분보장 및 하위직 정년 연장 및 특별채용제도 개선	제6 공화국
15	1994. 12. 22.	사무관 승진시험제도 개선 및 처우개선	김영삼 정부
16	1997. 12. 31.	민간전문가의 공직파견제 및 전문직 공무원 임용범위 확대	
17	1998. 2. 24.	공무원 연장 축소 및 전문직 업무범위 확대	김대중 정부
18	1999. 5. 24.	중앙인사위원회 설치에 따름	
19	1999. 12. 31.	휴직기간에 관한 처우 개선에 따름	
20	2002. 1. 19.	특별채용방법 및 민간기업 근무제도 신설 등 신규제도 도입	
21	2002. 12. 18.	지방공무원 퇴직사유에 대한 헌법재판소 판결에 따름	

구분	제·개정일시	내용	비고
22	2004. 3. 11.	행정부의 중앙인사기관을 중앙인사위원회로 일원화에 따름	노무현 정부
23	2005. 3. 24.	직위분류제를 도입하기 위한 직무분석 등의 제도신설에 따름	
24	2005. 12. 29.	고위공무원단 제도의 도입 및 시행에 따름	
25	2007. 3. 29.	육아휴직제도와 관련된 운영상 미비점을 보완	
26	2008. 2. 29.	정부조직법 개정에 따른 개정	이명박 정부
27	2008. 3. 28.	소청심사위원회의 결정의 정당성과 공정성 향상	
28	2008. 6. 13.	국가공무원 정년을 연차적으로 60세 단일화	
29	2008. 12. 31.	저소득층 공직임용 우대, 고위공무원단 소속장관 인사자율성 제약 완화	
30	2009. 2. 6.	국가공무원 종교중립의무 신설	
31	2010. 3. 22.	고위공무원단 책임성 강화 및 금품관련 비리 근절 및 예방	
32	2010. 6. 8.	기능직공무원의 계급규정을 공무원임용령에서 국가공무원법으로 일원화	
33	2011. 5. 23.	기능직 10급 폐지, 복수국적자 공무원 임용 제한, 육아휴직 만 8세 미만 확대, 별정직 및 계약직 휴직 사유 확대 등	
34	2012. 3. 21.	공무원 징계처분 실효성을 위해 징계시효 2년에서 3년으로 연장	
35	2012. 10. 22.	사회적 약자 및 다문화 행정수요 대응을 위해 경쟁채용 근거 마련, 임용 전 실무 수습 근거 마련, 명예퇴직수당 환수 요건 확대	
36	2012. 12. 11.	6개로 세분화된 공무원의 구분 체계에서 기능직과 계약직을 폐지, 근무기간을 정하여 임용하는 공무원 제도의 도입, 실비 변상 및 보상의 부정 수령 시 가산 징수	
37	2013. 8. 6.	성년후견제도 도입에 따른 민법 개정에 따름	박근혜 정부
38	2014. 1. 7.	고위공무원단의 성과 및 책임성 확보를 위한 적격심사 강화, 계급 구분 없는 공무원과 임기제 공무원은 징계의 종류 '강등' 미적용	
39	2014. 1. 14.	국가공무원의 정치 운동의 금지 위반에 대한 처벌 강화	
40	2014. 10. 15.	벌금형 현실화	
41	2015. 5. 18.	공직기강 확립을 위한 제재 강화, 장애인 공무원 편의 지원, 의사자 가족 및 의사상자와 그 가족의 공무원 채용 우대 근거마련, 남성공무원 육아휴직, 공무원의 당연퇴직 요건 보완	
42	2015. 12. 24.	자기개발 휴직제도 신설, 성폭력범죄 요건 강화	

출처: 김한창(2007: 179)을 기초로 2008년부터 현재까지 정보는 법령정보센터 '제·개정 이유' 항목을 참고하여 저자가 작성.

및 제2공화국 시기에는 각각 국가체제의 형성과 경제안정 및 전해복구라는 국가의 당면 목표를 해결하기 위한 인사행정의 기틀을 마련하고자 하였지만 정치적 혼란과 운영역량 부족으로 큰 결실을 보지는 못했다(김권집·박수경, 2005; 박수경, 2006). 예를 들어 제1공화국 시기에 구비된 법적인 체계는 실질적인 운영 면에서는 여전히 일제강점기의 방식을 사용하는 경향이 있었고(권용수·박수영, 2012), 제2공화국과 공백기 동안 진행된 세대교체 과정에서는 오히려 정실적·엽관적 인사가 늘어나게 되었다(박수경, 2006).

한편, 제3공화국은 삼권분립과 더불어 국회, 대법원, 정부가 각각 분리된 공무원 인사내용을 규정하였다. 제1공화국과 제2공화국 시기의 국가공무원법을 전면개정하여 직위분류법과 공무원훈련법 등을 제정하고, 공개경쟁시험을 확대하여 기존에 자격시험제를 채용시험제로 바꾸었다. 그밖에 직무급에 따른 보수결정, 복무규범 강화, 소청심사제도, 인사·감사 등이 추진되는 등 현대적인 인사행정제도가 수립되었다(박수경, 2006). 제4공화국에서는 행정권의 집중과 경제성장을 위한 능률 극대화에 초점을 맞추어 인사위원회를 폐지하고, 소청심사위원회를 강화하며, 채용 및 승진규정을 다양화하는 변화가 이루어졌다. 또한 직위분류제의 점진적 도입원칙을 확인하였으며, 현실에서 유명무실화된 조건부임용 및 기한부임용제도는 폐지하였다(박수경, 2006). 제5공화국은 개발과 성장이라는 과거정부의 기조에서 환경과 복지라는 측면을 주목하는 시기로 관련 정책 추진을 위해 인사관리제도를 다양화하였다. 이에 따라 공무원을 일반직, 특정직, 기능직과 정부직, 별정직, 전문직, 고용직 등으로 세분화하고 이에 따른 승진, 보수 관련 내용을 보강해 제도의 다양화를 모색했다(인사혁신처, 2016a).

김영삼 정부 시기는 부처의 통폐합과 기구축소, 고위직 감축 등을 목표로 유래 없는 구조개편과 인사개편 및 감축을 발표했다. 당시 이러한 결정은 행정혁명이라고까지 불릴 정도의 큰 변화였지만 합리적 재편이라고 보기에는 어려움이 있었다(박수경, 2006). 채용 및 인사에 있어서는 제6공화국에서 시작된 사회적 약자에 대한 채용이 김영삼 정부시기에 '여성채용목표제'를 통해 적극적인 여성 공직 진출의 길을 열었다(김한창, 2007). 또한 민간부문의 채용에 있어서 '민간인 공직파견제도'가 1997년에 제정되었다(김한창, 2007). 앞서 언급했지만 김대중 정부는 인사행정에 있어서 획기적인 진전이 많이 이루어졌는데, 대표적인 성과는 중앙인사위원회가 설치된 것이었다. 이는 공정성, 중립성 확보를 위한 대통령 직속 합의제 행정기관이라는 면에서 획기적이라고 평가되며, 공무원에 대한 전문적이고 독립적인 기관을 설치했다는 점에서 긍정적으로 인식된다(인사혁신처, 2016a). 다음으로 노무현 정부는 김대중 정부의 인사행정을 많은 부분 이어받아 발전시켰으며 더 나아가 고위공무원단을 설치하는 성과를 달성했다. 고위공무원제도는 고위공무원과 중하위직 공무원을 구분하여 체계적으로 관리하는 제도로 계급제와 직위분류제의 장점을 결합한 것이다. 이명박 정부와 박근혜 정부에서는 기존의 정책의 미비점을 보완하는 선에서 국가공무원법의 많은 제·개정이 이루어졌다. 일례로 이명박 정부에서는 기능직 10급을 폐지하고, 민간경력자 채용을 확대했으며, 사회적 배려계층과 고졸자의 공직진출 확대, 연금제도 개편 등의 법 개정을 이루었다(권용수·박수영, 2012).

2. 인적자원관리의 성과와 도전

지금까지의 중앙인사관장기관과 국가공무원법의 변화를 통해 살펴보았듯이 정부 수립 이후 한국 공공부문의 인적자원 관리는 과거 소극적, 방어적 차원에서 적극적, 능동적 차원으로 변모하면서 많은 혁신을 이루어 왔다. 향후에도 이러한 혁신이 전반적인 인사관리 과정에서 지속되어야 한다. 일례로 채용에 있어서 새로운 경쟁력과 기술을 갖춘 인재를 폭넓게 등용하되, 역량을 평가하는 데 그치지 말고 공공서비스를 제공하는 주체로서의 소명의식을 가진 인재를 선발하기 위한 절차로 재편해야 한다(조윤직 외, 2016). 또한 다양한 민간 인력이 유입되는 과정에서 상대적인 우위를 빼앗기지 않기 위한 정보와 지식 독점 경향을 줄이고, 상생하는 정보공유 문화를 통해 협업을 증진하는 노력도 필요하다. 교육과 개발에 있어서는 계급제를 기반으로 한 전통적인 공무원제도에서 개발된 직급별, 직렬별 기술 습득 교육에서 더 나아가 공직가치, 창의성, 소통, 협업을 강조하는 커리큘럼과 시민참여, 협업, 파트너십, 네트워킹 등 행정환경에 요구되는 역량을 강화하는 새로운 교육들이 도입되어야 한다(조윤직 외, 2016). 그 외에도 전략적 인적자원관리를 위해서 인사행정의 단계별로 〈표 6-3〉과 같은 변화 과제들을 고려해 볼 수 있다.

또한 미래의 인적자원관리의 성공적 운영을 위해서는 현 상태에 대한 정확한 진단에 바탕을 둔 전략이 필요하다. 경영학에서 많이 활용되는 SWOT 분석을 바탕으로 한국 공공부문 인적자원관리를 평가한 박성민(2017)에 따르면, 한국 공공부문의 인적자원관리는 유능한 인적자원과 우수한 정보통신기술을 보유하고 있으며 인사혁신 전담조직인 '인사혁신처'가 존재한다는 강점을 가진 반면 공무원의 전반적인 사기저하, 공공부문의 고질적인 문화가 악습으로 작용해 다양한 개혁의 시도를 무효화한다는 약점이 있다. 또한 향후 인적구성의 다양성 증대나 행정한류의 확산은 기회로 작용할 수 있지만 노사갈등 및 행정의 전문성 약화와 같은 잠재적 위협요소들을 잘 관리하는 것이 필요할 것이다(박성민, 2017). 더불어 현대 정부가 직면하는 불확실성은 시간이 갈수록 더욱 높아질 것이 예상

〈표 6-3〉 전통적 인사행정과 비교한 전략적 인사행정의 방향과 과제

구분	전통적 인사행정	전략적 인사행정	과제
전략	• 집권화된 인사행정 계획 • 하향식 접근 • 중장기 비전과 목표 • 인력현황 분석	• 수평적 협력을 통한 계획 • 상향식 접근 • 목표와 정보의 공유 • 인력수요 예측(AI 등 활용)	• 인사행정전략수립과 관련한 공공-민간의 인식과 태도 변화 • 전략수립 네트워크 구축
확보	• 공개경쟁시험(공채)을 통한 선발의 공정성 확보 • 유능한 인적자원의 공직 진입 • 계급제에 기반을 둔 폐쇄적 진입구조 • 인적자원 유입의 표준화 • 공공부문 내부의 인재DB 구축 및 활용	• 직무에 기반한 역량 중심의 채용 절차 적용 • 혁신 역량을 갖춘 인적자원의 유입 • 수평적 구조에 기반을 둔 개방적 진입구조 • 인적자원 유입의 다원화 • 우수인재 영입을 위한 포괄적인 인재DB 구축·공유·활용	• 우수 인적자원 확보와 재정소요 간의 기능적 연계성 확보 • 직위분류체계 강화 및 직무별 역량과 측정 방식에 대한 체계적 정의 • 인재DB에 대한 공공-민간의 공통적 활용성 제고 • 다원화된 인적자원 유입에 대한 공감대 형성
개발	• 표준화된 공무원 교육훈련 • 인사이동 정보 제공 • 지식·기술·태도·능력 개발 • 승진 시 활용 • 공직 중심의 경력관리체계	• 직무와 역량을 기준으로 한 맞춤형 교육훈련 • 성과 중심의 역량 개발 • 공공-민간 간의 지식·기술·태도·능력의 공유 • 공공-민간을 포괄하는 경력관리체계	• 역량별 효과적인 교육훈련 프로그램의 구축 방안 및 공공-민간 협력적 교육훈련 세공 방안 • 공공-민간의 경력구조 간의 연계성 설계 • 성과와 역량 간의 연계성에 대한 정보 확보 및 공유
유지 활용	• 동기부여 • 공무원의 의무와 권리 확보 • 정부 내부의 유지·활용	• 다원화된 진입구조에 기반을 둔 공직문호 개방 • 공직 투명성·윤리 제고	• 진입구조 다원화에 대한 저항 극복 • 정보공유 및 개방에 대한 인식 전환
평가	• 과정과 산출(실적) 중심의 평가 • 분절화된 평가체계	• 공직경쟁력 강화 • 생산적 문화 형성 • 역량 및 성과 중심의 평가 • 평가와 인사 간의 연계성 확보 • 평가 정보의 공유	• 평가와 성과관리에 대한 인식 전환 • 성과 및 결과 지향적 문화 형성 • 성과도출에 영향을 미치는 역량 파악
보상	• 표준화된 성과보상체계	• 성과정보와 보상체계의 연계성 강화 • 성과 중심의 보상체계 확립 • 성과보상을 통한 동기부여	• 연공서열 중심에서 성과기반 보상체계(승진, 인센티브 등)로의 전환에 대한 태도 변화

출처: 조윤직·박성민·조문석(2016: 24-25).

된다. 따라서 중앙인사관리기관은 과거 낮은 불확실성의 시대에 비해 더욱 능동적인 역할을 수행해야 할 필요가 있다(최성주 외, 2017). Siegel & Myrtle(1985)의 환경에 대한 조직의 대응 분석틀을 근거로 볼 때 중앙인사관리기관의 역할은 비교적 불확실성이 낮았던 과거의 감시, 통제, 감독 위주의 역할에서 높은 불확실성의 시대에 능동적으로 대응하는 혁신과 독려의 역할로 변화되어야 한다(최성주 외, 2017).

〈표 6-4〉 환경변화에 따른 인사기구의 역할

환경에 대한 조직의 대응	행정환경의 상황	
	낮은 불확실성	높은 불확실성
반응적/수동적 대응	감시, 통제, 감독	위기대응, 조정, 적응
전략적/능동적 대응	자문, 촉진, 기술적 원조	정책주도, 혁신, 독려

출처: Siegel & Myrtle, 1985; 최성주 외, 2017: 85 재인용.

본 단락에서는 한국 공공부문의 인적자원관리를 평가한 기존 연구들을 바탕으로 미래의 인적자원관리는 과거의 소극적, 방어적 차원에서 벗어나서 보다 적극적이고 능동적인 차원에서 전략적으로 접근해야 할 것으로 보았다. 국민의 삶의 질 향상을 위해서는 무엇보다 정부가 질 높은 정책과 공공서비스를 제공할 수 있어야 하고, 이를 위해서는 공공서비스를 제공하는 실질적 주체인 국가공무원의 질을 높이기 위한 효과적인 인적자원관리가 선행되어야 한다. 이러한 관점에서 본 장은 정부의 질 향상을 위한 양질의 공무원 양성을 위해 향후 정부가 관심을 기울여야 할 인적자원관리의 주요한 요인들로 전략적 관리의 강화, 공공·민간을 아우르는 우수인재의 확보, 효과적인 공무원의 교육과 훈련 등 세 가지를 논의하고자 한다.

Ⅲ. 정부의 질 향상을 위한 인적자원관리 방안

1. 전략적 관리의 강화

전략적 인적자원관리는 조직의 성과와 발전을 위해 단순한 관리를 넘어 조직구성원의 능력, 특징, 태도와 조직의 내부구조, 환경을 종합적으로 고려하여 외부의 변화에 효과적으로 대응할 수 있도록 관리방식을 최적화시키는 데 목적이 있다. 따라서 전략적 인적자원관리는 첫째로 조직의 전략목표를 효율적으로 달성하기 위해 조직과 개인의 비전과 목표를 정합(alignment)시키는 과정과 둘째로 조직의 임무달성을 위해 적정한 사람을 적재적소에 확보하도록 하는 과정으로 구성된다(조윤직 외, 2016). 따라서 장기적인 조직 목표 달성에 필요한 미래 인적자본의 규모와 필요역량을 파악하고 현재 인력을 평가하여 그 차이를 이해하고 해결책을 마련하는 과정이 곧 전략적 인적자원관리이다(안양호, 2009). 또한 전략적 인적자원관리의 목적인 경쟁력에서 생존하는 가장 적합한 인력을 개발하기 위해 조직은 외부환경과 내부상황을 모두 고려해 핵심인력을 확보하고, 그들을 육성 및 유지하기 위한 관리 및 교육을 수행한다(조희진·이정욱, 2011).

현재의 행정환경을 고려할 때 미래 공공부문의 인적자원관리에는 전략적 관리 차원에서 다음의 네 가지 측면이 중요하다. 첫째는 증거기반의 의사결정을 위한 데이터베이스 구축이고, 둘째는 인사기능의 통합적인 연계이며, 셋째는 공공·민간을 아우르는 인력 확보, 마지막으로 합리적인 공직문화 구현이다. 먼저 지속적인 증거 수집을 통한 데이터베이스의 구축이 전제되어야 한다. 경험적 증거에 기반을 둔 전략적 기획은 과거의 실패를 답습하지 않고 보다 적실성 있는 인적자원관리를 현실화하는 데 도움이 된다. 정부기관에 종사하는 공무원들에 대한 데이터베이스는 가장 기본적인 자료로 미국 인사관리처(Office of Personnel Management)의 경우 CPDF(Central Personnel Data File)라는 데이터셋을 비롯하여 다양한 질적, 양적 데이터를 수집하고 있다(OPM, 2013; 조윤직·박성민·조문석, 2017). 우리나라에서도 전자인사기록관리 시스템인 e-사람을 통해 공무원의 전출, 승진, 급여, 휴가 등의 데이터와 회계시스템인 dBrain에서 연계된 급여 및 지출정보가 수집되어 매년 '국가공무원 인사통계'로 발행되고 있고, 1969년부터 매 5년 단위로 시행되는 '공무원 총조사'를 통해 전체 중앙 및 지방정부 공무원의 일반적인 데이터가 수집되고 있다. 또한 2017년 7월 국가승인통계가 된 '공직생활실태조사'는 정부의 인적자원 관리와 관련된 제반 사항에 대한 공무원의 인식을 보다 포괄적으로 조사하는 자료로 2011년부터 업무환경, 인사제도, 조직관리, 조직구성원의 동기 태도 및 행동 등의 내용을 담고 있어 정부의 인적자원관리 개선과 과학적이고 전략적인 인사행정의 기초자료로서 향후 매우 중요한 자료로 기능할 수 있다. 이러한 관점에서 이러한 통계조사는 지속적으로 체계성을 갖추어 실시되는 것이 필요하며, 수집대상이 되는 자료의 질 향상과 더불어 그 폭도 보다 확대되어야 할 것이다.

둘째는 인사기능의 통합적 연계이다. 인적자원을 확보하고, 교육 및 훈련을 실시하고, 그들의 성과를 관리하며 성과에 따른 유기적인 보상을 제공하는 일련의 인사관리과정이 체계적으로 연결되어야 한다. 이를 위해 현재 다양한 부처에 산발적으로 분포된 인적자원기능의 통합적 연계가 이루어지고 그 조정이 보다 정교화되어야 한다(조윤직 외, 2017). 앞서 변천사에서 살펴본 바에 따르면 고시위원회와 총무처(인사국)의 체제로 출발한 중앙인사관장기관은 국무원 사무국, 국무원 사무처, 내각 사무처, 행정자치부를 거쳐 1999년에 내각의 각부로 독립된 인사행정 전담부서가 되었다. 그 후 중앙인사위원회와, 행정자치부로 이원화되었던 행정기능이 2004년에 중앙인사위원회로 통합되었고 2008년 행정안전부의 인사실 체제로 유지되다가 2014년 인사혁신처가 신설되면서 공무원 인사, 윤리, 복무, 소청, 교육훈련, 연금정책을 관장하게 되었다. 그럼에도 불구하고 아직 분산되어 있는 인사기능을 어떻게 긴밀히 연결시키고 통합할 것인지에 대한 고민이 필요하다.

셋째로 공공과 민간을 아우르는 경쟁력 있는 인재의 확보이다. 근래에 대두되는 여러 가지 사회문제를 해결하기 위한 정책해법과 관련해서 공공과 민간 영역의 경계가 모호한 경우가 빈번히 발생하고 있다. 이러한 복잡한 정책문제의 해결을 위해 공공과 민간을 아우르는 경쟁력 있는 인재의 확보가 필수적이다. 인사행정 관장기관은 정책문제 해결을 위한 필요역량을 분석하고, 계급제 중심의 공직운영체계의 긍정적인 측면을 유지하면서도 필요역량을 가진 인재를 공공·민간 영역에 관계없이 확보하기 위한 직위분류제적 요소의 도입에 대해 고민해야할 필요가 있다(조윤직 외, 2017). 이러한 유능한 인재의 채용과 관련해 개방형 직위제에 대해서는 별도의 방안으로 다음 장에서 보다 구체적으로 설명하도록 하겠다.

전략적 인적자원관리를 위해 필요한 마지막 요소는 합리적인 공직문화 구현이다. 이와 관련하여 인사혁신처는 2015년부터 2016년에 걸쳐 반듯하고 생산적인 공직문화 조성을 목표로 다양한 법령개정과 추진방안을 마련하였다. 먼저 2015년 개정된 공무원 헌장의 내재화 추진을 통해 소극행정을 근절하고 적극행정을 장려할 수 있도록 공감대를 형성하였다. 이와 더불어 실질적인 적극행정 수행의 피해를 막기 위해 징계관련 법령 및 행정규칙을 개정하였다(인사혁신처, 2017). 또한 퇴직공직자의 취업제한을 강화하되 생계형 재취업에 대한 심사는 간소화하는 등 취업심사가 공정하게 운영되도록 하고, 청렴하고 깨끗한 공직윤리 확립을 위해 재산심사의 실효성을 제고하였다(인사혁신치, 2017). 그 외에도 일하고 싶은 조직문화를 만든다는 측면에서 일과 삶의 균형 보장, 퇴직관리 등을 통해 공무원들의 사기관리가 이루어지는 것이 중요한데(조윤직 외, 2016), 이를 위해 연가 및 유연근무를 활성화하는 방향으로 인사제도를 개선하였으며, 퇴직공무원의 사회공헌 활성화를 위한 방안 등을 마련하였다(인사혁신처, 2017). 이렇듯 역량과 성과중심 관리체계 마련, 투명성, 윤리의식의 제고 등 공직문화를 합리화 해나가는 노력은 지속적으로 이루어져야 한다. 특히 최근 강조되고 있는 성과관리를 제대로 구현하기 위한 성과 중심의 문화 정착을 위해서는 성과평가의 투명성과 공정성이 담보되어야 하며 공직윤리의식의 제고 없이 성과만을 강조할 경우 여러 가지 윤리문제가 나타날 수 있음을 경계하여(조윤직 외, 2016), 앞선 인사혁신처의 제도개혁 추진 사례와 같이 공감대 형성과 각종 보완책 마련에도 노력을 기울여야 한다.

2. 우수인재의 확보: 개방형 직위제를 중심으로

공무원 채용제도는 4급 이상의 개방형 직위제도와 5급 이하의 공개경쟁채용 및 경력경쟁채용으로 구분할 수 있다. 공개경쟁채용시험은 계급제에 기반한 폐쇄형 충원으로 국가공무원법 제28조와 공무원 임용령 제2장 제1절, 공무원 임용시험령 제21조 내지 제25조에 의하며 매년 불특정 다수를 대상으로 경쟁시험을 치르는 5급 공채, 7급 공채, 9급 공채 시험이 있다. 반면 공개경쟁에 의해 충원이 곤란한 특수 분야의 전문인력을 확보하기 위해 일정 자격요건을 갖춘 지원자를 대상으로 경쟁을 통해 상대적 우수자를 선발하는 경력경쟁채용시험은 국가공무원법 제28조와 공무원 임용령 제16조 내지 제18조, 공무원 임용시험령 제26조 내지 제30조에 의하며 각 부처 장관이 주로 선발을 하고, 5급과 7급 민간경력자 일괄채용의 경우 인사혁신처 주관으로 선발이 진행된다. 물론 경력경쟁채용제도도 계급제 기반의 선발에서 오는 폐쇄적인 공직문화를 개선하고 전문성을 강화하기 위한 제도로 활용되고 있지만 본 장에서는 효율적인 정책수립을 위한 4급 이상의 직위에 대해 공직의 내·외부의 우수인재를 대상으로 경쟁원칙에 입각한 공개모집을 실시해서 최적격자를 선발하는 제도인 개방형 직위제를 중심으로 인재채용제도를 살펴보도록 하겠다.

개방형 직위는 다시 3개의 하위분류인 (순수)개방형 직위, 경력개방형 직위, 민간스카우트제로 나눌 수 있다. (순수)개방형 직위는 우리가 일반적으로 알고 있는 개방형 직위제도로 국·과장급 직위 중 일부를 개방형 직위로 지정하는 제도이다. 다음으로 경력개방형 직위는 아직까지는 비교적 낮은 민간인 임용문제를 해결하고 공직 개방의 취지를 살리기 위해 2015년 7월부터 시행되었으며 민간의 경험과 전문성을 적극적으로 활용할 수 있는 일부 직위(홍보, 정보화, 문화예술 등)에 대해서는 민간인만 지원할 수 있도록 한 제도이다. 경력개방형 직위와 관련해서는 2016년 12월 말 기준으로는 민간인 임용 지정을 39%(172개) 수준으로 확대하여 공직의 폐쇄성을 완화하고자 하였다(인사혁신처, 2017). 마지막으로 민간스카우트제는 환경부의 국립환경과학원장이나 방위사업청 유도무기사업부장 등 특수 분야에서 최고의 민간 전문가를 영입하기 위해 공모절차를 생략하고 인재를 임용하는 제도이다. 이와 관련해 최근에는 더욱 파격적인 인재 기용 방식으로 정부 헤드헌팅을 도입해 최고의 민간 전문가를 스카우트해서 공직에 임용하기 위해 개방형 직위에 가장 적합한 민간인을 정부가 직접 조사하고 발굴해 설득하는 과정을 통해 국립기상과학원 수치모델연구부장 자리에 서울대 이동규 교수를 헤드헌팅 1호 공무원으로 영입했다(인사혁신처, 2016b).

고위공무원의 (순수)개방형 직위제도는 정부수립 이후 제한적으로 운영되어왔으나, 김영삼 정부가 4~5급 공무원에 '개방형 전문직위제도'를 도입하면서 확대되었고, 김대중 정부의 제2차 정부개혁을 위한 준비 작업을 진행하였던 경영진단조정위원회에서 실·국장급 고위공무원의 30%를 개방형으로 임용하도록 건의하면서 본격적으로 논의되기 시작하였다. 따라서 2000년 2월 실·국장급 직위 130개를 개방형 직위로 처음 지정 및 운영하였고, 2016년 개방형 직위는 고위공무원단 직위와 과장급 직위의 최대 20% 범위 내에서 부처별로 지정하고 있다. 2016년 12월 말을 기준으로 총 442개의 직위(고위공무원단 직위 173개, 과장급 직위 269개)가 개방형으로 지정되었다. 아래 [그림 6-1]에서와 같이 각 연도 맨 오른쪽의 긴 막대그래프는 지정된 직위의 수를 의미하며 첫 번째 막대그래프인 외부임용

[그림 6-1] 개방형 직위 내외부 임용현황

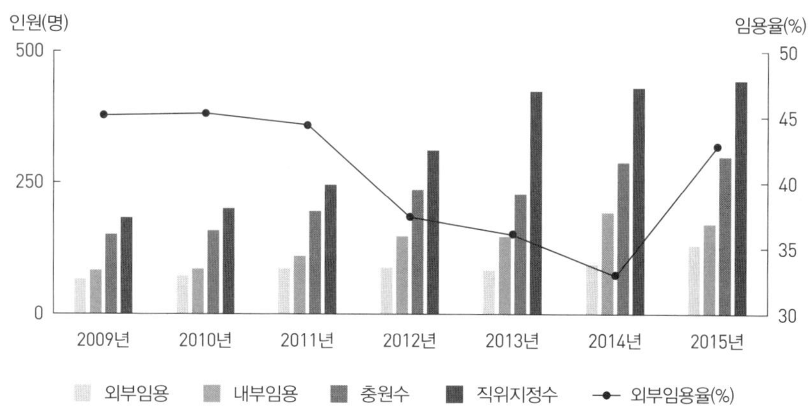

출처: e-나라지표 홈페이지 2017. 8. 22. 접속(http://www.index.go.kr/potal/main/EachDtlPageDetail.do?idx_cd=1020).

과 두 번째 막대그래프인 내부임용을 합친 수가 세 번째 막대그래프인 충원수가 된다. 전체 충원수 중에서 외부임용의 비율을 나타낸 것이 꺾은선으로 연결되어 있는데 처음에 45% 정도에서 감소추세를 보이다가 2015년에 다시 40% 이상으로 회복된 것을 확인할 수 있다.

행정환경의 변화를 생각할 때에, 앞으로도 민간의 우수한 인재들을 적극 공공부문으로 영입하려는 노력은 지속되어야 할 것이고, 어떻게 이들을 유치하고 보유할 것인지에 대한 고민이 필요하다. 현재까지 운영된 개방형 직위제도는 공직의 전문성과 경쟁력 강화, 지식의 공유와 활용을 통한 국가 인력의 활용성 증진, 인력활용의 유연성 증진 등의 측면에서 긍정적으로 평가할 수 있다. 하지만, 문제점도 여전히 존재한다. 개방형 직위가 우수인재들을 영입하기에 충분히 매력적이지 않다는 지적과 폐쇄적 조직문화가 기대한 시너지를 충분히 끌어내지 못한다는 비판도 있다. 2016년에 한국인사행정학회에서 고위공무원단 전체를 대상으로 실시한 설문조사 결과에 따르면 개방형 직위제도 운영을 방해하는 요인으로 임용자 개인의 부적응(16.6%)과 폐쇄적인 조직문화(14.5%), 한시계약으로 인한 신분 불안(14.0%)과 부적절한 직위지정(12.2%) 등이 영향을 미치는 것으로 나타났다. 이를 극복하기 위해서는 각 부처의 결정보다 직위의 성격에 따라서 개방 직위를 선정하는 것이 필요하고, 새롭게 공직에 들어온 사람들이 조직문화에 잘 적응하기 위해 멘토링을 강화하는 대안도 제기된다(이근주, 2016). 실제로 2016년 4월 15일 민간경력자 5급 일괄채용시험 합격자 128명을 대상으로 진행한 신임관리자과정 교육에서는 이러한 점을 반영하여 최초로 교육 입교 직후 3주간 공직가치 내재화 합숙교육을 실시한 바 있으며, 경력채용 출신 선배 공무원과 합숙을 통해 '지도직원 멘토링 시스템(8명)'을 운영한 바 있다(안해성, 2016. 4. 15.).

향후 개방형 직위를 통한 우수인재 유치를 보다 효과적으로 수행하기 위해서는 다방면의 노력이 필요하다. 앞서 언급한 바와 같이 기존에 선발된 외부 인재들이 조직에 잘 적응하도록 조직문화를 개선하고 이들을 배려하는 인사관리방안을 고안하는 것이 필요하다. 이뿐 아니라 우수한 인재 영입을 위한 노력도 지속적으로 이루어져야 한다. 단지 조직에서 부수적인 역할을 수행하는 직위를 개방형 직위로 지정하는 것은 우수한 외부 인재들을 유치하기 더욱 힘들게 할 것이다. 조직 내에서 핵심적인 역할을 수행하는 직위도 과감하게 개방형으로 지정해서 외부 인재들에게 매력적인 일자리를 제공해야 한다. 그리고 우수한 외부인재에 대해서는 상당 기간 계약의 연장도 가능하도록 길을 열어줄 필요가 있다. 현재 개방형 직위 및 공모 직위의 운영 등에 관한 규정에 따르면 임용기간에 대해서 소속장관은 최소 2년에서 최대 5년의 범위 내에서, 그 이상은 인사혁신처장과의 협의를 통해 연장할 수 있도록 되어있는데, 성과가 탁월한 개방형 임용자의 경우 이러한 제도의 실질적 시행과 확대가 원활하게 이루어지도록 해야 한다. 이와 더불어, 공개경쟁채용으로 입직한 기존 공무원들의 인식 전환을 위한 조직운영과 문화의 개선도 필요하다. 앞서 소개한 한국인사행정학회의 설문조사에서 개방형 직위의 적정수준에 대해 질문한 바에 따르면 응답자의 40%는 개방형 직위를 줄여야 한다고 응답하였으며, 44.6%는 현 수준으로 유지해야 한다고 응답해 여전히 외부 인력의 유입이 자신들의 일자리를 줄인다는 부정적인 인식이 많다는 것을 알 수 있었다(이근주, 2016). 따라서 조직차원에서는 개방형 직위에 적합한 분야를 지속적으로 발굴하면서 더 좋은 인재를 선발하기 위한 영입노력을 기울임과 동시에, 내부직원의 상대적인 피해사례를 최소화하고, 선발된 외부인재들의 성공적인 조직정착을 돕는 다양한 노력을 기울여야 한다.

3. 효과적인 교육·훈련

교육 및 훈련은 "직무수행능력을 향상시킬 목적으로 지식, 기술, 태도, 가치관의 변화를 촉진하는 계획된 활동이다(홍원기, 2014: 5)." 계급제를 인사관리의 기반으로 하는 우리나라는 직위분류제 국가에 비해 개방형 임용 등 외부 인력 충원 비율이 아직은 낮은 편이어서 내부 인력에 대한 효과적인 교육·훈련이 더욱 중요하다. 한국 공공부문의 교육·훈련은 지난 60여 년간의 제도 및 운영, 예산의 규모 및 교과과정 면에서 커다란 성장을 이루었다. 1949년 '국립공무원훈련원'을 설치하고 1961년에는 '공무원훈련법'이 제정된 것을 시작으로 1973년에는 '공무원교육훈련법'이 제정되어 이전 법의 미비점을 보완하였다(이근주, 2010). 비교적 최근인 2000년대에 이르러서는 인사개혁로드맵(2003년)이 추진되어 상시학습체제가 구축되었고, 혁신 및 변화관리 교육이 활성화 되고 액션러닝 등의 새로운 교육기법이 도입 및 활용되는 변화가 진행되었다(김판석, 2007). 상시학습체제는 과거 교육훈련이 점수관리 차원에 머물렀던 부작용을 해소하여 4급 이하 공무원이 연간 100시간 이상(중앙행정기관의 장은 80시간 이상)의 교육훈련을 받도록 하고 이를 승진의 기본요건으로 설정해서 정부조직의 학습조직화를 모색했다(인재개발과, 2017. 8. 24.). 현재는 공직가치의 확립, 직무수행의 전문성, 미래지향적 역량을 갖춘 인재 양성 등을 위한 종합적 관점의 인재개발을 반영하는 차원에서 「공무원 교육훈련법」을 「공무원 인재개발법」으로, 중앙공무원교육원을 국가공무원인재개발원으로 변경하였다(공무원 인재개발법, 2016).

하지만 이러한 변화는 상당 부분 자체적인 계획에 의한 것이라기보다, 환경의 변화에 따라 좌우된 경향이 있었으며, 질적인 측면에서 창의성, 비판적 사고, 적응력, 변화관리 등의 역량 확보에 충분히 기여하지 못하였다(이근주, 2010; 이주호 외, 2016). 일례로 한국 공공부문의 역량을 수리력, 언어능력, 컴퓨터기반 문제해결력을 테스트하는 대표적인 시험인 국제성인역량조사(Program for the International Assessment of Adult Competencies: PIAAC)를 기준으로 비교한 결과, 한국의 공공인력의 경우 수리력, 언어력의 경우 25세에서 44세까지는 OECD 평균과 비슷하다가 45~54세에서 평균 이하로 낮아지는 경향을 보였고, 컴퓨터기반 문제해결력의 경우 전 연령에 걸쳐 OECD 평균보다 낮은 수준이었다. 특히 한국의 공공부문와 민간부문의 역량 비교를 위해 동일한 직업군을 대상으로 분석한 바에 따르면 수리력, 언어력 및 컴퓨터기반 문제해결력에서 공공부문의 역량이 민간부문에 비해 낮은 것으로 나타났다(이주호·최슬기, 2015). 물론 수리력, 언어능력, 컴퓨터기반 문제해결력이 공무원의 역량을 직접적으로 대표한다고 보기 어렵지만 동일한 직업분포를 상정하여 계산한 한국의 공공부문과 민간부문의 역량 비교에서 25~34세에 비해 35~44세에서 역량의 격차가 더욱 커지고, 45~54세로 갈수록 민간에 비해 더 급격한 역량의 저하가 나타난다는 점에서 입직 이후의 교육 효과성에 대한 고민은 필요할 것이다. 이주호 외(2015; 2016)는 이러한 결과가 나타난 원인으로 상명하달 중심의 위계적 조직문화, 역량에 대한 보상이 미흡한 점, 그리고 낮은 교육의 질 등을 꼽았다.

향후 보다 효과적인 공무원의 교육·훈련을 위해서는 교육 내용의 내실화와 전문화, 교육방법의 다양화가 함께 이루어져야 한다. 빅데이터, 4차 산업혁명과 같은 기술발전과 더불어 급변하는 정책환경에서 보다 내실 있는 정책을 개발하고 집행하기 위해서는 공무원들이 민간 부문에 뒤처지지 않는 역량을 갖추고 이를 꾸준히 발전시켜 나가는 것이 필수적이다. 이전의 교육내용을 답습하는 것으로는 이러한 목표를 달성하기 요원할 것이다. 가장 최신의 경영기법이나 기술에 관한 내용들이 지속적으로 업데이트 되어야 한다. 아울러 모든 공무원에게 획일적인 커리큘럼을 적용시키는 것도 현실과 동떨어진 교육을 하게 될 가능성을 높인다. 전문 분야에 따라서 다양한 선택을 할 수 있도록 다양한 종류의 훈련을 개설해야 할 것이다. 이러한 훈련을 실시하는 기관도 보다 전문화시키는 것이 필요하다. 일찍이 이근주(2010)는 중앙공무원교육원의 규모와 역량을 고려할 때, 모든 공무원에 대한 교육이 불가능하다는 점을 인정하고 훈련 기능을 분화시켜야 한다고 주장하였다. 즉, 중앙공무원교육원은 고위관리자 또는 최고의사결정자 특화 교육 프로그램을 개발하고 시행하는 데 집중하고, 개별 부처의 교육훈련을 위해서는 각급 교육훈련기관의 역할을 확대하는 전략을 사용해야 한다고 보았다. 이러한 지적은 국가공무원인재개발원으로 재편된 현재에도 고민해 보아야 할 가치가 있는 것으로 보인다.

수요자 맞춤을 통한 보다 효과적인 교육을 위해 다양한 교육방법의 개발 및 실행도 필요하다. 이러한 시도는 이미 시작된 것으로 보이는데, 인사혁신처의 2016년 공무원 인재개발지침에 따르면 과거에는 집합교육을 통한 개인역량, 개별 프로그램 중심으로 단편적인 인재육성이 이루어졌다면 최근에는 통합·창의 인재 육성을 위한 새로운 접근으로 조직목표와 연계된 학습과 학습환경 조성을 통한 자기주도 학습 및 비공식적 학습(OJT, 학습조직, 코칭, 멘토링) 등 다양한 인재개발 접근을 활용하려는 경향을 발견할 수 있다. 일례로 조달청은 '찾아가는 조달전문교육' 운영을 통해 수요자 중심의 교육과정을 운영하였다. 기존의 교육을 이원화하여 실무사례 및 실습 위주의 교육은 본원에서 실시하고, 수도권·호남권 등 교육원과의 접근성이 떨어지는 지역을 대상으로 물품구매 및 시설계약 등의 기본교육을 단기과정으로 개설하여 해당 지역에서 교육을 실시하여 교육기회를 확대하였다(인사혁신처, 2017). 최근 인사혁신처는 훈련생의 편의성과 훈련효과를 증대에 목적을 두고 공무원의 교육 훈련을 온라인상에서 관리하는

'인재개발정보센터(www.training.go.kr)' 사이트를 오픈하여 운영하기 시작했다. 한편 2015년 시작된 이러닝시스템은 2016년 그 명칭을 '나라배움터(http://e-learning.nhi.go.kr)'로 바꾸어 2단계 시스템을 구축 및 운영하고 있으며, 2017년에는 All-in-One 서비스를 도입하여 나라배움터에서 공동활용기관 콘텐츠를 검색 및 활용하여 수료까지의 과정을 진행할 수 있도록 하였다. 이러한 새로운 훈련기법이 기대한 만큼 효과적일지는 시간을 두고 지켜보아야겠지만, 지속적인 수요조사를 통한 교육 훈련의 혁신 노력은 긍정적으로 평가된다.

효과적인 공무원 교육·훈련은 꾸준한 관심과 관리를 필요로 한다. 앞서 논의한 바와 같이 적실성 있는 교육내용과 교육방법을 유지하기 위해서는 시대의 변화에 따라 지속적인 변화가 이루어져야 한다. 문제는 교육·훈련의 효과는 장기적으로 나타나고 가시적인 성과를 특정하기 힘들기 때문에, 과감한 예산상의 투자가 이루어지기 어렵고 이러한 투자가 지속되기는 더욱 힘들다는 점이다. 한정된 예산으로 살림을 꾸려야 하는 정부의 입장에서는 당장의 현안들, 가시적 성과를 보이는 일들에 우선적으로 예산을 배정하는 것이 어찌 보면 지극히 자연스러워 보인다. 그럼에도 불구하고, 인적자원이 가지는 중요성을 생각할 때에 공무원 교육과 훈련 분야에 대해 장기적인 시각에서 정부의 투자와 관리가 이루어질 필요성은 분명히 존재한다.

Ⅳ. 결론

정부의 질을 결정하는 많은 요소들이 있지만, 정부를 구성하는 인적자원의 자질 및 역량은 그 중요도에 있어서 다른 요소들에 뒤처지지 않는다(배귀희·임승후, 2008). 본 장에서는 지금까지 한국 정부의 인적자원관리의 혁신 추진과정에 대한 정리를 바탕으로 전략적 인적자원관리를 위한 역대 정부의 노력을 평가하고 향후 공무원의 역량을 향상시키는 데 있어서 정부의 질, 나아가서 국민의 삶의 질을 향상시키기 위한 인사개혁의 큰 방향으로 인적자원관리에 있어서의 장기적인 전략적 접근, 개방형 직위제를 통한 우수인재의 확보, 공공인재의 양성을 위한 효과적 교육훈련의 실시 등 세 가지 요인에 초점을 두어 살펴보았다.

전략적인 인적자원관리를 위해서는 장기적인 조직 목표 달성에 필요한 미래 인적자본의 규모와 필요역량을 파악하는 작업, 그리고 현재 인력을 평가하여 그 차이를 이해하고 해결책을 마련하는 작업이 필요하다. 이를 위해 지속적인 증거 수집을 통한 데이터베이스의 구축이 필수적으로 이루어져야 한다. 이와 더불어 공무원의 확보, 개발, 유지활용, 평가, 보상 등 일련의 인적자원관리들 간의 유기적인 연계가 이루어져야 하며, 투명성과 공정성 등이 더욱 공고해지는 합리적인 공직문화 구현을 위한 노력도 병행되어야 한다.

한편, 개방형 직위제를 통한 우수인재의 확보와 관련해서는 공공·민간부문을 아울러 가장 우수한 인재를 적극적으로 영입하려는 현재의 노력을 지속하는 가운데, 개방형 직위를 보다 매력적인 일자리로 만드는 데 고민이 이루어져야 한다. 이를 위해서는 먼저 적극적인 유치노력에 앞서 우수인재들에게 충분히 매력적인 일자리들이 과감하게 개방되어야 하며 우수한 인력에 대해서는 지속가능한 일자리를 보장해야 할 필요가 있다. 또한 선발된 개방형 임용자들이 공직문화에 잘 적응할 수 있도록 폐쇄적인 조직문화를 개선하고, 신규 인력의 적응을 돕기 위한 멘토링 등의 대안도 병행되어야 한다. 개방형 직위제도는 외부의 우수인재를 영입하여 공직의 전문성과 경쟁력을 강화하는 데 강점이 있고, 지식의 공유와 활용을 통한 국가 인력의 활용성 증진 및 인력활용의 유연성 증진 차원에서도 긍정적인 평가를 받고 있다(이수영, 2017). 향후 개방형 직위에 적합한 분야의 발굴을 통해 우수한 인재들에게 매력적인 일자리를 제공함과 동시에 내부 직원들의 피해를 줄이고 선발된 인력과의 협업을 도모해 시너지를 발휘할 수 있도록 노력해야 할 것이다.

마지막으로 채용된 인재를 양성하는 차원에서 효과적 교육훈련의 실시가 중요하다. 급변하는 정책환경에 필요한 정책을 개발하고 집행하기 위해서 민간부문에 뒤지지 않도록 교육내용 내실화, 전문화 및 교육방법 다양화가 이루어져야 한다. 최신의 기법과 기술에 대한 정보를 업데이트함과 동시에 수요자 맞춤을 통해 개별 공무원들에게 필요한 역량을 훈련할 수 있도록 다양한 프로그램을 개설해야 한다. 또한 전문성에 있어서 단일 기관에 의존하기보다는 개별 기관을 전문화하고, 각 기관의 경험을 개방 및 공유하여 공공뿐만 아니라 민간과 해외 인재개발기관과의 네트워킹을 통한 외연확대가 요구된다(인사혁신처, 2006b). 교육 방식에 있어서도 조달청의 '찾아가는 교육' 방식이나 인사혁신처의 이러닝 시스템인 '나라배움터(http://e-learning.nhi.go.kr)' 등 새로운 시도의 효과성을 지켜보는 가운데 새로운 접근방식도 적극적으로 검토해보아야 한다.

혁신안을 도입하고 실행함에 있어서 시행착오는 불가피하다. 물론 철저한 사전조사와 준비로 시행착오 과정을 최소화하려는 노력은 당연히 이루어져야 하겠지만, 높은 불확실성으로 특징지어지는 지금의 행정환경에서 모든 개혁안이 단번에 성공을 거두기는 어렵다. 따라서 이러한 개혁안들을 도입하고 실행함에 있어 우선은 조급함을 버리고 장기적인 관점에서 접근해야 할 것이다. 개방적인 태도로 새로운 변화들을 적극적으로 수용하는 가운데, 새로운 제도와 관리방식 도입에 대한 평가와 피드백이 수시로 진행되어야 한다. 적극적인 시도와 조정의 반복을 통해 한국 정부의 인적자원관리는 지속적으로 발전할 것이고, 이는 정부의 질, 국민의 삶의 질 향상에 기여할 것이다.

참고문헌

공무원 인재개발법, 법률 제13696호(2016).

권용수·박수영. (2012). 차기정부 인사개혁 과제. 〈한국행정학회 학술발표논문집〉, 1-15.

김권집·박수경. (2005). 〈한국행정조직론 (제3 개정판)〉. 대전: 이화.

김선아·박성민. (2016). 정부 인사혁신 프로세스별 핵심 가치 도출에 관한 연구. 〈한국인사행정학회 춘계학술대회 발표논문집〉.

김판석. (2007). 공무원 교육훈련의 전환. 〈한국인사행정학회보〉, 6(1): 1-35.

김한창. (2007). 공무원채용제도의 진화이론과 신제도주의 통합적 설명가능성: 국가공무원법에 나타난 제도변화를 중심으로. 〈정부학연구〉, 13(2): 163-212.

박동서. (1994). 〈인사행정론〉. 서울: 법문사.

박성민. (2017). 〈인사혁신론: 이론과 실제 -이론편-〉. 서울: 박영사.

박수경. (2006). 역대 한국 정부의 조직개혁 변천사. 〈한국행정사학지〉, 19(단일호): 81-120.

박연호. (1999). 〈인사행정신론〉. 서울: 법문사.

박천오. (2006). 참여정부 인사개혁에 대한 공무원 수용도. 〈한국행정연구〉, 15(2): 3-28.

배귀희·임승후. (2008). 전략적 인적자원관리(SHRM)의 공공부문 도입에 관한 탐색적 연구. 〈한국사회와 행정연구〉, 18(4): 63-89.

백종섭. (2013). 차기 박근혜 정부 중앙인사기관의 위상과 기능. 〈한국인사행정학회보〉, 12(1): 1-22.

안양호. (2009). 정부인력관리계획의 성공적 정착방안. 〈한국인사행정학회보〉, 8(1): 121-143.

안해성. (2016. 4. 15.). 5급 민경채 합격자 128명 '정책현장으로'. 법률저널(http://www.lec.co.kr/news/articleView.html?idxno=40141).

오석홍. (1993). 〈인사행정론〉. 서울: 박영사.

이근주. (2010). 해방 이후 우리나라 중앙부처 공무원 교육훈련에 대한 추세분석. 〈한국인사행정학회보〉, 9(1): 31-57.
이근주. (2016). 〈고위공무원단 제도 성과분석 및 발전방향 연구〉. 한국인사행정학회.
이수영. (2017). 우리나라 공무원 채용제도에 대한 진단과 개편방안 제언. 〈한국인사행정학회보〉, 16(1): 25-49.
이주호·최슬기. (2015). 〈한국인의 역량: 실증분석과 미래전략〉. (Skills of Koreans: Empirical Analysis and Future Strategies) (SSRN Scholarly Paper No. ID 2819851). Rochester, NY: Social Science Research Network(https://papers.ssrn.com/abstract=2819851).
이주호·김석호·김현준·문명재·박진·이시욱 외. (2016). 한국인의 역량: 실증분석과 개혁과제. 〈한국경제포럼〉, 9(1): 25-39.
이형우. (2005). 한국 중앙인사기관의 조직과 기능의 변천에 관한 비판적 평가. 〈행정논총〉, 32: 139-175.
인사혁신처. (2016a). 〈정부의 미래지향적 인사 혁신을 위한 제4차 인사행정혁명: 인사비전 2045〉. 경기: 도서출판 지식공감.
인사혁신처. (2016b). Zoom in② 헤느헌빙 1호 공무원, 국립기상과학원 이동규 수치모델연구부장. 〈인사혁신 2016〉, vol. 02.
인사혁신처. (2017). 〈2016 인사혁신백서〉. 세종: 문원미디어.
인재개발과. (2017. 8. 24.). 〈공무원 상시학습 제도〉. 인사혁신처 홈페이지 인재개발제도 게시판(http://www.mpm.go.kr/flexer/index.jsp?FileDir=bbs_0000000000000119/20170824&SystemFileName=88cedf094d523cca2.hwp&FileName=%EA%B3%B5%EB%AC%B4%EC%9B%90+%EC%83%81%EC%8B%9C%ED%95%99%EC%8A%B5%EC%A0%9C%EB%8F%84.hwp).
정광호. (2005). 기획논문: 노무현 정부의 관료제 개혁에 대한 평가. 〈행정논총〉, 43(2): 301-349.
정우열·정재도. (2015). 우리나라 중앙인사기관의 변천과정에 관한 연구. 〈한국행정사학지〉, 37(단일호): 55-77.
조선일. (2007). 한국의 중앙인사기관: 변천과 주요 쟁점. 〈한국인사행정학회 하계세미나 발표논문〉.
조윤직·박성민·조문석. (2016). 〈미래 국가경쟁력 강화를 위한 중앙인사관장기관 발전방안〉. 한국인사행정학회.
조윤직·박성민·조문석. (2017). 〈미래사회와 정부의 역할〉. 경기: 도서출판 문우사.

조희진·이정욱. (2011). 공공기관의 관리역량이 조직 혁신에 미치는 영향. 〈국정관리연구〉, 6(2): 143-170.

최성주·김정인·유상엽·김선아·최일환·이근혁. (2017). 〈범정부적 공공인사관리 필요성 및 향후 전략에 관한 연구〉. 한국인사행정학회.

하미승. (2008). 중앙인사행정조직의 재설계 방안 연구. 〈한국인사행정학회 월례세미나 발표논문〉, (2008. 2. 15.).

홍원기. (2014). 〈신규공무원 교육훈련 실시여건이 직무만족과 조직몰입에 미치는 영향: 국가직 7급 공채자를 중심으로〉. 석사학위논문. 서울대학교.

Hays, S. W. & Kearney, R. C. (2001). Anticipated changes in human resource management: Views from the field. *Public Administration Review*, 61(5): 585-597.

US. Office of Personnel Management. (2013). 『2014-2018 Strategic plan』.

제7장

정부의 질과 국민의 삶의 질 개선을 위한 성과관리 전략에 관한 연구 : 수용성 제고방안을 중심으로

이정철 · 이정욱

I. 서론

본 장은 정부 성과관리의 수용성에 영향을 미치는 주요 요인들을 종합적으로 분석하고, 이러한 결과를 바탕으로 성과관리제도가 정부의 질과 국민의 삶의 질 제고에 기여하는 데 요구되는 관리 방안들에 대하여 논의하였다. 현대사회에서 정부는 국민들의 선호와 기대에 부응하여 효율적이고 효과적으로 기능함으로써 국민들의 삶의 질을 보장하는 것이 강조된다(이종수 외, 2014: 573). 이러한 측면에서 보다 더 나은 서비스를 제공하는 유능한 정부(better government)를 구현하기 위한 논의가 강조되고 있으며, 최근에는 '정부의 질(quality of government)'에 주목하여 이를 구체화하기 위한 논의들이 전개되고 있다(박동서, 1997: 678; 오석홍, 2005: 4; 최진욱 외, 2012: 3; 최상옥, 2012: 79; 이종수 외, 2014: 573; 배정현, 2014: 252). 정부의 질에 대한 개념이나 그 기준은 다양하게 정의될 수 있으나, 일반적으로 문제해결을 위한 총체적 능력으로서 효과성과 효율성, 책임성 등 정부의 성과 개선과 밀접한 연관성을 갖는 것으로 볼 수 있다. 효율성이나 효과성, 책임성 등의 정부 성과는 합리적인 정책결정과 효과적인 정책집행 등 바람직한 정책 활동을 통해 창출되며 궁극적으로 정부의 질과 국민들의 삶의 질 개선, 정부에 대한 신뢰 제고, 민주주의의 원리 실현 등에 기여한다(정정길, 2003: 8-9). 이러한 측면에서 그동안 공공부문에서는 조직 내 업무를 수행하는 데 있어서 효율성이나 효과성을 제고하여 국민의 삶의 질과 만족도를 향상시키려는 다양한 정부개혁 및 혁신 노력이 추진되어 왔다. 특히, 정부 성과관리제도는 신

* 이 글은 〈한국조직학회보〉 (제13권 4호, 33-69)에 게재된 동 저자들의 [공공조직 구성원의 성과관리 수용성에 관한 연구: 중앙행정기관을 중심으로]의 내용을 수정, 보완한 것임.

공공관리론에 기반한 개혁논의를 바탕으로 정부의 정책개선을 유도하고, 국민들에게 고품질의 행정서비스를 제공하는 데 기여하기 위하여 도입된 대표적인 관리혁신수단이라고 할 수 있다(강정석 외, 2005: 22-25; 박석희, 2007: 11). 이러한 성과관리제도의 중요성은 실제로 많은 연구들에서 성과관리를 통한 효율적이고 책임성 있는 정부활동이 시민들의 삶의 질 제고에 긍정적인 영향을 미치는 것으로 보고됨에 따라 더욱 강조되고 있다(Coggburn & Schneider, 2003; Tavits, 2008; 고명철, 2013: 10). 따라서 공공서비스에 대한 사회적 기대와 수요에 효과적으로 대응하고, 국민들에게 양질의 행정서비스를 제공하기 위한 관리수단으로서 체계적이고 정교화된 성과관리제도의 운영은 현재 공공부문에 주어진 중요한 과제로서 강조된다.

이러한 중요성에 따라 공공부문 성과관리는 전 세계적으로도 선진 각국에서 정부업무관리의 패러다임을 변화시키는 혁신기제로서 활용되고 있으며, 우리나라 또한 2006년 「정부업무평가기본법」 제정·시행을 계기로 국정운영에 대한 통합적인 성과관리를 본격적으로 추진하기 시작하였다. 그러나 성과관리제도의 도입 이후, 지금까지 지속적인 수정·보완 노력을 통해 제도가 확대·발전되고 있음에도 불구하고 공공부문의 성과관리에는 많은 한계점이 존재하는 것 또한 사실이다. 일례로 적실성 측면에서 핵심 성과내용을 제시하는 데 제한적이고 성과계획 수립이 형식적으로 이루어지는 사례가 존재하며, 다른 평가제도들과 연계성을 확보하는 데 미흡하다는 등의 문제들이 지속적인 한계점으로 지적되고 있다(이석환, 2006: 127; 유금록 외, 2012: 106). 그 밖에도, 제한적인 성과정보의 활용과 환류, 평가부문의 지나친 강조로 인해 단기적 성과에만 집중하는 현상 등이 문제점으로 제기되고 있다(공동성 외, 2011; 이석환, 2012). 특히, 이러한 한계가 발생하는 원인에는 제도 자체가 바람직하지 않거나, 제도의 도입을 통해 본래 추구하였던 목적을 집행과정에서 제대로 실현시키지 못하는 경우도 존재하지만, 정책집행 측면에서 살펴보았을 때 보다 근본적인 이유는 정부가 정책수용주체가 원하는 기대나 요구에 제대로 대응하지 못하는 등 제도에 대한 수용성의 한계에서 기인한다고 볼 수 있다. 즉, 공공부문의 성과관리를 보다 성공적으로 운영·관리하기 위해서는 집행과정에서 성과관리 주체 대상이 되는 공공조직 구성원들의 긍정적 인식과 수용성을 제고하는 것이 우선적으로 강조된다고 할 수 있다. 그러나 성과관리에 대한 공공조직 구성원들의 수용성은 우리나라의 공공부문 성과관리가 정부업무평가기본법을 통해 시행된 지 10여 년이 지난 현 시점에서도 부정적이거나 미온적이라고 할 수 있다. 즉, 성과주의가 강화되어야 한다는 기본명제에 대해서는 누구나 공감하지만, 목표 및 지표설정의 어려움, 가시적이고 단기적인 성과 치중의 문제 등 공공조직 성과관리에 내재된 오랜 문제들로 인하여 성과관리에 대한 수용성은 향상되지 않고 있는 상황이다(강정석, 2011: 2). 또한, 기존의 관련 연구들에서도 공공부문 성과관리제도에 대한 관계자들의 인식은 전반적으로 부정적인 것으로 파악되고 있으며, 이로 인해 공공부문 성과관리가 형식적이거나 소극적으로 운영되는 측면이 있으며, 그 평가결과에 대한 활용이 미흡하다는 비판이 제기되고 있다(최관섭·박천오, 2014: 96).

한편, 지금까지 성과관리에 관한 많은 연구들이 공공부문의 성과관리의 한계와 개선방향에 관해 논의하였음에도 불구하고 공공조직 내 수용성과는 무관하거나 제한적으로 다루어져왔던 것으로 평가할 수 있다(강정석, 2011: 3). 특히 수용성과 관련된 연구들은 2006년 「정부업무평가기본법」의 제정 시점을 기준으로 대부분 도입 초기에 논의가 전개되었던 것을 살펴볼 수 있다. 우리나라 공공부문에 성과관리제도가 도입된 지 현재 10여 년이 지난 시점임을 고려해 볼 때, 공공부문 내에 성과관리제도를 어떻게 도입·정착시킬 것인가가 아닌 어떻게 성공적으로 확대 및 고도화시킬 것인가에 대한 논의가 요구되는 시점이라고 할 수 있다. 따라서 성과관리제도의 필요성이나 제도 자체에 대한 논의보다는 제도를 어떻게 효과적으로 관리할 것인가에 대한 논의가 요구된다고 할 수 있으며, 이러한 측면에서 제도를 실제 운영하고 관리하는 주체인 공공조직 구성원들의 수용성을 제고하기 위한 노력에 주목할 필요성이 제기된다. 이에 본 장에서는 공공부문 내 성과관리 수용성 제고에 영향을 미치는 주요 요인들을 도출함으로써 공공부문 성과관리에서 요구되는 관리적 함의를 제시하였다.

Ⅱ. 이론적 배경 및 선행연구

1. 성과관리의 개념과 중요성

성과관리(performance management)는 공공조직에서 고품질의 서비스를 제공하고, 효율성을 제고하기 위한 전략적 메커니즘(Kelman, 2006), 공공조직의 전략적 우선순위를 설정하고 이를 조직과 개인의 구체적인 성과목표로 변환시키는 과정(Pollitt, 2001) 등으로 정의된다. 그리고 성과관리는 크게 성과목표의 설정과 성과측정, 성과정보의 활용으로 구분된다(van Dooren et al., 2010). 성과관리체계의 첫 번째 구성요소인 성과목표의 설정(goal setting)에서는 기관의 존재의의에 해당하는 임무설정(mission setting)과 성과목표(annual goals)를 설정하게 된다. 성과목표는 조직구성원들과 이해관계자들이 성과를 파악하고 이해하는 데 용이하도록 구체적·객관적이며 측정 가능한 형태로 제시되는 것이 강조된다. 두 번째 요소는 사업에 대한 성과지표의 설정과 성과측정이다. 성과측정 단계에서는 성과목표를 달성하기 위한 구체적인 성과목표치 대비 사업의 성과를 평가하게 된다. 세 번째 요소는 성과평가 및 성과정보의 활용이다. 성과평가는 단순히 관리자에게 그 결과를 보고하는 것뿐만 아니라 성과향상을 위해 요구되는 것이 무엇인가에 대한 해답을 얻는 것을 의미한다(Wholey & Hatry, 1992).

공공부문 내 성과관리는 조직 내·외에서의 원활한 의사소통을 통한 이해관계자들의 협력 유도 및 자원의 효율적 배분, 정부의 책임성 제고, 성과정보를 통한 업무추진에 대한 학습과 환류 및 개선, 조직구성원들의 동기부여와 사기 제고 등의 측면에서 긍정적 효과를 창출할 수 있다(임동진·윤수재, 2009: 19-20). 특히, 정정길(2003: 18)에 의하면, 정부의 질과 국민의 삶의 질 개선 등과 같은 국가목표달성을 위해서는 전문성과 창의성 등의 지적능력, 책임성과 대응성 등의 정치적 능력, 그리고 리더십과 동기부여, 자원확보능력 등의 실행적 능력의 제고가 강조되는데, 성과관리제도는 이러한 세 가지 행정능력의 제고에 기여할 수 있다는 측면에서 그 중요성이 강조된다. 예를 들어 정부 성과관리는 조직의 목표를 설정하고 이에 대한 추진성과를 정기적으로 측정하여 정확한 정보를 생산해 내는 일련의 종합적인 과정이라는 측면에서 정부조직의 합리적인 의사결정을 유도하고 지적 역량을 제고하는 데 기여할 수 있다. 또한 결과지향적 관리활동을 추구하고, 정부가 추진하는 주요 정책에 대하여 국민들을 대상으로 만족도 조사 등을 실시하여 이를 평가에 반영함으로써(이광희·이석민, 2017: 96), 고객주의적 대응성 등 정치적 능력을 제고하는 데 기여할 수 있다. 그리고 조직의 임무(mission) 설정에서부터 전략목표와 성과목표의 설정·관리, 성과측정 및 성과정보의 활용에까지 이르는 일련의 체계적인 과정들이 정합성(alignment)을 확보하도록 수시로 점검하고 인적·재정적 자원 등 성과관리가 원활히 수행되는 데 요구되는 관리적 역량들을 확보한다는 측면에서 실행적 능력 제고에 기여한다는 의의를 지닌다. 따라서 정부 성과관리는 공공서비스에 대한 사회적 요구에 효과적, 효율적으로 대응하고 책임성을 제고하기 위한 일련의 관리과정으로서, 공공부문 내에서 조직과 개인의 역량을 제고하는 데 기여할 수 있다는 측면에서 그 중요성이 강조된다.

한편, 이러한 성과관리의 중요성에도 불구하고 공공조직 성과관리의 유용성에 대해서는 논란이 지속되고 있다. 예를 들어, Boukaert & Peters(2002)는 성과관리시스템이 기관 또는 사업의 성과향상에 기여하지 못할 뿐만 아니라 오히려 조직관리 혁신의 저해요인으로 작용할 수 있다고 주장하였다. 우리나라에서도 공공부문 성과측정의 한계, 평가체계의 불완전성, 성과관리상의 여러 제도적 제약 등으로 인해 성과관리가 기대한 성과를 거두기 어렵다는 비판적 의견이 일각에서 제시되고 있다(박석희, 2007). 특히, 성과관리를 운영하는 과정에서 발생하는 대표적인 문제점 중 하나는 조직구성원들의 수용성 문제이다. 이는 성과관리의 필요성 자체를 부인하기보다는 성과관리체계로부터 도출된 결과에 대해 동의하기가 어려운 경우가 많기 때문에 제도를 얼마나 수용하느냐에 대한 이슈가 발생함을 의미한다(이석환·조주연, 2010; 강정석, 2011: 22). 결국 올바르게 인식되지 못한 성과관리제도는 구성원들의 불신과 불만을 유발할 수밖에 없으며, 개인과 조직 모두에 기여하지 못하는 제도로 왜곡될 수밖에 없다(강정석, 2011: 23). 이러한 문제는 결국 본질적으로 성과관리의 수용성에 대한 논란이라고 할 수 있으며, 따라서 성과관리가 실제로 조직성과에 기여하기 위해서는 성과관리를 둘러싼 인식, 즉 수용성의 제고가 강조된다고 할 수 있다.

2. 성과관리 수용성의 개념과 중요성

정부 성과관리제도는 정부의 책임성 강화를 위한 정책도구로서, 일종의 관리정책이라고 할 수 있다. 따라서 공공조직의 성과관리가 보다 성공적으로 집행되기 위해서는 이러한 정책의 관리대상이 되는 조직구성원들의 수용성에 주목할 필요성이 있다. 수용성은 제도나 정책에 대하여 대상집단의 주관적 평가와 기대의 표현으로, 외적인 행동 변화뿐만 아니라 내면적인 변화까지 포함하는 개념이라고 할 수 있다(Duncan, 1981). 대상집단의 이러한 태도와 관련하여 학자들은 관점에 따라 수용성과 유사한 개념들을 사용하고 있는데, 대표적인 예가 순응(compliance), 동조(confirmity), 지지(support), 관여(involvement) 등이다. Duncan(1981)에 의하면 순응(compliance)이 구성원의 외면적인 행동을 조직의 규범에 일치시키는 것을 의미하는 반면, 수용성(acceptance)은 구성원의 외면적인 변화뿐만 아니라, 내적인 가치체계와 태도까지 변화시키는 것을 의미한다(Duncan, 1981: 192; 주경일, 2005: 71). 따라서 수용성은 상대적으로 더 오랜 기간에 걸쳐 형성되며, 조직구성원들의 행동에 더 큰 영향력을 갖는다(박경순, 2014: 9). 이러한 측면에서 성과관리 수용성이란, 공공조직을 대상으로 한 성과관리를 조직 내 구성원들이 얼마나 내면적으로 받아들이고 있는가에 대한 개념이라고 할 수 있다.

수용성은 정부 정책의 성공적인 운영이라는 측면에서 다음과 같은 중요성을 갖는다(이종엽, 1997: 16-17). 첫째, 수용성은 정부의 정책집행결과가 정책대상자에게 정책의도대로 제대로 구현되고 있는가를 판단할 수 있는 본질적 기준으로서 작용한다. 정책수용주체는 정책의 궁극적인 수혜대상자이자 정책성공 여부에 대한 최종적 판단자이기 때문에 정책은 정책수용주체들의 수용 여부에 의해 정책의 바람직함과 존폐 여부가 결정된다. 둘째, 수용성은 정부의 정책수행능력을 측정하는 하나의 수단적 역할을 수행한다. 정책표류나 정책의 수용거부현상은 정책수용주체의 요구나 기대를 제대로 수렴하지 못하는 역량 부족, 요구에 대한 대응력 부족으로 평가될 수밖에 없다. 셋째, 정부가 결정하고 집행하는 정책에 대해 정책수용주체가 수용거부를 하는 경우 상호 간 신뢰관계가 저해되고, 나아가 향후 모든 정책에 대한 정책수용주체의 신뢰에도 부정적인 영향을 미칠 수 있다.

이러한 측면에서 성공적인 성과관리를 구현하기 위하여 신뢰성(reliability)과 타당성(validity) 등 다양한 요인들이 강조될 수 있지만, 최근에는 성과관리 대상자들의 수용성이 성과관리의 성공적인 집행과 지속적인 활용을 위한 핵심 요소로 거론되고 있다(Hedge & Teachout, 2000: 22). 즉, 성과관리에 대한 낮은 수용성은 성과관리과정을 형식적인 것으로 그치게 함으로써 성과관리를 통해 도출된 평가결과를 구성원들의 직무수행 향상에 활용할 가능성을 반감시킬 수 있다. 또한 성과관리의 도입을 통해 본래 구현하고자 의도하였던 공공조직의 책임성 향상, 효율성 및 효과성의 제고, 자원의 효율적인 배분·운용을 저해하는 요소로 작용할 수 있다(Dobbins et al., 1990: 619). 이와 같이 공공조직에서 성과관리의 궁극적인 성공은 실제 성과관리의 대상이 되는 조직구성원들의 수용성에 의해 좌우된다고 할 수 있다(Landy et al., 1978: 751; Giles & Mossholder, 1990: 372; 박천오, 2006: 9; 김효선·강영걸, 2010: 98). 따라서 성과관리가 본래 의도한 효과를 구현하기 위해 수용성의 중요성이 부각되는 만큼, '그렇다면 이를 어떻게 제고할 것인가'라는 것이 조직의 중요한 과제로서 제기된다. 즉, 공공조직에서 성공적인 성과관리를 위하여 조직구성원들의 수용성을 제고할 수 있는 요인들을 도출하고 이를 어떻게 관리할 것인가를 논의할 필요성이 제기된다고 할 수 있다.

3. 성과관리 수용성 관련 문헌 분석

본 장은 성과관리 수용성에 영향을 미치는 주요 요인들을 도출하고, 공공조직의 성과관리 수용성을 제고하기 위해 요구되는 관리적 과제들을 논의하는 데 초점을 두고 있다. 이에 따라 성과관리의 수용성과 관련하여 선행연구들을 분석·종합한 결과, 성과관리 수용성에 영향을 미치는 주요 요인으로는 성과관리시스템 요인과 관리적 요인, 환경적 요인 등이 존재하는 것으로 나타났다.

먼저, 공공조직 내부에서의 성과관리 수용성을 제고하기 위해서는 성과관리시스템 자체의 요인으로서, 성과지표의 적절성, 타 제도와의 연계성 확보 등이 강조된다(강정석, 2011: 25). 성과관리시스템 요인은 성과관리제도와 그 결과가 조직구성원들에게 수용되기 위해서는 제도의 운영방법, 평가지표의 설계 등이 우선 수용 가능한 것이어야 함을 의미하는 것으로, 이러한 요인들의 중요성은 상식적이기도 하고, 다양한 연구의 경험적 조사에서 뒷받침되고 있다(강정석, 2011: 26). 또한 법·제도주의 관점에서도 특정 정책에 대한 수용이 가능하기 위해서는 제도화되는 과정과 제도화되어 나타나는 산출물 등에 대한 신뢰가 뒷받침되어야 하는데, 성과관리구조의 적절성과 지표의 타당성이 이에 대한 가장 중요한 변수로서 강조되고 있다(황성원·김한창, 2007: 21). 이러한 예로, 관세청 공무원들을 대상으로 BSC의 운영 실태와 그에 대한 인식을 조사한 김동이·임준형(2016)의 연구에서는 성과지표의 타당성이 높을수록 수용성이 높은 것으로 나타났다. 또한 국경복 외(2007)에 의하면 국가보훈처 공무원들을 대상으로 성과관리 수용성에 대한 영향요인을 분석한 결과, 성과지표의 연계성이 중요한 요인으로 나타났으며, BSC 기반의 성과관리를 도입·운영하고 있는 4개의 시·도 공무원들의 수용성을 조사한 이석환·조주연

(2010)의 연구에서도 성과지표의 타당성 등이 주요 요인으로 도출되었다.

둘째로, 성과관리의 수용성을 제고하기 위해서는 성과관리제도를 효과적으로 운영하기 위한 관리적 요인의 중요성이 강조된다. 이러한 관리적 요인들 중에서 특히 강조되는 것은 참여와 리더십, 자원 및 역량, 교육훈련 등이다. 국경복 외(2007)에 따르면, 공공조직에서 성과관리제도의 수용성이 제고되지 않는 현상은 하드웨어적 측면에서 조직의 전략목표 및 비전과의 연계성, 성과지표의 타당성 등이 미흡하여 공무원들이 그 효과성을 체감하지 못하는 것뿐만 아니라 소프트웨어적 측면에서 제도를 합리적·효과적으로 운영하기 위한 관리방안이 부족한 데에서 기인한다. 성과관리시스템이 실패하는 이유는 시스템 자체의 문제보다는 오히려 성과관리의 중요성을 간과하는 조직구성원들의 태도에서 비롯된다고 할 수 있으며, 이에 따라 성과관리가 조직구성원들에게 얼마나 중요한지 충분히 인식시키는 것이 중요하다고 할 수 있다(강정석, 2011: 27-28). 이러한 측면에서 성과관리의 성공적인 정착을 위해 조직구성원들의 참여는 필수적이라고 할 수 있다(국경복 외, 2007). 특히, 지표개발 과정에서 모든 구성원들이 업무와 관련된 지표개발을 고민하고 의견을 제시할 수 있어야만 유의미한 지표 설계 및 평가가 가능하다. 이와 관련하여 Nathan et al.(1991)은 상사와 부하 간 의사소통이 개방적이고 원활할수록 부하직원들의 성과관리 수용성이 제고되는 것으로 설명하였다. 또한 Reinke(2003)는 최고관리자의 관심과 지원이 수용성에 가장 중요한 영향을 미친다고 보면서, 수용성에 영향을 미치는 주요 변수로 리더십을 제시하였다.

또한 성과관리가 성공적으로 이루어지기 위해서는 달성 수단(예산 등)은 충분한지, 재정적·비재정적인 인센티브가 갖추어져 있는지, 개인의 역량이 어느 정도인지, 제대로 된 교육과 훈련이 공급되고 있는지에 대한 체계적인 진단이 강조된다(Chevalier, 2007; 이석환, 2008: 93; 강정석,

2011: 30). 성과관리 수용성 제고를 위한 순응능력과 교육훈련의 중요성은 법·제도적 관점, 사회적 교환 이론 관점에서도 강조된다. 법·제도적 관점에서는 정책을 수용할 때 조직·인사 등 제도와 관련된 각각의 구성요소들이 충분하게 뒷받침되어 있는 그 자체만으로도 정책의 정당성 확보에 기여하기 때문에 그 중요성이 강조된다. 또한 사회적 교환이론 측면에서는 조직의 지원수준이 높으면 새로운 정책에 관한 신뢰를 형성시켜 수용성을 제고하는 것으로 볼 수 있다. 즉, 조직의 지원이 안정적이고 새로운 정책에 대한 교육기회가 충분히 제공될수록 수용성은 높아질 수 있다. 실제로 Dobbins et al.(1990)은 구성원들의 참여, 교육훈련이 성과관리 수용성에 긍정적인 영향을 미치는 것을 실증 분석하였으며, 남창우·이명숙(2008)은 4개 광역시의 준정부기관 직원들을 대상으로 성과관리 수용성에 대한 영향요인을 분석한 결과, 구성원들에 대한 교육과 수행능력의 제고가 중요한 것으로 나타났다.

마지막으로, 성과관리의 수용성 제고를 위해서는 성과관리 운영을 둘러싼 환경적 요인이 강조된다. 이러한 환경적 요인으로는 조직의 성과문화와 정치적 요인의 중요성이 강조된다. 조직문화는 조직 구조와 목적, 가치, 임무와 같은 요인들과 반응하여 형성되며, 조직의 성과와 구성원들의 행태에 영향을 미친다(박순애·오현주, 2006). 이러한 조직문화의 변화는 공식적이고 형식적인 변화보다는 조직구성원들 사이에 가치와 믿음, 그리고 그들의 행동 패턴의 전환이 일어날 때 이루어진다(송윤현, 2009: 192). 또한, 조직문화 연구들 가운데, 개인의 행동을 결정하는 이성적 행위이론에 따르면 개인의 행위는 개인의 행동의도에 결정되며, 행동의도는 그 사람이 갖고 있는 주관적 규범(subjective norm)에 의해 결정된다(Fishbein & Ajzen, 1975). 다시 말해 조직 내에서 수용에 대한 규범이 강할수록 수용성 또한 제고될 수 있다. 따라서 조직 차원에서 성과관리 수용성을 제고하기 위해서는 성과관리가 도입되어 이것이 조직에 체화(embedded)될 수 있도록 장시간의 노력이 요구되며(송윤현, 2009: 196), 제도의 공식적인 도입뿐만 아니라 조직구성원들의 가치와 행동 변화를 통한 성과지향형 조직문화를 형성하는 것이 강조된다. 이러한 측면에서 강영철(2008)은 5개 중앙행정기관 공무원을 대상으로 성과관리제도의 수용성에 미치는 영향요인을 분석한 결과 성과관리를 지향하는 조직문화를 가질수록 수용성이 제고되는 것으로 설명하였다.

그리고 정치적 관점에서 볼 때, 성과관리에 대한 외부 이해관계자의 영향은 내부적 요소만큼 중요하다고 할 수 있다(한인섭, 2006: 248). 특히 정부가 법령 등을 통해 성과관리의 도입을 강조하였더라도 제도의 도입에만 관심을 기울일 경우, 제도의 운영을 형식화시킬 수도 있기 때문에, 성과관리의 성공적 정착을 위해서는 정치적 지지와 지원이 강조된다(한인섭, 2006: 249). 이러한 예로 Julnes & Holzer(2001)는 공공조직에서 성과측정의 활용에 대한 실증연구를 통하여 성과관리제도의 시행 및 제도의 수용을 제고하기 위해서는 정치적 관심 및 지지와 같은 정치적 요인의 영향에 대해서도 주목해야 함을 강조하였다.

선행연구들을 종합하였을 때 성과관리의 수용성에 영향을 미치는 요인은 크게 성과관리시스템 요인, 관리적 요인, 환경적 요인으로 구분되었으며, 분석을 통해 도출된 특징은 다음과 같다. 첫째, 기존 논의나 선행연구들에서는 일부 중앙행정기관 또는 지자체, 일부 공공기관 등에 국한된 사례분석, 인식조사 등이 이루어졌고, 국내 연구에서도 2010년 이후 성과관리 수용성에 주목한 연구는 일부에 불과하기 때문에 보다 최근 시점에서 성과관리 수용성에 대한 연구 필요성이 제기된다. 둘째, 성과관리 수용성에 대한 영향요인을 논의하는 데 있어서 기존의 연구들은 일부 측면에 초점을 맞추어 전개하고 있고, 특히 성과관리를 둘러싼 정치·환경적 측면에 대한 고려는 우리나라의 정책과정 및 정책집행구조를 고려해 볼 때, 현실에서 중요한 연관성을 가짐에도 불구하고 상대적으로 충분한 논의가 이루어지지 않은 것으로 볼 수 있다. 따라서 본 장에서는 이러한 한계를 보완하여, 성과관리 수용성의 영향요인들 전반에 대해 종합적으로 분석하고자 하였다.

III. 공공조직 성과관리 수용성에 대한 분석

1. 성과관리 수용성과 주요 요인들 간의 관계

본 장에서는 성과관리의 수용성에 영향을 미치는 요인들을 실증적으로 분석함으로써 성과관리 수용성을 제고하기 위한 관리적 과제를 논의하는 데에 있다. 이에 따라 성과관리와 수용성에 관한 이론적 검토를 바탕으로 성과관리시스템 측면, 관리적 측면, 환경적 측면 등 크게 3가지 측면에서 변수를 설정하였으며, 이러한 요인들의 성과관리 수용성 간의 관계는 다음과 같이 예상할 수 있다.

1) 성과관리시스템 요인과 수용성

먼저, 성과관리에 대한 조직구성원의 수용성에 영향을 미치는 요인으로서 성과관리시스템 요인을 고려하였다. 앞선 이론적 논의를 바탕으로 성과관리시스템 요인들 중에서도 특히 성과지표의 적절성과 타 제도와의 연계성을 하위 변수로 설정하였다. 성과관리 수용성에 대한 영향요인으로 선행연구들에서 가장 많이 제시되는 요인은 성과지표 관련 요인들이다. 성과지표는 성과관리에 있어서 평가의 기준이 되며, 조직의 세부목표로서 기능하기 때문에(Julnes & Holzer, 2001; Melkers & Willouhby, 2005), 객관성과 정확성, 안정성을 갖는 것이 강조된다(Poister, 2003). 따라서 평가지표가 조직구성원에게 유용할 경우에 성과관리제도의 수용성이 향상될 것이며(강영철, 2008), 성과지표가 보다 타당성 있게 설계될수록 조직구성원들이 성과관리에 대해 갖는 수용성 또한 높아질 것으로 예상해 볼 수 있다. 이러한 측면에서 성과지표의 타당성은 성과관리 수용성의 대표적인 영향요인으로 제시되고 있다(Renn, 1998; 국경복 외, 2007; 남창우·이명숙, 2008; 강영철, 2008; 이석환·조주연, 2010).

또한 새로이 도입된 정책으로서 성과관리가 실효성을 확보하기 위해서는 변화관리 측면에서 성과관리가 기존에 존재하는 관련 제도들과 긴밀한 연계를 이루는 것이 전제되어야 한다(Bouckaert & Halligan, 2008). 즉, 성과관리가 도입·운영되는 데 있어서, 단편적으로 이루어지지 않고 다른 제도들과 정합성을 확보할 때 그 효과를 담보할 수 있을 것으로 기대할 수 있다. 이에 대해 김한창·황성원(2008)은 11개 중앙부처 공무원을 대상으로 성과관리제도에 대한 수용성 제고 요인을 분석한 결과 타 제도와의 연계성이 성과관리 수용성에 유의미한 영향을 미치는 것으로 설명하였다. 이러한 논의들을 통해 성과지표 설계상의 적절성과 관련 제도들과의 정합성이 충분히 뒷받침될수록 성과관리 수용성에 긍정적인 영향을 미칠 것으로 예상하였다.

2) 관리적 요인과 수용성

둘째로, 관리적 요인들이 성과관리 수용성에 미치는 영향을 고려하였다. 이러한 관리적 요인에는 참여, 리더십, 순응능력, 교육훈련 등과 관련된 변수들이 포함된다. 먼저, 성과관리 수용성의 제고를 위해서는 전체 조직구성원들의 적극적인 참여가 강조된다(남창우·이명숙, 2008: 171). 목표설정 및 지표설계 과정에서 상사는 부하직원을 참여시켜 지표개발과 운영에 대한 정보를 공유하고, 성과목표에 대한 이해를 제고함으로써 성과관리의 유용성을 향상시킬 수 있다(Poister et al., 2015). 그리고 이러한 참여의 확대는 제도 운영에 대한 객관성에 대해서도 긍정적인 인식을 갖는 데 영향을 미친다. 즉, 구성원들이 성과관리과정에서 상호 간의 의사소통을 통해 성과관리 필요성뿐만 아니라, 지표 설계 및 측정 등의 구체적인 운영 방법을 이해함으로써 성과관리의 만족도와 수용성이 제고될 수 있다(Roberts, 1994: 528; 국경복 외, 2007: 36; Poister et al., 2015).

또한, 리더십은 성과관리에 대한 관리자들의 추진력을 나타내는 것으로 성과관리에 대한 관리자의 관심도와 노력의 정도를 의미한다. 일반적으로 리더십은 기관장의 관심, 최고경영자의 지원, 상급자의 정책적 의지 등으로 정의되며 성과관리의 수용성에 영향을 미치는 주요 요인으로 강조된다(Cavalluzzo & Ittner, 2004; 송신근, 2008; 최형섭 외, 2009). 이는 조직의 최고관리자가 성과관리제도를 도입하는 데 있어서 그 중요성을 강조하고 적극적으로 지지할수록 변화에 대한 추진력에 영향을 미치고, 구성원들의 수용성에도 긍정적인 변화를 이끌어 낼 수 있음을 시사한다(Melkers & Willoughby, 2005). 또한 최고관리자가 성과관리를 활성화하려는 의욕을 가질수록 조직구성원들 또한 성과관리를 위해 동기부여되고(Poister et al., 2015), 이러한 동기(motivation)는 성과관리의 유용성 인식에도 중요한 영향을 미칠 수 있다(Hedge & Teachout, 2000: 41).

그리고 조직이 성과관리를 효과적으로 이행할 수 있는 역량을 충분히 갖추고 있는가와 관련하여 순응능력의 확보가 강조된다. 순응능력은 성과관리를 운영할 역량(capacity)이 충분한지에 관한 것으로 물적·인적·기술적 자원의 충분성 및 가용성과 관련된다. 우리나라의 경우, 성과관리가 공공조직의 관리개혁의 일환으로 도입된 만큼 성과관리 및 성과측정과정에서 중앙집권적·하향적 방식으로 운영되고 있기 때문에 상위 차원에서 부여된 '성과관리 임무'를 성공적으로 수행하기 위한 순응능력의 확보가 강조된다(박노욱, 2009: 19). 인적·재정적 자원의 부족은 성과관리를 저해하는 대표적인 요인으로, 이는 성과관리를 통해 개인의 계발과 조직의 개선을 달성하려는 구성원들의 의욕을 반감시킬 수 있다(Poister et al., 2015). 따라서 성과관리 순응을 위해 요구되는 인적·물적·기술적 역량을 충분히 확보하는 것은 성과관리의 원활한 운영과 이에 대한 긍정적 인식을 위해 중요한 요인으로 제시될 수 있다(Fernandez & Rainey, 2006).

마지막으로, 교육훈련이 성과관리의 수용성을 위한 성공요인으로 강조된다(송신근, 2008; 고석호 외, 2009; 김민영·박성민, 2013). 교육훈련이 성과관리 수용성의 영향요인으로 주목받는 이유는 제도의 도입·운영에 있어서 학습과정을 거쳐 제도에 대한 이해도를 제고함으로써 긍정적인 인식을 유도할 수 있기 때문이다. 제도가 조직구성원의 저항을 가져오거나, 조직에 확산되지 못하는 것은 새로운 제도에 대한 이해가 조직구성원들 사이에 충분히 이루어지지 못하였기 때문이다. 따라서 성과관리에 관한 교육훈련은 구성원들의 성과관리에 대한 활용과 이해증진을 유도함으로써 수용성을 제고하는 데 기여할 수 있다(Cavalluzzo & Ittner, 2004; 이석환, 2006; 김성수, 2006; 현승현 외, 2016). 이러한 논의를 바탕으로 조직구성원들의 참여, 기관장의 관심과 지원, 조직의 순응능력, 교육훈련의 제공이 성과관리 수용성에 긍정적인 영향을 미칠 것으로 예상하였다.

3) 환경적 요인과 수용성

마지막으로 환경적 요인이 성과관리에 대한 조직구성원의 수용성에 미치는 영향을 고려하였다. 구체적으로 환경적 요인에는 조직 외부적 차원에서 '의회의 관심'과 내부적 차원에서 '조직의 성과문화'가 포함된다. 공공조직은 외부 환경, 특히 정치적 환경으로부터 자유롭지 않은 특징을 갖는다. 정치적 환경은 성과관리에 영향을 주는 요소로서, 그중에서도 의회는 중앙행정기관에 대해 법률과 정책의 제정 및 감독 기능을 하고, 정부기관에서 추진하는 정부업무에 대해 직·간접적으로 관여할 수 있는 권한을 가지고 있기 때문에 행정부에 무시할 수 없는 영향력을 행사한다(Rosenbloom, 2001: 773). 특히 성과관리와 관련하여 의회는 정부기관들이 제시하는 사업목표와 결과를 토대로 예산을 심의하는 기능을 수행한다. 따라서 의회에서 성과관리와 성과지표를 중심으로 정부기관들과 소통하고, 예산 심의 등에 있어 기관의 정책활동과 관련된 다양한 성과정보에 관심을 기울일 경우, 각 기관의 담당자들 또한 성과정보를 생성하는 과정으로서 성과관리의 중요성을 인식하고 이에 대한 관심을 보다 기울일 수 있다.

또한, 내부 환경으로서 조직문화는 조직구성원들에게 공유되고 있는 가치나 규범체계를 의미한다(Schein, 1992). 조직문화는 조직의 내부 환경으로 작용하며(강영철, 2008: 129), 새로운 제도의 도입과 성공적인 운영에 영향을 미친다(박희준·정덕훈, 2004: 232). 이는 성과관리가 장애요인들을 극복하고 성공적으로 정착하기 위해서는 조직 내부에 성과지향적 조직문화의 형성이 전제되어야 함을 시사한다. 즉, 성과지향적 조직문화의 뒷받침 없이는 성과목표 및 성과지표 또한 형식화될 가능성을 제기할 수 있다. 따라서 성과관리가 정부방침에 의해 도입되었기 때문에 어쩔 수 없이 수동적으로 수용하는 것보다는 조직 내부적으로 성과관리의 효과성과 중요성을 강조하는 조직문화를 형성한다면, 성과관리에 대한 구성원들의 인식과 내재화에도 긍정적인 영향을 미칠 수 있을 것이다. 이러한 논의에 기초하여 의회에서의 적극적인 관심과 성과지향적 조직문화가 성과관리 수용성에 긍정적인 영향을 미칠 것으로 예상하였다.

2. 분석 자료 선정 및 분석 방법

본 장에서는 성과관리 수용성에 대한 영향요인 분석을 위해 2012년 4월 27일부터 5월 15일까지 국무총리실에서 40개 중앙행정기관의 공무원들을 대상으로 실시한 '정부성과관리 운영 관련 설문조사' 자료를 활용하였다. 해당 조사는 중앙행정기관의 성과관리제도의 전반적 운영실태를 파악하고, 이를 통해 성과관리제도의 개선방안을 모색하기 위해 실시되었다. 표본설계는 단순무작위 추출 방식에 기초하여 이루어졌으며, 설문 측정방법은 모두 Likert 5점 척도로 측정되었다. 조사대상은 중앙행정기관의 성과관리부서에서 근무하고 있는 공무원으로 총 1,040명이 설문조사에 응답하였다.

종속변수인 수용성은 성과관리 도입으로 인한 조직변화에 대해 긍정적으로 인식하는 정도로 측정하였다. 성과관리 수용성은 외면적인 행동변화뿐만 아니라 내면적인 변화로서, 성과관리의 중요성을 인정하고 긍정적으로 인식하는 것을 의미한다. 이에 따라 종속변수에 대한 세부 내용들은 성과관리가 부서의 정책성과 증진, 자원배분의 효율성 제고, 정책수행과 관련된 책임성 향상에 기여하는지에 대하여 각각 동의하는 정도로 구성되었다.

독립변수의 경우 먼저, 성과관리시스템 요인은 성과지표 설계 및 측정, 다른 제도와의 연계성에 대한 평가를 각각 '성과지표의 적절성', '타 제도와의 연계성'으로 측정하였다. '성과지표의 적절성'은 세부적으로 성과관리시행계획에서 성과지표가 기관핵심지표를 포함하고 있고, 성과목표와 충분히 연계되었는지에 대한 인식, 성과지표가 과제활동의 다양한 수행결과를 포괄하고 있는지, 목표치는 적절하게 설정되었는지, 그리고 지표별 산출과정은 적절한지에 대한 인식을 바탕으로 측정하였다. 또한 '타 제도와의 연계성'은 성과관리전략계획과 기타 중장기계획, 성과관리 시행계획과 기관별 업무계획, 성과계획서의 연계 수준에 대한 인식을 측정하였다. 둘째, 관리적 요인은 참여, 리더십, 순응능력, 교육훈련 변수로 구성하였다. 참여의 경우 각 수준의 구성원들의 참여 정도에 대한 인식을 바탕으로 측정하였으며 리더십의 경우 조직의 기관장이 해당 제도에 대해서 얼마나 많은 관심과 책임을 가지고 있는가에 대한 문항을 바탕으로 측정하였다. 순응능력의 경우, 재정적·인적·기술적 측면에서 각각 인센티브의 제공, 전문성 있는 인력의 제공, 기술적 활용가능성과 관련된 항목을 측정하였다. 한편, 조사항목의 내용을 고려하여 순응능력과 관련된 변수는 역코딩하여 분석하였다. 교육훈련은 성과관리에 대한 교육훈련을 충분히 제공받고 있는지에 대한 항목으로 측정하였다. 셋째, 환경적 요인은 성과관리에 대한 의회의 지원과 관심 정도에 대한 인식, 성과관리를 강조하는 조직문화에 대한 인식을 각각 '의회의 관심', '성과문화' 변수로 설정하였다. '의회의 관심'은 성과정보 활용에 대한 의회의 관심을 측정하였으며, '성과문화'의 경우 성과관리 지향적 조직 활동에 관련된 내용들을 측정하였다. 마지막으로 연령·근속연수 등 인구통계학적 변수에 대하여 통제 변수로 설정하였다. 변수 측정과 관련된 세부 내용은 부록에 별도로 제시한 〈부록 1〉과 같다.[1]

1 연구의 실증적인 분석을 위해 요인 분석과 신뢰도 분석 등을 수행하여 각 변수에 대한 타당성 및 신뢰성을 검증하였으며, 검증 결과 종속변수(성과관리 수용성)와 독립변수(성과관리시스템 요인, 관리적 요인, 환경적 요인) 각각에 대하여 모두 세부요인들의 구성

3. 분석 결과

1) 응답자 특성

〈표 7-1〉 설문자료의 응답자 특성

구분		응답 인원(명)	비율(%)
전체		1,040	100
성별	남성	785	75.5
	여성	255	24.5
연령	30세 이하	54	5.2
	31~40세	441	42.4
	41~50세	470	45.2
	51세 이상	75	7.2
직급	6급 이하	738	70.9
	5급 이상	302	29.1
근속 연수	5년 이하	199	19.1
	6~10년	258	24.8
	11~20년	419	40.3
	21년 이상	164	15.8
소속	부	538	51.7
	처	18	1.7
	청	338	32.5
	위원회	124	11.9
	실	22	2.1
담당 업무	기타 지원업무 담당(총무, 인사, 재무 등)	125	12.0
	실·국 사업부서 업무담당	636	61.2
	실·국 성과관리 총괄	174	16.7
	기관성과관리총괄(행정관리 또는 기획예산담당실 내)	105	10.1

과 구분이 통계적으로 타당한 것으로 검증되었다. 요인분석 결과 각 변수들은 변수를 구성하는 하위 세부요인들 간에는 0.75 이상의 높은 상관관계를 갖는 동시에, 다른 변수들과는 뚜렷하게 구분되는 상호배타성을 갖는 것으로 나타나 타당성이 검증되었으며, 신뢰도 분석 결과에서도 모두 0.8 이상의 높은 신뢰도를 갖는 것으로 확인되었다.

본 설문의 응답자 특성은 〈표 7-1〉과 같이 나타났다. 성별에서는 응답자의 약 75%가 남성으로 나타났고, 연령의 경우 31~50세의 연령대에서 가장 많이 응답한 것으로 나타났다. 직급을 기준으로는 약 70%가 6급 이하의 공무원이었으며, 과장급 이상의 관리자는 1.2%인 것으로 나타났다. 근속연수의 경우, 상대적으로 고르게 분포되어 있으나 11~20년의 경력을 가진 응답자들이 약 40%를 차지하였다. 응답자들의 소속은 부처에 속한 인원이 51.5%로 그 외 기관(처·청·위원회·실)에 속한 인원과 비교하여 상대적으로 높은 비중을 차지하였다. 또한 응답자들의 담당 업무는 실·국 사업부서 업무 담당이 62.3%로 가장 많은 것으로 나타났다.

본 장의 부록에서 별도의 표로 제시한 〈부록 2〉에서는 분석에서 활용된 주요 변수들에 대해 기술통계 결과를 요약하였다. 분석에 활용된 변수들 모두 전반적으로 3점대의 평균값을 나타냈다. 특히, 성과관리 수용성은 평균 3.12점으로 다른 변수들과 비교하여 상대적으로 낮게 나타났다. 이는 2006년「정부업무평가기본법」제정 이후 공공조직 성과관리가 지속적으로 시행·발전되어 왔음에도 조사 당시 성과관리의 실효성에 대한 인식과 수용성은 여전히 제한적임을 시사한다. 그리고 독립변수 중에서는 성과관리에 대한 참여 변수가 4.00의 평균값이 도출되어 상대적으로 가장 높게 나타났다. 이와 비교해 독립변수들 중 평균값이 상대적으로 낮게 나타난 변수는 의회의 관심과 순응능력이었다. 의회의 관심에 대한 인식은 3.20의 평균값이 나타났으며 원활한 성과관리를 위한 물적·인적·기술적 역량을 의미하는 순응능력에 대해서는 2.44의 평균값이 도출되어 상대적으로 부정적인 인식이 나타났다.

2) 성과관리 수용성의 영향요인 분석 결과

본 장에서는 공공조직 성과관리 수용성의 영향요인들을 분석하기 위하여 독립변수로 성과관리시스템 요인, 관리적 요인, 환경적 요인을 설정하였다. 그리고 이러한 변수들의 실질적인 영향력을 파악하기 위하여 다중회귀분석을 실시하였다. 〈부록 3〉에 제시된 통계표는 공무원들의 성과관리 수용성을 종속변수로 설정하여 회귀분석을 실시한 결과이다.

〈부록 3〉에서 모형 1은 통제변수만으로 종속변수(수용성)와의 관계를 설명한 것이다. 근속 연수와 관련해 11～20년 미만의 경력을 가진 집단을 기준으로 비교하였을 때 5년 이하(-0.203), 6년 이상 10년 이하(-0.169) 경력을 가진 구성원들의 성과관리 수용성이 낮게 나타났다. 또한 직급에서는 6급 이하 직급에 속하는 구성원들이 수용성에 부정적인 인식을 갖는 것으로 나타났다. 모형 2는 모형 1에서 성과관리시스템 요인을 추가하여 분석한 결과이다. 성과관리시스템 측면에서 '지표설계의 적절성'과 '타 제도와의 연계성'이 확보될수록 성과관리에 대한 수용성은 제고되는 것으로 나타났다. 한편, 통제변수의 경우, 모형 1에서 유의미하게 도출된 변수들이 성과관리시스템 요인의 추가 이후에는 유의미하지 않은 것으로 확인되었다. 모형 3은 모형 2에 관리적 요인을 추가한 모형이다. 성과관리시스템 요인의 경우 지표설계의 적절성과 타 제도와의 연계성 요인 모두 통계적으로 유의미하게 나타났고 관리적 요인에서는 참여와 리더십, 교육훈련 요인이 유의미한 영향을 미치는 것으로 나타났다. 즉, 성과관리시스템 차원에서 지표설계의 적정성과 타 제도와의 연계성이 확보되고, 관리적 차원에서 구성원들의 참여, 리더십, 교육훈련이 충분히 뒷받침될수록 성과관리의 수용성은 제고되는 것으로 나타났다.

연구의 최종적인 전체모형이라고 할 수 있는 모형 4의 결과를 살펴보면 성과관리시스템 요인의 경우 지표설계의 적절성, 제도 간 연계성 등 두 요인 모두 유의하였으나, 관리적 요인에서는 리더십 요인을 제외한 참여, 순응능력, 교육훈련 요인이 성과관리 수용성에 긍정적인 영향을 미치는 것으로 나타났다. 분석 전 예상과 달리 리더십이 유의하지 않게 도출된 결과는 성과관리시스템의 도입 초기에는 최고관리층의 지원과 관심이 중요하지만 조직 내에 어느 정도 정착하는 시기가 되면 일반적으로 임기가 한정되어 있고, 퇴임 후 진로 등에 관심을 갖고 있는 최고관리자의 리더십보다는 기관의 평가결과 및 각종 인센티브 등에 관심을 갖고 있는 조직구성원들 스스로에 의해 관성적으로 운영된다는 기존의 연구 결과를 재확인하는 결과라고 할 수 있다(남창우·이명숙, 2008: 180). 또한 환경적 요인에서는 의회의 관심과 성과문화 요인 모두 성과관리 수용성에 유의미한 정(+)의 영향력을 갖는 것이 확인되었다.

정리하면, 전체적으로 성과관리시스템 요인은 성과관리 수용성에 대한 모든 모형에서 유의미한 영향력을 갖는 것으로 나타났다. 즉, 성과관리시스템 측면에서 지표의 설계가 적절하고 다른 제도들과의 연계성이 확보될수록 구성원들의 수용성 또한 제고되는 것으로 나타났다. 이는 성과관리의 수용성을 제고하기 위해서는 성과지표의 설계 등의 성과관리시스템 요인이 가장 대표적으로 강조된다는 기존의 연구(황성원·김한창, 2007; 강정석, 2011)를 뒷받침하는 결과라고 할 수 있다. 그리고 관리적 요인에서는 구성원들의 참여와 순응능력, 교육훈련 요인이 유의미하게 도출되었다. 즉, 해당 기관에서 상하수직 관계의 구성원들과 같이 일련의 이해관계자들의 참여가 활성화되고, 성과관리에 대한 교육훈련이 충분히 제공될수록 성과관리에 대한 수용성이 제고된다고 할 수 있다. 반면, 성과관리에 대한 자원·기술 및 전문적 역량 등 순응능력이 충분히 뒷받침되지 않을 경우 성과관리에 대한 수용성에는 부정적인 것으로 나타났다. 이러한 결과는 성과관리가 설계 단계에서 체계적으로 잘 설계되었더라도, 실제로 집행이 이루어지는 공공조직 수준에서 이를 충분히 뒷받침할 수 있는 집행역량을 갖추지 못할 경우 그 성공 가능성은 반감될 수 있음을 시사한다.

또한 환경적 측면에서는 국회의 관심이 충분히 뒷받침되고, 성과관리에 긍정적인 성과문화를 형성할 때에 성과관리의 수용성이 제고되는 것으로 나타났다. 이를 통해 예산 및 평가과정에서 의회가 성과관리에 대한 관심을 기울이고, 조직 내적으로 성과관리를 강조하는 문화가 형성되어 있을 때에 공공조직 구성원들이 성과관리를 보다 긍정적으로 인식하고 적극적으로 활용하게 될 것으로 예상해 볼 수 있다. 한편, 관리적 요인 중 리더십의 경우 최고관리자의 성과관리에 대한 지원과 관심이 보다 적극적일수록 공무원들의 수용성에 긍정적으로 작용하는 것은 일부 모형에서 유의하게 나타났으나, 최종 모형에서는 유의미하지 않은 것으로 도출되었다.

Ⅳ. 결론

본 장은 정부의 관리역량을 제고하고, 정부기관의 고품질의 공공서비스 생산·제공에 기여하기 위한 목적에서 정부조직 관리개혁 수단으로서 도입·운영되고 있는 성과관리제도에 주목하여 논의를 전개하였다. 특히, 공공부문 성과관리제도가 성공적으로 작동하여 국민의 삶의 질 개선에 기여하기 위해서는 무엇보다도 성과관리의 대상이자 관리주체라고 할 수 있는 공공조직 구성원들의 성과관리 수용성을 제고하는 것이 강조된다. 이러한 측면에서 본 장에서는 성과관리 수용성에 영향을 미치는 주요 요인들을 실증적으로 분석하고 그 결과를 바탕으로 성과관리 수용성 제고에 요구되는 함의를 제시하였다. 분석 결과 성과관리시스템 요인, 즉 '성과지표의 적절성', '타 제도와의 연계성'이 성과관리 수용성에 긍정적인 영향을 미치는 것으로 나타났다. 또한 구성원들의 참여, 순응능력의 확보와 교육훈련의 충분한 제공 등의 관리적 요인, 국회의 관심과 성과문화 등 환경적 요인이 구성원들의 성과관리 수용성에 긍정적인 영향을 미치는 것으로 나타났다. 이러한 결과는 성과관리에 대한 수용성을 제고하기 위해 다음과 같은 관리적 과제에 주목해야 함을 시사한다.

먼저, 성과측정의 타당성과 신뢰성의 확보가 강조된다. 성과측정의 타당성과 신뢰성을 제고하는 것은 성과자료의 정확성을 입증하는 것을 넘어 성과지표가 의미 있고 유용한 정보를 제공하는 문제와 직결된다. 성과정보의 타당성과 신뢰성이 제고되면 조직구성원들은 보다 자신의 직무 및 조직의 목표를 달성하고자 동기부여되고 자연스럽게 조직·인사, 정책개선 등 성과관리의 활용도 또한 제고된다(Poister et al., 2015). 따라서 성과측정을 위한 성과지표는 조직의 전략 및 미션과 수직적으로 연계되고 업무의 내용과 각 업무별 차이를 잘 반영할 수 있도록 설정되어야 한다. 즉, 공공조직의 특성을 고려하지 않은 성과지표의 개발, 투입·과정·산출·결과 등 각 지표들 간의 인과관계를 고려하지 않은 설계는 조직이 무엇을 달성했고 개선했는지 파악하기 어렵게 함으로써 조직구성원들이 성과관리의 실효성을 체감하지 못하는 결과를 야기한다(이석환, 2012: 362). 성과지표의 타당성과 성과측정의 신뢰성 확보를 위해서 미국에서는 성과관리의 법적 근거인 GPRA를 GPRAMA(Government Performance and Result Act Modernization Act of 2010)로 개정하면서 자료의 타당성 검증과정을 신설하고, 성과측정과정에서 자료의 정확성과 신뢰성을 평가항목으로 포함하도록 규정하고 있다. 이와 비교하여, 우리나라 성과관리의 법적 기초가 되는 정부업무평가기본법에서는 평가의 신뢰성과 공정성을 원칙적으로 강조하고 있으나 이에 대한 구체적인 규정이 명시되어 있지 않음을 고려해볼 때, 미국의 GPRAMA 사례는 성과지표의 타당성 확보를 위한 노력의 일환으로서 시사하는 바가 크다고 할 수 있다. 또한 양질의 성과측정시스템이 지속적으로 개발, 관리, 활용되기 위해서는 우리나라 인사관리의 특징인 순환보직 체계를 고려하여 성과측정과정별로 구체적인 업무내용과 담당자의 역할을 매뉴얼화하는 방법 등이 강조된다. 이러한 매뉴얼화의 미흡은 데이터의 처리 및 분석, 성과정보의 해석 및 보고 등에 있어서 담당자에 따라 성과정보의 일관성 및 신뢰성이 저해될 수 있고, 이는 곧 성과관리 수용성의 저하에 영향을 미칠 수 있다.

관련 제도들 간의 연계성 확보 또한 강조된다. 우리나라의 성과관리는 계획수립단계에서 대통령 국정과제·국가재정운용계획·범부처중장기종합계획 등의 '전략계획', 정부업무평가기본법에 의한 '성과관리시행계획'과 국가재정법에 의한 '성과계획', 부처별 연두업무보고 등의 '시행계획'이 수립되고 있으나, 제도 간 연계성이 낮고 기능적으로 중복가능성이 존재한다. 이러한 제도 간 연계성의 미비는 성과관리에 대한 구성원들의 몰입도를 저하시키는 문제점을 야기할 수 있다. 미국의 경우에도 이러한 문제의식에 입각해 오바마 행정부에서는 기존의 GPRA와 PART가 지니고 있던 제도적 분절성의 문제를 해결하고 성과정보의 이용가능성을 제고하기 위하여 정부 전반에 걸쳐 일원화된 성과관리체계 구축을 시도하였다(Joyce, 2011). 즉, GPRAMA를 통해 범정부 차원의 우선순위목표를 설정하고, 각 기관의 핵심목표를 연방정부의 우선순위목표와 연계하는 미국의 사례와 같이, 조직의 장기발전계획이나 비전에 기초하여 성과관리 관련 제도들이 연계되어 체계적인 시스템을 구축하는 것이 중요하다고 할 수 있다.

둘째, 성과관리가 정착하기 위해서는 성과관리 과정에서 구성원들의 참여가 전제되어야 한다. 성과관리가 제대로 정착하기 위해서는 상급자일수록 관할 부서를 지원하고 지표의 목표치를 조정하면서 성과를 관리해 나가는 역할이 중요함에도 불구하고 실제 현장에서는 하위직에게만 몰리는 성과관리가 되고 있어서 문제로 지적되고 있다(이석환·조주연, 2010). 따라서 성과관리의 실효성을 제고하기 위해서는 성과지표 설정에 업무담당자가 직접 참여하여 자신의 핵심업무가 지표에 정확히 반영되도록 해야 한다. 그리고 조직구성원들이 모두 참여함으로써, 구성원들 간의 충분한 논의와 합의·검증을 통해 객관적이며 수용 가능한 성과지표를 설계하고 성과관리체계를 운영하는 것이 요구된다. 이러한 측면에서 최근 5년 연속 성과관리 우수기관으로 선정된 병무청의 성과관리 사례는 참여의 중요성을 시사한다. 2015년 성과관리·자체평가 운영실태 점검 결과에 의하면, 병무청은 매주 현장의 불만을 전 직원이 공유하고, 모든 사업의 정책토론을 의무화하고 토론 결과를 공개함으로써 구성원들의 참여 확대를 추구하였다. 또한 경찰청의 경우, 구성원들의 수용성과 이해도 제고를 위해 현장 경찰관으로 구성된 '성과경영 서포터즈'를 운영하고 있다. 이러한 사례들은 구성원들의 참여 활성화를 통한 성과관리 수용성 제고의 구체적인 방안을 시사하는 예라고 할 수 있다.

셋째, 조직의 역량 차원에서 성과관리를 수행할 수 있는 충분한 순응능력의 확보가 강조된다. 성과관리를 위한 인적·물적 자원의 충분한 제공과 기술적인 활용 용이성은 성과관리에 대한 구성원들의 몰입을 증대시킬 수 있고, 이는 곧 성과관리 수용성 제고에 기여할 수 있다. 이러한 예로 원종학·금재덕(2012)에 의하면, 성과관리제도에 대한 교육훈련이나 성과관리 업무 담당 전문인력의 확보, 전담부서로부터의 지원 정도를 의미하는 (성과관리에 대한) 기관의 역량에 따라 성과정보의 신뢰성 인식에 차이가 나타났다. 그러나 이러한 중요성에도 불구하고 각 기관의 성과관리 담당자의 성과관리 전문성 부족 문제는 현실 속에서 끊임없이 제기되고 있는 이슈라고 할 수 있다. 감사연구원(2012)의 조사결과에서도 각 중앙관서의 성과관리 담당자의 전문성은 전반적으로 높지 않은 수준인 것으로 나타났으며, 특히 성과측정에 관한 전문성 인식이 보통 이하(7점 척도 중 4점 이하)로 상대적으로 낮게 나타났다. 또한 2015년에 실시한 국무조정실 설문조사에 의하면 43개 전체 중앙행정기관들의 주요 정책 자체평가 담당 인원은 평균적으로 약 1.91명이었으며, 2명의 인원이 담당하는 기관이 가장 많은 것으로 나타났다(60%, 26건). 또한 자체평가 업무를 담당한 기간은 평균 14.66개월로 1년 남짓한 것으로 나타났다. 이는 우리나라 공공조직의 특성상 순환보직제도로 인해 대부분의 성과관리 담당 직위에 대해 주기적인 인사이동이 이루어지기 때문에 성과관리에 대한 전문적인 역량 강화와 다년간의 경험 축적에 제한적인 것으로 볼 수 있다. 따라서 이러한 측면을 고려해볼 때 성과관리의 수용성 제고를 위해서는 예산, 인사, 기술 활용 등의 측면에서 성과관리 담당 조직의 역량을 강화하는 것이 강조된다고 할 수 있다.

넷째, 조직구성원 개개인의 전문적 역량을 함양할 수 있는 지속적인 교육훈련의 제공이 필요하다. 성과관리가 내재화되기 위해서는 구성원들의 전문성과 이해도 제고를 위해 지속적인 교육훈련의 제공이 중요하다. 그러나 현재 대부분의 성과관리 교육프로그램은 체계성이 부족하며 단순히 평가방식의 소개 등에 그치는 등 전문화되어 있지 못할 뿐만 아니라, 일종의 집체교육 중심의 단편적이고, 이론 위주의 일회성 교육이 이루어지고 있다. 따라서 성과관리의 수용성을 제고하기 위해서는 학습기회의 마련과 다양한 구성원들의 요구에 대응할 수 있는 현장 중심의 교육훈련이 충분히 제공되어야 할 것이다. 일례로 특허청의 경우, 구성원들의 역량을 다면평가로 진단하여, 특정 보직에 요구되는 보완점을 찾아내고 맞춤형 교육훈련을 제공하는 역량기반 교육체계를 운영하고 있다. 또한 최근 경찰청에서는 성과관리 현장설명회 및 컨설팅을 실시하고, 성과평가에 대한 사이버 강의 수강을 공무원 상시학습 시간과 연계함으로써 성과관리에 대한 이해도 증진을 유도하고 있다. 이러한 사례들은 구성원들의 역량 강화를 위하여 교육훈련의 내실화가 어떻게 이루어져야 하는지 그 방향성을 제시하는 예로 살펴볼 수 있다.

마지막으로 성과관리의 수용성 제고를 위해서는 공공조직 자체의 노력뿐만 아니라 환경적 측면에서 정치적 지원의 중요성이 강조된다. 특히, 국회는 정부기관들의 사업에 대한 예산심의권을 가진 주체로서, 성과관리에 대한 국회의 관심과 지원은 구성원들로 하여금 성과 및 결과에 대한 관심을 증대시키는 역할을 한다. 만약 최종적인 예산 결정권을 가진 국회가 성과정보의 결과를 충분히 활용하지 않고 예산 반영에 있어서도 이를 고려하지 않는다면, 성과관리제도는 정부 자체의 형식적인 제도 운영에 그치게 될 것이다. 따라서 공공조직에 성과관리가 정착하기 위해서는 국회의 적극적인 지원과 관심이 절대적으로 필요하며 국회가 각 정부기관의 효율성과 성과 등을 점검하고 이러한 성과정보를 예산 심의 등에 적극 활용할수록 조직구성원들의 성과관리 수용성 또한 제고될 것으로 기대할 수 있다. 또한, 조직 내적으로는 성과문화가 조직문화로서 조직에 내재화되는 것이 강조된다. 즉, 성과문화가 정착되면 조직구성원 스스로 성과를 내도록 능력을 발휘하게 되며 이를 통해 조직의 성과관리 수용성이 제고될 것이다. 일례로 미국의 GPRAMA에서는 의회에 대한 보고체계를 강화하고 정보공개를 확대하는 등 책무성을 제고하는 방향으로 성과관리제도를 정비함으로써 성과중심의 조직문화가 장기적으로 형성될 수 있도록 유도하였다. 또한 뉴욕 경찰조직에서는 과학적 범죄예방 및 관리 시스템인 CompStat(Computer Comparative Statistics)을 활용한 투명하고 엄정한 실적 평가를 실시하고 있으며, 이를 통해 범죄취약지역에 경찰력을 집중하는 등의 자원의 효율적 재배분, 범죄전략회의 개최 및 범죄데이터 활용을 통한 효과성 제고 등을 유도하였다. 이러한 사례는 성과문화 창출을 통해 조직 개선뿐만 아니라 구성원들의 사기 제고를 유도한 성공 사례로 평가받고 있으며(Kim & Mauborgne, 2005: 203), 조직 내 성과문화 형성의 중요성을 시사한다.

본 장은 정부개혁 아이디어로서 확산되고 있는 정부성과관리와 관련하여, 성과관리가 형식적인 제도에 머무르지 않고 정부의 질과 성과개선에 기여할 것이라는 기대에 부응하고, 보다 실효성을 확보하기 위해서는 구성원들의 수용성 제고가 중요함을 설명하였다. 그리고 성과관리 수용성의 영향요인에 관한 분석을 통해 향후 성과관리 수용성을 제고하기 위한 관리적 과제들에 대한 논의를 전개하였다. 그럼에도 불구하고, 본 연구 결과는 중앙행정기관 소속 공무원들만을 대상으로 인식을 조사한 분석 자료의 한계로 인하여 공공조직 전체로 결과를 확대 해석하는 데 있어서는 제한적이라고 할 수 있다. 따라서 지방정부기관 등 공공조직의 타 기관과 비교할 뿐만 아니라, 시민이나 외부 이해관계자들의 인식까지 포괄하는 종합적인 연구가 후속적으로 이루어져야 할 것이다.

부록

〈부록 1〉 측정항목에 대한 세부 내용

측정항목		
수용성		• 성과관리제도의 도입으로 부서가 추진하는 정책의 성과가 증진되고 있다. • 성과관리제도의 도입으로 부서의 자원배분 효율성이 제고되고 있다. • 성과관리제도의 도입으로 실제 개인의 직무 성과는 향상되고 있다. • 성과관리제도의 도입으로 부서의 정책수행과 관련하여 책임성이 향상되고 있다.
성과 관리 시스템 요인	지표의 적절성	• 성과관리시행계획에서 제시한 성과지표는 기관핵심지표를 모두 포함하고 있다. • 성과관리시행계획에서 제시한 성과지표는 성과목표와 충분히 연계되어 있다. • 성과지표는 과제활동의 다양한 수행결과를 포괄하고 있다. • 성과지표의 목표치는 적절하게 설정되고 있다. • 성과지표별 자료의 산출과정은 적절하게 진행된다.
	제도 간 연계성	• 성과관리 전략계획과 기타 중장기계획 연계 정도 • 성과관리 시행계획과 기관별 업무계획 연계 정도 • 성과관리 시행계획과 성과계획서 연계 정도
관리적 요인	참여	(Q. 귀하의 기관에서는 성과관리전략 및 시행계획 수립과정에 구성원의 참여 수준은 현재 어느 정도이며, 바람직한 참여 수준은 어느 정도라고 생각하십니까?) • 과장(현재의 참여 수준) • 사무관급 이상 과장급 미만(현재의 참여 수준) • 자체평가위원회 위원(현재의 참여 수준)
	리더십	• 기관의 리더십(실국장 포함)은 전략목표 달성에 대한 책임을 지고 있다. • 기관장은 성과목표치의 달성에 대해 매우 강조하고 있다. • 기관장은 의사결정 시 성과정보 활용이 매우 중요하다고 생각한다.
	순응 능력	(Q. 귀하께서는 과제별 성과측정이나 성과정보의 활용을 방해하는 요소는 무엇이라고 생각하십니까?) • 현재의 정보기술 및 정보체계로는 필요한 자료를 확보하기 어려움 • 적시에 이용가능한 자료확보의 어려움 • 신뢰성과 타당성 있는 자료확보의 어려움
	교육 훈련	• 성과관리전략계획 및 시행계획 작성 및 운영과 관련한 교육을 충분히 제공받았다.

환경적 요인	의회의 관심	(Q. 귀하께서는 과제별 성과측정이나 성과정보의 활용을 방해하는 요소는 무엇이라고 생각하십니까?) • 사업(혹은 재정사업) 결정을 목적으로 성과정보를 활용하는 데 대한 의회의 관심 부족
	성과 문화	• 일상적 업무활동의 개선을 위해 성과정보를 적절하게 활용하고 있다. • 다른 사업과 연계한 사업의 효과성을 제고하기 위해 성과정보를 공유한다. • 성과정보의 유용성과 적절성을 확보하기 위한 절차(혹은 매뉴얼)가 마련되어 있다.
통제 변수	인구 통계학적 요인	• 직급 • 근속연수 • 담당업무 • 성별 • 연령 • 소속부서

〈부록 2〉 기술통계 결과

<table>
<tr><th colspan="3">변수명</th><th>평균</th><th>표준편차</th><th>최솟값</th><th>최댓값</th><th>N</th></tr>
<tr><td colspan="2">종속변수</td><td>수용도 전체</td><td>3.12</td><td>.794</td><td>1</td><td>5</td><td>1035</td></tr>
<tr><td rowspan="9">독립
변수</td><td rowspan="2">성과 관리
시스템 요인</td><td>성과지표의 적절성</td><td>3.68</td><td>.687</td><td>1</td><td>5</td><td>1035</td></tr>
<tr><td>제도 간의 연계성</td><td>3.65</td><td>.760</td><td>1</td><td>5</td><td>1035</td></tr>
<tr><td rowspan="5">관리적
요인</td><td>참여</td><td>4.00</td><td>.736</td><td>1</td><td>5</td><td>1035</td></tr>
<tr><td>리더십</td><td>3.71</td><td>.682</td><td>1</td><td>5</td><td>1035</td></tr>
<tr><td>순응능력(R)</td><td>2.44</td><td>.689</td><td>1</td><td>5</td><td>1035</td></tr>
<tr><td>교육훈련</td><td>3.36</td><td>.914</td><td>1</td><td>5</td><td>1035</td></tr>
<tr><td></td><td></td><td></td><td></td><td></td><td></td></tr>
<tr><td rowspan="2">환경적
요인</td><td>의회의 관심(R)</td><td>3.20</td><td>.780</td><td>1</td><td>5</td><td>1035</td></tr>
<tr><td>성과문화</td><td>3.41</td><td>.719</td><td>1</td><td>5</td><td>1035</td></tr>
<tr><td rowspan="20">통제변수</td><td colspan="2">직급(1=6급 이하, 0=5급 이상)</td><td>0.71</td><td>.453</td><td>0</td><td>1</td><td>1035</td></tr>
<tr><td rowspan="4">근속
연수</td><td>5년 이하</td><td>0.19</td><td>.394</td><td rowspan="4">0</td><td rowspan="4">1</td><td rowspan="4">1035</td></tr>
<tr><td>6~10년</td><td>0.25</td><td>.432</td></tr>
<tr><td>11~20년</td><td>0.40</td><td>.491</td></tr>
<tr><td>21년 이상</td><td>0.16</td><td>.365</td></tr>
<tr><td rowspan="4">담당
업무</td><td>기타 지원업무담당</td><td>0.12</td><td>.324</td><td rowspan="4">0</td><td rowspan="4">1</td><td rowspan="4">1035</td></tr>
<tr><td>실국 사업부서 업무담당</td><td>0.61</td><td>.488</td></tr>
<tr><td>실국 성과관리 총괄</td><td>0.17</td><td>.374</td></tr>
<tr><td>기관 성과관리 총괄</td><td>0.10</td><td>.302</td></tr>
<tr><td colspan="2">성별(1=남성, 0=여성)</td><td>0.75</td><td>.431</td><td>0</td><td>1</td><td>1035</td></tr>
<tr><td rowspan="4">연령</td><td>30세 이하</td><td>0.05</td><td>.222</td><td rowspan="4">0</td><td rowspan="4">1</td><td rowspan="4">1035</td></tr>
<tr><td>31~40세</td><td>0.42</td><td>.495</td></tr>
<tr><td>41~50세</td><td>0.45</td><td>.498</td></tr>
<tr><td>51세 이상</td><td>0.07</td><td>.259</td></tr>
<tr><td rowspan="5">소속</td><td>부</td><td>0.52</td><td>.500</td><td rowspan="5">0</td><td rowspan="5">1</td><td rowspan="5">1035</td></tr>
<tr><td>처</td><td>0.02</td><td>.130</td></tr>
<tr><td>청</td><td>0.33</td><td>.469</td></tr>
<tr><td>위원회</td><td>0.12</td><td>.324</td></tr>
<tr><td>실</td><td>0.02</td><td>.144</td></tr>
</table>

〈부록 3〉 성과관리의 수용성에 미치는 영향요인 분석 결과

변수			수용성(N=1,040)			
			모형 1	모형 2	모형 3	모형 4
성과관리 시스템 요인	지표설계 적절성			.404*** (.035)	.282*** (.041)	.247*** (.040)
	제도 간의 연계성			.361*** (.031)	.297** (.033)	.273*** (.033)
관리적 요인	참여				.078** (.035)	.059* (.035)
	리더십				.117** (.040)	.011 (.044)
	순응능력				.048* (.028)	.085** (.030)
	교육훈련				.074** (.025)	.049** (.025)
환경적 요인	의회의 관심					.070** (.027)
	성과문화					.225*** (.041)
통제 변수	직급(1=6급 이하)		.115** (.059)	.053 (.047)	.069 (.046)	.024 (.046)
	근속연수	5년 이하	−.203** (.091)	−.073 (.072)	−.057 (.071)	−.042 (.070)
		6~10년	−.169** (.074)	−.037 (.059)	−.031 (.058)	−.026 (.057)
		20년 이상	.195** (.085)	.050 (.068)	.043 (.067)	.030 (.066)
	담당업무	실국사업부서	.083 (.077)	.089 (.061)	.088 (.060)	.083 (.059)
		실국성과총괄	−.017 (.092)	−.050** (.053)	−.041 (.052)	−.033 (.051)
		기관총괄	.236** (.105)	.036 (.066)	.027 (.065)	.032 (.064)
	성별(남=1)		.090 (.059)	.073 (.047)	.078 (.046)	.049 (.045)
	연령	30세 이하	−.173 (.141)	−.083 (.111)	−.087 (.110)	−.093 (.108)
		31~40세	−.111 (.073)	−.031 (.058)	−.030 (.057)	−.031 (.056)
		51세 이상	−.027 (.114)	−.025 (.090)	−.041 (.089)	−.021 (.087)
	소속부서	처	.242 (.188)	.051 (.149)	.078 (.147)	.008 (.145)
		청	.214*** (.054)	.028 (.044)	.012 (.043)	.005 (.043)
		위원회	.078 (.078)	.033 (.062)	.022 (.061)	.017 (.060)
		실	.047 (.173)	.236* (.136)	.251* (.135)	251* (.132)
상수			2.958 (.081)	.225 (.130)	−.221 (.163)	−.472 (.190)
N			1,035	1,035	1,035	1,035
Adj. R^2			.075	.413	.430	.451

참고문헌

강영철. (2008). 공공조직 구성원의 성과평가결과 활용에 대한 인식과 영향요인 분석. 〈한국정책과학학회보〉, 12(3): 245-273.

강정석·권오성·은재호·황성원·황혜신. (2005). 정부혁신의 이해: 참여정부의 혁신 전략과 실천논리. 한국행정연구원 보고서.

강정석. (2011). 정부업무평가의 수용성 강화방안. 한국행정연구원 보고서.

고명철. (2013). 공공서비스 만족도, 정부성과, 그리고 삶의 질 간 영향관계 분석: 상향확산식 접근을 토대로. 〈한국행정학보〉, 47(2): 1-30.

고석호·오태동·오재인. (2009). 공공조직 BSC 수용도에 미치는 영향요인 연구. 〈Information Systems Review〉, 11(3): 39-62.

공동성·조경훈·윤기웅. (2009). 개인성과측정에 있어서 측정/평가방식 및 행태상의 문제점과 대응방안에 관한 연구. 〈한국행정연구〉, 18(2): 59-79.

공동성·박중훈·이정욱. (2011). 정부업무 성과관리제도 발전방안 연구. 세종: 국무조정실.

국경복·목진휴·이석환. (2007). 공공조직 성과관리제도의 수용성과 효과성 인식에 관한 경험적 연구: 국가보훈처의 사례를 중심으로. 〈정책분석평가학회보〉, 17(3): 31-53.

김동이·임준형. (2016). 성과관리제도의 수용성 영향요인 연구: BSC의 안정적 운영 시기를 중심으로. 〈한국자치행정학보〉, 30(4): 261-282.

김민영·박성민. (2013). 성과평가제도 수용성의 선행 및 결과요인에 관한 연구. 〈정책분석평가학회보〉, 23(4): 87-125.

김성수. (2006). 공공부문의 BSC 운용에 대한 만족도 평가-해양경찰청의 전략 맵을 중심으로. 〈한국행정논집〉, 18(4): 1029-1054.

김한창·황성원. (2008). 성과관리제도의 수용성 제고요인에 관한 연구: 노무현 정부의 중앙부처를 중심으로. 〈정부학연구〉, 14(2): 5-49.

김효선·강영걸. (2010). 인사고과의 공정성이 수용도에 미치는 영향. 〈경영교육연구〉, 63: 91-115.

남창우·이명숙. (2008). 공공조직의 BSC 수용성 및 조직성과의 영향요인 분석. 〈한국행정학보〉, 42(3): 165-190.

박경순. (2014). 정책·정부 신뢰가 정책 수용도에 미치는 영향 연구: 국민연금정책을 중심으로. 전남대학교 대학원 박사학위논문.

박노욱. (2009). 재정성과관리제도의 국제적 동향과 시사점: 주요 쟁점을 중심으로. 〈재정포럼〉, 7: 8-10.

박동서. (1997). 한국행정론. 서울: 법문사.

박석희. (2007). 공공부문의 성과관리와 조직역량. 〈한국행정학보〉, 40(3): 219-244.

박순애·오현주. (2006). 성과지향적 조직문화와 조직효과성. 〈한국행정학보〉, 40(4): 225-252.

박천오. (2006). 참여정부 인사개혁에 대한 공무원 수용도. 〈한국행정연구〉, 15(2): 3-28.

박해육. (2007). 성과관리에서 조직간 연계에 관한 연구. 〈한국공공관리학보〉, 21(1): 125-153.

박희준·정덕훈. (2004). 성공적인 지식경영 시스템 구현을 위한 조직문화요소에 대한 연구. 〈한국전자거래학회지〉, 9(1): 221-235.

배정현. (2014). 삶의 만족과 정부의 질. 〈행정논총〉, 52(1): 247-270.

송신근. (2008). BSC 성과관리시스템의 수용 특성요인에 관한 연구. 〈회계저널〉, 17: 39-64.

송윤현. (2009). 공공부문에서 성과지향주의 문화: 미 연방 특허청 사례 연구. 〈한국행정연구〉, 18(1): 191-221.

오석홍. (2005). 행정학의 주요이론. 서울: 법문사.

원종학·금재덕. (2012). 성과정보 신뢰성 제고를 위한 통제시스템 구축방안. 한국조세재정연구원 보고서.

유금록·공병천·오철호·윤수재·이광희·홍형득. (2012). 정부업무평가제도 운영성과에 대한 진단과 발전방안 연구. 한국정책학회.

윤수재·임동진. (2009). 중앙행정기관 성과관리시스템의 실태분석 및 개선방안 연구. 한국행정연구원.

이광희·이석민. (2017). 정부업무평가의 국민만족도 조사결과 활용실태 분석 및 개선방안. 〈정부학연구〉, 23(2): 95-126.

이석환. (2006). 공공조직 BSC(Balanced Score Card) 적용사례 분석: 부천시의 사례

를 중심으로. 〈한국행정학보〉, 40(1): 127-149.
이석환. (2008). UOFO: 신뢰받는 정부와 기업을 위한 전략적 성과관리. 서울: 법문사.
이석환. (2012). 공공부문 성과관리의 7가지 치명적인 도덕적 죄. 〈지방정부연구〉, 16(1): 353-380.
이석환·조주연. (2010). 성과평가제도의 수용성에 영향을 미치는 요인에 대한 연구. 〈한국사회와 행정연구〉, 20(4): 269-291.
이종수. (2014). 새행정학(2.0). 서울: 대영문화사.
이종엽. (1997). 입지정책의 결정과 집행과정에서의 정책수용성에 관한 연구: 혐오시설 입지선정 사례를 중심으로. 충남대학교 박사학위논문.
임동진·윤수재. (2010). 중앙행정기관 성과관리제도의 운영실태 및 만족요인 분석. 〈정책분석평가학회보〉, 20: 83-114.
정정길. (2003). 행정학의 새로운 이해. 서울: 대영문화사.
주경일. (2005). 교육정보화정책의 성공적인 집행과 수용에 관한 실증연구: 서울시 각급 일선학교 교사들의 NEIS 채택과정을 중심으로. 〈정보화정책〉, 12(3): 67-87.
최관섭·박천오. (2014). 중앙부처 공무원의 성과평가제도 수용성. 〈한국인사행정학회보〉, 13: 89-116.
최상옥. (2012). 정부의 질 연구: 효과성 제고를 위한 정부역량 개념의 탐색적 고찰. 〈정부학연구〉, 18(2): 77-97.
최진욱·윤견수·김헌. (2012). 정부의 질 개념 구성에 관한 탐색. 〈정부학연구〉, 18(2): 53-76.
최형섭·서현식·오재인. (2009). 성과지표 특성이 평가의 수용성에 미치는 영향에 관한 연구. 〈Journal of Information Technology Applications & Management〉, 16(2): 99-120.
한인섭. (2006). 성과측정체제의 도입 실태와 성과정보 활용의 영향요인: 정부투자기관, 정부산하기관 및 지방공기업을 중심으로. 〈한국행정학보〉, 40(3): 245-266.
황성원·김한창. (2007). 성과관리제도의 수용성 제고방안에 관한 연구. 한국행정연구원.
현승현·이병기·김건위. (2016). 지방자치단체 성과관리 정보시스템에 대한 공무원의 수용성 분석. 〈한국지역정보화학회지〉, 19(1): 113-138.
Bouckaert, G. & Halligan, J. (2008). Comparing performance across public sectors.

In Performance Information in the Public Sector, 72-93. U.K.: Palgrave Macmillan.

Cavalluzzo, K. S. & Ittner, C. D. (2004). Implementing performance measurement innovations: evidence from government. *Accounting, Organizations and Society*, 29(3): 243-267.

Coggburn, J. D. & Schneider, S. K. (2003). The Relationship Between State Government Performance and State Quality of Life. *International Journal of Public Administration*, 26(12): 1337-1354.

Chevalier, R. (2007). A Manager's Guide to Improving Workplace Performance, N.Y.: American Management Association.

Dobbins, G. H., Cardy, R. L. & Platz-Vieno, S. J. (1990). A contingency approach to appraisal satisfaction: An initial investigation of the joint effects of organizational variables and appraisal characteristics. *Journal of Management*, 16(3): 619-632.

Duncan, J. W. (1981). Organization Behavior, 2nd ed., Boston: Houghton Miffin.

Fernandez, S. & Rainey, H. G. (2006). Managing successful organizational change in the public sector. *Public administration review*, 66(2): 168-176.

Fishbein, M. & Ajzen, I. (1975). Belief, Attitude, Intention and Behavior: An Introduction to Theory and Research. M.A.: Addison-Wesley Reading.

Giles, W. F. & Mossholder, K. W. (1990). Employee reactions to contextual and session components of performance appraisal. *Journal of Applied Psychology*, 75(4): 371-377.

Hedge, J. W. & Teachout, M. S. (2000). Exploring the concept of acceptability as a criterion for evaluating performance measures. *Group & Organization Management*, 25(1): 22-44.

Joyce, P. G. (2011). The Obama Administration and PBB: Building on the Legacy of Federal Performance-Informed Budgeting?. *Public Administration Review*, 71(3): 356-367.

Julnes, P. D. L. & Holzer, M. (2001). Promoting the utilization of performance measures in public organizations: An empirical study of factors affecting adoption and implementation. *Public administration review*, 61(6): 693-708.

Kelman, S. (2006). Improving service delivery performance in the United Kingdom: Organization theory perspectives on central intervention strategies. *Journal of Comparative Policy Analysis*, 8(4): 393-419.

Kim, W. C. & Mauborgne, R. (2005). Blue ocean strategy: from theory to practice. *California Management Review*, 47(3): 105-121.

Landy, F. J., Barnes, J. L. & Murphy, K. R. (1978). Correlates of perceived fairness and accuracy of performance evaluation. *Journal of Applied psychology*, 63(6): 751-754.

Lawler, E. E. (1967). The multitrait-multirater approach to measuring managerial job performance. *Journal of applied Psychology*, 51: 369-374.

Melkers, J. & Willoughby, K. (2005). Models of performance-measurement use in local governments: Understanding budgeting, communication, and lasting effects. *Public Administration Review*, 65(2): 180-190.

Nathan, B. R., Mohrman, A. M. & Milliman, J. (1991). Interpersonal relations as a context for the effects of appraisal interviews on performance and satisfaction: A longitudinal study. *Academy of Management Journal*, 34(2): 352-369.

Pollitt, C. (2001). Integrating financial management and performance management. *OECD Journal on Budgeting*, 1(2): 7-37.

Poister, T. H. (2003). Measuring Performance in Public and Nonprofit Organizations. San Francisco: Jossey-Bass.

Poister, T. H., Aristigueta, M. P. & Hall, J. L. (2015). Managing and Measuring Performance in Public and Nonprofit Organizations: An Integrated Approach. San Francisco: Jossey-Bass.

Reinke, S. J. (2003). Does the form really matter? Leadership, trust, and acceptance of the performance appraisal process. *Review of Public Personnel Administration*, 23(1): 23-37.

Renn, R. W. (1998). Participation's effect on task performance: Mediating roles of goal acceptance and procedural justice. *Journal of Business Research*, 41(2): 115-125.

Roberts, G. E. (1994). Maximizing performance appraisal system acceptance: Perspectives from municipal government personnel administrators. *Public Personnel*

Management, 23(4): 525-549.

Rosenbloom, D. H. (2001). "Whose Bureaucracy Is This, Anyway?" Congress' 1946 Answer. *Political Science & Politics*, 34(4): 773-777.

Schein, E. H. (1992). Organizational culture and leadership. N.Y.: John Wiley & Sons.

Tavits, M. (2008). Representation, Corruption, and Subjective Well-Being. *Comparative Political Studies*, 41(12): 1607-1630.

van Dooren, W., Bouckaert, G. & Halligan, J. (2010). Performance management in the public sector. Oxon: Routledge.

Wholey, J. S. & Hatry, H. P. (1992). "The case for performance monitoring". *Public Administration Review*, 52(6): 604-610.

제8장

지방분권시대의 적응형 거버넌스와 정부의 질

홍순만 · 이상현

I. 서론

정부가 더 나은 서비스를 제공하기 위해서는 정치적·사회적·기술적 환경 변화에 적응을 해야 한다. 특히 오늘과 같이 변화가 빠른 시대일수록 정치 환경과 시민의 욕구 또한 급변하기 때문에 정부는 이에 발맞춰 환경에 적응할 필요가 있다. 실제로 급격한 세계 경제의 변화와 신산업 및 신기술의 도래로 사이버 보안이나 개인정보보호 등 새로운 정책이슈들이 등장하고 있다. 전통적인 정부의 대응 방식으로는 이와 같은 새로운 과제들을 해결하기 어려우므로 새로운 형태의 공공 거버넌스가 요구되고 있다(Ansell, Trondal & Øgård, 2016). 한편, 정부는 환경에 적응하기 위한 거버넌스를 도입하지 못해 환경에 뒤처지곤 하는데, 이는 정부가 변화보다는 안정을 선호하는 위험회피적(risk-averse) 경향이 있기 때문이다(Wilson, 1980).

그러나 공공부문이 항상 변화를 거부하는 것은 아니며, 변화에 발 빠르고 유연하게 대처하는 정부기관도 있다. 많은 선행연구들은 이처럼 정부가 변화에 민감하게 적응하도록 만드는 요인들을 연구해왔다(Gong & Janssen, 2012; Janssen & van der Voort, 2016; Mergel, 2016). 그중 학자들이 적응형 거버넌스를 이끄는 요인으로 가장 주목하는 것은 지방분권화를 통한 상향식 의사결정체제를 구축하는 것이다(e.g., Brunner & Lynch, 2010; Janssen & van der Voort, 2016). 예를 들어, Janssen & van der Voort(2016: 3)는 "적응형 거버넌스의 핵심은 다수의 이해 관계자들이 참

* 이 글은 〈Government Information Quarterly〉에 게재된 동 저자의 [Adaptive Governance and Decentralization: Evidence from Regulation of the Sharing Economy in Multi-level Governance]의 내용을 번역, 수정 및 보완한 것임.

여한 분권화된 의사결정과 분권화된 지식 전략을 이용하는 것"이라고 하며 분권화가 적응형 거버넌스에 긍정적임을 주장하고 있다.

본 장에서는 적응형 거버넌스를 "환경변화에 더 민감하게 대응함으로써 공공의 목표를 보다 효과적이고 효율적으로 달성할 수 있는 거버넌스 형태"라고 정의한다. 적응형 거버넌스의 필요성은 외부환경과 조직행태 간의 부조화에서 찾을 수 있으며(Janssen & van der Voort, 2016: 3), 정부의 민첩한 적응력은 정부의 질과 국민들 삶의 질을 모두 개선할 수 있다고 보았다. 본 장의 연구 질문은 다음과 같다. 지방분권화는 항상 적응형 거버넌스를 유도하는가? 만약 그렇지 않다면 지방분권화는 어떠한 조건 하에서 적응형 거버넌스를 촉진하는가? 본 장에서는 위 연구 질문을 답하기 위한 개념적인 틀을 제시하고자 한다.

지방분권화된 거버넌스는 다양한 형태로 나타날 수 있는데, 본 장에서는 논의를 단순화하여 두 가지의 거버넌스 형태를 비교하고자 한다. 첫 번째는 '완전한 중앙집권화'로 중앙정부만이 정책결정에 대한 주요 권한을 가지고 있는 형태를 말하며 두 번째는 '완전한 지방분권화'로서 이 형태에서는 지방정부가 상대적으로 더 중요한 의사결정을 내릴 수 있는 상황으로 상정하였다. 이 글은 '지방분권화는 적응형 거버넌스로 이어진다.'는 기존 선행연구의 주장이 특정한 조건 하에서 제한적으로 성립한다는 것을 보여주고자 한다. 즉, 전자(지방분권화)가 후자(적응형 거버넌스)로 이어지기 위한 조건들을 제시하였다. 특히, Wilson(1980)이 제시한 규제정치 모형의 4가지 유형 중 기업가적 정치상황(정책의 편익은 넓게 분산되어있고 비용은 좁게 집중되어있는 상황)에서는 지방분권화가 적응형 거버넌스를 저해할 수 있다는 점을 주장한다.

본 장의 이론적 논의는 기존의 다양한 분야 선행연구들과 연관이 있다. 우선 적응성 있고 민첩한 정부란 어떤 형태의 정부인가에 대한 이론적 논쟁에 시사점을 제공한다(Gong & Janssen, 2012; Janssen & van der Voort, 2016; Mergel, 2016). 두 번째로, 다층형 거버넌스와 연방주의와 관련된 이론적 논의(Feiock & Carr, 1997; Hong, 2017; Hooghe & Marks, 2003; Ostrom, Bish & Ostrom, 1988; Wright, 2001)에 기여하고자 하였다. 나아가 본 장의 논리는 합리적인 정치인과 관료들은 각자의 이익을 극대화시키고자 한다고 주장하는 공공선택론(e.g., Voigt & Blume, 2012; Hong & Lim, 2016; Hong & Kim, 2017)의 논리를 연장한 것으로 볼 수 있다.

Ⅱ. 개념적 틀

본론에서는 지방분권화가 적응형 거버넌스로 이어질 수 있는 필요조건에 대해 살펴보기로 한다. 환경 변화에 부응하여 정책 변화가 요구되는 상황은 정부에게 있어 항상 새로운 도전 과제이다. 정부는 이러한 도전 과제를 해결하기 위해 새로운 정책을 도입함으로써 환경 변화에 적응하고자 한다. 기본적으로 정책에는 편익과 비용이 수반되는데, 이때 발생하는 편익과 비용은 사회 구성원이 부담을 하고, 편의상 이 정책은 양(+)의 순편익이 발생한다고 가정한다. 즉 효율성 관점에서 보면 이 정책의 도입은 언제나 사회후생을 개선한다고 가정하는 것이다. 이러한 가정 하에서 적응형 거버넌스란 정부가 이 새로운 정책을 도입하는 상황으로 상정하고 아래 논의를 진행하기로 한다.

1. 지방분권화와 적응형 거버넌스

본 장의 개념적 분석틀은 기존 문헌에 근거한 세 가지 가정을 바탕으로 구성하였다. 첫 번째 가정은 직업 관료들이 위험회피적이라는 것이다. 여기서 직업 관료라 함은 선거를 치르지 않는 공무원들을 말한다. 이들은 대개 조직의 성공에 따른 보상보다는 조직의 위기나 스캔들로 인해 불이익을 받는 경우가 더 많다(Wilson, 1980). 그 결과 직업 관료들은 긍정적인 성과를 창출하기 위해 노력하기보다는 부정적인 결과에 따른 비난을 피하고자 하는 욕구가 더 강한 경향이 있다(Hood, 2010). 이와 같은 공무원들의 비난회피 경향은 공공 조직이 위험회피적 성향을 갖도록 만드는 요인이 된다. 새로운 변화에 적응하기보다는 현 상태를 유지하고 안정을 추구하는 것이다. 이러한 현상이 나타나는 이유는 기본적으로 환경 변화에 대한 적응은 혁신을 전제로 하며, 모든 혁신적 활동에는 위험과 불확실성이 뒤따르기 때문이다(Rose-Ackerman, 1980).[1]

물론 관료 개인의 비난 회피 성향이 반드시 정부조직 전체의 위험회피로 이어진다고 볼 수는 없다. 그럼에도 불구하고 선행연구들은 많은 공공기관들에서 "위험회피 문화"가 만연하다는 것을 확인해 왔으며(e.g., Bozeman & Kingsley, 1998), 사회심리학적 관점에서도 조직 구성원의 행태가 조직의 문화에 현저하게 영향을 미칠 수 있다는 것이 많은 선행연구들에서 논의되어 왔다(Baumeister, Ainsworth & Vohs, 2016 등 참조). 행

1 '적응'의 반대를 '위험회피'로 볼 수 있는지에 대한 의문이 있을 수 있다. 예를 들어, 공무원이 기존의 정책을 고수하는 것이 위험하다고 판단하여 적응을 시도할 수도 있는 것이다. 이러한 잠재적 비판이 가능한 이유는 위험의 정의가 다양하기 때문이다. 본 장에서는 기존 연구들과 같이 '위험회피'를 '불확실성에 대한 기피'로 정의하였다. 이때 환경 변화에 대한 공공조직의 적응은 현 상태를 유지하는 것에 비해 훨씬 더 큰 불확실성, 즉 위험을 수반하는 것이라고 볼 수 있다. 위험을 위와 같이 정의한 선행연구들은 공공관리자들이 위험회피적이기 때문에 인센티브에 덜 민감하게 반응한다고 설명한다(e.g., Dixit, 1997). 이러한 논리에 따라, 본 장에서는 위험회피를 환경 적응의 반대 개념으로 제시하고자 한다.

정학과 정치학 문헌들 역시 공무원 개개인의 비난 회피 태도가 공공 조직 내 위험회피 풍토 형성에 기여한다고 밝히고 있다(Norman, 2002; Hood, 2010; Charbonneau & Bellavance, 2012). 이러한 이유로 다음과 같은 가정을 도출하였다.

가정 1: 정부조직은 위험회피적이고 변화보다는 안정을 추구하고자 하며, 이러한 성향은 적응형 거버넌스를 가로막는 요인이 된다.

두 번째 가정은 중앙정부와 지방정부의 태도 차이에 관한 것이다. 선행연구들은 다층적 정부의 기능 분화에 대해 연구해 왔다(Feiock & Carr, 1997; Hong, 2017; Hooghe & Marks, 2003; Ostrom et al., 1988; Wright, 2001). 선행연구들은 중앙정부와 지방정부에서 공무원들의 민주적 책임성에 차이가 있다고 언급하고 있다. 즉 지방정부에서 근무하는 직업관료들은 선거결과에 상대적으로 큰 영향을 받는 경향이 있지만, 중앙정부에서 근무하는 직업관료들은 상대적으로 적은 영향만을 받는다는 것이다. 예를 들어, Hong(2017: 132)은 "지방정부에서는 선거 결과가 공무원들의 행태를 구속하는 경향이 있는 반면, 중앙정부에서는 계층 사슬(hierarchial chain)이 더 길기 때문에 공무원들이 선거의 영향으로부터 상대적으로 단절(insulated)되어 있는 편"이라고 주장한다.

위 주장을 조금 더 자세히 살펴보면 다음과 같다. 중앙정부의 수장(수상 또는 대통령)과 지방정부의 수장 모두 선거를 통해 선출되는 상황을 생각해보자. 이때 대체로 지방정부의 규모가 중앙정부보다 작으므로 지방정부의 수장과 지방 공무원 간의 명령 계통(chain of command)도 중앙정부의 수장과 중앙정부 공무원의 경우보다 더 짧으며 직접적이다. 이러한 제도적 차이로 인해, 지방정부의 공무원들은 중앙정부의 공무원들에 비해 선거 결과에 더 큰 영향을 받게 되는 경향이 있다. 예를 들어, 많은 국가에서 지방정부의 장은 지방정부에서 일하는 모든 공무원들에 대한 직접적인 인사권을 갖고 있는 반면 수상이나 대통령은 이 권한을 각부 장관이나 기관장에게 위임한다. 이러한 차이로 인하여 중앙정부의 일선 관료들은 지방정부의 일선 관료들에 비해 정치 세력 교체의 영향으로부터 비교적 자유로울 수 있다. 또한 지방정부의 경우 선거결과에 더 크게 영향을 받기 때문에 유권자들의 의견에 더욱 민감할 수밖에 없다. 위 논의를 바탕으로 다음 가정을 제시하고자 한다.

가정 2: 유권자의 의견은 중앙정부보다 지방정부 관료들의 행태에 더 큰 영향을 미친다.

한편 행정학 및 정치학 문헌에 따르면 주기적으로 치러지는 선거는 위험회피적 성향의 관료들을 변화시킬 수 있는 효과적인 수단으로도 작용할 수 있다. 선거를 통해 국민은 주기적으로 정부기관의 대표자들에게 책임을 물을 수 있는데, Rose-Ackerman(1980)이 주장하듯이 정치인들이 재선을 희망한다면 위험을 감수해야만 한다. 선행연구의 실증적 증거들 또한 선거가 정치인들의 행태를 상당하게 변화시킬 수 있음을 보여주고 있다(e.g., Ashworth, 2012; Ferraz & Finan, 2008). 따라서 선출직 공무원들은 재선에 도움이 된다고 판단하면 위험을 어느 정도 수용하면서 변화를 추구하게 된다. 즉, 재선을 위해서 환경변화에 부합하는 새로운 정책을 도입하려 한다는 것이다. '선거 승리'라는 목표는 선출직 공무원들뿐만 아니라 책임계통(chain of accountability)으로 연결된 하위 공무원에게까지 변화를 위한 동기를 부여하게 된다. 일선 관료들 역시 승진이나 처벌 등 고위 관료들의 인사권에 의한 통제를 받기 때문에 선거를 치르는 고위 관료들과 마찬가지로 위험회피 성향이 줄어들고 변화를 수용하게 되는 경향이 있다. 이러한 논의를 바탕으로 세 번째 가정을 제시하면 다음과 같다.

가정 3: 선거는 정부조직의 위험회피적 성향을 줄이고 유권자의 요구에 부응하기 위한 적응성을 제고한다.

위 세 가지 가정들을 조합해 보면 지방분권화 수준이 적응형 거버넌스에 미치는 영향을 유추할 수 있다. 기본적으로 지방정부는 중앙정부보다 명령 계통(chain of command)이 짧기 때문에 선거를 통해 표현되는 유권자들의 요구에 더 민감하게 반응하는 경향이 있다. 따라서 다른 모든 조건이 동일한 경우, 정책 결정권이 중앙정부에서 지방정부로 이동할수록, 다시 말해서 지방분권화 수준이 높을수록 적응형 거버넌스에 가까워질 것이다.

[그림 8 - 1]은 이 주장을 도식화한 것이다. 우선 [그림 8 - 1]의 가로축은 지방분권화 수준을 나타낸다. 가로축의 한쪽 끝은 중앙정부가 공공 정책 결정에 있어 핵심적인 역할을 하는 '완전한 중앙집권화(total centralization)'를 나타내고, 반대쪽은 지방정부가 정책 결정에 더 큰 권한을 가지는 '완전한 분권화(total decentralization)'를 의미한다. 한편 세로축은 적응성

[그림 8 - 1] 분권화와 적응형 거버넌스

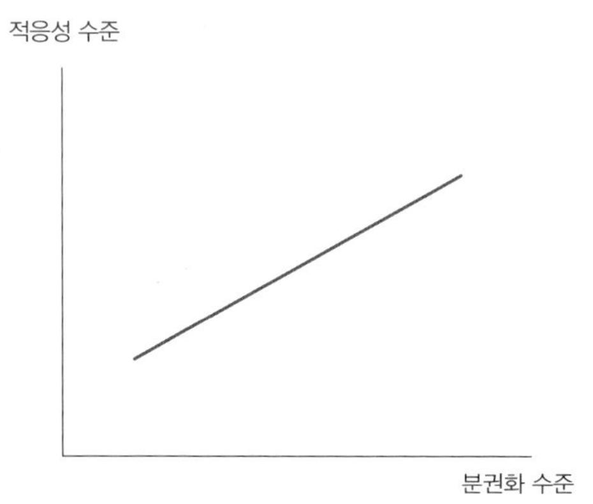

수준, 즉 제도적 구조가 적응형 거버넌스에 가까운 정도를 의미한다. 결론적으로 세 가지 핵심가정을 통해 유추해 보면 [그림 8 - 1]에서처럼 '정책결정의 중심을 지방으로 분권화시키는 것이 정부 조직들로 하여금 변화하는 환경에 더욱 잘 적응하도록 유도할 수 있다.'는 결론에 다다를 수 있다. 이 주장은 기존 문헌들의 견해들과도 일맥상통하는 내용이다(Brunner & Lynch, 2010; Janssen & van der Voort, 2016).

2. 비용-편익 분포에 따른 분권화와 적응성 수준의 관계변화

앞선 논의에서 다른 모든 조건이 동일할 때, 정부 의사결정의 지방분권화가 적응형 거버넌스로 이어질 수 있음을 확인하였다. 한편 이번에는 정책의 편익-비용 분포를 추가로 고려했을 때 앞서 도출한 결론이 어떻게 변화할 수 있는지를 살펴보고자 한다. 즉 정책의 편익-비용 분표를 고려할 경우 [그림 8 - 1]에 표현된 지방분권화와 적응형 거버넌스 간의 관계는 크게 달라질 수 있다. Wilson(1980)은 [그림 8 - 2]와 같이 정책의 비용과 편익의 분포에 따라 정책을 4가지 유형으로 구분하였다. 구체적으로, 정책의 비용과 편익이 각각 대중들에게 넓게 분산되어있는지 혹은 일부 사회구성

[그림 8 - 2] 비용-편익 분포에 따른 정치상황 유형화

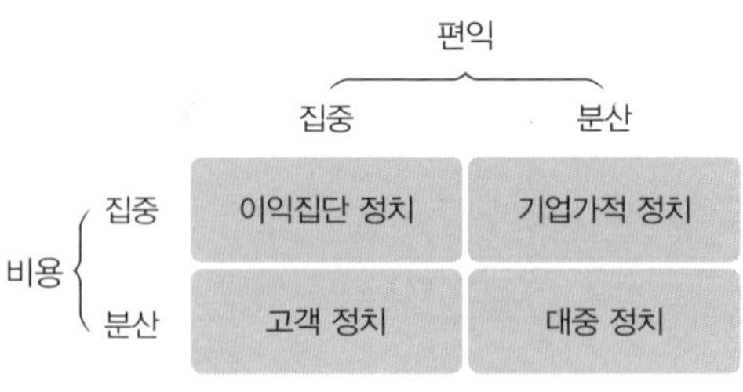

원들에게 좁게 집중되어있는지에 따라 2×2 행렬을 제시하여 정책을 구분하였다.

[그림 8-2]의 4사분면(우측 하단)에서는 비용과 편익 모두 사회의 다양한 구성원 전반에 넓게 분산되어 있다. 즉 많은 사회구성원들이 정책 도입으로 인한 이득과 비용을 모두 조금씩 공유하고 있는 상황이다. Wilson(1980)은 이를 대중정치(majoritarian politics)라고 명명했다. 대중정치 상황에서는 사회구성원들이 공통의 이해를 바탕으로 조직화하여 강력한 이익집단을 형성할 유인이 거의 존재하지 않는다. 비용과 편익이 사회의 특정 집단(직군이나 지역)에 집중되어 있지 않기 때문이다. 이와 정반대의 경우는 비용과 편익이 모두 일부 사회구성원들에게 좁게 집중되는 이익집단 정치(interest-group politics) 상황이다. 새로운 정책에 대한 편익과 비용이 소규모의 집단에 각각 집중될 것으로 예상된다면 각 집단은 공동의 이해를 바탕으로 조직화할 강력한 유인을 갖게 된다. 정책을 지지 또는 반대하기 위해 정치적 세력을 결집할 필요가 있기 때문이다. 따라서 정책을 둘러싼 이해관계자들은 대립하는 집단(찬성집단과 반대집단)을 형성하게 된다.

대중정치나 이익집단 정치 상황은 본 장에서 주요 분석 대상으로 다루지 않았다. 이 두 가지 상황에서는 지방분권화와 적응형 거버넌스 간 관계에 영향을 미치는 다른 다양한 요소가 존재하고 예측 가능한 이론적 가설을 도출하기가 어렵기 때문이다. 대중정치 상황에서 정부가 정책을 채택할지 여부는 그 사안에 대한 대중의 정서에 크게 좌우될 수 있으며, 이익집단 정치에서는 이익집단의 전략적 행동과 정치적 영향력의 상대적 크기에 따라 정책 도입 여부가 결정될 수 있기 때문이다. 선거구획 등 여러 제도적 상황도 큰 영향을 미칠 수 있다. 예를 들어서 국가의 여러 지역에 걸쳐 효과가 나타나는 산업과 특정 선거구에 편익과 비용이 집중되어 있는 산업은 이익집단이 정책 결정에 영향을 미치는 양상 또한 다르게 나타날 수 있다.

따라서 본 장의 개념적 분석틀은 대중정치와 이익집단 정치를 제외한 나머지 두 상황에 집중하고자 한다. [그림 8-2]의 1사분면(우측 상단)은 정책의 편익은 많은 사회구성원들에 넓게 분산되어있지만 비용은 일부 구성원들에게 좁게 집중되어있는 기업가적 정치(entrepreneurial politics) 상황을 나타낸다. 이와 반대로 3사분면(좌측 하단)은 정책의 편익은 일부에게 좁게 집중되지만 비용은 대중에게 넓게 분산되어 있는 고객 정치(client politics) 상황을 다루고 있다. 기업가적 정치에서 정부는 조직적인 반대세력의 정치적 영향력 때문에 정책을 실행하는 데 회의적인 입장을 취할 수 있다. 심지어는 정책의 편익이 비용을 초과하는 경우에도 정책에 찬성하는 사람들보다 반대하는 사람들이 조직화하기 쉬우므로 정부 입장에서는 정책을 도입하기 부담스러울 수 있다. 이와 같은 상황은 정책의사 결정이 중앙정부 수준이 아닌 지방정부 수준에서 이루어지는 경우에 더욱 강하게 나타난다. 중앙정부보다 지방정부가 상대적으로 정치적 이해관계에 더 강하게 영향을 받기 때문이다. 따라서 기업가적 정치 상황에서 지방분권화는 새로운 변화들에 대한 정부의 민첩성 및 적응성을 저해할 수 있다. 반대로 고객정치 상황에서 정부는 찬성집단의 조직화된 정치적 지지를 바탕으로 정책을 도입할 인센티브를 갖게 되므로 정부의 민첩성 및 적응성은 더욱 강화될 수 있다.[2]

---

2 본 장에서는 정책도입의 편익이 비용을 초과하여 양(+)의 순편익이 발생하는 상황을 상정하고 논의를 진행하고 있다. 이 경우 정부의 민첩한 대응과 변화는 긍정적이다. 그러나 만약 음(−)의 순편익이 발생하는 정책이 있다면, 고객정치 상황에서 정부가 정책을 도입하지 말아야 함에도 불구하고 정책에 찬성하는 일부 조직화된 이익집단의 의견에 휘둘려 정책을 도입하게 되는 문제가 있을 수 있다. 즉, 이 경우에는 정부의 민첩성 및 적응성이 과도하여 부정적으로 나타나는 경우이다. 요컨대 기업가적 정치 및 고객 정치 상황에

[그림 8 - 3] 분권화와 적응형 거버넌스: 기업가 및 고객정치의 조절효과

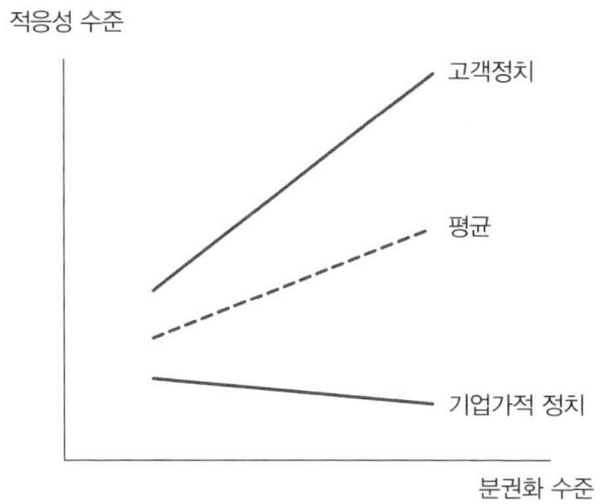

위 논의를 통해 분권화와 적응형 거버넌스의 관계가 기업가적 정치 및 고객정치 상황에서 어떻게 달라지는지를 도식화하면 [그림 8 - 3]과 같다. 즉 정책의 편익이 일부에게 좁게 집중되고 비용은 대중에게 넓게 분산된 고객정치 상황에서는 지방분권화가 적응형 거버넌스로 이어질 가능성이 더욱 높아질 수 있지만, 반대로 정책의 편익이 대중에게 넓게 분산되고 비용은 일부에게 좁게 집중된 기업가적 정치 상황에서는 지방분권화가 적응형 거버넌스 도입을 저해하는 요인으로 작용할 수 있는 것이다.

서는 찬성 또는 반대하는 유권자 중 일방만이 조직화된 영향력을 행사하게 되기 때문에 정부가 이에 휘둘릴 경우 정책이 왜곡될 위험이 존재한다.

Ⅲ. 공유경제 사례로 살펴본 지방분권화와 적응형 거버넌스

지금까지 우리는 지방분권화와 적응형 거버넌스의 관계에 관한 개념적 논의를 통해 지방분권화가 항상 적응형 거버넌스로 이어지지는 않을 수 있음을 살펴보았다. 이러한 이론적 논의를 뒷받침할 수 있는 사례로는 최근 빠르게 성장하고 있는 공유경제 산업에 대응하는 중앙정부와 지방정부의 정책을 생각해볼 수 있다. 세계 여러 국가에서 공유경제라고 불리는 산업이 등장하고 있으며, 이 산업을 허용해야 할지가 규제당국의 새로운 고민거리가 되고 있다. 즉 공유경제를 육성할 경우 서비스의 소비자들과 일부 소자본 창업자들에게 혜택이 돌아갈 수는 있지만, 지금까지 정부의 규제를 받아왔던 관련 산업(예를 들어, 택시산업, 호텔산업 등)은 시장퇴출 위기에 직면하게 된 것이다. 반대로 이 새로운 산업의 진입을 강하게 규제할 경우, 소비자들이 더 낮은 가격에 양질의 서비스를 소비할 수 있는 기회를 막게 될 뿐만 아니라 시장경쟁을 제한하여 자원배분이 왜곡되는 문제가 발생한다.

공유경제의 성장이 사회구성원들의 후생, 즉 국민들의 삶의 질에 긍정적인지에 대해서는 아직 적지 않은 논란이 존재한다. 다만 선행연구들은 공유경제가 사회에 존재하는 유휴자산(idle assets)의 효율적 활용을 유도하기 때문에 경제전체의 효율성을 개선한다는 점에는 동의하고 있다. 즉 자원의 효율적 활용을 통해 사회구성원들의 효용(순편익)의 총합(전체 크기)은 개선된다는 것이다. 이를 근거로 본 장에서는 '공유경제의 성장을 가로막는 규제의 개혁'을 적응형 거버넌스에 부합하는 정부정책으로 가정한다.

공유경제가 설령 사회 전체적으로는 긍정적인 효과가 있다고 하더라도,

이 새로운 산업의 등장을 통해 이득을 보는 사회구성원과 손해를 보는 구성원은 서로 다를 수 있다. 공유경제의 경우 편익은 많은 소비자들에게 널리 분산되는 경향이 있는 반면, 비용은 일부 기득권을 가진 산업(택시산업, 호텔산업 등)이 부담할 확률이 높다. 앞에서 설명한 Wilson(1980)의 기업가적 정치 상황의 전형적 사례로 볼 수 있는 것이다.

지금까지의 논의를 종합해보면 공유경제의 성장을 지원하는 정부의 정책은 빠르게 변화하는 외부환경에 적응한 정부의 모습으로 볼 수 있으며, 공유경제의 성장에 따른 비용과 편익의 분포는 Wilson(1980)의 기업가적 정치 상황으로 이해할 수 있다. 앞서 살펴본 이론적 틀에 따르면 기업가적 정치 상황 하에서는 정부의 적응과정에서 손해를 보는 일부 구성원들의 강력한 반대에 부딪히게 된다. 공유경제의 대표적 사례로 볼 수 있는 Uber의 사례에서는 택시산업이, 그리고 Airbnb의 사례에서는 호텔숙박산업이 이러한 신산업의 성장을 강력하게 가로막는 이익집단에 해당한다. 이러한 이익집단은 중앙정부보다 정치적 입김에 더 크게 좌우되는 지방정부의 의사결정에 더 강한 영향력을 발휘할 수 있다.

이러한 추론이 과연 현실설명력이 있는지를 검증하기 위해 본 장에서는 공유경제 산업의 대표적 기업인 Airbnb와 관련 산업의 규제를 담당하는 국내 공무원들의 의식을 인터뷰를 통해 조사하였다. 구체적으로 대정부업무를 담당하는 3명의 Airbnb 직원에게 여러 정부기관 담당자를 만나며 느낀 바를 조사하였고, 규제업무를 담당하는 총 10명의 공무원들에게 Airbnb와의 인터뷰 결과에 대한 의견을 문의하였다. 인터뷰는 2017년 1월에 진행되었으며, 그 목적은 본 장에서 설명한 분석적 틀의 현실설명력을 검증하기 위함이었다. 전반적으로 Airbnb에서 대정부업무를 담당하는 직원들은 지방자치단체들보다 중앙정부가 공유경제의 성장에 훨씬 더 호의적이라는 점에 크게 공감하였다. 또한 규제업무를 담당하는 공무원들도 지방자치단체가 국가기관보다 정치적 고려에 훨씬 더 민감하게 움직일 수 있으며, 특정 산업이 강하게 반대하는 정책을 추진하기가 상대적으로 더 어려울 수 있음에 공감하였다. 즉, Airbnb 직원과 공무원들 모두 본 장의 이론적 모형이 공유경제에 대응하는 현재 한국 정부의 모습을 잘 설명하고 있다고 응답한 것이다.

한편 일부 응답자들은 본 이론적 모형의 한계를 지적하기도 하였다. 중앙정부 차원에서 공유경제의 성장을 차세대 핵심성장산업으로 지원하고 있음에도 불구하고 지방자치단체들은 대체로 공유경제의 성장에 부정적인데, 그 첫 번째 요인은 분명 일부 조직화된 이익집단(Airbnb의 경우 호텔, 숙박업계)의 영향력이라고 볼 수 있다. 그러나 국내 많은 지방자치단체들은 공유경제 산업이 대체로 Uber나 Airbnb 등 해외기업에 의해 주도되고 있고, 공유경제 산업과 택시 또는 호텔숙박업계 간의 공방이 마치 해외 대기업과 국내 산업 간의 다툼으로 프레임(frame)화되고 있음도 지적하였다. 이를 통해 본 장에서 설명한 이론적 모형이 고려하지 못하는 중요한 요인들도 분명 있을 수 있음을 알 수 있었다.

IV. 정책적 제언

적응형 거버넌스는 정부의 대응력을 강화하여 정부의 질을 제고하는 데 기여한다. 본 장에서는 지방분권화와 적응형 거버넌스의 관계에 대한 개념적 틀을 제시하였다. 우선 지방분권화된 상향식 의사 결정이 적응형 거버넌스의 중요한 전제 조건임을 설명한 기존 연구들을 소개하였다(e.g.,

Brunner & Lynch, 2010; Janssen & van de Voort, 2016). 본 장에서도 이러한 선행연구들의 결론과 마찬가지로 다른 모든 조건이 동일할 때, 지방분권화가 이루어질수록 정부가 유연하고 변화에 민감한 의사결정을 내리게 되는 적응형 거버넌스를 도입할 개연성이 높아진다는 사실에는 동의한다. 다만 기존의 연구들은 지방분권화와 적응형 거버넌스 간 1차원적 관계를 주장하였으며, 다른 요인들을 고려할 경우 결론이 달라질 수 있음을 간과한 측면이 있다. 본 장에서는 기업가적 정치(정책의 편익은 넓게 분산되는 반면, 비용은 좁게 집중되는 상황)에서는 지방분권화가 오히려 지방정부의 적응을 방해하는 요인으로 작용할 수 있다는 점을 설명하며 지방분권화와 적응형 거버넌스의 관계를 다차원적으로 이해할 필요가 있음을 보여주었다.

본 장에서 설명한 이론적 틀의 의의는 다음과 같다. 우선 관료제와 민주주의의 관계에 관한 행정이론이 지방분권의 효과를 이해하는 데 어떻게 적용될 수 있는지를 설명하였다(Gawthrop, 1997; Gormley & Balla, 2004; Hong, 2017; Kirlin, 1996; Meier & O'Toole, 2006; Waldo, 1977). 이 연구는 기업가적 정치의 상황에서 지방분권화가 도리어 사회후생을 개선하는 적응형 거버넌스의 도입을 저해할 수 있음을 보여주었다. 지방정부의 기관장을 선출하는 선거는 국민들이 정부에게 책임을 물을 수 있도록 해주는 중요하고 효과적인 제도적 수단이다. 그러나 주기적으로 선거를 치루는 정치인들과 이들에게 영향을 받는 공무원들은 유권자들이 인지하기 쉬운 근시안적이고 가시성 높은 정책에만 관심을 가지게 될 위험성이 존재한다(Hong, 2017). 특히 시민들의 영향력에 상대적으로 민감하게 반응하는 지방정부가 정책을 결정하는 경우 환경변화에 적응하기 위한 정부의 노력이 오히려 퇴보할 수 있다. 새로운 정책의 편익이 비용을 크게 상회하는 경우에도, 그 비용이 일부 조직화된 힘을 갖고 있는 사회구성원들에게 집중되어 있을 경우에는 정부가 편익과 비용을 동등하게 고려하지 않을 수 있다. 따라서 이러한 Wilson(1980)의 기업가적 정치 상황에서는 지방분권화가 이루어질수록 정부의 적응형 거버넌스의 도입이 어려워질 수 있다.

또한 본 장에서 제시한 이론적 틀은 다중심적 거버넌스(polycentric governance)의 논의와도 밀접한 연관이 있다(McGinnis & Ostrom, 2012; Ostrom, 2010). 다중심주의(polycentricity)의 논리에 따르면, 거버넌스 체제가 자원의 효율적인 분배에 기여하기 위해서는 다층적 거버넌스의 각 부문 간 협업(cross-sector collaboration)이 필수적이다(Ostrom, 2010; McGinnis, 2016). 그러나 역설적이게도 정책결정자의 책임성을 제고하기 위해 설계된 선거, 정당, 이익집단과 같은 제도들이 부문 간 협력을 막는 장벽이 되기도 한다. 이러한 민수수의 사회에서의 정지제도가 오히려 전체 사회 관점에서 최적의 선택을 방해하는 요인으로 작용할 수 있다.

마지막으로 본 장에서는 지방분권화의 논의가 단지 민주주의의 실현이라는 규범적 논의에서 더 나아가 정부의 행동과 선택에 큰 영향이 있을 수 있음을 설명하였다. 정부가 새로운 환경에 민첩하게 대응하여 정부의 질을 향상시키기 위해서는 해당 정책의 특성에 부합하는 정책중심점 설계가 필요하다. 즉 정책의 편익과 비용의 분포가 뚜렷하게 나뉘는 극단적인 기업가적 정치 또는 고객정치 상황에서는 특정 집단이 정부의 의사결정에 강한 영향력을 발휘할 가능성이 크다. 따라서 이러한 상황에서는 지방정부보다는 중앙정부에서 정책의사결정을 주도하는 하향식(top-down) 의사결정구조가 시민들의 삶의 질 향상으로 이어질 가능성이 보다 높을 것이다.

참고문헌

Ansell, C. K., Trondal, J. & Øgård, M. (Eds.). (2016). Governance in Turbulent Times. Oxford University Press.

Ashworth, S. (2012). Electoral accountability: Recent theoretical and empirical work. *Annual Review of Political Science*, 15(1): 183-201.

Baumeister, R. F., Ainsworth, S. E. & Vohs, K. D. (2016). Are groups more or less than the sum of their members? The moderating role of individual identification. *Behavioral and Brain Sciences*, 39.

Bozeman, B. & Kingsley, G. (1998). Risk culture in public and private organizations. *Public Administration Review*, 109-118.

Brunner, R. D. & Lynch, A. H. (2010). Adaptive governance and climate change.

Charbonneau, E. & Bellavance, F. (2012). Blame avoidance in public reporting: Evidence from a provincially mandated municipal performance measurement regime. *Public Performance & Management Review*, 35(3): 399-421.

Conybeare, J. A. & Zinkula, M. (1996). Who voted against the NAFTA? Trade unions versus free trade. *The World Economy*, 19(1): 1-12.

Cramer, J. & Krueger, A. B. (2016). Disruptive change in the taxi business: The case of Uber. *The American Economic Review*, 106(5): 177-182.

Dixit, A. (1997). Power of incentives in private versus public organizations. *The American Economic Review*, 87(2): 378-382.

Feiock, R. C. & Carr, J. B. (1997). A reassessment of city/county consolidation: Economic development impacts. *State & Local Government Review*, 29: 166-71.

Ferraz, C. & Finan, F. (2008). Electoral accountability and corruption: Evidence from the audits of local governments. *American Economic Review*, 101: 1274-311.

Ferguson, T. & Rogers, J. (1984). The Political economy: readings in the politics and economics of American public policy. ME Sharpe.

Gaibulloev, K. & Sandler, T. (2016). Decentralization, institutions, and maritime piracy. *Public Choice*, 169(3-4): 357-374.

Gawthrop, L. C. (1997). Democracy, bureaucracy, and hypocrisy redux: A search for sympathy and compassion. *Public Administration Review*, 57: 205-10.

Gong, Y. & Janssen, M. (2012). From policy implementation to business process management: Principles for creating flexibility and agility. *Government Information Quarterly*, 29(Supplement 1): 61-71.

Gormley, W. T. & Balla, S. J. (2004). Bureaucracy and democracy. Washington, DC: CQ Press.

Hong, S. (2017). What are the areas of competence for central and local governments? Accountability mechanisms in multi-level governance. *Journal of Public Administration Research and Theory*, 27(1): 120-134.

Hood, C. (2010). The blame game: Spin, bureaucracy, and self-preservation in government. Princeton University Press.

Hooghe, L. & Mark, G. (2003). Unraveling the central state, but how? Types of multi-level governance. *American Political Science Review*, 97: 233-43.

Janssen, M. & van de Voort, H. (2016). Adaptive governance: Towards a stable, accountable and responsive government. *Government Information Quarterly*, 33(1): 1-5.

Jervis, R. (1992). Political implications of loss aversion. *Political psychology*, 187-204.

Kahneman, D. (2003). A psychological perspective on economics. *The American economic review*, 93(2): 162-168.

Kirlin, J. J. (1996). The big questions of public administration in a democracy. *Public Administration Review*, 56: 416-23.

Lau, R. R. (1985). Two Explanations for Negativity Effects in Political Behaviour. *American Journal of Political Science*, 29(1): 119-38.

McGinnis, M. D. & Ostrom, E. (2012). Reflections on Vincent Ostrom, Public Administration, and Polycentricity. *Public Administration Review*, 72: 1(Jan/Feb), 15-25.

McGinnis, M. D. (2016). Polycentric Governance in Theory and Practice: Dimensions of Aspiration and Practical Limitations.

Meier, K. J. & O'Toole, Jr., L. J. (2006). Bureaucracy in a democratic state: A governance perspective. Baltimore, MD: Johns Hopkins Univ. Press.

Mergel, I. (2016). Agile innovation management in government: A research agenda. Government Information Quarterly, forthcoming.

Norman, R. (2002). Managing through measurement or meaning? Lessons from experience with New Zealand's public sector performance management systems. *International Review of Administrative Sciences*, 68(4): 619-628.

Ostrom, V., Bish, R. & Ostrom, E. (1988). Local government in the United States. Oakland, CA: ICS Press.

Ostrom, E. (2010). Beyond Markets and States: Polycentric Governance of Complex Economic Systems. *American Economic Review*, 100(3) (June 2010): 641-72.

Quattrone, G. A. & Tversky, A. (1988). Contrasting rational and psychological analyses of political choice. *The American political science review*, 719-736.

Reuters. (2016). EU cautions governments against banning Uber, Airbnb, May 31, 2016, Accessed on January 1, 2017(http://www.reuters.com/article/us-eu-services-idUSKCN0YM2H0).

Rose-Ackerman, S. (1980). Risk taking and reelection: Does federalism promote innovation?. *The Journal of Legal Studies*, 9(3): 593-616.

Sisa Press. (2016). An interview with the CEO of Call-bus Lab, Park Byung Jong, March 24, 2016, Accessed on July 12, 2017(http://www.sisapress.com/journal/article/148585).

Soroka, S. N. (2006). Good News and Bad News: Asymmetric Responses to Economic Information. *The Journal of Politics*, 68(2): 372-85.

Waldo, D. (1977). Democracy, bureaucracy and hypocrisy. Berkeley, CA: Institute of Governmental Studies, Univ. of California.

Wilson, J. Q. (1980). The politics of regulation. New York: Basic Books, Inc. Publishers.

Wilson, J. Q. (1984). The politics of regulation. T. Ferguson, & J. Rogers, The Political economy: readings in the politics and economics of American Public Policy, 82-103.

Wright, D. (2001). Public administration and models of governance: Federalism, intergovernmental relations, and intergovernmental management in the United States of America. Presented at the First International Congress of Political Science and Public Administration, Pachuca, Hidalgo, Mexico.

제9장

지방정부 혁신을 위한 정부 간 재정관계 : 지방재정 분권화 논의를 중심으로

엄태호 · 최근호 · 강혜연

I. 서론

국가와 지역사회의 가장 중요한 목표 중 하나는 구성원 개개인의 삶의 질을 증진시키는 것이라 할 수 있다. 지방자치제도는 지역주민의 삶의 질을 보다 효율적으로 증진시키는 것을 목표로 하는 제도로 볼 수 있으며, 실제로 우리나라의 기초자치단체의 입장에서도 거주민의 삶의 질 제고는 지방분권이 달성하고자 하는 목표라고 할 수 있다(지방자치법 제8조 1항).

지방자치제도는 합리적인 정부형태에 관련한 논의 측면에서 민주성과 효율성을 근거로 지지받는 정부형태이다. 지방자치제도 하에서 제공되는 정부서비스가 시민 개개인의 삶의 질에 영향을 미치고, 지방정부의 공공서비스가 지방재정을 근간으로 한다는 점에서 지방재정은 중요한 의의를 가진다.

최근 정부에서는 지방분권 및 지방재정과 관련하여 우리나라의 자치분권 로드맵을 발표하였으며(2017년 10월 29일), 로드맵을 발표한 배경에는 저출산·고령화를 비롯한 인구감소로 인한 지방의 소멸 등이 제시되었다. 현 정부의 로드맵에 따라 정책이 시행될 시, 앞으로 지방분권은 가속화될 전망이며, 이에 따라 재정분권 또한 강화될 예정이다.

그러나 재정분권은 반드시 효율성을 보장하지는 않는다. 지방자치단체의 방만한 운영, 전문성 결여 등은 재정분권의 효율성을 저해하는 요인들로 제기되어 왔으며, 따라서 이와 같은 재정분권에 대한 기대와 우려를 둘러싼 여러 가지 쟁점사항을 살펴볼 필요성이 있다. 이에 본 장에서는 기존의 연구들을 살펴봄으로써 재정분권에 관련한 여러 가지 다양한 관점의 이론적 논의들을 정리하는 한편, 현재 우리나라의 지방재정 변천과정과 재정분권에 연계된 여러 쟁점들을 종합하여 논의하고자 한다.

II. 재정분권의 이론적 배경과 현황

1. 재정분권의 이론적 배경

1) 재정분권 이론의 핵심요소와 한계

정부의 경제적 기능은 시장의 실패를 방지하는 데서 찾을 수 있다. 경제적 기능과 관련하여 Musgrave(1959)는 정부의 3대 경제적 기능인 경제안정 및 성장기능(Economic Stabilitzation and Growth), 소득분배기능(Distribution), 자원배분기능(Resource Allocation)을 설명하는 한편, Oates(1972)는 분권화 정리(The Decentralization Theorem)를 통해 집권화된 정부와 분권화된 정부를 개념적으로 정의하고, 이러한 상이한 계층의 정부가 어떠한 기능을 담당해야 하는지 논의하였다.

경제안정 및 성장기능은 거시경제적인 목표를 달성하기 위하여 물가의 안정, 생산자원의 완전고용 등의 경제의 지속적인 성장을 목표로 정부가 경제에 개입해야 한다는 것으로서, 주로 중앙정부와 중앙은행이 주된 역할을 수행한다고 할 수 있다. 지방정부는 화폐발행권을 가지고 있지 않기 때문에 재정정책을 통해 이 기능을 수행할 수 있지만, 지방정부의 개방성 때문에 각 지방정부의 독자적 판단에 따른 유효수요 및 고용창출 정책의 집행은 그 효과가 미비하다. 즉, 소규모인 지방정부들은 고도로 개방된 경제이기 때문에, 거주민들은 자신이 소비하고자 하는 재화와 서비스를 다른 지역에서 구매하는 것이 가능하므로 지방정부가 정책을 시행하여도 지출승수(expenditure multiplier)가 작아져 효율성이 떨어진다. 구체적으로 지방정부가 정부지출을 통하여 유효수요 및 고용창출을 증대하는 정책을 시행하여도 그에 따른 효과가 낮아져 지출 대비 산출의 효율이 낮아진다.

두 번째는 소득분배기능으로, 조세정책이나 지출정책을 통하여 정부가 개인이 향유하는 소득의 양을 직접적으로 변화시키거나, 각 생산요소가 갖게 되는 상대적 가격을 변화시키는 등의 기능을 수행한다. 그러나 지방정부의 입장에서 소득분배를 위하여 조세수입을 증대할 경우, 부유한 거주민들은 세부담을 피하려 타 지방정부로 이동하고, 소득분배의 수혜대상이 되는 가난한 이들은 거주민이 되려 전입하려 하기 때문에, 지방정부의 전반적인 세수입이 줄어들어 소득분배기능을 수행할 정책을 추진하게 될 수 없는 문제가 발생한다. 이와 같이 개방성 혹은 이동성 문제는 소득분배기능의 제약요인이 되기 때문에, Oates는 분권화가 아닌 집권화에 의한 통일적인 소득재분배정책이 소득분배기능을 가능하게 한다고 주장한다.

하지만 이러한 논의는 소득분배기능에 있어서 지방정부의 역할이 필요없음을 의미하는 것이 아니다. 지방정부의 경우, 소득재분배정책의 수혜자인 지역 거주민에 대한 수요와 욕구 등과 같은 지역적 지식(local knowledge)을 가지고 있기 때문에 중앙정부보다 더 효율적으로 집행할 수 있기 때문이다(Rogers, 2015). 따라서 대부분의 소득분배정책의 경우, 중앙이 전반적인 정책을 결정하고, 구체적인 집행은 지방정부가 위임하는 형태로 나타나고 있다.

마지막으로 자원배분기능의 경우, 정부가 공급하는 치안, 소방서비스, 쓰레기처리, 상·하수도 등과 같이 공공재의 편익이 지방정부 내의 거주민들에게만 미치는 지방공공재(local public goods)일 때 공급수준에 대한 선호는 지역마다 다르기 때문에 지방정부가 공급하는 것이 더 효율적이라고 할 수 있다. 한편 정부 간 기능 배분에 관련하여 Gruber(2005)는 정책을 유형화하여 정부 간 역할을 제시하였다.

첫 번째, 지방세입과 세출 간의 연계를 고려하여 지방재정구조의 설계를 동반한 재분배 정책을 추진할 시 상위 정부의 역할이 중요하다. 두 번째로 규모의 경제가 작동하는 공공재 공급의 경우, 지방정부보다는 상위의 정부가 담당하는 것이 효율적이다. 마지막 세 번째는 누출효과가 큰 정책의 경우, 개별 지방정부보다는 상위 정부가 담당하는 것이 바람직하다고 보고 있다.

지방정부의 자원배분기능 수행에 대한 논의는 Tiebout(1956)의 'Voting with the feet(발에 의한 투표)'의 개념을 통해 체계적으로 설명이 가능하다. Tiebout는 주민들의 이동성이 높은 경우 주민들이 자신의 선호를 만족시켜주는 지방정부로 이동함으로써 지방정부의 경쟁을 유도하여 효율성을 증진할 수 있다고 설명한다. 이러한 이유는 지방정부가 공급하는 공공재는 세입과 세출에 연계되기 때문이다. 즉, 거주민이 지방정부에 납부하는 세금이 주민의 후생에 어떻게 연결되는지 민감하게 반응하기 때문에 지방정부는 세입과 세출을 고려하여 효율성이 높은 정책수단을 활용한다는 것이다. 하지만 지방정부가 공급하는 공공재 편익은 거주민의 지방세 부담과 연결된다는 Tiebout 모형의 핵심적인 가정은 우리나라와 같이 조세법률주의에 의거하여 중앙에서 법으로 지방세 세율을 정하고, 지방자치단체가 최소한의 과세권(탄력세율제도)을 적극적으로 활용하지 않는 지방재정구조에서는 명확한 한계를 갖는다.

전술한 Oates와 Tiebout의 재정분권에 대한 공통된 논의를 요약하면, 중앙정부와 지방정부의 주된 존립목적은 거주민 후생의 극대화이다. 이를 달성하기 위해 중앙정부와 지방정부는 부여된 재정적 권한과 책임을 합리적으로 사용하려 하고, 이러한 합리적 의사결정은 효율적인 지방공공재 공급을 가능하게 하여 공적 영역 전반의 효율을 높일 수 있다. Tiebout와 Oates의 차이는 Tiebout가 중앙정부 없이 지방정부만이 존재하는 세계를 가정한 것과 달리, Oates는 중앙과 지방 간 재정관계에 분석의 초점을 두었다는 것이다. Oates의 논의에서 중앙정부는 국세 징수를 통해 국민들에게 공공재를 공급하고, 지방정부는 지방세 징수를 통하여 지역 거주민에게 지방 공공재를 공급하는데, 이러한 중앙-지방 간 관계는 정부 간 이전재원(intergovernmental grants)을 통해 연계되고 있다.

위와 같이 Musgrave, Oates가 논의한 전통적인 1세대 재정연방주의(fiscal federalism)는 중앙정부와 지방정부 간의 복잡한 재정관계를 가정하지 않고, 단순한 중앙정부와 지방정부의 재정관계만을 가정하며(Oates, 2008), 미국의 호황기를 배경으로 논의된 관점이다. 하지만 1세대 재정연방주의 논의는 1980년대 이후, 미국의 연방정부의 재정위기가 발생하여 정부 간 관계 및 서비스 공급방식과 맞물려 확장되었다.

1세대 재정연방주의와 2세대 재정연방주의의 내용은 크게 세 가지 차원에서 차이가 나타난다(Oate, 2005·2008; Vo, 2010). 1세대 재정연방주의의 경우 재정기능의 분담 구조 설계에 대한 것이라면, 2세대 재정연방주의는 재정관계의 구조보다는 의사결정과정에서의 행태에 관련된 것이다. 2세대 재정연방주의에서는 관료들을 자기이익을 추구하는 행위자이며, 공적 영역 내에서 자신의 이익을 극대화하려는 이기적인 합리적 정치경제적 주체임을 가정한다. 두 번째로 2세대 이론에서는 인센티브(incentive)와 지식(knowledge)에 대한 연구가 주로 이뤄진다. 구체적으로 동기부여 측면에서 공공재의 효율적인 공급을 위해서는 업무분장에서의 사무규정이나 관료 및 지방정부로서의 규범 이외에도 관료 개인 혹은 지방 자체의 유인구조가 있어야 함을 설명한다. 마지막으로 세 번째는 2세대 재정연방주의에서는 1세대와 달리 확정적으로 표준화된 기준 또는 제도 모형에 대한 관심이 크지 않았다고 할 수 있다. 즉, 모든 것이 불완전한 이기적 주체들의 게임 상태이므로 정부 간 재정분담의 인센티브와 기능 분담의 가치를 실현할 수 있는 지식이 더 잘 갖추어진 주체들을 확인하는 것에 주목하였다. 2세대 재정연방주의는 형식적인 분권과 집권에 대한 논의보다는 기능분담의 결과와 성과 그리고 문제를 해결하는 지식과 이를 담당하는 행위자들의 구체적인 책임을 강조했다. 예를 들어, 지방정부의 재정자율성의 확보는 정보의 이점을 통해 중앙정부보다 더 좋은 성과를 창출할 수 있고, 중앙정부에 비해 주민들과 긴밀하게 연결되기 때문에 분권화가 재정책임성을 높이는 데 유리하다는 논의가 있다(World Bank, 2004). 또한 분권화에 기반한 지방정부의 효율성 및 책임성을 담보하기 위하여 시장친화적인 연방주의를 주장하였다.

2세대 재정연방주의는 1세대 재정연방주의가 기반한 규범적인 방법론에서 벗어나 정치경제학적 접근을 통하여 1세대 재정연방주의의 한계를 극복하려 하였지만 1세대와 동일한 한계를 나타내고 있다. 미국, 캐나다, 영국 등 몇몇 국가를 제외하고 전 세계 대부분의 국가들은 지방정부가 과세권을 독립적으로 행사하는 것이 아니라, 중앙정부에서 결정된 조세가 지방정부의 세입으로 귀속되는 세수공유(tax sharing)의 문제가 존재한다(Baicker et al., 2012; Boadway & Tremblay, 2012). 위와 같이 중앙정부와 지방정부의 관계에서 세입 수준의 결정과 귀속이 명확하지 않을 경우, 중앙-지방 간 재정관계는 재정연방주의에서 주장하는 것과 다른 결과가 도출될 가능성이 있다.

또한 부가적으로 재정연방주의는 Tiebout(1956) 모형에서 세출과 세입의 할당(assignment)이 분명하게 구분되어 있다는 점에서 이론적인 공통점이 존재하는데(Boadway & Tremblay, 2012), 현실적으로 우리나라를 포함한 전 세계 대부분의 국가의 지방정부가 담당하는 세출은 주로 복지서비스, 의료서비스와 같은 재분배적 속성을 지닌 정책으로 구성된다. 즉 Tiebout, Musgrave, Oates가 주장한 바와 같이 지방정부가 편익과 세부담의 연계성이 뚜렷한 자원배분기능을 주로 하는 것이 아니라, 소득분배기능을 주로 수행한다는 것이다. 이러한 분배적 기능이 지방정부 지출의 큰 비중을 차지하게 된 원인에는 중앙정부의 조건부 보조금, 법령에 의거한 위임(mandates), 규제 등과 같은 정부 간 상호관계 등이 영향을 미쳤다고 볼 수 있다(Baicker et al., 2012).

2) 재정분권의 효과에 대한 논의들

OECD 선진국을 대상으로 한 재정분권 연구는 재정분권의 수준이 높아질수록 지방 공공재의 공급 효율성이 일정 수준까지 상승하는 것으로 보고하였다(Adam et al., 2014). 예를 들어 Sorens(2014)는 1980~2005년 사이 OECD 국가들이 재정분권화 이후, 저소득 지방정부의 성장이 지역 간 불평등을 완화시켰음을 보고하였다.

하지만, OECD에서 추진한 개발도상국의 재정분권 연구는 대다수 부정적인 결과들을 보고하였다(Bird, 2010). 예를 들어, 시리아에서는 분권화에 대한 저항이 존재하였고, 재정구조 측면에서 재정의존도가 높았던 알바니아 사례를 비롯하여, 중앙정부가 약한 라오스와 수직적 집권구조가 문제시되었던 캄보디아의 사례를 들 수 있다. 또한 재정분권이 오히려 지역 간 불평등을 심화시키고(Lessmann, 2012), 지방정부의 부패와 비효율성 증가로 인해 재정적자를 야기한다는 연구결과도 보고되었다(Baskaran & Schnellenbach, 2016). 이러한 연구들은 저소득 지방정부가 다른 지방정부와 동일 수준의 서비스를 제공하기 위해서는 고세율에 의지하여 지역 간 격차가 커진다는 주장과 수렴된 세율 하에서 경쟁으로 인해 저소득 지방정부의 비효율성이 감소하여 지역 중심 정책으로 인한 자율성이 높아진다는 서로 반대되는 관점에서 접근하였다(Sorens, 2014; Tanzi, 1996).

분권화로의 제도개편 결과는 단일하지 않지만(Machado, 2013; Gadenne & Singhal, 2014; Sorens, 2014; Lessmann, 2012; 구균철·이지연, 2015; 김정훈, 2007), 공통적으로 분권화가 제대로 기능하기 위해서는

지방정부 내의 민주주의가 제대로 작동되어야 한다고 논의되었다. 즉, 거주민의 정치정보와 인식수준에 따라 지방공무원들과 지방의 대표자의 책임성이 제한되고(Bardhan, 1996; Crook & Manor, 1998), 나아가 지방엘리트들이 정치권력을 쉽게 쟁취하고 자기이익 추구에 활용한다는 것이다(Bardhan & Mookherjee, 2005). 이러한 재정분권의 개혁이 어려운 까닭은 재정분권이 자유화 및 민주화 개혁의 일환으로 추진되기 때문이라는 논의가 존재한다(Gadenne & Singhal, 2014). 또한 대규모의 재정격차는 재정분권의 효과를 저해하는 요인이기도 하다(Gadenne & Singhal, 2014). 중앙정부의 이전재정이 지방의 세출예산에서 큰 비중을 차지하고, 이는 조세의 가격기능을 전제하는 재정의 일반적 원칙에 위배되는 것이다.

재정분권의 성과에 대해 선행연구를 바탕으로 종합적으로 정리하면 국가의 면적, 민족적 이질성, 국가소득, 민주화 수준, 공공재의 규모와 효율성 등의 측면을 비롯하여 시기와 장소에 따라서도 다른 결과를 산출하며, 해당 국가의 특성을 고려하여 진행해야 한다는 것이다.

2. 우리나라의 재정분권 현황

선행연구들이 재정분권 수준을 측정하는 지표는 조세부과 및 징수능력, 사회복지비 지출, 정부의 자체세입, 재정적 통제수준, 순자본지출, 이전지출 비중 등 다양하나(고광용, 2015; 김익식, 1990; 손희준, 2008; 임성일, 2018; 조임곤, 2016; Wolman & Goldsmith, 1990; IMF, 2001; World Bank, 2004), 이 중 가장 많이 사용되는 지표는 중앙과 지방 간 세입·세출의 배분, 재정자립도라고 할 수 있다(한국지방행정연구원, 2016).

재정분권이 지방정부가 중앙정부로부터 자율적이고 독립된 의사결정권을 가지고 재원을 조달하고 지출을 결정한다는 의미에서(Ebel & Yilmaz,

〈표 9-1〉 국세 및 지방세 비중(2009~2016년) (단위: 조 원, %)

	2009년	2010년	2011년	2012년	2013년	2014년	2015년	2016년
조세 (GDP대비, %)	209.7 (18.2)	226.9 (17.9)	244.7 (18.4)	256.9 (18.7)	255.7 (17.9)	267.2 (18.0)	288.9 (18.5)	318.1 (19.4)
국세 (국세 비중, %)	164.5 (78.5)	177.7 (78.3)	192.4 (78.6)	203.0 (79.0)	201.9 (79.0)	205.5 (76.9)	217.9 (75.4)	242.6 (76.3)
지방세 (지방세 비중, %)	45.2 (21.5)	49.2 (21.7)	52.3 (21.4)	53.9 (21.0)	53.8 (21.0)	61.7 (23.1)	71.0 (24.6)	75.5 (23.7)

출처: 행정안전부 「지방세통계연감」.

2002), 지방정부의 세입구조에 따라 지방정부는 자신의 책임 하에 중앙정부로부터 독립하여 재원을 자주적으로 사용할 수 있는 권한을 갖는다.

우리나라 조세 중 지방세가 차지하는 비중을 살펴보면, 2016년도 23.7%로 조세의 대부분을 국세가 차지하고 있다. 이와 비교하여 지방의 세출비중이 67%라는 점에서 사실상 중앙배분에 의한 이전재원에 의존하여 재정운영이 이루어지고 있다고 볼 수 있다.

또한, 2016년 결산기준, 지방자치단체의 세입구조는 지방세(76조 원, 23.5%), 세외수입(29조 원, 8.8%), 지방교부세(38조 원, 11.7%), 보조금(92조 원, 28.4%), 조정교부금(11조 원), 지방채(5조 원)로 총 325조 원으로 나타난다. 중앙정부의 재원이 주로 조세수입을 중심으로 구성되는 반면 지방정부의 재원은 세외수입과 보조금과 같은 다양한 재원에 의존하고 있다. 앞서 제시한 바와 같이 자체재원(지방세 및 세외수입 32.4%)과 비교하여 의존재원의 비중(지방교부세 및 보조금 등 43.6%)이 높은 편으로, 지방자치단체의 재정운영의 자율성은 낮다고 할 수 있다.

구체적으로 지방자치단체의 자체수입의 규모를 살펴보면, 2008년부터 2013년까지 지방자치단체의 자체수입은 지속적으로 증가하다가, 2014년 자체수입 규모가 2013년에 비해 크게 감소하고, 2015년부터 다시 증가추

[그림 9-1] 지방자치단체 세입규모 변화(2008~2016년) (단위: 억 원)

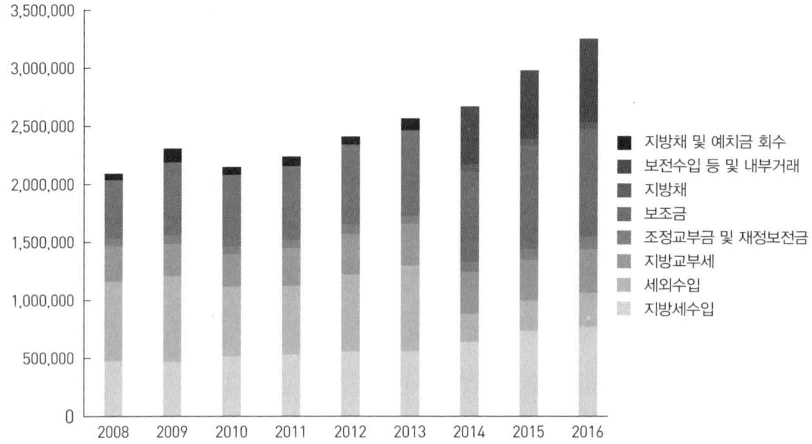

출처: 각 연도별「지방재정연감」.

세를 나타내고 있다. 이러한 이유는 2013년「지방세외수입금의 징수 등에 관한 법률」의 제정에 따른 세입과목 개편에 따라 기존의 세외수입 중 잉여금, 전년도 이월금, 융자금 원금수입, 전입금, 예탁금 및 예수금 등 5개 세입이 신설 세입과목인 '보전수입 등 및 내부거래'의 수입 항목으로 재분류됨으로써 세외수입 규모가 크게 감소함에 따른 영향이다. 지방세가 취득세(22조 원, 28.4%)와 지방소득세(13조 원, 17.1%), 재산세(10조 원, 13.0%) 등이 증가함에 따라 매년 그 규모가 증가세에 있음에도 불구하고 회계적 처리를 제외한 실질적 세외수입을 고려하였을 때, 지방자치단체의 자체세입 규모는 불안정하다고 할 수 있다.

또한 중앙정부-광역자치단체-기초자치단체의 다층적인 지원 구조를 가지고 있으며, 지방교육재정의 분리로 인한 비효율 및 재정구조의 복잡성을 띈다. 이러한 이유는 지방교육재정이 분리되어 있지만, 일반적으로

〈표 9 - 2〉 연도별 자체수입 규모(2008~2016년) (단위: 백만 원)

연도	2008	2009	2010	2011	2012	2013	2014	2015	2016
지방세 수입	45,835,149	45,056,548	50,079,901	52,300,144	53,938,064	54,668,371	62,629,008	71,911,330	76,513,486
세외 수입	68,739,097	74,533,894	60,186,979	59,415,307	67,349,393	74,612,608	24,048,132	26,563,013	28,689,712
총 합계	114,574,247	119,590,442	110,266,881	111,715,451	121,287,458	129,280,979	86,677,141	98,474,343	105,203,199

출처: 각 연도별 「지방재정연감」.

시민들은 자치단체장에게 더 많은 책임을 묻는 구조로 되어 있기 때문이다. 또한 인구구조 및 산업구조의 차이로 지방자치단체 간 재정수입 구조에서 많은 차이가 나타나고 있다.

지방자치단체의 세출예산 측면에서, 세출예산은 2008년부터 2016년까지 지속적으로 증가하는 추세가 나타나며, 정부 기능별로 세출분야를 나누면 2016년 최종예산액 기준 사회복지(81조 원, 30.7%), 일반공공행정(29조 원, 11%), 수송 및 교통(24조 원, 9.4%), 농림해양수산(19.5조 원, 7.4%) 등으로 이루어져 있다. 사회복지분야의 지출 비중은 2008년부터 지속적으로 증가하는데 이러한 이유는 과거 SOC에 투자되던 세출예산이 복지분야로 이동하는 경향을 나타내기 때문이다.

한편, 지방자치단체들의 지출의 효율성 및 형평성을 위하여 지방재정 조정제도가 운영되는데, 지방재정 조정제도는 이론적으로 효율성(외부효과) 및 형평성 증진을 위해 상위정부가 하위정부에게 지원하는 제도를 말한다. 지방재정 조정제도는 유형에 따라 크게 지방교부세와 국고보조금으로 나눌 수 있고, 지방교부세는 보통교부세, 특별교부세, 부동산 교부세, 소방안전교부세로 구분된다.

보통교부세는 일정한 공식에 의해 규모가 결정되는 일반지원금으로 재

[그림 9-2] 지방자치단체 분야별 세출규모 비중 변화(2008~2016년) (단위: 억 원, %)

	2008년	2009년	2010년	2011년	2012년	2013년	2014년	2015년	2016년
세출 규모	1,688,647	1,876,961	1,801,514	1,877,890	2,031,945	2,156,390	2,224,063	2,456,506	2,634,306

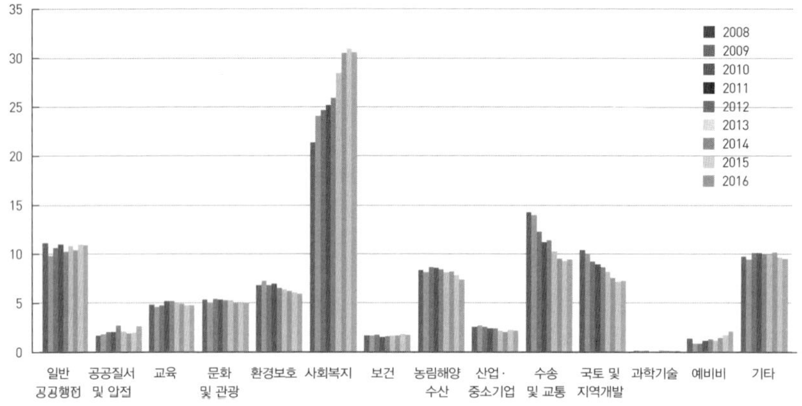

출처: 각 연도별 지방자치단체 세입세출예산서.

정격차완화를 위해 지급되며 내국세의 19.24%를 이전하도록 법정화되어 있으며, 특별교부세는 지방교부세 총액의 3%로 법정화되어 있다. 또한 부동산 교부세는 참여정부(노무현 정부)에서 재정형평성 제고를 목적으로 도입된 제도이며, 소방안전교부세의 경우 2014년 세월호 사건 이후 신설된 교부세라고 할 수 있다. 한편, 국고보조금은 특정보조금의 성격을 가지며, 이론적으로는 외부효과에 기반한다. 기존 연구들에 의하면, 국고보조금은 정치적 성향이 매우 강하고, 각 부처별로 별도로 관리하므로 명확한 집계가 어렵다는 비판을 받는다(강윤호, 2015). 최근 정부에서는 이러한 문제점을 교정하기 위하여 국고보조금 관리 시스템을 개선하고 있는 상태이다.

이전재원의 변화추이를 살펴볼 때, 지방교부세는 2016년 결산기준 총

[그림 9-3] 지방자치단체 이전재원 규모 변화(2008~2016년) (단위: 억 원)

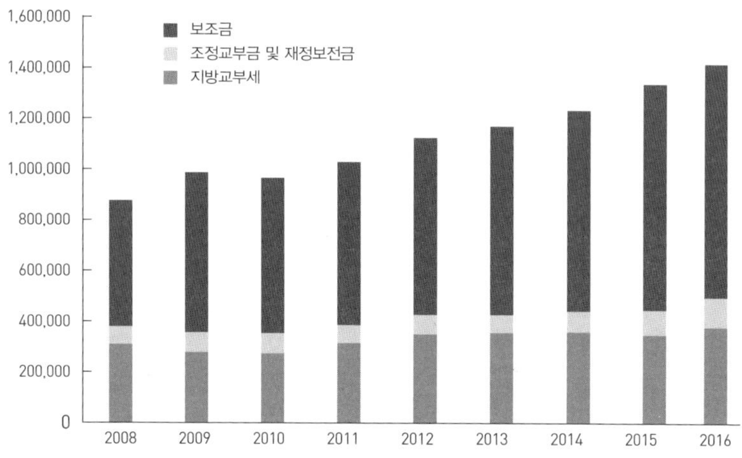

출처: 각 연도별 「지방재정연감」.

38조 원으로 비교적 연도별 증가세가 뚜렷하게 나타나지는 않으며, 전체 세입에서 차지하는 비중은 2012년 이후 5년간 지속적으로 감소하고 있다. 반면, 보조금의 경우 그 규모가 꾸준히 증가하여 2008년 대비 약 42.3조 원 증가하여 의존재원 중에서도 자치단체가 비교적 자율적으로 활용할 수 있는 재원은 사실상 감소하고 있는 실정이라고 할 수 있다. 지방자치단체의 재원에서 보조금이 차지하는 비중이 높으므로 상위 정부인 중앙정부 또는 광역자치단체의 정책결정에 의해 지출 경향이 결정되는 경향이 나타난다. 또한 중앙정부 또는 국회에서 정책에 대한 의사결정을 진행한 후, 지방자치단체가 의무적인 대응자금을 지출해야 하는 경우가 많으므로 지출구조의 자율성이 왜곡되는 현상이 나타난다.

우리나라의 지방재정구조를 분석한 결과, 우리나라의 재정분권 수준의 변화를 요약하면 다음과 같다. 세입분권 수준에서 자체수입의 규모가 증가하고 있어 세입분권 수준이 높아지는 것으로 보이나, 세출 측면에서 지방자치단체의 이전재원이 차지하는 비중이 자체재원이 차지하는 비중보다 점차 커지고 있어 실질적인 수준에서 재정분권의 수준이 정체 혹은 낮아지고 있다고 볼 수 있다. 이러한 원인으로는 중앙정부 차원에서 결정된 복지 지출 확대로 인해 국고보조금의 규모 확대로 이어져 지방자치단체의 일반적인 재원의 증가율을 상회하는 수준으로 증가한 것으로 볼 수 있다.

Ⅲ. 우리나라 지방재정의 구조적 문제와 쟁점

1. 지방자치제도와 재정분권

일반적으로 지방자치제도에서 논의되는 지방분권의 구분은 크게 정치적 분권(political decentralization), 행정적 분권(administration decentralization), 재정적 분권(fiscal decentralization)으로 논의된다(Litvack et al., 1998; Schneider, 2003). 정치적 분권은 정책결정 과정의 참여 정도와 지방정치에서 대의민주주의를 구현하는 제도적 정비와 관련되었으며, 행정적 분권은 권한과 책임, 정부의 기능을 계층별로 재배분하는 것으로 기능의 분산, 권한의 위임 및 이양의 형태로 나타난다. 마지막으로 재정적 분권은 재정자원의 권한 이양으로 세출과 세출의 기능 및 변화에 관련되어있다.

우리나라는 지방자치를 경제적 효율성의 개념보다는 민주화의 개념으로 접근하여 정치적 분권에 집중되어, 행정적·재정분권화의 질적 수준이 낮고, 정치적 분권과의 정합성이 낮다고 볼 수 있다. 또한 지방분권에 대한 정교한 고려가 부재한 상황에서 정치적 분권을 추진함으로 인해, 세입·세출에 대한 제도적인 기반이 미흡하여 이로 인해 지속적으로 해외 제도를 수입해서 중첩적으로 적용하고 있다. 또한 자치단체 간 재정 형평성 및 운영 상의 건전성에 지속적인 제도 도입 및 개선이 이루어지고 있는 상황이며, 대증적 처방에 집중하므로 복잡성이 증가하여 지방자치단체의 행정적인 부담이 증가하는 상황이다.

2. 지방자치단체 재정수입의 구조적 문제

지방자치단체의 재정수입 구조 측면에서 첫 번째 문제는 낮은 수준의 과세 자주권이라 할 수 있다. 대부분의 연방제 국가는 지방정부가 과세표준 및 세율 결정권을 가지고 있다. 우리나라의 경우, 조세법률주의에 의해 지방정부의 세율조정권이 일정 부분으로 제한되어있다. 우리나라에서 지방자치단체가 세율 조정을 통해 자체적인 재원을 확보하는 대표적인 제도는 탄력세율제도라고 할 수 있다. 탄력세율제도는 지방세법을 근거로 지방자치단체가 지역 내의 재정수요를 충당할 세입이 부족할 경우, 표준적인 세율보다 높은 세율을 50% 내에서 적용해 세입 증대가 가능한 제도이다. 탄력세율제도는 2017년을 기준으로 11개 지방세 중 지방소비세와 레저세를 제외한 9개 지방세의 증감을 허용하고 있다. 그러나 탄력세율제도를 활용하여 자체재원을 확보하려는 지방자치단체는 매우 드물다. 거주민들의 표를 고려해야 하는 지방자치단체장들은 지역주민들의 비난을 회피하기 위해 지방자치단체에서는 활용을 꺼리고 있다. 또한, 특정 지방자치단체의 세율이 인근 지방자치단체보다 높을 경우, 조세저항 또는 조세회피 현상이 일어날 가능성이 있다. 따라서 지방자치단체 입장에서 과세 자주권을 원하기보다는 중앙정부의 지원을 더 많이 확보하는 것이 유리하며, 부족한 재원을 지방정부의 세율 인상이 아닌, 중앙정부의 책임으로 전가하고자 하는 정치적 입장을 견지할 개연성이 높다.

두 번째는 공공서비스에 대한 조세가격(tax price)으로서의 기능이 결여되어 있다는 것이다. 이상적인 의미로 지방세는 이동이 제한적인 재산에 대한 보유과세라 할 수 있는데, 우리나라의 경우 재산의 보유가 아닌 취득 과세의 비중이 높고 감면을 중앙정부가 결정한 후 다시 교부세로 보전해주는 왜곡된 구조를 가지고 있다. 따라서 전술한 바와 같이 세율이 획일적으로 적용되고, 재산 보유과세 비중이 낮으므로, 지역주민 입장에서는 세금을 공공서비스에 대한 가격으로 인식할 수 없다. 즉, 더 높은 수준의 공공서비스 공급을 요구하면, 더 많은 세금을 부담해야 한다는 인식이 부재하므로, 거주민들은 지속적인 지출 증대 요구를 할 수밖에 없는 구조를 가지고 있다.

세 번째는 배분정치의 일반화이다. 보통교부세는 개별 지방자치단체의 과거 세수추계와 실제 배분액에 의하여 산정되고 있어 지방자치단체에게 예측 가능한 일반 재정수입으로 인식될 수 있다. 또한 배분방식 상의 문제로 지방자치단체가 세출삭감이나 세수증가를 위해 노력할 경우 오히려 교부세가 감액되는 결과가 나타날 수 있다(한국지방세연구원, 2016). 따라서 조세법률주의에 의해 지방세율이 정해져 있고, 탄력세율의 적용을 꺼리는 지자체 입장에서는 보통교부세, 국고보조금 등 이전재원을 보다 많이 확보하는 것이 최선의 재정운영이라고 할 수 있다. 또한 주민 입장에서도 추가 재원을 중앙정부로부터 확보하기를 원하므로 이해관계가 일치한다. 따라서 공유지의 비극(tragedy of commons)과 같이 지방자치단체 간 이전재원을 확보하기 위한 경쟁이 나타나고, 지방자치단체는 보조금을 일종의 성과로 인식하여 배분정치의 일반화가 나타난다. 물론 이러한 현상이 우리나라만의 현상은 아니지만, 우리나라의 경우 지방자치에 대한 개념적 인식이 미흡한 상황이기에 심각한 문제가 될 수 있다.

네 번째는 재정지원제도를 통한 중앙정부의 지방자치단체에 대한 통제이다. 국고보조금은 중앙정부의 지방정부 통제수단으로도 활용된다. 중앙정부의 각 부처에서는 새로운 사업을 결정한 후, 이를 국고보조금의 형태로 지원하는 경우가 많다. 국고보조금을 통한 재정지원 및 사후 평가 등을 통해, 부처의 영향력 확보가 가능하고, 궁극적으로 지방자치단체가 자치적인 의사결정을 할 수 있는 자생력 확보 기회가 박탈된다. 그동안 국고보조금은 지방자치단체에서 집계조차 원활하게 이루어지지 않은 수준으로 관리되었으며, 현재 전산화관리 방안을 추진 중에 있다.

마지막으로 지역 간 형평성 확보가 우선되는 재정지원제도이다. 우리나라의 지방재정 조정 제도의 변천과정의 특징 중 하나는 지방자치단체 간 형평성 확보라고 할 수 있는데, 예를 들어 시·군 조정교부금 제도의 경우, 교부금 배분기준에서 도세 징수실적을 축소하는 한편, 재정력 지수를 더 강화하여 시·군 간 재정형평화 기능을 강화하려고 하였다. 따라서 일반적으로 다른 지방자치단체에 비해 재정력이 약한 농어촌지역에 지원금이 집중되는 현상이 나타난다. 이러한 원인은 부적절한 지방세목, 지방세 규모, 지방세율 결정 기제 등 매우 복잡한 제도적 기반에 의해 발생한 현상이라고 볼 수 있다. 현재의 형평성 중심의 지방재정조정제도를 지속적으로 유지하면서 분권화 수준을 강화할 경우에도 지자체는 지속적으로 추가적인 재원지원을 요구할 개연성이 높다.

3. 지방자치단체 재정지출의 구조적 문제

지방자치단체의 재정지출 구조에서 첫 번째 문제는 지방자치단체장의 정치적 인센티브에 대한 주민의 통제 기제가 부재하다는 것이다. 지역 주민의 정치적 무관심과 지방의회의 낮은 견제능력은 지방자치단체장의 정치적 유인구조에 대한 통제를 어렵게 한다. 급격한 도시화가 진행됨에 따라 재산보유에 대한 과세가 아닌 재산취득에 대한 과세 위주로 지방세가 구성되어 있으므로, 지방자치단체장의 재정 지출행태에 대한 지역주민의 관심은 높지 않다. 예를 들어 특정 개인 또는 가족이 거주할 아파트 소재지를 결정할 때, 지방자치단체 간 지방세율이 동일하거나 차이가 있더라도 규모가 작으므로, 거주지를 선택할 때에 중요한 고려 요인이 되지 않는다. 즉, 서울특별시의 서대문구에 거주하는 아파트 주민이 동 광역자치단체 내의 은평구 아파트로 이전할 때 거주민의 의사결정과정에서 서대문구와 은평구의 재정구조는 거주민의 의사결정에 미치는 영향이 매우 작으므로, 자치단체장의 재정지출행태에 관심을 가질 유인이 약하다. 이러한 의사결정구조는 분권화를 지지하는 가장 중요한 요소 중 하나인 지방공공재 공급수준으로 나타나는 지방자치단체 간 경쟁으로 인한 효율성 증진효과가 발생하기 어려운 구조임을 의미한다.

두 번째는 연성예산제약(soft budget constraint)이다. 2010년 7월 성남시가 모라토리엄 선언을 할 당시, 대다수의 성남시 주민이 시가 파산하여, 지방공공재의 공급이 중단될 거라는 걱정을 하지 않았던 상황은 주민의 인센티브 구조 상 필연적인 현상이라고 할 수 있다. 당시 재정자립도 상위 2위였던 성남시가 실제로 지급불능상태에 이를 것인지에 대한 논란과는 별개로, 설사 지급불능상태에 이르더라도 중앙정부로부터의 사후적 재정지원(bail-out)이 이루어지기 때문이다. 따라서 지방자치단체의 파산으로 인하여 지역주민에게 지방세율 인상 및 집값 하락 등 개인 재산에 대한 직접적인 피해가 발생하지 않는 이상, 거주민은 지속적으로 더 많은 공공서비스를 원할 뿐 지방자치단체의 재정상황을 걱정할 유인구조가 존재하지 않는다. 비슷한 사례로서 수요예측을 잘못하여 운영비를 과다지급하고 있는 용인시의 경전철사업을 비롯한 의정부 경전철, 김해 경전철, 태백시 오투리조트, 인천시 월미도 은하레일, 전라남도 영암군의 코리아 그랑프리, 진안군 용담호의 고사분수대, 대전 동구청의 호화청사 등 대규모 적자를 기록한 여러 사례들이 존재하지만, 이로 인해 지역 거주민의 세부담이 증가한 결과는 나타나지 않았다.

세 번째는 비효율적 지출을 파악 및 제어할 수 있는 기제가 미흡하다는 것이다. 지역 거주민이 지방의 재정상황에 관심을 가짐으로써 나타나는 효용은 지방재정에 대한 정보와 비교과정에서의 비용보다 낮기 때문에, 일반 거주민 입장에서 자신의 시간을 할애하여 지방자치단체의 재정에 관심을 가질 유인구조가 존재하지 않는다. 또한 현재 지방자치단체에서 도입되어 운영되고 있는 사업예산제도, 성과예산제도, 정부회계제도는 제도에서 산출되는 정보들의 비교가능성이 결여된 문제로 인해 제대로 기능할 수 없는 상황이다.

네 번째는 지방자치단체의 재정지출 결정의 책임 소재가 불명확하여 혼란이 발생한다는 것이다. 지방자치 이후 역대 정부는 중앙정부의 기능 및 사무의 지방이양을 추진해왔는데, 지방자치단체 사무로의 이양과정에서 사무만 이양되고 재원이 수반되지 않는 현상이 나타났다는 비판이 존재한다(강윤호, 2015). 이와 같이 중앙정부가 결정한 사회복지 정책에 대한 지방비의 부담이 지속적으로 증가하고 있으며, 이러한 재정지출 결정과 재정 부담의 괴리로 인해 중앙정부와 지방자치단체 간 갈등이 지속되고 있다.

다섯 번째는 지역주민의 정치적 무관심과 지방의회 및 자치단체장의 역량이 부족하다는 점이다. 지방재정에 대한 관심 이외에도 중앙정치에 비해 지방정치에 대한 지역주민의 관심도는 상대적으로 낮은 편이다.

〈표 9-3〉 선거별 투표율 변화 (단위: %)

대통령 선거	연도	1997	2002	2007	2012	2017
	투표율	80.7	70.8	63	75.8	77.2
국회의원 선거	연도	2000	2004	2008	2012	2016
	투표율	57.2	90.6	46.1	54.2	58
전국동시 지방선거	연도	1998	2002	2006	2010	2014
	투표율	52.7	48.8	51.6	54.5	56.8

출처: 중앙선거관리위원회.

이러한 현상은 역대 대통령 선거 투표와 지방선거 투표율을 비교해 보면 알 수 있다. 대통령 선거의 경우, 평균 투표율이 73.5%이나 동시지방선거의 평균 투표율은 52.9%로 나타났다. 거주민들의 지방자치단체 내 지방의회 의원들에 대한 정치적 관심은 지방자치단체장에 비해 매우 낮은 편이라고 볼 수 있다. 또한 언론을 통한 견제 가능성도 낮은 상황이므로, 거주민들이 지방자치단체에 대한 관심이 높지 않은 상태에서 무조건적인 분권화 수준을 높일 경우 문제가 발생할 여지가 크다.

마지막으로 지방자치단체 내에서 시행되는 주민참여예산제도의 왜곡된 운영을 들 수 있다. 주민참여예산제도는 거주민이 예산결정과정에 직접적으로 참여함으로써 대의민주주의의 한계를 극복할 수 있다는 장점에도 불구하고, 우리나라에서는 제도의 타당성에 대한 충분한 논의 없이 도입됨으로써 형식적인 제도로 운영된다는 비판이 존재한다. 또한 주민참여예산제도가 법령에 의해 강제된 우리나라의 경우 제도의 본질적인 취지에 대한 이해가 결여된 상태로 제도가 운영될 수 있는 개연성이 있다(엄태호·윤성일, 2013). 게다가 주민참여예산제도 도입 및 운영에서의 다양한 동기, 목적 및 환경은 기존의 대의 민주주의적 구조와 갈등을 유발할 가능성이 있으며, 예산은 경제적 합리성과 정치적 합리성이 동시에 강조되어야 하나 주민참여예산제도는 정치적 합리성과 절차상의 합의만 강조하기 때문에(나중식, 2004) 경제적 합리성 측면에서 부정적인 결과가 나타날 가능성이 있다. 또한 전술한 바와 같이, 지방재정 운영 및 지방정치에 대한 주민들의 관심이 낮은 상황에서는 주민참여예산제도의 긍정적 효과는 저감되고 부정적 효과가 발생할 여지가 있다. 예를 들어 서울시의 경우, 주민참여예산을 구(區)에 얼마나 가져왔는지가 실적이 되어 참여예산위원들이 서로의 사업을 밀어주는 형태가 되어 운영하는 사례, 대구광역시 서구의 경우, 주민참여예산제도에 대한 시민의 참여율이 저조하여, 주민의 민원 제기가 주민참여예산 사업으로 편성되는 사례가 발견되었다.

IV. 결론

본 장에서는 최근 논의되고 있는 지방분권과 관련하여, 재정분권을 주제로 재정연방주의 이론을 논의하는 한편, 우리나라의 재정분권 현황과 제약요인을 논의하였다. 다양한 선행연구들에서 논의되었듯, 재정분권이 항상 좋은 결과만을 담보하는 것은 아니며, 분권화를 통해 긍정적인 효과를 창출하기 위해서는 지방자치단체의 민주주의의 성숙도, 재정적 특성 등을 고려해야만 한다.

우리나라는 재정분권에 대한 충분한 고려가 미비한 상태로 정치적인 관점에서 지방자치제도가 도입되었다. 그 결과, 세입 측면에서 지방자치단체는 낮은 수준의 과세자주권을 가지고 있으며, 거주민은 지방자치단체가 제공하는 서비스에 대한 비용 인식이 결여되어 있다. 또한 이로 인해 배분

정치가 일반화되어있으며, 국고보조금 등의 재정지원제도에 의존도가 높아 중앙정부에 대한 통제가 높은 한편, 형평성 위주의 재정지원제도로 인해 지방자치단체가 재정의 효율성을 추구할 인센티브가 미약하다. 세출 측면에서는 지방자치단체장의 재정지출 행태에 대해 거주민의 관심이 낮으며, 연성예산제약으로 인해 지방자치단체의 재정구조에 큰 관심이 없고, 지방자치에 대한 정치적 관심도 또한 낮다. 게다가 지방자치단체의 비효율적 지출을 파악하거나 제어할 수 있는 제도적 기반 또한 미흡한 실정이다.

지역 거주민의 삶의 질 제고를 목적으로 하는 지방자치제도가 효과적으로 운영되기 위해서는 지역 거주민의 지방자치에 대한 깊은 관심과 더불어 지방자치의 근간인 지방재정에 대한 높은 관심이 수반되어야 하며, 제도적인 개선책들도 병행되어야 한다. 현재 우리나라의 재정분권수준을 제고하기 위해 논의되는 방안들은 다음과 같이 크게 네 가지로 제시할 수 있는데, 첫 번째는 중앙부처 및 지방자치단체가 합의가능한 분권화의 개념과 수준을 정립하는 것이며, 두 번째는 지역주민이 지방자치단체의 재정에 관심을 갖게 하는 기제를 마련하는 것이다. 단순히 국가재원을 지방에 이양하는 구조가 아닌, 지역주민이 지방세를 통해 지방공공재의 가격을 인식하게 하는 구조를 구축하는 것이 중요하며, 보유세 위주의 지방세제 개편이 가장 이상적일 수 있으나, 주민세 등을 통해 부분적으로 조세가격을 인지할 수 있게 하는 방안이 필요하다. 세 번째로 중앙-지방 간 지출 결정 및 분담 구조를 정립하는 것이다. 현재와 같이 중앙정부가 결정한 후, 지방정부가 일부 재원을 부담하는 구조는 지방재정의 근간을 흔드는 현상이라고 할 수 있다. 따라서 전 국민을 대상으로 시행되는 복지제도(ex. 기초생활보장제도) 등에 대한 결정과 재정부담은 중앙정부에서 하되, 지방자치단체가 결정한 지출은 지방자치단체가 책임질 수 있는 구조를 설계해야 한다. 마지막으로 현재 지방자치단체에서 운영되는 사업예산제도 및 정부회계제도 개선을 통해 비교가능한 공시제도를 마련해야 한다. 현재의 사업예산제도 및 정부회계제도는 지역주민 및 의회가 의사결정에 활용할 수 있는 가능성이 매우 낮다. 따라서 지방자치단체 간 비교가 가능한 재정 정보들을 산출하여 지방자치단체의 정책결정자, 지역주민, 시민단체, 연구자 등이 분석과 비교를 통해 지방자치단체를 감시하고 발전시킬 수 있는 기제를 마련하는 것이 필요할 것이다.

참고문헌

구균철·이지연. (2015). 한국형 재정분권론 정립을 위한 기초연구. 한국지방세연구원.

김익식. (1990). 중앙과 지방정부 간의 권한배분에 측정: 지방분권이론의 정립을 위한 시론. 〈한국행정학보〉, 24(3): 1373-1398.

손희준. (2008). 재정분권을 위한 중앙과 지방 간 재원배분 방안. 〈한국거버넌스학회보〉, 15(2): 157-185.

임성일. (2018). 우리나라의 재정분권 상태 측정에 관한 연구: 재정지출부문을 중심으로. 한국지방세연구원.

조임곤. (2016). OECD·KIPE 〈2016 Fiscal Federalism〉 보고서 소개와 분석-중앙과 지방정부의 재정관계에 대한 OECD 동향 분석. 〈지방재정〉, 2016(5): 26-43.

Adam, A., Delis, M. & Kammas, P. (2014). Fiscal decentralization and public sector efficiency: evidence from OECD countries. *Economics of Governance*, 15(1): 17-49.

Baicker, K, Clemens, J. & Singhal, M. (2010). The Rise of The States: U.S. Fiscal Decentralization in The Postwar Period. *Journal of Public Economics*, 96: 1079-1091.

Bardhan, P. (1996). Decentralised Development. *Indian Economic Review*, 31(2): 139-156.

Bardhan, P. & Mookherjee, D. (2006). Decentralization and Accountability inInfrastructure Delivery in Developing Countries. *The Economic Journal*, 116(1): 101-127.

Baskaran, T., Feld, L. & Schnellenbach, J. (2016). Fiscal federalism, decentralization, and economic growth: A Meta Analysis. *Economic Inquiry*, 54(3): 1445-1463.

Boadway, R. & Tremblay, J-F. (2012). Reassessment of the Tiebout Model. *Journal of Public Economics*, 96(11): 1063-1078.

Bird, R. M. (2010). Local Government Finance: Trends and Questions. IEB's World

Report on Fiscal Federalism. Institut d'Economia de Barcelona.

Ebel, R. D. & Yilmaz, S. (2002). On the Measurement and Impact of Fiscal Decentralization. Policy Research Working Paper 2809. Washington D.C.: World Bank.

Gadenne, L. & Singha, M. (2014). Decentralization in Developing Economies. *Annual Review of Economics*, 6(1): 581-604.

Gruber, J. (2005). Public Finance and Public Policy, NY: Worth Publishers.

IMF. (2001). Fiscal Decentralization and Governance: A Cross-Country Analysis. IMF Working Paper. WP/01/71.

Litvack, J., Ahmad, J. & Bird, R. (1998). Rethinking Decentralization in Developing Countries. Washington D.C.: World Bank.

Lessmann, C. (2012). Regional ineuqality and decentralization: An empirical analysis, *Environment and Planning A*, 44(6): 1363-1388.

Machado, F. V. P. (2013). Decentralization and Accountability: The Curse of Local Underdevelopment. IDB Working Paper Serises No. IDB-WP-397 Inter-American Development Bank.

Musgrave, R. A. (1959). The Theory of Public Finance, New York: McGraw Hill.

Oates, W. (1972). Fiscal Federalism. Harcourt, Brace and Jovanovic.

Oates, W. (2005). Toward A Second-Generation Theory of Fiscal Federalism. *International Tax and Finance*, 12: 349-373.

Oates, W. (2008). On the Evolution of Fiscal Federalism: Theory and Institutions. *National Tax Journal*, 61: 313-334.

Rogers, C. (2015). Localism and the (re)Creation of Capitalist space in the United Kindom. *British Politics*, 10(4): 391-412.

Sorens, J. (2014). Does fiscal federalism promote regional inequality? An empirical analysis of the OECD, 1980-2005. *Regional Studies*, 48(2): 239-253.

Tanzi, V. (1996). Fiscal Federalism and Decentralization: A Review of Some Efficiency and Macroeconomic Aspects. in Bruno, M. & B. Pleskovic (eds.). Annual World Bank Conference on Development Economics 1995, Washington D.C.: World Bank.

Tiebout, C. (1956). A Pure Theory of Local Expenditures. *Journal of Political Economy*, 64: 416-424.

Weingast, B. R. (1995). The Economic Role of Political Institutions: Market-preserving Federalism and Economic Development. *Journal of Law, Economics and Organisations*, 15(1): 1-31.

Vo, D. (2008). The Economics of Measuring Fiscal Decentralization Part 4: Fiscal Decentralization in Vietnam, China, and Selected ASEAN Nations. Economics Discussion / Working Papers 08-16, The University of Western Australia, Department of Economics, 2008.

Wolman, H. & Goldsmith, M. (1990). Local Autonomy as a Meaningful Analytic Concept: Comparing Local Government in the United States and the United Kingdom. *Urban Affairs Quarterly*, 26(1): 3-27.

World Bank. (1999). World Development Report 1999/2000: Entering the 21st Century—The Changing Development Landscape. Washington, D.C.: World Bank.

World Bank. (2004). World Development Report 2004: Making Services Work for Poor People. Washington D.C.: World Bank.

World Bank. (2004). Decentralization or Fiscal Autonomy? What Does Really Matter?: Effects on Growth and Public Sector Size in European Transition Countries. World Bank Policy Research Working Paper 3254.

제10장

지방정부의 사회혁신 정책
균형잡기 역할의 모색

엄영호 · 손선화 · 장용석

I. 서론

본 장은 사회문제 해결을 위한 지방정부의 사회혁신 활동에 주목하여 서울시 34개 사회혁신 정책을 대상으로 유형화를 실시하고 사회혁신 생태계 구축을 위한 지방정부의 정책적 흐름을 실증 분석하였다. 이러한 문제의식은 전 세계적으로 경험한 수차례의 경제 위기와 더불어 기존의 시장 메커니즘을 비롯한 정부의 노력으로는 사회적 난제가 해결되지 못한다는 인식에서 시작하였다. 2000년대 들어, 고용 없는 성장, 빈부 격차의 심화, 실업률 증대 등 정부 홀로 감당하기 어려운 복잡하고 다양한 사회문제가 발생함에 따라 사회를 보다 긍정적으로 변화, 혁신시키기 위한 대안으로 사회적 기업을 필두로 한 사회적 경제의 개념이 널리 활용되기 시작하였다.

한국에서 사회적 경제에 대한 관심은 비교적 최근 증대되어 왔다(Münkner & Kang, 2006; 김경휘·반정호, 2006). 우리 사회는 빠른 경제발전 이면에 사회적 양극화와 불평등 심화, 전통적인 관료제의 문제해결 방식에 대한 비판, 그리고 정부-민간-시민사회의 미숙한 역할 짓기로 인해, 사회문제 해결의 주체와 지향점에 대한 근본적인 회의가 제기되고 있다. 이러한 관점의 변화는 단순한 협력을 넘어 혁신적 사회질서의 요구가 있음을 반영하는 것이다. 더 나아가 민간부문에는 책임성을 요구하고 공공부문에서는 효율성이 강조되는 등 효율성과 책임성이 공존하는 '공공가치의 융합'으로 사회 운영원리가 변화되고 있다(장용석·조희진, 2013). 전통적인 사회운영 주체로서 국가, 시장, 시민사회의 상호 독립적 역할을 넘어서 정

* 이 글은 〈지방정부연구〉 (제21권 4호, 369-389)에 게재된 동 저자의 [지방정부의 사회혁신 정책 균형잡기 역할의 모색]의 내용을 수정, 보완한 것임.

부, 기업, 나아가 NGO까지 함께 파트너십을 구축하고 협력하는 거버넌스가 새로운 사회운영 원리로 추구되고 있는 것이다.

복잡다기한 사회문제의 해결과 사회구성원의 삶의 질을 높이기 위해서는 정부뿐만 아니라 기업, 시민사회 등 다양한 이해관계자들의 참여를 바탕으로 한 새로운 대응 노력이 필요하다. 이는 산업사회에서 지식사회로, 권위주의 시대에서 수평적 네트워크 시대로의 변화는 정부와 시장, 사회와의 협력인 거버넌스가 중요해진 것과 맞물려 더욱 의미가 크다(조희진, 2014). 정부는 오랜 세월 동안 독점적으로 담당해 왔던 '공공서비스 제공'의 역할을 민간이나 제3섹터에 이양함으로써 정부의 재원을 절약함과 동시에, 민간 부문의 역량을 효과적으로 활용하는 일종의 '사회적 혁신'을 시작했다(장용석 외, 2015). 사회문제 해결을 통해 사회적 가치를 창출하기 위해서는 이처럼 다양한 형태의 사회적 혁신이 바탕이 되는 지속가능한 선순환 구조에 대한 이해와 모색이 필요하다. 결국 보편적 의미에서의 사회적 목적 달성과 가치 창출이 사회적 혁신에 의해 추동되고 또 다시 이러한 사회적 가치는 또 다른 혁신을 이끄는 고리 즉, 사회적 혁신 생태계가 협력적 거버넌스를 통한 선순환 구조를 만들어낼 수 있다는 점에 주목할 필요가 있다. 사회적 경제의 핵심적인 특징은 적극적 사회정책 기능의 수행이므로 사회적 경제는 일자리 창출을 통한 소득보장이나 사회서비스 확충, 지역공동체의 발전이나 기타 공익을 창출하는 등 다양한 측면에서 기능할 수 있다. 특히 지방정부는 사회정책 집행과정에서 발생하는 지식과 정보의 수집과 축적에 중앙정부보다 유리한 위치에 있기 때문에 사회혁신 정책의 실효성을 높일 수 있다.

그동안 한국의 사회혁신 정책은 중앙정부의 본격적인 사회적 기업 육성을 시작으로 추진되어왔으나, 기존의 사회적 기업 지원 정책만으로는 사회적 난제의 근본적 해결이나 사회혁신 생태계의 취약성을 극복하는 데 한계가 있다. 사회적 기업의 문제해결 역량과 규모도 작으며, 이들의 성장에 필요한 투자 자금 또한 부족하다. 특히 사회적 기업을 지원하는 중앙정부의 정책과 제도 또한 한계가 있다. 지방정부의 역할은 중앙정부에서 결정된 부분을 집행하는 수준에 머무르고 있어 지방정부의 역량만으로 사회적 기업을 육성한다는 것은 제한이 될 수밖에 없다. 사회혁신 생태계의 질적 제고를 위해서는 지방정부의 역할변화 모색이 절실하다. 지역사회가 무엇을 할 것인가와 관련된 부분은 결국 중앙정부의 몫이 아닌 지방정부의 역할이고, 지방정부 스스로 그러한 역할을 수행할 수 있는 정책 기조의 형성이 우선적으로 전제되어야할 필요가 있다. 이제 지방정부는 외부에서 인정받던, 스스로 인정하던 현대사회의 중요한 행위자로서, 사회문제 해결을 위한 협력적 거버넌스 구축의 핵심 주체라는 것을 부인할 수 없다. 지방정부가 시행착오를 줄이고 사회혁신이 지역기반혁신(community-based innovation), 풀뿌리 혁신(grassroots innovation)으로 자리 잡기 위해서는 경험의 축적과 조직화가 필요하다(한세억, 2013).

중앙정부 주도의 사회혁신 정책들은 주로 경제발전의 보조적 정책수단으로 여겨져 왔으며, 사회발전의 총체적 큰 틀을 만들기보다는 개별적 사회문제 해결이나 경제적 문제 해결에 치중하였다. 또한 지역의 고유성에 기반을 둔 혁신이 아닌 물리적인 이식이 대부분이라는 비판 역시 존재한다(송석휘, 2015). 지방정부들 사이에 사회혁신이 유행처럼 확산되어 지역사회혁신 사례들이 폭발적으로 나타났으나 그것들이 실질적인 사회혁신 정책으로 명확하게 수렴되는지는 여전히 불명확하다. 선행연구에서도 지방정부들이 시도하는 사회혁신의 실험적 정책들에 대한 함의와 잠재적 가능성에도 불구하고 사회혁신에 대한 관심과 지방정부의 역할에 대한 연구가 부족한 실정이다. 따라서 본 장은 지방정부의 주도적인 사회혁신 추진을 위해 사회혁신 정책의 개선방향을 제시하고자 지방정부 사회혁신 정책의 흐름을 탐색적으로 파악하기 위한 유형화를 시도하고자 한다. 사회혁신 1세대가 경제성장 및 기술 중심의 혁신 논의에 대한 비판적 움직임이었다면, 사회혁신 2세대는 기존 혁신 논의를 포괄하는 전환적 혁신 흐름이며, 지역 수준의 프로젝트가 기획되는 특징을 가진다. 즉 지방정부 중심의 사회혁신은 사회혁신의 실제 현장으로서, 포괄적 측면에서 사회적 가치와 경제적 가치를 모두 추구하는 혁신 실험의 장이 되어야 한다. 따라서 기존에 강조되어 온 사회적 "경제"의 개념들은 보다 균형 잡힌 시각에서 "사회적" 경제로 중심을 옮겨 방향전환이 필요한 시점이다. 사회적 혁신은 지역사회의 개별 문제를 해결하는 과정에서 출발하는 경우가 많기 때문에 효과적으로 사회혁신을 분석하기 위해서는 보다 다각적인 측면에서 접근 가능한 사회혁신 유형화가 선행될 필요성이 존재한다. 나아가 사회적 경제에 대한 관심에 부응하여 지방정부에서 여러 정책을 앞다투어 내세우는 정체성 없는 양적 성장이 진행되었다면 이제는 생태계적 관점에서 포괄적으로 사회혁신 정책을 관리해나갈 필요가 있다.

본 장은 사회적 혁신 생태계 구축을 위한 지방정부의 역할을 모색하고, 지방정부 사회혁신에 선도적 역할을 하고 있는 서울시의 34개의 사회혁신 정책을 대상으로 유형화를 시도하였다. 사회혁신 정책의 운영목적과 추구하는 핵심가치를 기준으로 개별 정책의 유형을 분류하였다. 구체적으로 정책의 운영목적에 따라 수요창출형과 공급주도형으로 나누었고, 핵심가치는 경제적 가치와 사회적 가치로 분류하였다. 본 장의 유형화 분석을 통해 기존 연구에서 주목하지 않았던 지방정부에서 추진하고 있는 사회혁신 정책의 흐름을 탐색적으로 파악하고, 지방정부가 사회혁신의 적극적 주체로서 발전하기 위한 방안을 정책적으로 제안하고자 한다.

Ⅱ. 이론적 논의

1. 사회적 경제와 사회혁신의 개념

최근 주목하고 있는 사회적 경제란 기존의 자본주의의 핵심인 이윤극대화와 시장 중심의 원리만을 강조하기보다는 사회적 목적과 민주적 가치를 함께 조화하고자 하는 경제개념이다(Gueslin, 1998; 김영철, 2011; 장용석 외, 2015). 사회적 경제의 개념은 학자에 따라 다양하게 정의된다.[1] 일반적으로 사회적 경제를 '자본·권력을 핵심자원으로 하는 시장과 국가에 대한 대안적 자원배분을 목적으로 하며, 시민사회·지역사회 이해당사자들이 다양한 생활의 필요충족을 위해 실천하는 자발적이고 호혜적인 참여경제 방식'으로 설명한다(장원봉, 2007). 보다 실무적 측면에서는 '구성원 상호 간의 협력과 연대, 적극적인 자기혁신과 자발적인 참여를 바탕으로 한 사회서비스의 확충, 복지의 증진 및 일자리 창출 등 다양한 사회적 가치를 창출하는 모든 경제적 활동을 지칭하는 것'으로 정의한다(송위진, 2014). 이러한 사회적 경제에 활동에 필요한 요소들을 가진 조직들을 사회적 경제 조직이라 한다(OECD, 2007).

결국 사회적 경제란 오로지 이윤이라는 목적 하나로 사회적 배제와 불평등을 양산한 신자유주의에 대한 반성 어린 지적이며, 동시에 비시장경

1 사회적 경제는 상당히 오랜 역사를 지니고 있는 개념으로, 19세기 프랑스 자유주의 경제학자 Charles Dunoyer가 그의 논문 노동의 자유(De la liberté du travail, 1830)로부터 유래한다(Dunoyer, 1973; 주성수, 2010; 신명호, 2013). 그러나 사회적 경제란 명칭이 공식적으로 사용된 것은 1990년 파리세계박람회(The Paris World Fair 1990)에서 Charles Gide가 모든 유형의 결사체들을 박람회의 한 장소로 배정하고 이를 사회적 경제로 명명한 것을 시작으로 한다(Defourny & Develtere, 1999; 장원봉, 2007; 장용석 외, 2015 재인용).

제의 원리와 호혜의 정신에 입각하여 실업과 빈곤 등 각종 사회적 문제를 극복하자는 새로운 제안인 것이다(신명호, 2013). 사회적 경제의 질적 성장과 활성화를 위해서 필요한 것이 사회혁신(social innovation)이다(장용석 외, 2015). 사회혁신이란 사회적 필요(social need)를 충족시키는 것에 목적을 둔 혁신적 활동을 의미한다는 점에서 이윤 극대화를 목적으로 하는 기업혁신과 대비되는 개념이다(Mulgan, 2006). 즉, 사회혁신은 넓은 의미에서 '기존의 아이디어와 차별화되는 새로운 방식으로 다양한 사회영역에서 나타나는 문제를 해결하거나 사회적 목적·요구를 달성함으로써 사회적 가치를 창출하고 변화를 이끄는 일련의 활동'으로 정의할 수 있다(Mulgan et al., 2007). 기존의 비즈니스 혁신활동이 새로운 아이디어를 바탕으로 새로운 제품이나 공정, 비즈니스 모델을 개발해서 수익을 창출하는 경제적 활동이라고 한다면, 사회혁신은 새로운 제품이나 공정, 서비스, 비즈니스 모델을 개발해서 사회문제를 해결하는 활동이라고 볼 수 있다(송위진 외, 2009). 그렇기에 일반적인 비즈니스 혁신활동은 기업과 산업의 경쟁력 강화와 국가의 경제성장을 이끄는 반면 사회혁신은 사회서비스 영역에서 사회적 가치를 이끌어 내고 삶의 질을 향상시킴으로써 사회의 지속가능성을 높이는 데 그 의의가 있다(장용석 외, 2015).

공공부문에서 사회혁신은 전통적이고 관례적인 정책 및 사업방식으로 해결하지 못한 사회적 난제에 대한 정부의 새로운 해결책의 모색이고 시도라고 할 수 있다. 특히, 한국사회는 1991년 지방의회 구성과 1995년 지방정부의 단체장 선출로 본격적인 지방자치 및 정치적 분권화가 제도화되었다. 이후 행정 및 정책 영역의 전반에 걸쳐 지방정부는 다양한 목소리를 내고 중앙정부의 대리인(agent)이 아닌 역할을 수행해나가기 시작했다. 즉, 지방정부는 중앙정부와 규모의 차이는 존재하지만 지역의 혁신에 관련된 환경, 개발, 에너지, 복지서비스 제공 등 다양한 공공서비스 영역에 있어서 차별화된 정책 실험을 시도하고자 한다. 많은 지방정부에서 사회혁신이 유행처럼 확산되어 지역사회혁신 사례들이 폭발적으로 나타났으나 그것들이 실질적인 사회혁신 정책으로 명확하게 수립되는지는 여전히 불명확하다는 한계가 있다. 바람직한 사회혁신의 기초를 조성하고 사회혁신 생태계를 활성화하기 위해서는 지방정부의 노력에 대한 폭넓은 이해가 필요가 있다. 지방정부들이 시도하는 사회혁신의 실험적 정책들에 대한 함의와 잠재적 가능성에도 불구하고 지방정부에 대한 관심과 연구는 부족한 실정이다.

2. 중앙정부 주도 사회적 혁신 생태계 육성의 현주소

한국사회에서 사회혁신 및 사회적 혁신 생태계의 육성은 중앙정부 주도의 사회적 기업 양성을 통해 본격적으로 시작되었다. 전 세계에서 유일하게 2007년 '사회적 기업 육성법'을 제정하고 중앙정부 기준 1,000억 원 이상의 예산을 투입하여 사회적 기업의 설립과 성장을 지원하였다. 이후 2012년 '협동조합기본법', 2014년 '사회적경제기본법' 제정을 통해 법적 기반을 마련해왔다. 그 결과, 2007년 55개에 불과했던 고용노동부 인증 사회적 기업은 2017년 1,776개로 30배 이상 증가하였다(2017년 7월 기준). 2010년 사회적기업진흥원이 설립되어 지원사업을 총괄하고 있으며, 지역차원에서 17개 광역시도의 사회적 기업 육성을 지원하기 위해 권역별 통합지원기관을 지정하여 지방정부의 사회적 혁신 생태계 구축에도 힘쓰고 있다. 또한 중앙정부는 사회적 기업 성과공유대회 및 사회적 기업 관련 기본계획 수립 등 우수 사례를 지속적으로 발굴하고 지방정부의 사회경제적 영역에 대한 지원도 확대하고 있다.

중앙정부 주도의 사회적 혁신 생태계 조성은 혁신 및 창업 환경의 개선과 폭발적 양적 증대에 따른 사회적 이슈와 관심 등에 있어서 충분한 기여를 하였다는 점은 간과할 수 없지만 명암이 존재한다. 중앙정부의 재정적, 제도적 지원에 따른 폭발적인 양적 성장의 실질적 효과와 지속가능성에 대한 의문이 끊임없이 제기되어 왔다. 창업기업 10개 중 4개는 불과 1년 이내에 폐업하고 있는 등 2014년 활동기업 기준으로 살펴보면 5년 평균 생존율은 27.3%로 과거에 비해 하락하고 있는 추세이다(정한울, 2017). 사회적 기업 역시 5년 생존율은 78%로 일반기업에 비해 상대적으로 높은 수치를 보여주고 있으나 이는 정부 지원금 등 외부지원에 의한 효과로 보인다. 창업조직과 사회적 기업에 대한 정책적 지원이 강화됨에도 불구하고 지속가능성과 성공가능성은 매우 낮다. 결국 정부지원에 대한 자원의 존성 증대가 오히려 사회적 혁신 생태계가 제대로 구축되는 데 장애가 되고 있음을 부정할 수 없다(장용석 외, 2015).

우리나라의 경우 사회적 투자 규모도 선진국들에 비해 매우 부족한 상황이다. 이를 해결하기 위해 정부가 직접 사회적 기업을 인증하고, 인증된 사회적 기업에 보조금을 주기도 한다. 혹은 법인세 감면과 같은 세제 혜택을 주거나, 공공기관에 사회적 기업 제품을 구매하도록 하는 사업을 한다. 하지만 사회적 기업이 스스로 지속가능성을 갖추기 위해서는 역량 증대 및 지속적인 혁신 노력도 동시에 요구된다. 투입을 기반으로 한 정책적 지원은 지원을 받는 대상의 문제해결에 대한 동기를 약화시키기 때문이다. 따라서 경제적 가치와 사회적 가치를 모두 창출할 수 있도록 혁신의 기반을 마련하고 경쟁력을 강화할 수 있는 높은 질적 수준의 생태계를 조성해주는 것이 앞으로 지방정부가 해나가야 할 역할이다. 즉, 사회적 혁신 생태계의 조성에 있어서 지방정부 역시 주요한 행위자로 그 역할을 모색해야 하는 것이다. 더 나아가 사회문제를 보다 효과적으로 해결하기 위해 공공부문은 물론, 기술력과 풍부한 자본을 가지고 있는 민간부문과 적극적으로 협력해야 한다(장용석·조희진, 2015). 본 장에서는 지방정부의 주도적인 사회혁신 추진을 위해 사회혁신 정책의 개선방향을 제시하고자 한다.

3. 지속가능한 사회혁신 생태계 구축을 위한 지방정부의 역할

2000년대 중반 이후부터 지역공동체의 발전을 위한 새로운 대안으로 사회적 경제에 대한 논의가 다양한 지역에서 나타나고 있으며, 2013년에는 국제연합 차원에서 사회적 경제 관련 태스크포스팀이 만들어지기도 했다. 사회적 경제는 지역사회가 직면한 환경 변화에 대한 대응, 지역주민의 역량 개발, 지역 자원의 활용, 기업가 정신을 통한 위기의 극복, 지역의 연대를 통한 불평등 해소 등의 다양한 주제와 관련하여 발전하고 있다(한상일·이현옥, 2016). 즉 사회적 경제는 공공기관과 민간기업 및 민간단체가 제대로 대응하지 못해 사각지대에 놓여있는 지역의 사회문제를 해결할 목적으로 작동하는 대안적 경제시스템이며, 이들이 제공하지 못하는 사회서비스를 틈새시장으로 활용할 때 지속가능성이 담보될 수 있다. 사회적 경제 영역은 특히 정부의 정책실패를 교정하고 각종 사회문제를 해결할 수 있으며, 민간 기업에게 사회적 책임 이행을 위한 파트너십의 기회를 제공해 줄 수 있다는 점에서 지방정부에게 상당히 매력적이다. 실제로 고용노동부에 따르면 2016년 지방정부들은 370여 개의 예비 사회적 기업을 발굴하고 8,600여 개의 일자리를 만들어냈다. 정부와 시장 자체만으로는 충족할 수 없는 지역사회의 필요에 대응해야 하는 영역이므로 지역 내부에서 발전패러다임을 확보하기 위해서 지방정부의 협력이 무엇보다 중요하다. 정부 주도의 일방향적인 지원방식은 장기적으로 사회적 기업의 자생력을 떨어뜨리고 지속가능성에 부정적인 영향을 미칠 수 있기 때문이다(황정윤·장용석, 2017).

지방정부의 사회적 경제에 대한 관심은 폭발적인 조례 증가로 가늠해볼 수 있다. 광역자치단체가 채택한 사회적 경제 관련 조례 현황은 다음 [그림 10-1]과 같다. 그러나 특정 지방정부는 사회적 경제에 상당한 관심을 갖고 기반 조성을 위한 노력을 하는 반면, 지방정부의 여건에 따라 그렇지 않은 곳도 존재하는 지방정부 간 불균형이 심화되고 있는 현실이다. 관련 조례가 없는 지역도 다수 있어 여전히 사회적 경제에 대한 지방정부의 관심이 요구된다. 또한 사회적 혁신 생태계의 발전이라는 관점에서 볼 때, 지역 간의 격차가 사회적 경제 생태계 발전의 불균형을 야기할 수도 있다. 따라서 사회적 경제로의 환경변화에 따른 지역기반 생태계 조성과 독립적이고 주체적인 역능적 행위자성(empowered actorhood)의 강화는 필수적 요소이다. 지방정부는 사회서비스 제공과 관련된 직접적인 정책수단을 가지고 있기 때문에 현장에서 요구되는 수요를 정확하게 파악하고 사회적 혁신을 실행하여 문제해결을 위한 활동을 수행하게 된다. 지방정부의 특

[그림 10-1] 사회적 경제 관련 조례 설치 현황

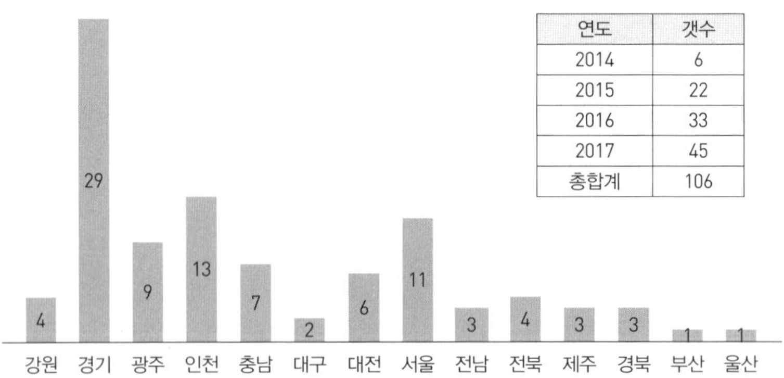

연도	갯수
2014	6
2015	22
2016	33
2017	45
총합계	106

출처: 자치법규시스템 자료 취합 및 재구성.

성상 지역기반으로 수행되는 정책이 많아 그 효과가 증폭될 수 있도록 지원정책을 설계하고 집행해야한다. 지역의 요구 사항을 파악하려면 지역사회의 상황과 여건에 대한 진단이 필요하기 때문에 기존의 전통적인 방식으로는 만성적인 사회문제를 해결하기 어렵다. 개별 조직이 혼자 힘만으로 사회적 혁신을 지속적으로 추진하기 어려우므로 새로운 사회문제에의 대응을 위한 다양한 지역 거버넌스가 구성되어야 한다. 지역 문제 해결과정에서 거버넌스도 새로운 변화로서 사회적 혁신 관점이 요구된다. 즉 사회적 혁신 주체를 둘러싼 생태계 또는 사회적 혁신체제가 효과적으로 구축되었을 때, 사회적 혁신이 활성화되어 사회서비스가 고도화될 수 있다.

이를 위해 우선적으로 추진되어야 할 과제는 정책추진에 있어 수행기관의 역할재정립이다. 현대사회로 오면서 기존의 국가를 비롯하여 기업, 시민사회, 개인에 이르기까지 사회의 다양한 행위자들이 대리인(agent)의 역할을 넘어 스스로의 지위를 확대하고 외부로부터 인정받고자 한다(Meyer et al., 1997; Jefferson & Meyer, 2000). 즉, 역량 이상의 역할과 기능을 할 수 있다는 신념을 스스로 부여하고자 하는 행태가 나타난다. 새로운 역할의 부여는 개별 행위자(actor)들이 사회에서 주체로서의 역량을 바탕으로 의사결정의 자율성과 행동의 권한이 확대된 역능적 행위자성(empowered actorhood)에 의해 더욱 중요성을 띄고 있다(Frank et al., 1995; Meyer et al., 1997; Meyer, 2000; Jefferson & Meyer, 2000; Meyer & Jepperson, 2000). 이러한 행태는 하이퍼 조직(hyper-organization) 현상으로도 설명된다(Bromley & Meyer, 2015).

한국의 지방정부 역시 의사결정의 자율성 확대, 조직으로서의 정체성 추구 등 중앙정부의 하위조직으로서의 역할과 집행기능의 수행을 넘어서 스스로 다양한 사회문제의 해결자로 나서고자 하는 하이퍼 조직의 현상을 보여주고 있다. 중앙정부 중심으로 사회혁신 정책이 시행되어왔으나 지방정부에서도 자체적으로 다양한 정책을 시도해왔다. 지방정부 자신의 본래 역량 이상으로 조직의 역량을 평가하여 행동하며, 나아가 사회적 경제 및 사회혁신에 적극적으로 나서고 있다. 그러나 선행연구에서는 아직까지 사회혁신에 대한 관심과 지방정부의 역할에 대한 고민이 부족하다. 따라서 본 장은 초기 연구로서 지방정부 사회혁신 정책의 흐름을 탐색적으로 파악하기 위해 유형화를 시도하고자 한다.

Ⅲ. 지방정부 혁신역량 및 생태계기반조성 역할 유형화

1. 지방정부 혁신 유형분류

본 장의 분석대상은 2017년 서울시에서 추진하고 있는 34개의 사회혁신 정책이다. 서울시는 한국 지방정부 중 사회혁신에 있어서 선도적 역할을 수행하고 있다. 서울은 오늘날 세계 주요 도시들이 안고 있는 보편적 고민인 양적으로 팽창한 도시의 사회문제 해결을 통한 질적 성장에 대한 고민을 함께 하고 있으며, 이 해결방안으로 사회혁신을 통한 실험적 정책을 시도하고 있다. 서울시에서는 사회혁신이 적용범위가 너무 광범위하다는 기존 비판을 극복하기 위해 이전과 달리 지역의 고유성에 기반을 두려 노력하고 있다. 서울시는 자원 활용을 극대화한 공유경제 육성과 협력적 소비지원을 통한 공유도시(share city) 조성을 적극 조장하고 있다. 즉, 공유도시가 잘 조성되어야 사회혁신이 지속가능한 사회적 혁신생태계를 구축할 수 있다고 보아 다양한 정책을 시행 중이다. 서울시의 공유도시 정책은 물건, 공간, 정보, 재능, 경험 등 자원을 함께 사용함으로써 사회적·경제적·환경적 가치를 높여 도시문제를 해결하고 시민 생활에 도움이 되는 것을 목적으로 한다. 2016년도 서울시 공유도시 정책공감도 조사결과, 새로운 형태의 서비스로 법 제도적 장치가 필요하다는 항목이 79.4%로 공감도가 가장 높았다. 공유도시 정책에 대한 인지도는 12%로 이름만 들어 봤다고 응답한 46.9%를 포함하면 서울시민 10명 중 5명 이상이 인지하는 것으로 나타났다. 그러나 서울시에서 추진하는 개별 사업의 인지도의 격차는 큰 편이며, 높은 인지도에 비해 공유사업에 대한 이용 및 참여 경험은 주요 사업을 제외하면 아직 낮은 수준이다. 기대와 우려를 동시에 받고 있는 사회혁신 운동은 중앙정부 차원뿐 아니라 지방정부 차원에서 활발하게 추진되고 있지만 사회혁신 운동에 대한 평가나 분석은 여전히 관심이 부족한 실정이다(송석휘, 2015).

본 장의 구체적인 유형화 작업은 2017년 서울연구원에서 출판한 〈서울을 바꾸는 정책〉 시리즈의 사회혁신 책에서 서울시 사회혁신의 대표 사례로 소개하고 있는 34개의 정책내용을 활용하였다.[2] 또한 34개 정책에 관한 세부내용을 자체 수집 및 조사하여 사회혁신 정책의 주요내용을 〈부록 1〉과 같이 정리하였으며, 이를 바탕으로 혁신 유형화를 실시하였다. 34개 정책은 유형화 기준에 따라 분류하였다. 구체적으로 50+인생이모작 정책은 정부가 커뮤니티 육성 및 고용복지서비스를 제공하는 등의 공급주도 사회혁신이며 노년문화 창출 등 사회적 가치를 핵심으로 운영 중이다. 지하철 9호선 시민펀드의 경우 시 재정부담의 감소와 개인에게 투자기회를 제공하는 등 공급주도지만 경제적 가치가 핵심이라고 할 수 있다. 마을공

2 서울혁신백서에는 25개의 대표사례를 제시하고 있으며, 서울혁신기획관 사업 등 다양하게 다루고 있으나, 현재 서울연구원에서 제시하는 34개 사례가 가장 포괄적인 정책으로 구성되어 있어 이를 본 장의 유형화분석에 활용하였다.

동체 사업의 경우 사업 제안부터 사후관리의 전 과정을 주민이 주도하는 등 수요창출을 통해 건강한 공존을 고민하는 등 사회적 가치에 중점을 두고 있다. 시민햇빛발전소는 주택 및 건물 등에 개인 신청을 통해 미니태양광 발전소를 설치하여 경제적 혜택을 제공하는 등 수요를 창출하면서도 경제적 가치가 중심이 되는 사례라고 할 수 있다.

34개 정책사례를 내용 및 운영 목적을 중심으로 분석하여 몇 가지 주요한 특징들을 도출하였다. 핵심적인 특징은 사회적 가치와 경제적 가치를 중심으로 사회혁신 정책들이 수립되고 있으며, 사회혁신의 수요를 창출해내고 공급을 확대해 나가는 정책들이 주를 이루고 있었다. 본 장에서는 도출된 특징을 바탕으로 유형화를 구조화하였으며, 구체적인 유형화는 아래의 〈표 10-1〉과 같다. 첫째, 사회혁신의 핵심가치는 사회적 가치와 경제적 가치로 대분하여 정책사례가 중점적으로 추구하는 가치로 측정하였다. 경제적 가치는 사회혁신 정책을 통해 정부 및 시민들의 재정부담을 줄이거나 소득 창출 중심 등 그 핵심가치가 경제적인 측면에 집중되어 있는 것을 의미한다. 반면 사회적 가치는 경제적 가치 이상의 공공성을 비롯한 가치 창출을 의미한다. 둘째, 사회혁신 정책의 운영목적에 따라 수요 창출형 혹은 공급 주도형인지 구분하였다. 수요 창출은 시민들이 정책집행과정에 적극적인 참여를 통해 수요를 창출해내고 정책적 대응을 해나가는 유형이다. 공급 주도는 기존 제도적 장치만으로는 해결되지 않는 분야에서 정부가 사회혁신 정책의 적극적 집행주체로서 문제해결을

〈표 10-1〉 지방정부 사회혁신 유형

	수요 창출	공급 주도
경제적 가치	경제적 가치 중심의 수요 창출형	경제적 가치 중심의 공급 주도형
사회적 가치	사회적 가치 중심의 수요 창출형	사회적 가치 중심의 공급 주도형

위해 시도하는 정책에 해당하는 사례들을 중심으로 구분하였다. 이를 바탕으로 경제적 가치 중심의 수요 창출형과 경제적 가치 중심의 공급 주도형, 사회적 가치 중심의 수요 창출형, 사회적 가치 중심의 공급 주도형으로 유형화를 실시하였다.

2. 유형별 사회혁신 사례 분석

〈표 10-3〉은 서울시에서 추진하고 있는 사회혁신 정책 사례를 바탕으로 한 기본적인 유형화 분류표이다. 유형화의 전반적인 특징을 살펴보면, 혁신생태계의 기반조성에 있어서 공급 주도형의 비중(82.4%)이 압도적으로 크게 차지하는 반면에 수요 창출형은 전체 사업 중 17.6%로 매우 낮았다. 핵심가치를 기준으로 유형화해보면, 상대적으로 공급 주도형은 경제적인 가치에 초점이 더 맞추어져 있고 수요 창출형의 특징은 사회적인 가치에 더 초점이 맞추어져 있는 것을 알 수 있다. 또한 경제적 가치가 약 60%로 사회적 가치 40%보다 더 핵심적인 가치로 나타났다.

〈표 10-3〉의 유형화에 더불어, 보다 구체적으로 분석하기 위해 2016년 서울시 서울혁신센터 서울혁신리서치랩의 서울시민 대상 34개 사회혁신 정책 사례에 대한 이해도와 관심도에 관한 조사결과를 보완 및 활용하여 추가 분석하였다. 먼저 경제적 가치 중심의 수요 창출형을 살펴보면, 대표적인 혁신 사례는 서울시 맑은 아파트와 코자자 사례를 들 수 있다. 서울시 맑은 아파트는 아파트 관리비에 관한 주민들 간 갈등을 줄이기 위해 투명성을 강화하고 주민참여를 확대하는 정책이고, 코자자는 빈방을 공유하여 수익을 창출하는 대표적인 주거정책 사례이다. 경제적 가치를 실현하는 데 있어서 주민이 주도하여 새로운 수요를 창출해내는 사회혁신 유형으로, 사회적 수요에 대한 대응으로서 시장이나 기존 제도를 통해 해결되지 않는

〈표 10-2〉 서울시 사회혁신 사례의 이해도 및 관심도

		시민들의 정책 이해도	
		수요 창출	공급 주도
시민들의 정책관심도	경제적 가치	**경제적 가치 중심의 수요 창출형(2)** 서울시 맑은 아파트(저, 고) 코자자(저, 저)	**경제적 가치 중심의 공급 주도형(17)** 지하철 9호선 시민펀드(저, 저) 나눔카서비스(저, 저) 시민명예노동옴부즈만(저, 고) 대금 e바로 시스템(저, 고) 사회적경제지원센터(저, 저) 사회투자기금(저, 저) 생활임금제(저, 고) 시민햇빛발전소(저, 고) **심야전용버스(고, 고)** **장기안심주택(고, 고)** 장애인 혼잡 통행료 면제(저, 저) 청년수당 정책(고, 저) **청년일자리 허브(고, 고)** 환자안심병원(저, 고) 희망둥지(저, 저) 희망하우징(고, 저)
	사회적 가치	**사회적 가치 중심의 수요창출형(4)** 마을공동체(저, 저) 범죄예방 디자인(저, 고) 이음채(저, 고) 희망마차(저, 고)	**사회적 가치 중심의 공급주도형(11)** **50+인생이모작(고, 고)** 공공와이파이(저, 고) (우리동네)보육반장(저, 저) 시민인권보호관(저, 고) 알콜회복 재활센터(저, 저) **여성안심귀가스카우트(고, 고)** 열린데이터광장(저, 고) 응답소(저, 고) 자투리 주차장(저, 고) 재활용정거장(저, 고) 키즈뱅크(저, 저)

주: 괄호 안은 (시민들의 정책이해도, 정책관심도) 순을 각각 저/고로 표기함.

사회적 수요나 취약계층의 문제를 해결하는 혁신이다. 이 유형은 시민들의 작은 아이디어가 큰 변화를 창출하여 직접적이고 가시적인 혁신 성과를 내는 데 유리하다는 장점을 지니고 있다. 또한 경제적 활동이 중심이 되면서 지방정부가 정책을 추진하는 데 있어서 이해관계자의 이해와 설득에 유

〈표 10-3〉 경제적 가치 중심의 수요 창출형

	사회혁신정책	주요 내용
1	서울시 맑은 아파트	• 관리비 거품을 빼고 갈등을 줄여 참여와 소통이 있는 주거공동체 문화 조성 • 비리 사전방지, 투명성 강화, 주민참여 확대
2	코자자	• 빈방을 공유하여 수익을 창출 • 서로 나누는 아름다운 사회 기여가 목적

리하고, 이해관계자들의 반대가 있더라도 사회 전체의 경제적 효과를 강조하여 갈등을 해소할 수 있다는 특징을 지니고 있다. 서울시 맑은 아파트와 코자자의 사례를 보면, 분명한 이해관계자가 등장하고 경제적 효과를 보다 명확하게 측정할 수 있다는 장점이 있다. 그러나 공급 주도형에 비하여 상대적으로 홍보가 부족하고, 그 규모 및 혜택 대상 등의 적은 특징으로 많은 시민들의 관심과 이해는 얻지 못하는 것으로 나타났다.

경제적 가치 중심의 공급주도형을 살펴보면 전체 사회혁신 정책의 절반이 해당할 만큼 가장 많은 사례를 포함한다. 특히 정부가 주도하는 사회혁신 정책들이 대부분이며, 무엇보다 일자리 창출을 중심으로 사회혁신이 나타나고 있다는 특징이 있다. 경제적 가치를 핵심가치로 하나 그 실현을 위해 정부가 나서서 공급 주도를 하는 사회혁신이 해당된다. 이러한 유형은 상대적으로 비용조달이 가능한 정부의 적극적인 투입으로 더 큰 산출효과를 달성할 수 있다는 장점을 지니고 있다. 문제를 야기하는 사회·기술시스템의 구조적 제약을 해결하는 시스템 혁신이다. 시스템 차원에서 문제가 해결되지 않으면 문제를 일시적으로 약화시킬 수 있지만 그렇기 때문에 문제의 근원적 해결을 위해서는 시스템 전환이 필요하다.

경제적 가치 공급 주도형에는 나눔카서비스, 심야전용버스, 전월세보증금 지원, 청년수당 정책, 환자안심병원, 희망둥지를 비롯한 17개 사업이 해당된다. 대부분 정부 주도의 사회혁신으로서 시민들에 대한 홍보 활

〈표 10-4〉 경제적 가치 중심의 공급 주도형

	사회혁신정책	주요 내용
1	(지하철) 9호선 시민펀드	• 지하철 9호선 사업 재구조화 • 1천억 원 규모의 시민펀드 도입으로 안정적 운영 및 시 재정부담의 획기적 감소 • 기관투자가들에게 제공하던 투자기회를 개인에게 제공한 대안투자 상품
2	나눔카서비스	• 개인이 자가용을 이용하지 않고도 필요할 때 편리하게 이용할 수 있도록 공동이용 가능한 차량을 제공하는 서비스
3	(시민명예) 노동옴부즈만	• 영세사업장 근로자나 비정규직 근로자 등 취약 계층의 어려움(밀린 임금, 퇴직금, 해고문제 등)을 해결하기 위해 시행 • 노동 관련 부서 5급 이상 공무원의 직에 있었거나, 공인노무사 또는 변호사 자격을 소지하고 해당 직종에서 5년 이상 경력 또는 노동법률 및 노동복지 관련 식견과 경험이 풍부한 사람으로서 자치구청장이나 노동 관련 단체로부터 추천을 받은 사람을 임명 • 2012년 25명(자치구당 1명)에서 2017년 50명으로 확대 운영
4	대금 e바로 시스템	• 하도급 건설근로자의 임금 및 자재, 장비업체의 대금체불을 구조적으로 예방하기 위해 2012년 도입 • 서울시가 금융기관과 제휴를 통해 전용계좌를 만들어 원도급대금, 하도급대금, 자재 및 장비대금이 각각의 대상자에게 바로 지급되도록 하는 시스템 • 체불을 원천적으로 예방하는 목적
5	사회적 경제지원센터	• 사회적 경제로의 정책 통합 및 지속가능한 기반 조성을 위한 민관 협력의 필요성에 공감하고 이를 효과적으로 실현하기 위한 사회적 경제 현장 및 민간 지원 조직들의 허브 역할 • 사회적 경제 부문별 조직들의 네트워크 촉진, 서울시와 자치구의 통합적 정책환경 조성, 사회투자, 공공구매, 윤리적 소비 등을 통한 기업과 시민의 참여 유도를 통해 사회적 경제 생태계 조성 및 활성화를 촉진
6	사회투자기금	• 주거, 복지 등 다양한 사회문제를 개선하고 사회적 경제 기업을 지원하여 서울시민의 삶의 질 향상 및 좋은 일자리 창출을 위한 융자사업
7	생활임금제	• 실제적인 물가지수와 생활지수를 반영한 최저임금보다 높은 수준의 임금 지급 제도 • 최소 생활수준 보장과 소득격차, 불평등 해소가 목적
8	시민햇빛발전소	• 서울시는 원전 하나 줄이기 정책을 통한 홍보 및 교육 시행 • 서울시민햇빛발전협동조합을 통한 운영 • 주택, 건물 등에 미니태양광 발전소 설치 등 에너지 소비자의 적극적 생산을 통한 소비 전환 유도
9	심야전용버스 (올빼미버스)	• 대중교통 서비스 사각지대인 심야시간대에 택시 승차거부 등으로 귀가에 어려움을 겪던 시민들에게 저렴하면서도 안전한 수단 제공

	사회혁신정책	주요 내용
10	장기안심주택	• 무주택시민의 주거불안을 해소하고자 서울특별시에서 세입자에게 전세보증금을 지원 • 전세세입자가 입주를 원하는 주택 전세보증금의 30%(4천5백만 원 한도)를 서울특별시에서 지원하며, 최대 6년까지 전세보증금 인상 걱정을 덜고 거주할 수 있는 신개념의 공공임대주택
11	장애인 혼잡 통행료 면제	• 실질적 교통량 감소 등 교통수요관리 정책에서 사회적 약자로서 장애인의 혼잡통행료 면제
12	청년수당 정책	• 취업활동 및 진로모색, 역량강화 등 미취업 청년들의 구직활동 촉진을 위한 수당 제공
13	청년일자리 허브	• 청년들만의 커뮤니티공간에서 정보와 지식을 배우고 공유할 수 있는 네트워크 장이 필요해 새로운 개념의 청년전문시설을 개소 • 저성장·저고용 시대에 청년들의 현실을 파악해 기존 정책의 한계를 극복할 수 있는 새로운 정책수단과 프로그램을 개발하고, 서울시의 다양한 일자리정책과 연계한 원스톱 지원으로 청년이 실제로 체감할 수 있는 청년 대책을 만들어 낼 것으로 기대
14	환자안심병원	• 환자와 가족의 편의제공 및 간병비 부담 해소, 의료서비스 만족도 제고를 통한 간병이 초래하는 사회적 문제 해결 서비스 제공 • 간병인 고용을 통한 일자리 창출
15	희망둥지	• 지방출신 대학생들을 위한 대학생 공공기숙사 • 수요자 중심의 맞춤형 임대주택정책을 통한 전세난 해결
16	희망하우징	• 서울주택도시공사에서 매입 또는 건설한 주택을 대학생에게 공급하는 임대주택 사업

동도 많고 사업의 규모 및 대상이 폭넓어 많은 관심을 받은 사례들이 주로 해당되었다. 심야전용버스인 올빼미버스, 장기안심주택, 청년일자리허브 등 서울시민의 관심과 이해가 높은 사업들이 많이 포함되어 있다. 펀드 모금을 비롯하여 장애인 통행료 면제, 생활임금제 등의 정책으로 대표되며, 기초적인 경제생활을 가능하게 해주면서 사회문제를 해결하는 유형이라고 할 수 있다. 최근 지방정부의 소셜 크라우드 펀딩이 확대되어 지역 공공프로젝트에 있어서 재정문제를 해결하고 지역 사회의 관심과 지원을 늘려나가고 있다. 또한 지역화폐를 도입하여 지방세 납부 및 재래시장 이용 증대를 통해 지역 상권 및 경제 활성화를 위한 다양한 시도가 실시되고 있다. 지방정부의 낮은 재정능력을 고려할 때 공공프로젝트 및 공공서비스

제공에 있어서 대안으로 활용될 수 있는 사회혁신이다. 대표적으로 심야전용버스 사업은 2013년 2개 노선을 시범운영하여 2016년 8개 노선 47대의 버스가 밤 11시 40분부터 새벽 6시까지 운행된다. 택시비 기본료의 절반 정도 되는 비용인 2천 원대의 저렴한 요금으로 비용 대비 매우 높은 이용률과 만족도를 보여준다.

세 번째는 사회적 가치 중심의 수요 창출형이다. 혁신생태계의 기반조성이 시민 주도로 이루어지는 유형으로 모두 4개의 사례가 이에 해당하며 마을공동체와 범죄예방디자인이 대표적인 사례이다. 직접적이고 가시적인 성과를 보여주기에 용이하며, 경제적 측면이 아닌 사회적 가치 및 공공의 편익이나 형평성의 측면에서 적극적으로 활용된다는 특징이 있다. 특히, 지역주민의 참여와 만족도를 높일 수 있다는 특징을 지닌다. 범죄예방디자인 사업으로 대표되며, 이는 셉테드(CPTED: Crime Prevention Through Environmental Design)라고 불린다. 범죄예방디자인을 통한 범죄율 감소와 범죄를 낮추는 환경 조성이라는 작은 아이디어에서 시작된 사회혁신이라고 할 수 있다. 공공장소의 투명한 엘리베이터, 가스배관에 사람을 오를 수 없도록 가시를 박거나 미끄럽게 하는 디자인이 대표적인 예이다. 서울시는 2012년 염리동 소금길 및 강서구 공진중학교 주변을 시작으로 범죄예방디자인 정책을 시작으로, 2015년까지 대폭적으로 확대하였다. 물론 이 과정에서 범죄 취약지역이라는 인식과 함께 집값 하락의 우려로 인한 주민반대가 있었고, 디자인이라고 하기 민망할 수준으로 오히려 마을 미관을 해치는 경우 등으로 인한 문제가 제기되기도 하였다. 그럼에도 불구하고 작은 아이디어를 통한 발상의 전환과 적은 비용에 비해 큰 효과로 긍정적으로 인식되고 있다. 마을공동체 사례 역시 지역사회의 문제를 해결하고 공동체 정신을 회복시키는 사업으로 사회적 가치를 위한 시민들의 적극적 참여와 수요를 반영하는 사업이라고 할 수 있다. 서울시

〈표 10-5〉 사회적 가치 중심의 수요 창출형

	사회혁신정책	주요 내용
1	마을공동체	• 마을공동체 활성화를 위해 주민들이 추진하는 일체의 활동에 대해 서울시가 교육부터 컨설팅, 사업별 지원까지 총괄 지원하는 사업 • 주민이 사업 제안부터 계획 수립, 실행, 사후관리 등 전 과정을 추진하는 주민 주도 형태로 이뤄지며, 주민들이 함께 모여(주민모임·마을카페), 함께 기르고 돌보며(마을복지·공동육아), 건강한 공존을 고민하고(에너지자립·안전마을 등), 함께 일자리를 마련하여(마을기업), 함께 즐기는(마을축제·마을문화) 모든 활동들이 마을공동체 사업의 대상
2	범죄예방디자인	• 디자인으로 범죄를 줄이기 위한 방법으로 실질적으로 범죄 발생률을 낮추려면 범죄자와 피해자의 행동을 바꿀 수 있는 조건과 환경을 디자인해야 한다는 아이디어에서 시작 • 우범지대가 되기 쉬운 저소득 취약계층의 주거 지역, 특히 재개발과 재건축이 잦은 지역의 문제 해결을 목적으로 실시 • 14인으로 구성된 범죄예방디자인위원회의 현장 방문 및 경찰청 추천으로 대상지역 선정 • 안전(염리동 소금길, 관악구 행운동), 미담(면목동), 소통(해방촌)의 콘셉트로 디자인 • 지역 내 커뮤니티가 중심이 되어 주도적으로 설계
3	이음채	• 공공육아 협동조합이 주택 계획과 시공 단계부터 주도적으로 참여하는 협동조합형 공공임대주택 • 사람과 사람을 잇는다는 의미로, 공동육아와 공동주거의 가치 및 공감대 확산
4	희망마차	• 희망온돌 사업의 일환으로 공공지원을 받기 어려운 취약계층을 발굴해 현장을 직접 찾아가 민간 기부물품을 전달하는 사업 • 미혼모 시설, 외국인 노동자 보호시설, 노숙인 시설, 재해가정, 장애인 가정, 위기가정 등에 긴급 구호물품 지원 등 복지사각지대 해소

는 마을공동체 정책을 가장 먼저 시작한 지자체는 아니었지만, 정책준비 과정부터 민간 풀뿌리 활동가들과 함께하며 가장 적극적으로 펼쳐왔다.

마지막으로, 사회적 가치 중심의 공급 주도형이다. 사회적 가치를 중심으로 정부가 공급을 주도하는 측면에서 사회 혁신생태계를 조성하고자 하는 유형이다. 사회문제 해결에 있어서 사회적 비용을 줄이고 주민들의 만족도를 높게 이끌어 낼 수 있다는 장점이 있다. 장난감을 기증받아 저소득층 및 차상위층 가정을 비롯하여 일반 가정들에도 공유함으로써 자원의 낭비를 막고 저소득층의 아이들에게도 유해물질이 적은 녹색 장난감을 이

〈표 10-6〉 사회적 가치 중심의 공급 주도형

	사회혁신정책	주요 내용
1	50+ 인생이모작	• 퇴직(전) 후 장년세대의 사회참여 활동과 일자리 창출을 통해 성공적인 인생 후반기 지원 • 고령화시대 노년문화 창출을 위한 커뮤니티 육성 지원 및 교육프로그램 제공 • 맞춤형 고용 복지 서비스 제공
2	공공 와이파이	• 공공기관, 공원, 관광, 광장, 전통시장, 문화시설, 주요거리 등 국민들이 자주 이용하는 공공장소에서 누구나 무료로 이용 가능한 와이파이(WiFi) 서비스 • 서울시가 필수 인프라를 구축해 개방하고 민간기업은 전문 기술과 아이디어 기반의 참신한 사물인터넷 서비스를 구현
3	(우리동네) 보육반장	• 지역에 있는 다양한 육아 자원인 어린이집, 유치원 등의 보육 공적 기관에서부터 병원, 복지관, 상담소, 도서관, 박물관 등 관련시설 등 육아와 관련된 물적, 인적 자원을 서로 잘 연계하고 관리하여 양육자에게 맞춤형 서비스를 제공 • 육아에 대하여 함께 고민하고 모일 수 있는 장을 마련함으로써 지역에서 아이들을 함께 키우고 돌보는 문화 형성
4	시민인권 보호관	• 인권이 차별받거나 침해당하지 않도록 지속적으로 관련 제도를 정비하고 사람을 존중하는 분위기가 보편화되는 인권도시 서울을 만들기 • 서울시와 소속기관, 시의 지원을 받는 시설로부터 겪은 인권침해 사건에 대해 독립적인 조사활동을 바탕으로 시정 권고함으로써 시민을 보호하는 인권 옴부즈만 제도
5	알콜회복 재활센터	• 알콜중독 노숙인의 신체 및 정신 치료가 목적 • 노숙인의 문제 해결을 통한 사회복귀를 지원
6	여성안심귀가 스카우트	• 여성이 안전한 서울을 만들기 위한 사람안전망 사업 및 경력단절여성에게 일자리를 제공하는 뉴딜일자리사업 • 여성이 밤 10시~새벽 1시 귀가 시 지하철역이나 버스정류장 도착 30분 전에 120 다산콜센터나 자치구청 상황실에 전화로 신청하면, 동행스카우트를 통한 귀가지원 서비스 제공
7	열린 데이터광장	• 공공 데이터를 민간에 개방하고 소통함으로써 공익성, 업무효율성, 투명성을 높이고 시민의 자발적 참여로 새로운 서비스와 공공의 가치를 창출할 수 있도록 하는 서비스 • 사회·경제적 가치가 높은 보유 공공데이터를 개방하여 민간의 다양한 비즈니스 창출 기회 제공 및 IT 컨텐츠산업 육성에 기여
8	응답소	• 서울시 모든 민원과 제안을 통합·관리하는 온라인 시스템
9	자투리 주차장	• 주택가의 극심한 주차난 해소를 위해 사용하지 않는 땅을 주차장으로 활용 • 주거환경 개선 효과와 버려진 공간의 토지 효율 증가, 공사비용 절감, 이웃 간 갈등 해소 목적
10	재활용 정거장	• 재활용품 무단투기 문제 해결 및 분리수거의 활성화, 노인일자리 제공을 통한 일자리 창출이 목적
11	키즈뱅크	• 고장난 장난감을 수리해주고 기증받은 장난감은 수리 후 시민에게 대여해주는 서비스 • 장난감 재활용, 재사용의 선순환 구조를 통해 보육비용의 절감과 환경 파괴의 사회문제를 해결

용할 수 있게 해주는 키즈뱅크가 좋은 예에 해당된다. 사회적 가치 중심의 공급 주도형에서도 일자리 창출이 주요한 특징으로 나타난다. 재활용정거장 역시 공동재활용 수거함을 요일에 따라 설치하고 관리인을 고용함으로써, 주거환경의 개선과 노인 일자리 창출의 고용효과를 증대시켰다. 2013년 4개구 112개의 설치를 시작으로 2015년 13개구 1,577개로 확대되는 폭발적인 양적 성장과 재활용정거장마다 관리인을 고용함으로써 일자리 창출에 큰 효과를 가져왔다. 그러나 집 앞의 재활용정거장 설치에 대한 주민의 반발과 재활용정거장 제작 및 설치비용의 문제, 고용에 따른 인건비 부담 증가 상승이라는 비용적 측면에서 비판이 제기되기도 하였다.

3. 분석 결과에 따른 종합적 논의

주목할 만 한 점은 서울시에서 실시하고 있는 사회혁신 정책이 의도하지 않았던 일자리를 창출이라는 사회적 가치 창출 효과도 함께 가져왔다는 점이다. 재활용정거장 정책은 원래 사회적 기업들이 각 지역의 쓰레기를 수거하는 방식에서 '거점 수거'라는 새로운 방식을 도입하여 서울시 사회혁신 정책으로 승격된 대표적인 사례이다. 실제로 이전과 비교하여 재활용 수거율이 높아지고 주거환경이 개선되어졌을 뿐만 아니라, 폐휴지를 주워 소득을 얻는 노인들에게 관리자 자격을 줌으로써 일자리 사업도 연계하여 추진하고 있다. 여성안심귀가스카우트의 경우도 여성에게 적합한 신규 일자리를 만들어내는 효과도 가져왔다. 또한 환자안심병원도 간병서비스의 비용 부담을 덜어주기 위하여 간호사 인력을 증원하고 간병인을 고용하는 효과를 가져왔다.

정리하자면 대부분의 혁신정책들은 실효성을 높이기 위하여 공급 주도형의 유형이 경제적 가치와 사회적 가치 모두에서 중점적으로 나타났다.

지속가능한 사회혁신과 그 생태계의 구축을 위해서는 수요 창출 역시 필요하며 경제적인 측면과 사회적 측면의 균형이 중요하다. 사회혁신은 어떤 유형에 해당하는 것이 바람직한 정책이며, 정부가 어떻게 행동해야 한다고 정의하기 매우 어렵다. 각각의 유형마다 장단점이 존재하고 지역의 특성과 상황에 맞는 정책의 구현이 바람직하다고 할 것이다. 그럼에도 불구하고 사회적 난제, 지역의 만성적 사회문제들을 해결하는 데 있어서 특정 유형만을 수립하고 유지해나가는 것은 또 다른 사회문제를 야기시킬 수 있다는 점에서 지방정부의 균형 잡힌 노력은 필요하다. 더욱이 재정지원을 비롯한 공공서비스를 제공하는 정부의 역할 및 정책수립은 생태계에 큰 영향을 미치게 된다. 사회문제를 해결하는 데 있어서 정부 단독의 역할과 공공서비스 제공은 이제 유의미하지 않다. 지속가능한 사회혁신을 위해서는 정부를 비롯한 민간과 시민사회 등 다양한 사회주체, 조직들과의 협력이 필요하고 이는 거버넌스 환경의 조성으로 달성될 수 있다. 정부가 주도적으로 참여하기도 하고 보조적인 역할을 해야 하기도 하는 것이다.

정부는 균형 있는 정책적 노력을 위해 사회혁신에 대한 장기적이고 지속적인 방향성에 대한 고민이 필요하다. 즉, 4가지 유형이 잘 활용될 수 있는 정책의 발굴을 통한 균형 잡힌 사회혁신을 추구해야 한다. 비록 적은 수의 사업들이긴 하지만 다른 지방정부들 역시 시민 주도의 수요 창출 유형의 사업들에 관심을 가지기 시작했다. 결론적으로 사회혁신은 규모 및 비용에 따른 정책이 아니라 지역주민과 상호작용하며 정책의 방향을 만들어가야 한다.

지방정부들의 자발적인 노력만으로는 사회적 혁신 생태계의 조성과 안정적 구축은 쉽지 않다. 사회적 "경제"와 "사회적" 경제에 있어서 아직까지는 경제적 가치에 치중되어 있고, 정부가 주도하는 정책들이 다수를 차지하고 있다. 서울시의 경우, 사회혁신관 전담부서가 사회혁신활동을 포괄적으로 다루고 있으며 사회문제 해결을 위해 다양한 활동을 하고 있다. 지방정부가 사회혁신에 얼마나 예산을 쓰고 있는지 서울시 사회혁신 전담부서의 예산으로 확인해보았다. 서울시 예산이 지방정부 사회혁신이 기준이 될 순 없지만, 지방정부 사회혁신 중 가장 선도적이고 다양한 정책사업을 펼치고 있다고 평가받는 서울시의 재정 투입 수준을 확인하는 것은 탐색적인 단계에서 중요한 기준이 될 수 있다. 서울혁신기획관은 서울시 사회혁신의 컨트롤타워로서 갈등조정, 민관협력, 사회혁신, 인권, 지역공동체, 청년 등의 담당관을 두고 운영하고 있다. 서울혁신기획관, 시민소통기획관, 일자리노동정책관 등은 최근 들어 예산이 급증하면서 주요한 역할과 기능을 수행하고 있다. 특히, 2017년 서울혁신기획관의 예산은 100억 원 수준으로 서울시 전체 예산의 약 0.35% 수준을 차지하고 있다. 절대적인 금액과 비중은 크지 않지만, 혁신에 있어서 예산만이 중요한 것은 아니라는 점에서 다양한 정책사업을 하고 있고 혁신기획관을 운영한다는 그 사실이 큰 의미를 지닌다. 사회혁신담당관은 전체 예산의 약 30% 수준을 차지하고 있으며, 사회혁신 기반 조성과 성과확산을 담당하고 있다. 서울시는 향후 사회혁신생태계의 조성을 위한 수요 창출형을 증대하기 위하여 사회혁신에 있어서 활발한 민관협력 및 주민참여를 통한 사회문제 해결이 진행되어야 한다. 2017년도 세출예산 중 민관협력비용 비율은 32.36%를 차지하고 있지만 주민참여프로그램의 예산 비율은 4.52%에 불과하고 마을도서관, 문화공간 조성 등에 한정되어 있어 주민참여가 확대될 수 있는 정책적 개선이 필요하다. 즉, 지방정부의 역할과 건강한 사회 혁신적 생태계 조성을 위해서는 사회혁신 전반을 아우르는 균형 잡힌 시각과 방향이 필요하다. 서울시의 경우도 대부분의 사회혁신 정책에 대한 주민들의 관심과 이해가 높지 않은 것이 현실이다. 나아가 재정투입 역시 일자리 창출 등 단기적 성과가 가능한 곳에 집중되어 있는 것을 넘어서 사회혁신을 확산시키고 이해시킬 수 있는 홍보 및 캠페인에 과감한 예산 투입 역시 중요한 역할이 될 것이다.

다른 지방정부에 비해 선도적 역할을 하는 서울시의 예산 규모가 크지 않은 만큼 전국적으로 봤을 때, 전체 사회혁신의 절대 규모도 크지 않음을 예상할 수 있다. 다만, 다양한 정책사업 및 정부 주도의 사업이 아닌 주민 참여와 민간 전문가 등을 활용하는 사업이 증가하는 점은 긍정적이다. 정부, 기업, 시민사회가 각기 다른 목표와 성과를 기대하며 개별적으로 진행하는 사업모형들만으로는 핵심적인 사회문제의 발견과 효과적인 해결이 불가능하다. 지역사회 문제 해결을 위하여 다양한 주체가 참여하여 경제적, 사회적 가치를 포괄하는 혁신 정책을 구상해야 한다.

IV. 결론

본 장은 사회적 경제를 실현하기 위한 사회혁신의 주체로서 지방정부의 역할 모색과 대표적 사회혁신 정책사례를 통한 유형화를 실시하였다. 한국 사회는 중앙정부 주도의 사회적 혁신 생태계 조성을 통해 폭발적 양적 성장과 인프라 구축에 성공하였다. 중앙정부 주도의 지속가능한 사회혁신은 여전히 의문이 드는 현실에서 사회혁신을 위한 협력을 모색하고 거버넌스 환경 조성에 대한 고민이 필요한 시기이다. 지방정부 사회혁신의 역할 모색을 위하여, 사회혁신에 대한 선도적 지방정부로서 다양한 정책적 실험을 실시하고 있는 서울시의 대표적인 사회혁신 정책 34개를 대상으로 유형화를 실시하였다. 본 장은 정책의 핵심가치와 목적을 기준으로 탐색적 분석을 시도하였다. 주요 분석결과를 정리하면 다음과 같다.

첫째, 사회혁신 정책들은 경제적 효과가 가시적으로 확인 가능한 경제적 가치 중심의 공급 주도유형에 해당하는 비중이 상대적으로 컸다. 사회적 경제의 경제적 측면에 치중되어있어 사회적 가치를 고려한 신규정책창출 및 기존 정책의 확대가 요구된다.

둘째, 경제적 가치가 강화된 사업일수록 시민들의 정책이해도 및 관심도도 높은 사업이었다. 이는 경제적 가치가 강화된 대부분의 사업들이 규모도 크기 때문에 가시적인 효과를 낼 수 있어 정책관심도 및 이해도에 영향을 주는 것으로 이해할 수 있다.

셋째, 서울시의 사회혁신은 경제적 가치 중심의 공급 주도형이 다수를 차지하고 있어 정부 주도의 대규모 사업이 많고 일자리 창출에도 도움이 되고 있었다. 반면 수요 창출을 위한 사회혁신 정책들은 상대적으로 그 수가 매우 적은 것으로 나타났다. 또한 경제적 가치 중심의 사회혁신이 주를 이루고 있는 것으로 나타났다. 사회공동의 가치를 실현하기 위해서 주민참여 및 예산 확대를 통해 정책의 범위를 보다 넓혀 나가야 한다.

한국 사회의 경우, 폭발적 경제성장의 이면에 시민사회와 공동체의 기반 약화라는 한계가 존재한다. 그간 다양한 정책영역에서 중앙정부와 지방정부 간의 거버넌스 구축을 시도해 왔음에도 중앙정부 주도의 사회혁신이 불가피하게 나타났고 공급 중심적이고 경제적 가치 중심적 면모가 드러나기도 했다. 이러한 근본적 사회문제를 제대로 공략하기 위해서는 주요 이해관계자 간의 조율과 협력을 강화하기 위한 협력적 거버넌스를 설계하고 추진하는 것이 필요하다. 지속적인 파트너십이 가능한 협력적 거버넌스가 사회적 혁신 생태계 내부에 견고히 구축되어야 하는 것이다. 현재 한국 사회는 사회적 경제의 광풍이 불어 닥쳤으며, 사회적 경제를 기반으로 한 사회문제의 해법 찾기에 몰두하고 있다. 그러나 단기적 성과나 양적 성과에 치중하며 불확실한 미래지도를 그리면서 혁신을 외치는 것은 사회혁신 생태계의 도래를 요원하게 만들 것이다(장용석 외, 2015). 사회혁신에 정답이 없듯이 답 없는 혁신만 강조되게 된다면 이는 더 악화된 사회적 난제가 될 것이다. 혁신적 협력 거버넌스의 실효성을 높이는 것이 그 해결책의 시작이 될 것으로 기대하며, 마지막으로 사회혁신의 네 가지 균형 잡기를 제안한다.

먼저, 핵심가치의 균형이다. 경제적 가치 중심의 사회혁신을 넘어서서 사회적 가치가 창출될 수 있도록 균형을 잡아가는 것이 중요하다. 두 번째는 사회혁신 주체들 간의 균형이다. 중앙정부와 지방정부의 균형 잡힌 정책 수립과 더불어 정부 주도의 과도한 역할 구분짓기를 넘어 다양한 사회주체와의 협력이 요구된다. 세 번째는 정책의 균형이다. 수요를 창출해내고 공급을 주도해나가는 정책들 간에 있어서도 균형이 필요하다. 이는 지속적으로 안정적인 생태계를 구축하고 사회혁신의 장을 넓히게 만들 것이다. 마지막은 결과의 균형이다. 지금의 사회혁신 정책은 일자리 창출에 집중되어 있으며 실제로 많은 일자리를 만들어 내고 있다. 그러나 일자리만이 사회문제는 아니다. 일자리 창출 이외의 사회적 약자들을 보호하거나 새로운 시장의 확대 등 다양한 정책 결과들을 만들어 낼 수 있도록 균형 잡힌 시각이 필요하다.

참고문헌

김경휘·반정호. (2006). 한국 상황에서의 사회적 기업의 개념과 유형에 관한 소고. 〈노동정책연구〉, 6(4): 31-54.

김영철. (2011). 사회적 경제와 지역의 내발적 발전. 〈지역사회연구〉, 19(2): 25-49.

송석휘. (2015). 지방정부 사회혁신에 대한 평가와 과제: 서울시 사회혁신을 중심으로. 〈공간과 사회〉, 25(2): 153-189.

송위진. (2014). 사회적경제 조직의 혁신활동 특성과 시사점. 〈동향과이슈〉, 제14호.

송위진·장영배·성지은. (2009). 사회적 혁신과 기술집약적 사회적 기업. 〈과학기술정책연구원 정책연구〉.

신명호. (2013). 사회적경제, 복지국가로 가는 길인가?. 지식협동조합 좋은나라 제4회 월례정책포럼 발표집.

장원봉. (2007). 사회적 경제(Social Economy)의 대안적 개념화: 쟁점과 과제. 〈시민사회와 NGO〉, 5(2): 5-34.

장원봉. (2007). 〈사회적 경제의 이론과 실제〉. 서울: 나눔의 집.

장용석·조희진. (2013). 공공-민간 경영 패러다임의 융합적 전환: 변화의 추세와 조직의 대응. 〈인사조직연구〉, 21(3): 69-104.

장용석·조희진. (2015). 이윤에 윤리를 더하라: 지속가능한 책임경영 생태계 조성을 위한 사회적 기업화 전략. 서재혁·장용석·정재관(공편). 〈사회적 책임, 사회적 기업〉. 서울: EAI 출판부.

장용석·김회성·황정윤·유미현. (2015). 〈사회적 혁신 생태계 3.0〉, CS컨설팅&미디어.

정보통신산업진흥원. (2012). 산업특성별 IT R&D 체계 개선 방안 연구. p. 16.

정한울. (2017). 한국 혁신 생태계의 혁신 방향.

조희진. (2014). 공공가치의 융합적 전환: 정부의 효율성과 시장의 책임성을 중심으로. 연세대학교 박사학위 논문.

주성수. (2010). 〈사회적 경제: 이론, 제도, 정책〉. 한양대학교 출판부.

한상일·이현옥. (2016). 학습지역과 사회적혁신: 개념화와 척도화 그리고 인과관계 분석. 〈정부학연구〉, 22(1): 113-140.

한세억. (2013). 공공문제 해결을 위한 Co-creation 접근의 가능성과 한계. 〈행정논총〉, 51(3): 107-133.

황정윤·장용석. (2017). 사회적 기업 지원의 딜레마: 정부보조금, 약인가 독인가. 〈한국정책학회보〉, 26(2): 225-257.

Arther, L., Cato, M., Keenoy, T. & Smith, R. (2005). Developing Operational Definition of Social Economy(http: //arnova.omniooksonline.com/2006/data/papers/PN062020.3.pdf).

Bromley, P. & Meyer, J. W. (2015). *Hyper-organization: Global organizational expansion*. London, UK: Oxford University Press.

Defourny, J. & Develtere, P. (1999). The Social Economy: Worldwide Making of a Third Sector. In Fontenau (Ed.), *The Social Economy in North and South*. Belgium: Hoger Instituut voor de Arbeid.

Dunoyer, C. (1973). *De la liberté du travail*. Guillaumin.

European Commission(EC). (2001). Social Economy(Cooperatives, mutuals, associations, foundations)(http://europa.eu.int/comm/enterprise/entrepreneurship/coop).

Frank, D., Meyer, J. & Miyahara, D. (1995). The Individualist Polity and the Centrality of Professionalized Psychology. *American Sociological Review*, 60: 360-377.

Goldenberg, M. (2004). Social Innovation in Canada. *Canadian Policy Research Networks*(http://envision.ca/pdf/SocialEconomy/SocialInnovation.pdf).

Gueslin, A. (1998). *L'invention de l'économie sociale*. Paris: Economica.

Iansiti, M. & Levine, R. (2004). Strategy as Ecology. *Harvard Business Review*, March: 1-11.

Lukkarinen, M. (2005). Community development, local economic development and the social economy. *Community Development Journal*, 40(4): 419-424.

MacPherson, I. (2007). Considering options: The social economy in Canada-Understandings, present impact, policy implications. In I. MacPherson (Ed.), *One Path to Co-operative Studies*, 1: 423-454. Victoria, BC: New Rochdale Press.

Marleba, F. (2002). Sectoral Systems of Innovation and Production. *Research Policy*, 31: 247-264.

Marleba, F. (2005). Sectoral Systems of Innovation: A Framework for Linking Innovation to the Knowledge Base, Structure and Dynamics of Sectors. *Economic Innovation New Technology*, 14(1-2): 63-82.

Meyer, J. W., Boli, J., Thomas, G. M. & Ramirez, F. O. (1997). World Society and the Nation-State. *American Journal of Sociology*, 103: 144-81.

Meyer, J. W. & Jepperson, R. L. (2000). The 'actors' of modern society: The cultural construction of social agency. *Sociological theory*, 18(1): 100-120.

Mulgan, G. (2006). The process of social innovation. *innovations*, 1(2): 145-162.

Mulgan, G., Tucker, S., Ali, R. & Sanders, B. (2007). Social innovation: what it is, why it matters and how it can be accelerated, skoll centre for social entrepreneurship. Working paper.

Münkner, H. H. & Kang, I. S. (2006). Social Economy and Promotion Oriented Economics: How do We Define a Common Denominator for Enterprises in Social Economies, Co-operatives and Non-profit Organisations?. 〈한국협동조합연구〉, 24(1): 203-224.

Quarter, J. (1992). *Canada's Social Economy*. James Lorimer & Company.

제4부

삶의 질 향상을 위한 시민사회의 역할과 정책

제11장

공동체 활성화와 지역주민의 삶의 질 : 서울특별시 사례를 중심으로

이보현 · 구주영 · 이종수

I. 서론

한국사회의 공동체는 약화되어 왔다. '공동체'는 그 자체로 회복의 대상이 되거나, 사회문제 해소를 위한 해결책으로 등장한다. 최근 한국사회는 산업화 및 도시화로 인한 비인간화, 인간성 상실, 인간소외 등의 문제에 직면하고 있다(김권수, 2014). 또한 압축적인 경제성장은 물질적인 풍요로움은 주었을지언정, 개개인의 행복 증진을 담보하지 못했다. 그에 따라 현대인들은 인간 상호 간에 좀 더 친밀하고, 협동 및 이해하면서 더욱 깊은 유대를 맺고 살아가는 공동체적 삶을 그리워하고 추구하고 있다(이라영·신남수, 2009). 이러한 공동체에 대한 열망은 선험적인 측면에서 인간의 본능이기도 하다(이종수, 2015). 공동체가 공고해지면, 높은 행복감과 정서적 치유 및 회복을 경험하게 되어, 개인은 물론 나아가 사회 차원에서도 긍정적인 효과를 발휘한다(이종수, 2015).

그에 따라 최근 행정학의 분야에서는 공동체에 대한 관심이 증가했다. 지방정부에서의 '공동체 활성화'는 정치, 사회, 경제적 측면이 복잡하게 투영된 지역갈등을 원만히 해결하고, 지역발전을 도모하는 중요한 역할로 작용한다(김대건, 2011; 양덕순·강영순, 2008; 임정빈, 2005). 문재인 정부는 도시경쟁력 강화 및 삶의 질 개선을 위한 도시재생뉴딜을 국정과제로 추진하고 있으며, 이전 정부에서도 지역공동체에 기반한 지역주민의 삶의 질 향상과 행복증진을 국정과제 중의 하나로 제시한 바 있다. 좀 더 세부 정책으로는 최근 여러 지방자치단체에서 '마을공동체' 관련 사업을 진행하고 있다. 지자체는 마을공동체 사업에서 제시되는 사회적 경제, 사회적 자본, 시민성, 공공성 등의 개념을 통해 공동체를 복원하는 것을 목표로 하고 있다(이명호, 2016). 이처럼 지역공동체 복원은 지방자치단체의 마을만들기 정책과 같은 사업의 형태로 드러나며, 지역사회의 삶의 질을 높이고 살기 좋은 지역을 만들려는 지방정부의 정책적 관심이 증대된 것이다(이승종, 2005). 또한 점차 지역공동체 활성화가 중요한 이슈가 되고 있는 요인은 앞서 언급했던 것처럼 자본주의 사회가 고도화되면, 정부와 시민사회 사이에 아무것도 없는 삭막한 사회가 도래한다는 이른바 "가운데가 텅 빈 사회"라는 거시적인 맥락이 있다(이정전, 2013). 더욱이 현실적인 측면에서 가장 큰 이유 중의 하나는 삶의 질 향상에 대한 우리 사회의 높아진 인식과도 관련성이 많다(김현호, 2013).

이처럼 지역공동체 활성화에 대한 높은 관심과 더불어 지역주민들의 삶의 질 향상을 공공부문의 최종적인 성과목표로 인식하고 있음에도 불구하고(고명철, 2013), 지방정부 단위를 중심으로 공동체 활성화 정도와 삶의 질의 인과관계를 규명한 연구는 아직 부족한 실정이다. 앞으로 지속적으로 활발하게 연구되어야 할 분야라고 볼 수 있다. 더욱이 공동체를 활성화시키고 중요하게 여기는 것은 지역주민의 삶의 질을 제고하는 데 긍정적인 영향을 끼칠 수 있다. 삶의 질은 보다 나은 삶에 대한 욕구, 웰빙, 행복 등과 함께 지속적으로 주목받고 있는 개념이며, 다양하고 복합적인 요소를 포함하고 있다. 그에 따라 공동체 활성화 정도가 지역주민의 삶의 질에 갖는 의미는 성찰해 볼 필요가 있다.

본 장에서는 지역의 공동체 활성화 정도가 지역주민의 삶의 질에 미치는 영향을 실증적으로 분석하고자 한다. 그에 따라 우선 공동체 활성화와 삶의 질에 대한 개념을 정의하고자 한다. 즉, 공동체 전반 및 공동체 활성화와 삶의 질에 관한 기존의 연구들을 중심으로 종합적인 검토를 실시하였다. 이를 통해 공동체 활성화 정도와 삶의 질에 대한 개념을 연구 목적에 부합하도록 총체적으로 정의하고, 공동체 활성화 정도와 삶의 질의 개념 정의에 부합하는 지표를 선정하였다. 특히 공동체 활성화 정도의 경우 비물질 부문과 물질 부문으로 측정하여, 두 부문 중 어떤 부문이 삶의 질에 더 영향력을 끼치는지도 살펴보았다.

II. 이론적 논의

공동체 활성화 정도와 지역주민의 삶의 질의 관계 규명에 앞서 공동체와 삶의 질에 대한 개념을 종합적으로 살펴보고자 한다. 공동체와 삶의 질 개념은 광범위하기 때문에, 연구의 목적, 대상, 시간적 범위 등에 따라 다양하게 정의될 수 있다. 따라서 공동체 활성화 정도와 삶의 질의 관계를 분석하기 위해 관련 선행연구를 검토하고, 본 장에서 활용할 공동체 활성화 정도와 삶의 질을 정의하고자 한다.

1. 공동체 활성화

공동체는 국가와 개인 사이에 존재하는 것으로, 국가주의의 폐해를 완화하는 동시에 개인주의의 한계점들을 보완할 수 있는 효과를 제공한다. 일종의 '동네효과'를 창출하는 셈이다. 그에 따라 공동체가 민주적 자치를 성숙시키고, 공공서비스의 효율을 증대시키며, 주민들의 친밀성을 증진시켜 행복을 증대시키는 것으로 평가되고 있다(이종수, 2015: 44). 이와 같은 공동체의 특성은 한국사회에 만연한 사회 구성원 및 이웃에 대한 신뢰의 훼손, 반목과 심화된 갈등의 해결책으로 작용한다. 더불어 장기적으로 공동체의 이러한 특성은 지역사회의 발전을 견인하는 역할을 할 수 있다.

하지만 현재 한국사회에서 공동체의 형성은 미약한 수준이다. 비약적인 경제성장과 이에 따른 소득 증가로 인해 물질적인 생활수준은 개선되었다. 반면 이러한 경제성장의 부작용으로 공동체 와해와 사회적 신뢰 저하로 사회적 갈등이 심화되었다. 즉, 한국사회는 1960년대부터 추진한 정부 주도의 경제성장 부작용을 해결하지 못하여 개인의 행복과 삶의 만족과 같은 삶의 질의 향상을 기대하기 어렵게 되었다. 따라서 현재 한국사회는 직면한 사회적 문제 해결을 위해 공동체의 구상과 도입을 요한다. 이와 같이 공동체는 한국사회의 현실에 반드시 필요하며, 공동체의 정의는 다양하게 제시될 수 있다. 따라서 삶의 질과 공동체의 관계를 규명하기 위해서는 공동체의 구체적인 의미에 대한 검토가 필요하다.

〈표 11 - 1〉은 2009년부터 2016년까지 한국의 사회적 관계와 공동체 참여 변화 추이를 보여준다. 즉 자살률, 사회적 관계망을 통해서는 사회적 관계 변화 추이를 볼 수 있으며, 사회단체 참여율, 지역사회에 대한 소속감은 공동체 참여에 관한 변화 추이를 나타낸다. 가장 먼저 자살률의 경우에는 소폭 등락이 있지만, 전반적으로 감소 추세를 보이고 있다. 2009년 31%에서 2015년 26.5%로 하락하였다. 다음으로 일상생활에서 도움을 받을 수 있는 인적 자본의 정도로 측정된 사회적 관계망의 경우에는 2009년 68.8%에서 67.4%로 소폭 감소 추세를 보이다가 2015년에 69.6%로 회복세를 보이고 있다.

다음으로, 사회단체 참여율의 경우는 2009년 39.8%에서 2013년 50.6%로 상승하여, 지속적으로 증가 추세를 보였으나 2015년에는 49.3%로 소폭 감소하였다. 주목할 점은 지역사회에 대한 소속감인데, 측정된 2013년

〈표 11 - 1〉 한국의 사회적 관계와 공동체 참여 변화 현황 (단위: %)

구분		2009년	2010년	2011년	2012년	2013년	2014년	2015년	2016년
사회적 관계	자살률	31.0	31.2	31.7	28.1	28.5	27.3	26.5	-
	사회적 관계망	68.8	-	68.4	-	67.4	-	69.6	-
공동체 참여	사회단체 참여율	39.8	-	47.1	-	50.6	-	49.3	-
	지역사회 소속감	-	-	-	-	64.0	62.5	62.5	56.9

출처: 통계개발원(2017).

이후 2016년까지 64%에서 56.9%로 지속적인 감소 추세를 확인할 수 있다. 이러한 지역사회에 대한 소속감의 감소는 공동체 의식의 하락으로 이어지게 되어 지역주민이 상호간 협력, 신뢰할 수 있는 정서적인 구심점을 상실하게 된다. 궁극적으로 지역사회에 대한 소속의식이 감소하고 있는 상황은 지역의 공동체 비활성화로 이어지게 될 가능성이 높다.

2. 삶의 질

한국사회는 빠른 속도의 경제성장을 경험하였다. 그에 따라 국민들은 과거에 비해 윤택한 생활을 누리게 되었고, 그로 인해 국민들이 이전보다 삶에 대해 만족하고, 행복감을 느낄 것이라 조망했다. 그러나 오히려 국민들은 개인적인 삶에 대해 만족과 행복감을 느끼지 못하고 있다. 우선 복잡한 사회 현상과 사회 문제들로 인하여 행복을 느끼고 있지 못하는 경우가 많다. 한국사회에서의 자살률 지표만을 살펴봐도 알 수 있다. 앞서 살펴본 〈표 11 - 1〉에서 자살률의 국내 추세를 살펴봤다. 국내의 변화만 살펴봤을 때 자살률이 소폭 감소 추세에 있으나, 국제적인 수준으로 봤을 때는 우리나라의 자살률은 타 국가들에 비해 현저히 높은 수준이다. 이처럼 아직까지 인간다운 행복을 보장받지 못하고 있는 한국 사회의 현실로 인해 최근 삶의 질 개념에 대해 더욱 더 주목하고 있다.

삶의 질은 연구 목적에 따라 다양한 의미로 사용되고 있다. 그로 인해 삶의 질에 대한 보편적인 정의와 접근법은 아직 규정되어 있지 않은 상황이다(임희섭, 1996; 고명철·최상옥, 2012). 먼저 삶의 질 개념의 특징에 대해 살펴보면, 삶의 질은 인간이 주변 환경으로부터 인식하는 주관적 만족감 또는 행복감과 유사한 개념으로 나타난다(Andrew et al., 1974; Campbell et al., 1976; Hollar, 2003). 그에 따라 특정 지역주민들이 인식하는 주관적 만족감과 행복감으로 삶의 질을 규정하기도 한다(Myers, 1987; 김도엽, 2001; 송건섭, 2007). 또한 삶의 질을 보다 다차원적이고 포괄적인 개념으로 보기도 한다(Andrew & Withey, 1976; Campbell et al., 1976; Massam, 2002; Hollar, 2003). 최근의 연구들은 이러한 포괄적이고 종합적인 시각에서 삶의 질을 측정하기 위해 객관적 정량지표와 주관적 정성지표로 구분하여 보고 있다(임희섭, 1996; Rapley, 2003; 고광용·고명철; 2017).

다음으로 삶의 질 개념에 대해 여러 학문의 경향을 살펴보고자 한다. 경제학에서 삶의 질은 경제, 사회, 문화 발전을 포괄하는 종합적인 사회 발전 지표로 사용되나, 심리학에서는 심리적인 안녕감(psychological wellbeing)이나 행복감 등과 유사개념으로 이해하고 있다(고명철, 2013a). 더불어 사회학 분야에서는 삶의 질 개념 등장 이전 생활수준(level of living), 사회 경제적 지위(socio-economic status) 등의 유사한 개념들을 다뤄왔다(Ferris, 2004).

이처럼 다양한 분야에서의 삶의 질 개념은 각각 한계를 내포하고 있다. 우선 경제학에서의 삶의 질 개념은 사회 각 분야의 경제적 효용이 증가하면 그러한 효용의 증가가 곧 사회의 발전으로 이어진다는 경제결정론(economic determinism) 시각을 기반으로 하고 있다. 그에 따라 삶의 질 제고를 위한 정책 수단을 고려함에 있어 경제적 가치를 지나치게 강조하거나, 각 지역 고유의 사회 문화적 가치와 지역주민들의 선호를 반영하지 못한다는 한계가 있다(고명철·최상옥, 2012).

다음으로 심리학에서는 안녕감과 행복감과 함께 삶의 질을 유사 개념으로 보고 있다. 즉, 이러한 개념들의 측정에 있어 자신의 삶에 대한 상황 인식을 기반으로 한 주관적인 지표를 사용하여 연구를 진행한다. 그러나 이러한 주관적 지표는 일반적으로 개인이 삶에 대해 긍정적인 평가를 하게 되는 경향성이 있으며, 항상성을 지니고 있다(Cummins & Nistico, 2002; Eckersley, 2000a; 2000b)는 단점이 존재한다.

사회학에서는 삶의 질을 측정함에 있어 객관지표와 주관지표를 모두 활용하지만, 사회 구조적인 특성의 변화가 곧 삶의 질의 변화로 이어진다는 연구시각을 지닌다. 그에 따라, 사회현상과 삶의 질의 변화 추이를 설명하는 데 초점을 두고 있다. 이는 정확한 인과관계나 행정학 분야에서의 정책 기대효과를 예측하기 어렵다는 단점이 있다(고명철·최상옥, 2012).

행정학 분야에서 삶의 질 연구는 1960년대 미국에서 시작된 사회지표운동(Social Indicators Movement)에서부터 등장했다. 이를 시작으로 최근 행정학 분야에서는 삶의 질을 정부가 지향해야 할 공공부문의 최종적인 핵심 공공가치(prime public value)와 성과 목표로 제시하고 있다(Glaser et al., 2000; 고명철·최상옥, 2012; 고광용·고명철, 2017). 대체로 삶의 질은 교육, 보건 등 문화적, 물질적 최저생활 보장을 포함하는 개념으로 정의할 수 있다(배민기·조택희, 2016: 134). 다시 말해, 삶의 질의 향상은 단순히 부의 증대와 소득의 향상을 통해 이뤄지는 생활의 양적 개선만으로는 인간다운 삶을 보장할 수 없다. 즉, '삶의 질' 개념은 기존에는 객관적인 생활수준만으로 정의했다면, 생활의 질적인 만족에 대한 관심이 높아짐에 따라, 주관적인 행복감과 만족감이 포함되었다고 볼 수 있다. 이와 같은 삶의 질 개념은 행복 또는 복지의 개념과 유사하지만 경제발전과 기술의 진보, 정보화가 진행됨에 따라 삶의 질의 내용 구성은 매우 상이하게 개념화될 수 있다(임근식, 2012: 49). 다시 말해, 삶의 질의 개념은 절대적인 개념이 아니라 개인적 관점, 그 시대를 살아가고 있는 사람들의 가치관, 정치, 사회, 경제적 상황에 따라 달라질 수 있다(김진아 외, 2015: 151).

삶의 질에 대한 선행연구를 살펴보면, 삶의 질의 개념이 상황에 따라 다양하게 활용되고 있다. 더불어 삶의 질은 복합 개념(구교준 외, 2014)으로서 구체적으로 정의하기가 쉽지 않은 개념이다. 삶의 질은 객관적 척도로 제시할 수도 있고, 주관적 인식 지표로도 제시할 수 있다(Costanza et al., 2008). 그 구성요소를 탐색한 결과 92개에 이른다는 보고(Ventegodt et al., 2003)가 나올 정도로 개념의 복합성이 강하다고 볼 수 있다. 왜냐하면 삶의 질은 개인의 가치관이나 철학과 관계가 있고, 개인에 따라서도 다르기 때문이다.

삶의 질과 관련된 선행연구로는 삶의 질을 정형화되고 객관화된 개념으로 정의한 연구(이상락, 1993: 9), 삶의 질을 공동 사회의 주민들이 그들이 거주하고 있는 장소에 대해 느끼는 주관적 만족감과 행복감에 근거하는 것으로 정의한 연구(Myers, 1987; 한표환 외, 1995; 김도엽, 2000; 송건섭, 2007)와 살기 좋음(liveability)으로 삶의 질의 특성을 언급한 연구가 있다(Meyers, 1987; 박철민·송건섭, 1999). 또한 삶의 질 개념은 특정 지역이 제공해 주는 상황과 이를 인식하는 개인의 욕구 및 기대의 결합에 의해 좌우되는 것으로 평가한 연구가 있다(Pavot & Diener, 1993).

행정학과 삶의 질이 연관된 연구는 주거의 질과 같은 주체적 지표에서 삶의 질과 같은 포괄적인 지표까지 포함하는 종합적인 사회경제적 복지 지표들이 공공부문 의사결정 과정에 경제 지표들을 대신한다고 주장한 연구가 있다(Carley, 1981). 이러한 접근을 바탕으로 최근, 행정학 연구에서 삶의 질을 정부가 궁극적으로 지향해야 하는 공공부문의 최종적인 성과 목표와 핵심 공공가치로 제시하고 있는 연구도 있다(Glaser et al., 2000; 고명철·최상옥, 2012). 삶의 질의 총체적 특성과 주관적 차원을 바탕으로 하는 삶의 질을 시민들의 삶과 관련한 이상적 도시 환경과 비교하여 현재의 도시 환경에 대한 시민들의 전반적인 인식으로 정의하고 있는 Ko & Choi(2015)의 연구도 있다.

III. 개념의 연계설정과 연구방법

위의 논의를 바탕으로 본 장은 공동체 활성화 정도와 삶의 질 간의 높은 양(+)의 상관관계를 나타낼 것이라 보았다. 더불어, 공동체 활성화 정도를 비물질적인 부문과 물질적인 인프라 부문으로 나눠 보아 어떠한 부문이 삶의 질과 상관관계가 더 있는지 규명하고자 하였다.

여기서는 공동체 활성화 정도와 지역주민의 삶의 질 간의 유의미한 관계를 입증하기 위해서 각각 관련 지표들을 변수로 설정하였다. 먼저 분석자료로 서울시민을 대상으로 한 서울서베이 데이터를 활용하였다. 서울서베이는 서울시의 특성을 파악할 수 있는 통계자료의 생성을 위해 2003년부터 매년 20,000가구를 대상으로 실시한 설문조사이다. 이는 도시의 변화를 분석하여 정책의 성과를 평가하고, 서울시민의 삶의 질에 대한 의식과 가치관의 변화를 모니터링하여 도시경쟁력 향상을 위한 시책 추진의 근거 자료로 활용 가능하도록 한 조사이다. 본 장에서의 분석기간은 2015~2016년 2개년이며, 공동체 활성화 정도와 지역주민의 삶의 질 간의 관계를 살펴보기 위하여 상관관계분석을 실시하였다. 그에 앞서 기술통계를 통해 변수의 특징을 살펴보았다.

먼저 삶의 질의 경우에는 삶의 질 세부 지표들을 측정한 설문문항을 활용하였다. 즉, '행복지수', '스트레스 정도', '삶의 만족도'를 측정한 설문문항을 활용하여 지표화하였다. 행복지수와 삶의 만족도의 경우에는 문항들의 평균값을 활용하였다. 다음으로 독립변수인 공동체 활성화 정도의 경우에는 공동체 활성화의 비물질적인 부문과 물질적인 인프라 부문을 나눠 보았다. 우선 비물질적 부문은 '모임 또는 단체활동 참여경험', '사회적 약자에 대한 태도', '자원봉사활동 참여경험', '사회적 신뢰 정도'로 지표화하였다. 참여경험을 묻는 문항에 대해서는 횟수를, 사회적 약자에 대한 태도와 사회적 신뢰 정도의 경우에는 평균값을 활용하였다. 물질적인 인프라 부문으로는 '도시위험도(평균값)', '문화환경 만족도'로 지표화하였다. 마지막으로 삶의 질에 영향을 끼칠 수 있는 기본적인 인구통계학적인 변수들을 선정하였다. 즉, 성별(더미변수), 나이, 학력, 종교(더미변수), 주거점유형태, 거주 기간(서울 총 거주, 현 주소 거주), 계층인식, 월 평균 소득을 지표화하였다. 데이터 분석기간이 2개년도임을 감안하여 연도 변수도 추가하였다.

또한 특정한 개념을 측정하기 위해 여러 개의 문항들을 사용할 경우, 문항 상호 간에 어느 정도의 일관성을 가지고 있는지 평가할 필요가 있다. 이러한 문항 상호 간의 일관성을 측정하기 위한 방법으로 크론바흐 알파값(Cronbach's alpha coefficient; 이하 알파값)을 사용한다. 삶의 질의 경우 알파값은 0.7631이며, 이 중 삶의 만족도의 경우에는 0.8292로 나타났다. 공동체 활성화 정도 중 비물질 부문은 0.4072, 물질 부문의 경우에는 0.8024로 나타났다. 일반적으로 알파값이 0.7 이상이면 내적 일관성이 크다고 판단하나 이는 절대적인 기준은 아니다.[1] 공동체 활성화 정도 중 비물질 부문[2]을 제외하고 만족할만한 내적 일관성을 가지고 있다고 판단하고 연구를 진행하였다.

다음의 〈표 11 - 2〉를 통해 본 연구에 사용하는 변수와 측정문항들을 종합하였다.[3]

1 일반적으로 0~1의 범위를 가지는 알파값은 0.9 이상이 되면 신뢰도가 높다고 하며, 그 값이 적어도 0.6은 넘어야 만족한 수준이 된다는 견해도 존재한다.

2 알파값은 질문의 척도에 크게 영향을 받는다. 공동체 활성화 정도 중 비물질 부문의 '모임 또는 단체활동 참여 경험'과 '자원봉사 활동 참여 경험'은 횟수로 변수의 값이 다양하게 나타나고, '사회적 약자에 대한 태도'와 '사회적 신뢰'의 경우 5점 척도로 변수의 값이 측정되기 때문에 문항들의 척도의 차이로 인해 알파값이 낮은 현상이 발생했다고 판단하였다. 그에 따라 문항이나 다른 개념을 추가하지 않고, 연구를 진행하였다.

3 인구통계학적 특성 변수의 경우에는 [부록]의 〈표 11 - 5〉 참조.

〈표 11 - 2〉 변수의 개념화와 지표 - 주요변수

<table>
<tr><th>변수명</th><th>변수 유형</th><th>설문 문항</th></tr>
<tr><td rowspan="3">삶의 질
(Cronbach's
alpha
=0.7631)</td><td>행복지수</td><td>문 4. 귀하는 요즘 스스로 행복하다고 생각하십니까? 가장 행복한 상태를 10점으로, 가장 불행한 상태를 0점으로 하여 각 영역별 자신의 행복점수를 표시해 주십시오.
1) 자신의 건강상태 | 점
2) 자신의 재정상태 | 점
3) 주위 친지, 친구와의 관계 | 점
4) 가정생활 | 점
5) 사회생활(직장, 학교, 종교, 취미, 계 모임 등) | 점</td></tr>
<tr><td>스트레스 정도*</td><td>문 8. 귀하는 지난 2주일 동안 일상생활에서 전반적으로 스트레스를 어느 정도 느꼈습니까?
① 전혀 느끼지 않았다 ② 느끼지 않은 편이다
③ 보통이다 ④ 느낀 편이다
⑤ 매우 많이 느꼈다</td></tr>
<tr><td>삶의 만족도
(Cronbach's
alpha
= 0.8292)</td><td>문 5. 다음의 삶의 만족에 대한 질문에 대해서 얼마나 만족하십니까? '전혀 만족하지 않는다(0점)'에서부터 '매우 만족한다(10점)'까지의 보기 중에서 귀하의 생각과 가장 가까운 번호를 골라 주십시오.
1) 나는 내 삶의 성격, 건강(개인적 측면) 등에 대해서 만족한다. | 점
2) 나는 내 삶의 주위 사람들과의 관계(관계적 측면)에 대해서 만족한다. | 점
3) 나는 내 직장, 지역사회(소속 집단)에 대해서 만족한다. | 점

문 6. 모든 것을 고려할 때 귀하는 현재 삶에 대해 얼마나 만족하십니까?(전혀 만족하지 않는 상태는 0점, 매우 만족한 상태는 10점입니다.)</td></tr>
<tr><td></td><td>모임 또는
단체활동
참여 경험</td><td>문 2. 귀하는 지난 1년 동안 다음의 모임 또는 단체활동에 참여한 경험이 있습니까? 참여 경험이 있는 것을 모두 표시해 주십시오.
① 친목회/친목계 ② 동창회/동창모임
③ 지역모임/향우회/종친회 ④ 인터넷 커뮤니티
⑤ 동호회 ⑥ 자원봉사단체
⑦ 시민단체 ⑧ 노조 및 직능 단체
⑨ 정당 ⑩ 종교단체
⑪ 기타(구체적으로 : ______________)
⑫ 어느 모임이나 단체에도 참여한 적이 없다</td></tr>
</table>

<table>
<tr><td rowspan="3">공동체 활성화
–
비물질
부문
(Cronbach's
alpha
= 0.4072)</td><td>사회적 약자에
대한 태도</td><td>문 38. 아래 각 항목은 우리 사회의 사회적 약자에 대한 태도를 나타낸 것입니다. 귀하는 각 항목에 어느 정도 동의하십니까? 각 항목에 대해 귀하의 생각을 평가해 주십시오.

| 매우 그렇다 | 약간 그렇다 | 보통 이다 | 별로 그렇지 않다 | 전혀 그렇지 않다 |
| 5 | 4 | 3 | 2 | 1 |

1) 내 아이(있거나 있다면)가 장애아와 함께 어울리는 것은 상관없다
2) 가난은 개인이 게으르고 노력하지 않기 때문이라기보다는 사회제도에 더 큰 책임이 있다
3) 어르신(65세 이상)들에 대한 사회복지 확대를 위해 세금을 더 부담할 의향이 있다
4) 여성들의 사회참여를 활성화하기 위해 더 많은 제도적 개선이 필요하다</td></tr>
<tr><td>자원봉사 활동
참여 경험</td><td>문 24-1. 지난 1년간 자원봉사 참여 경험이 있으시다면, 다음 각 분야별로 연간 참여횟수는 어떻게 되십니까?

| 활동분야 | 횟수 |
1) 환경보전과 보호분야(마을청소, 쓰레기 줍기 등)	회
2) 자녀교육 관련 분야(일일교수, 교통지도, 급식보조 등)	회
3) 사회적 약자 지원 분야(복지시설, 병원, 개인가정봉사, 야학교사 등)	회
4) 재능나눔, 문화예술분야 분야(문화예술 교육, 안내, 재능기부 등)	회 |</td></tr>
<tr><td>사회적 신뢰</td><td>문 42. 귀하께서는 다음의 사람 또는 기관에 대해 얼마나 신뢰하십니까? 각 항목에 대해 귀하의 생각을 평가해 주십시오. | 매우 그렇다	약간 신뢰	보통	별로 신뢰 안함	전혀 신뢰 안함
5	4	3	2	1 | 1) 가족 2) 이웃 3) 공공 기관(서울시)</td></tr>
</table>

<table>
<tr>
<td rowspan="2">공동체 활성화
–
물질
부문
(Cronbach's
alpha
= 0.8024)</td>
<td>도시위험도</td>
<td>문 9. 다음의 각 항목에 대해 우리 사회의 위험 정도가 어느 정도 심각하다고 생각하십니까? 혹은 심각하지 않다고 생각하십니까?
<table>
<tr><td>매우 심각하다</td><td>약간 심각하다</td><td>보통 이다</td><td>별로 심각하지 않다</td><td>전혀 심각하지 않다</td></tr>
<tr><td>5</td><td>4</td><td>3</td><td>2</td><td>1</td></tr>
</table>
<table>
<tr><td>1) 자연재해(태풍, 지진 등)</td><td></td></tr>
<tr><td>2) 핵폐기물, 방사능 사고</td><td></td></tr>
<tr><td>3) 전염병(사스, 결핵, 콜레라, 장티푸스, 메르스 등)</td><td></td></tr>
<tr><td>4) 안전사고(선박사고, 항공기사고, 씽크홀 등)</td><td></td></tr>
<tr><td>5) 안보(전쟁, 국제분쟁, 북한과 대치 등)</td><td></td></tr>
<tr><td>6) 경제위기(금융위기 등)</td><td></td></tr>
<tr><td>7) 실업</td><td></td></tr>
<tr><td>8) 부정부패</td><td></td></tr>
<tr><td>9) 폭력 범죄(성폭력, 학교폭력, 강도, 유괴, 폭행 및 살해 등)</td><td></td></tr>
<tr><td>10) 사회 갈등(빈부격차, 세대갈등 등)</td><td></td></tr>
<tr><td>11) 컴퓨터 바이러스, 사이버범죄로 인한 혼란(개인정보유출과 온라인 사기 등)</td><td></td></tr>
</table>
</td>
</tr>
<tr>
<td>문화환경
만족도</td>
<td>문 13. 귀하는 서울시의 전반적인 문화환경(문화시설, 문화프로그램, 비용 등)에 대해 어느 정도 만족하십니까?
① 매우 불만족 ② 약간 불만족
③ 보통 ④ 약간 만족
⑤ 매우 만족</td>
</tr>
</table>

주: 2015년과 2016년 문항의 구성이 다른 경우, 문항 통일 후 한 가지만을 게시하였음.
예를 들어 '스트레스 정도' 문항을 살펴보면, 2015년의 설문지의 경우, 스트레스를 '매우 많이 느꼈다.'가 ①번으로 표기되어 있었고, 2016년의 설문지의 경우, 스트레스를 '매우 많이 느꼈다.'가 ⑤번으로 표기되어 있었다. 이를 변수명에 맞게 '⑤ 매우 많이 느꼈다.'로 통일하여 코딩하였다. 그에 따라 문항의 구성이 차이가 있는 경우, 통일된 하나만을 게시하였다. 또한 학력의 경우에도 2015년의 경우 ①번 선택지가 '초등학교 졸업(무학·중퇴포함)'인 반면, 2016년의 경우 ①번 선택지의 경우 '안 받았음'으로 작성되어 있고, ②번부터 '초등학교'로 표기되어 있었다. 졸업, 재학, 수료, 휴학, 중퇴의 경우에는 따로 표기를 할 수 있게 하였다. 그에 따라, 2016년의 ①번 선택지인 '안 받았음'의 경우 2015년의 ①번의 무학에 해당함으로 보았으며, 이후 변수명에 맞게 재코딩하였다. 마지막으로 주거점유형태의 경우 역코딩하였다.

Ⅳ. 공동체 활성화와 삶의 질의 관계 분석 결과

본 장에서는 기술통계를 통해 변수의 특징을 살펴보고, 상관관계분석을 통해 공동체 활성화 정도와 삶의 질 간의 관계를 알아보고자 하였다. 다음의 〈표 11-3〉, 〈표 11-4〉를 통해 기술통계, 상관관계분석을 정리하였다.

1. 기술통계

우선 기술통계의 경우, 삶의 질 중 행복지수의 경우 평균이 약 6.97점으로 나타났으며, 삶의 만족도의 경우 약 7.32점으로 나타났다. 삶의 만족도 평균값이 행복지수 평균값보다는 0.35점 높은 것으로 나타났다. 2주간 느낀 스트레스 정도의 경우 평균이 약 3점 정도이며, 이는 5점 척도 중간에 위치하고 있다. 다음으로 공동체 활성화 정도의 비물질 부문을 살펴보면, 1년간 모임 또는 단체활동에 참여경험은 평균 1.7회이며, 자원봉사활동에 참여한 경험은 평균 0.5회이다. 1년간 모임 또는 단체활동에 참여한 경험이 자원봉사활동 참여 경험보다 약 1.2회 더 많다. 사회적 약자에 대한 태도와 사회적 신뢰의 경우, 각각 5점 척도 중 약 3.24점, 3.59점으로 나타났다. 세 번째로, 공동체 활성화 정도 중 물질 부문의 경우에는 도시위험도는 3.43점, 문화환경 만족도는 3.25점으로 역시 5점 척도 중 중간에 위치하고 있는 것으로 나타났다.

연도의 경우에는 2016년은 표본수가 45,609명이며, 2015년은 46,837명이다. 성별의 경우에는 총 92,446명 중 여성이 47,382명, 남성이 45,064명으로 여성이 2,318명 더 많다. 나이의 경우에는 전체 평균이 약 45세이며, 최연소의 경우에는 16세, 최고령의 경우에는 98세이다. 학력의 경우에는 고등학교 졸업 이하의 경우가 40,738명, 전문대 중퇴 이상의 경우는 51,708명이다. 또한 종교가 없는 사람이 50,058명, 종교가 있는 사람이 42,388명이다. 주거점유형태의 경우, 자기집인 경우가 6에 해당하며, 무상(관사, 사택 등)의 경우에 1이다. 그에 따라 자가를 소유하고 있는 자는 52,627명이었으며, 그 외는 39,819명이다. 서울 총 거주 기간과 현 주소 거주기간에 대해서는 평균값이 각각 약 16년과 약 4년이다. 계층 인식의

〈표 11-3〉 기술통계 결과

변수			Obs	Mean	Std. Dev.	Min	Max
삶의 질		행복지수	92,446	6.9723	1.0515	0	10
		스트레스 정도	92,446	3.0034	1.2694	1	5
		삶의 만족도	92,446	7.3168	1.2823	0	10
공동체 활성화	비(非) 물질 부문	모임 또는 단체활동 참여한 경험	92,446	1.7270	1.2756	0	9
		사회적 약자에 대한 태도	92,446	3.2367	0.5629	1	5
		자원봉사활동 참여 경험	92,446	0.5056	2.0730	0	120
		사회적 신뢰	92,446	3.5901	0.5497	1	5
	물질 부문	도시위험도	92,446	3.4394	0.5965	1.1818	5
		문화환경 만족도	92,446	3.2567	0.7685	1	5
인구통계학적 특성		연도(1=2016, 0=2015)	92,446	0.4934	0.5000	0	1
		성별(1=남성, 0=여성)	92,446	0.4875	0.4998	0	1
		나이	92,446	44.8780	15.7879	16	98
		학력	92,446	3.8047	1.0984	1	6
		종교(1=종교 있음, 0=종교 없음)	92,446	0.4585	0.4983	0	1
		주거점유형태	92,446	5.4944	0.6416	1	6
		서울 총 거주 기간	92,446	15.8437	16.1528	0	93
		현 주소 거주 기간	92,446	4.0143	5.5209	0	73
		계층 인식	92,446	6.2270	1.7658	1	10
		월 평균 소득	60,226	6.9851	3.1839	1	19

경우에는 평균값이 6.22로 중산층이라 볼 수 있는 6 정도에 20,944명이 답하였다. 마지막으로 월 평균 소득의 경우에는 평균값이 6.98로 300~350만 원 미만 항목에 해당하며, 9,308명으로 제일 많은 수가 답하였다.

2. 행복지수

다음으로 상관관계분석결과(〈표 11-4〉)를 통해 공동체 활성화 정도와 삶의 질 간의 관계를 살펴보고자 한다. 먼저 삶의 질 중 행복지수의 경우 스트레스 변수와 연도 변수를 제외하고, 유의수준 0.001 이하에서 변수들 간 유의미한 상관관계를 나타내고 있다. 공동체 활성화 정도 중 비물질 부문에서는 사회적 약자에 대한 태도와 0.13 정도[4]의 양(+)의 상관관계를 보이고 있으며, 사회적 신뢰와 0.11 정도의 양(+)의 상관관계를 나타내고 있다. 또한 모임 또는 단체활동 참여경험, 자원봉사활동 참여경험과 약 0.09, 0.01 정도의 양(+)의 상관관계를 나타내었다. 공동체 활성화 정도 중 물질 부문에서는 문화환경 만족도와 0.20 정도의 양(+)의 상관관계를 보이고 있다. 또한, 도시위험도와 행복지수도 약 0.05의 양(+)의 상관관계가 나타났다. 다른 삶의 질 변수들과의 관계에 있어서는 삶의 만족도와 약 0.03 정도의 양(+)의 유의미한 상관관계를 보이지만, 스트레스 정도와는 유의미한 상관관계가 없었다. 또한 나이와는 약 0.20 정도의 음(-)의 상관관계를 나타내고 있다. 학력의 경우에는 행복지수와 약 0.07 정도의 양(+)의 상관관계를 보인다. 마지막으로 주거점유형태, 서울 총 거주기간, 현 주소 거주기간과는 각각 약 0.02, 0.04, 0.03 정도의 순으로 음(-)

4 이하 변수들 간의 상관관계 계수를 본문에 게시함에 있어 "〈표 11-4〉 상관관계분석결과"와 다른 부분은 소수점 이하 세 번째 자리에서 반올림하였기 때문이다. 그에 따라 0.xx '정도'의 혹은 '약' 0.xx 표현을 사용하였다.

의 상관관계를 보인다.

이를 좀 더 살펴보기 위하여, 추가로 행복지수를 종속변수로 하는 다중회귀분석[5]을 실시해보았다. 그 결과값을 살펴보면, 도시 위험도의 경우, 상관관계 결과와 달리 부호가 음(−)의 방향으로 나타났으며, 행복지수에 유의미한 영향을 끼치지 못한다. 또한 주거점유형태, 서울 총 거주기간, 현 주소 거주기간의 경우에도 부호가 반대로 양(+)의 방향으로 나타났으며, 마찬가지로 행복지수에 유의미한 영향을 끼치지 못한다. 다른 인구통계학적 변수들의 영향력을 통제하더라도 모임 또는 단체활동 참여경험 횟수와 사회적 약자에 대한 태도, 사회적 신뢰, 문화환경 만족도가 높아질수록 행복지수가 높아지는 것으로 나타났다.[6] 인구통계학적 변수들의 경우에는 성별, 나이, 계층인식, 소득이 행복지수에 통계적으로 유의미한 영향을 미치는 것으로 나타났다. 다른 영향을 통제했을 때, 성별이 남자이며, 나이가 적을수록, 계층인식이 높을수록, 소득이 높을수록 행복지수가 높아지는 것으로 나타났다.

5 다중회귀분석의 상세 결과는 [부록]의 〈표 11-6〉 참조.

6 표준화된 회귀계수 Beta값을 살펴보았을 때, 물질부문인 문화환경 만족도가 0.1796, 비물질 부문인 사회적 신뢰가 0.0969, 모임 또는 단체 활동 참여 경험 횟수가 0.0934, 사회적 약자에 대한 태도가 0.0824로 행복지수에 중요한 영향을 미치는 요인임이 확인되었다. 이에 대하여는 [부록]의 〈표 11-6〉 참조.

〈표 11-4〉 상관관계분석결과

	(1) 행복지수	(2) 스트레스 정도	(3) 삶의 만족도	(4) 모임 또는 단체활동 참여경험	(5) 사회적 약자에 대한 태도	(6) 자원봉사 활동 참여경험	(7) 사회적 신뢰	(8) 도시 위험도	(9) 문화환경 만족도	(10) 연도
(1)	1									
(2)	0.0003	1								
(3)	0.0343 ***	0.0016	1							
(4)	0.0891 ***	−0.0096 **	−0.0016	1						
(5)	0.1258 ***	0.0017	−0.0027	0.0463 ***	1					
(6)	0.0124 ***	−0.0062	0.0092 *	0.0111 ***	0.0058	1				
(7)	0.1103 ***	0.0023	−0.0116 ***	0.0174 ***	0.2001 ***	0.0055	1			
(8)	0.0539 ***	0.0087 **	0.0236 ***	0.0366 ***	0.1958 ***	0.0084 *	0.1617 ***	1		
(9)	0.2026 ***	−0.0001	0.0124 ***	0.0898 ***	0.0389 ***	0.0047	−0.0150 ***	−0.0340 ***	1	
(10)	0.0069 *	−0.4493 ***	0.0034	0.0344 ***	0.0004	0.0243 ***	0.0026	0.0021	−0.0019	1
(11)	0.0299 ***	0.0003	0.0054	0.0728 ***	−0.0109 ***	−0.0397 ***	−0.0110 ***	−0.0180 ***	−0.0050	0.0072 *
(12)	−0.2017 ***	0.0107 **	−0.0828 ***	0.1490 ***	−0.0248 ***	−0.0731 ***	0.0226 ***	−0.0649 ***	−0.0765 ***	−0.0311 ***
(13)	0.0742 ***	−0.0390 ***	0.0540 ***	0.0514 ***	0.0074 *	0.0045	−0.0148 ***	0.0265 ***	0.0259 ***	0.0971 ***
(14)	−0.0286 ***	0.0099 **	−0.0041	0.0458 ***	−0.0028	0.0554 ***	0.0010	−0.0067 *	−0.0000	−0.0368 ***
(15)	−0.0240 ***	0.0122 ***	−0.0115 ***	0.0141 ***	0.0017	0.0036	0.0131 ***	−0.0033	−0.0163 ***	−0.0407 ***
(16)	−0.0421 ***	0.3695 ***	−0.0267 ***	0.0080 *	−0.0056	−0.0416 ***	0.0039	−0.0086 **	−0.0116 ***	−0.8335 ***
(17)	−0.0265 ***	0.2688 ***	0.0028	−0.0051	−0.0053	−0.0156 ***	0.0011	−0.0100 **	−0.0085 **	−0.6151 ***
(18)	0.0163 ***	0.0085 **	0.2588 ***	−0.0086 **	0.0050	0.0042	0.0025	−0.0055	0.0035	−0.0169 ***
(19)	0.0141 ***	0.0058	0.0885 ***	0.0739 ***	−0.0069	−0.0061	−0.0074	0.0000	−0.0004	−0.0129 **

(* $p<0.05$, ** $p<0.01$, *** $p<0.001$)

	(11) 성별	(12) 나이	(13) 학력	(14) 종교	(15) 주거점유 형태	(16) 서울 총 거주 기간	(17) 현 주소 거주 기간	(18) 계층인식	(19) 월 평균 소득
(1)									
(2)									
(3)									
(4)									
(5)									
(6)									
(7)									
(8)									
(9)									
(10)									
(11)	1								
(12)	0.0321 ***	1							
(13)	0.1060 ***	−0.1962 ***	1						
(14)	−0.0581 ***	0.1091 ***	−0.0457 ***	1					
(15)	−0.0007	0.1374 ***	−0.0620 ***	0.0257 ***	1				
(16)	0.0021	0.2195 ***	−0.0842 ***	0.0473 ***	0.0808 ***	1			
(17)	−0.0078 *	0.1262 ***	−0.1526 ***	0.0373 ***	0.1316 ***	0.6189 ***	1		
(18)	0.0041	−0.0257 ***	0.0344 ***	0.0042	0.0090 **	0.0057	0.0060	1	
(19)	0.2253 ***	0.0616 ***	0.1898 ***	0.0123 **	0.0414 ***	0.0197 ***	0.0291 ***	0.0424 ***	1

3. 스트레스 정도

삶의 질 중 2주간 느낀 스트레스 정도의 경우에는 공동체 활성화 정도와 유의수준 0.01 이하에서 유의미한 상관관계를 나타내고 있는 변수들로 모임 또는 단체활동 참여경험과 도시 위험도가 있다. 공동체 활성화 정도 중 비물질 부문에 해당하는 모임 또는 단체활동 참여경험과는 0.01 정도의 음(−)의 상관관계를 보이고, 물질 부문에 해당하는 도시위험도와는 0.01 정도의 양(+)의 상관관계를 보인다. 더불어 유의수준 0.001 이하에서 서울 총 거주기간, 현 주소 거주기간, 주거점유형태와 각각 0.37, 0.27, 0.01 정도의 양(+)의 상관관계를 보이고 있다. 마지막으로 유의수준 0.001 이하에서 학력과 스트레스 정도가 약 0.04의 음(−)의 상관관계를 보이고 있다.

이에 스트레스 정도를 종속변수로 하는 다중회귀분석[7]을 통해 결과를 살펴보았다. 회귀분석 결과 공동체 활성화 정도 중 물질 부문의 도시위험도(0.0751***)만이 유의수준 0.001 이하에서 스트레스 정도에 유의미한 영향을 미치는 것으로 확인되었다. 이는 도시위험도가 높을수록 스트레스 정도가 높아지는 것을 의미한다. 또한 거주기간 변수들 및 주거점유형태 모두 부호가 바뀌어 음(−)의 영향으로 나타났으며, 그중 주거점유형태(−0.0145*)의 경우 주거에 대한 소유권의 정도가 낮을수록 스트레스가 높아지는 것으로 나타났다.

4. 삶의 만족도

삶의 만족도의 경우에는 계층인식과 약 0.26 정도의 양(+)의 상관관

7 다중회귀분석의 상세 결과는 [부록]의 〈표 11-7〉 참조.

계를 나타내었다. 다음으로 삶의 만족도와 나이의 경우에는 약 0.08의 음(−)의 상관관계를, 월 평균 소득과는 약 0.09 정도의 양(+)의 상관관계를 보인다. 또한 학력과는 약 0.05 정도의 양(+)의 상관관계를 나타내었다. 삶의 만족도와 공동체 활성화 정도와의 관계를 살펴보면, 자원봉사활동 참여경험과 유의수준 0.05 이하에서 유의미한 상관관계를 나타내었으며, 사회적 신뢰, 도시위험도, 문화환경 만족도와는 유의수준 0.001 이하에서 유의미한 상관관계를 보인다. 이를 좀 더 세부적으로 살펴보면, 비물질 부문에서는 자원봉사활동 참여경험과 약 0.01 정도의 양(+)의 상관관계, 사회적 신뢰와는 약 0.01 정도의 음(−)의 상관관계를 보였다. 물질 부문에서는 도시위험도와 약 0.02의 양(+)의 상관관계, 문화환경 만족도와 약 0.01의 양(+)의 상관관계를 보인다.

그에 따라 삶의 만족도를 종속변수로 하는 다중회귀분석[8]을 실시해보았다. 공동체 활성화 정도 중 비물질 부문에서 사회적 신뢰와 물질 부문에서 도시위험도의 경우 유의수준 0.001 이하에서 유의미한 영향을 미치는 것으로 확인되었다. 하지만 이 경우, 사회적 신뢰의 정도가 낮을수록 삶의 만족도가 높아지고, 도시위험도가 높을수록 삶의 만족도가 높은 것으로 나타났다.

우선 사회적 신뢰의 정도의 경우, 가족, 이웃, 공공기관에 대한 신뢰의 정도를 산술평균값을 사용하였는데, 이러한 점이 영향이 끼쳤을 것으로 판단된다. 사회적 신뢰를 좀 더 살펴보면, 가족 신뢰도의 경우 5점 척도에 평균 4.5의 높은 신뢰를 보이는 반면, 이웃의 경우에는 3.2, 공공기관의 경우에는 3으로 상대적으로 낮다. 또한 도시위험도의 경우에도 총 11가지의 도시위험도 정도의 산술평균값으로 측정하였다. 그에 따라 각기 다른

8 다중회귀분석의 상세 결과는 [부록]의 〈표 11-8〉 참조.

도시위험도의 정도로 인해 삶의 만족도에 끼치는 정도가 달랐을 것으로 판단된다. 더불어, 추측해보자면 역 인과관계의 영향도 생각해볼 수 있다. 삶의 만족도가 높은 사람의 경우, 도시위험도에 대한 민감도가 높기 때문에 작고, 미세한 도시위험에 대해서도 높게 평가할 수 있다.

인구통계학적 특성의 경우에는 연도, 성별, 나이, 서울 총 거주기간, 현 주소 거주기간, 계층인식, 소득이 삶의 만족도에 통계적으로 유의미한 영향을 미치는 것으로 나타났다. 다른 영향을 통제했을 때, 2015년일 때, 성별이 여자이고, 나이가 적을수록 삶의 만족도가 높은 것으로 나타났다. 또한 서울 총 거주기간이 짧을수록, 현 주소 거주기간이 길수록, 계층인식이 높을수록, 소득이 높을수록 삶의 만족도가 높아지는 것으로 나타났다. 가장 핵심적으로 상관관계를 알아보고 싶은 공동체 활성화 정도와 삶의 만족도의 경우보다 인구통계학적 특성 변수에서 더 유의미한 변수들이 많다는 것은 삶의 질 중 삶의 만족도에 대해서는 다른 변수들의 영향을 더 보아야 한다는 것을 의미할 수 있다.

V. 결론

본 장은 지역주민의 삶의 질과 공동체 활성화 정도 간의 관계를 분석하였다. 공동체 활성화 정도는 비물질 부문과 물질 부문으로 나눠 보았다. 비물질 부문은 모임 또는 단체활동 참여경험, 사회적 약자에 대한 태도, 자원봉사활동 참여경험, 사회적 신뢰로 측정하였고, 물질 부문은 도시위험도, 문화환경 만족도를 통해 측정하였다. 삶의 질의 경우에는 행복지수와 2주간 스트레스 정도, 삶의 만족도로 측정하였다.

먼저 삶의 질 중 행복지수의 경우 스트레스 변수와 연도 변수를 제외하고, 유의수준 0.001 이하에서 변수들 간 유의미한 상관관계를 나타내고 있다. 행복지수를 종속변수로 하는 다중회귀분석에서는 다른 인구통계학적 변수들의 영향력을 통제하더라도 비물질 부문에서 모임 또는 단체활동 참여경험과 사회적 약자에 대한 태도, 사회적 신뢰 정도가 유의미한 영향을 끼쳤으며, 물질 부문에서 문화환경 만족도가 유의미한 영향을 끼쳤다. 행복지수의 경우에는 공동체 활성화 정도가 비물질 부문, 물질 부문 모두가 부분적인 영향을 끼쳤다. 모임 또는 단체활동 참여경험 횟수와 사회적 약자에 대한 태도, 사회적 신뢰, 문화환경 만족도가 높아질수록 행복지수가 높아지는 것으로 나타났다.

다음으로 2주간 느낀 스트레스 정도의 경우에는 유의수준 0.01 이하에서 모임 또는 단체활동 참여경험, 도시위험도가 유의미한 상관관계를 나타내고 있다. 이에 2주간 스트레스 정도를 종속변수로 하는 회귀분석을 실시하였으며, 물질 부문인 도시위험도만이 유의미한 영향을 미치는 것으로 확인되었다. 즉 도시위험도가 높을수록 스트레스 정도가 높은 경향을 보인다.

마지막으로 삶의 만족도와 공동체 활성화 정도와의 관계를 살펴보면, 자원봉사활동 참여경험과 유의수준 0.05 이하에서 유의미한 상관관계를 나타내었으며, 사회적 신뢰, 도시위험도, 문화환경 만족도와는 유의수준 0.001 이하에서 유의미한 상관관계를 보인다. 삶의 만족도를 종속변수로 하는 다중회귀분석에서는 비물질 부문에서 사회적 신뢰와 물질 부문에서 도시위험도의 경우에 유의미한 영향을 끼치는데, 이 경우 각각 삶의 만족도에 음(−)의 방향, 양(+)의 방향으로 영향을 미친다. 각각의 독립변수가 여러 항목의 단순 산술평균값으로 측정하여, 이러한 점이 영향을 끼쳤을 것으로 판단된다.

본 장은 서울시민들을 대상으로 한 2015년, 2016년 서울서베이 설문자료에 근거하고 있다. 2015년과 2016년이 다른 모듈에 해당하는 설문조사로, 공통문항을 추려내어 분석하는 것에 한계가 존재했다. 즉, 공동체 활성화 정도인 독립변수의 경우 물질부문과 비물질부문을 나눠 측정하였는데, 이 경우 2015년과 2016년에 공통으로 측정한 설문문항만을 사용해야 하는 문제점이 존재하였다. 그에 따라 물질부문과 비물질 부문의 측정개념의 수가 차이가 발생하였다. 더불어, 변수 중 소득 변수를 넣음으로 인해 직업이 없는 경우에 누락되는 현상이 발생하였다. 추후 연구에서는 소득 변수를 대체할만한 변수를 사용하여, 직업이 있는 경우와 없는 경우 모두 분석에 포함시키는 모형을 분석해볼 수 있을 것이다. 주로 상관관계분석을 통해 공동체 활성화 정도와 삶의 질 간의 관계 정도는 알 수 있었지만, 그 방향성에 대한 파악은 부족했다. 즉, 공동체 활성화 정도가 삶의 질에 영향을 끼친다는 방향성을 가진 관계에 대한 다중회귀분석을 더 정밀하게 실시할 수 있을 것이다.

부록

〈표 11-5〉 변수의 개념화와 지표 - 인구통계학적 특성 변수

<table>
<tr><th>변수명</th><th>설문 문항</th></tr>
<tr><td>연도</td><td>2015년이면 0, 2016년이면 1</td></tr>
<tr><td>성별</td><td>성별
① 남　　　　② 여</td></tr>
<tr><td>나이</td><td>출생 년도
__________년</td></tr>
<tr><td>학력*</td><td>DQ 1. 귀하의 학력은 어떻게 되십니까?
① 초등학교 졸업(무학·중퇴 포함)
② 중학교 졸업(중퇴 포함)
③ 고등학교 졸업(중퇴 포함)
④ 전문대 졸업(재학, 중퇴 포함)
⑤ 대학 졸업(재학, 중퇴 포함)
⑥ 대학원 수료/졸업(재학, 중퇴 포함)</td></tr>
<tr><td>종교</td><td>(보기 3) 종교
① 개신교　② 불교　③ 천주교
④ 유교　⑤ 기타　⑥ 없다</td></tr>
<tr><td>주거점유형태*</td><td>주거점유형태
① 자기집　② 전세(월세 없음)
③ 보증금 있는 월세　④ 보증금 없는 월세
⑤ 사글세　⑥ 무상(관사, 사택 등)</td></tr>
<tr><td>서울
총 거주 기간</td><td rowspan="2">DQ 2. 귀하께서 서울에 사신 지는 몇 년이나 되셨습니까? 서울에 사신 총 거주기간과 그중 현재 사는 집 거주기간을 말씀해주십시오(이사로 인한 타 지역 거주기간은 제외).
서울 총 거주 기간　: 약 __________년
현재 사는 집 거주기간 : 약 __________년</td></tr>
<tr><td>현 주소
거주 기간</td></tr>
<tr><td>계층인식</td><td>문 34. 귀하는 귀하의 지위가 사회, 경제적 여건을 기준으로 현재 어느 정도라고 생각하십니까? 1부터 10까지 중에서 말씀해 주십시오.<table><tr><td>1
(최하층)</td><td>2</td><td>3</td><td>4</td><td>5</td><td>6</td><td>7</td><td>8</td><td>9</td><td>10
(최상층)</td></tr></table></td></tr>
<tr><td>월평균 소득</td><td>DQ 3-4. (직업이 있는 경우) 귀하의 지난 1년(2015. 10. 1.~2016. 9. 30.) 동안 세금납부(공제) 전 월 평균 근로(사업) 소득은 얼마입니까?(금융소득은 제외)
① 50만 원 미만　② 50~100만 원 미만
③ 100~150만 원 미만　④ 150~200만 원 미만
⑤ 200~250만 원 미만　⑥ 250~300만 원 미만
⑦ 300~350만 원 미만　⑧ 350~400만 원 미만
⑨ 400~450만 원 미만　⑩ 450~500만 원 미만
⑪ 500~550만 원 미만　⑫ 550~600만 원 미만
⑬ 600~650만 원 미만　⑭ 650~700만 원 미만
⑮ 700~750만 원 미만　⑯ 750~800만 원 미만
⑰ 800~850만 원 미만　⑱ 850~900만 원 미만
⑲ 900만 원 이상 (　　　　)만 원</td></tr>
</table>

〈표 11-6〉 삶의 질 중 행복지수에 대한 회귀분석 결과

행복지수			Coef	Std. Err	t	Beta
독립 변수	비물질 부문	모임 또는 단체 활동 참여경험	0.0766***	0.0032	23.6	0.0934
		사회적 약자에 대한 태도	0.1521***	0.0074	20.5	0.0824
		자원봉사활동 참여경험	0.0004	0.0021	0.20	0.0008
		사회적 신뢰	0.1841***	0.0076	24.24	0.0969
	물질 부문	도시위험도	-0.0033	0.0070	-0.47	-0.0019
		문화환경 만족도	0.2428***	0.0053	45.84	0.1796
통제 변수		연도	0.0077	0.0158	0.49	0.0037
		성별	0.0554***	0.0085	6.51	0.0263
		나이	-0.0140***	0.0004	-39.35	-0.1717
		학력	-0.0052	0.0046	-1.13	-0.0048
		종교 여부	-0.0093	0.0082	-1.14	-0.0045
		주거점유 형태	0.0064	0.0063	1.02	0.0040
		서울 총 거주 기간	0.0002	0.0005	0.03	0.0003
		현 주소 거주 기간	0.0009	0.0010	0.88	0.0044
		계층인식	0.0058**	0.0022	2.60	0.0101
		소득	0.0044***	0.0013	3.29	0.0134
_Cons			5.4448***	0.0605	90.01	.
Number of Obs			60225			
Prob>F			0.0000			
R-squared (Adj R-squared)			0.0937 (0.0935)			

(* p<0.05, ** p<0.01, *** p<0.001)

〈표 11-7〉 삶의 질 중 스트레스 정도에 대한 회귀분석 결과

스트레스 정도			Coef	Std. Err	t	Beta
독립 변수	비물질 부문	모임 또는 단체 활동 참여경험	-0.0009	0.0037	-0.24	-0.0009
		사회적 약자에 대한 태도	0.0018	0.0085	0.21	0.0008
		자원봉사활동 참여경험	0.0030	0.0024	1.26	0.0046
		사회적 신뢰	-0.0064	0.0087	-0.74	-0.0028
	물질 부문	도시위험도	0.0751***	0.0080	9.40	0.0351
		문화환경 만족도	-0.0034	0.0061	-0.56	-0.0020
통제 변수		연도	-1.1706***	0.0181	-64.82	-0.4611
		성별	0.0048	0.0097	0.50	0.0019
		나이	0.0006	0.0004	1.57	0.0064
		학력	-0.0038	0.0053	-0.72	-0.0028
		종교 여부	-0.0170	0.0093	-1.77	-0.0065
		주거점유 형태	-0.0145*	0.0073	-2.00	-0.0075
		서울 총 거주 기간	-0.0004	0.0006	-0.74	-0.0053
		현 주소 거주 기간	-0.0015	0.0011	-1.30	-0.0062
		계층인식	0.0009	0.0026	0.37	0.0013
		소득	0.0001	0.0015	0.08	0.0003
_Cons			3.4336***	0.0691	49.67	.
Number of Obs			60225			
Prob>F			0.0000			
R-squared (Adj R-squared)			0.2064 (0.2062)			

(* $p<0.05$, ** $p<0.01$, *** $p<0.001$)

〈표 11-8〉 삶의 질 중 삶의 만족도에 대한 회귀분석 결과

<table>
<tr><th colspan="3">삶의 만족도</th><th>Coef</th><th>Std. Err</th><th>t</th><th>Beta</th></tr>
<tr><td rowspan="6">독립 변수</td><td rowspan="4">비물질 부문</td><td>모임 또는 단체 활동 참여경험</td><td>-0.0037</td><td>0.0041</td><td>-0.90</td><td>-0.0036</td></tr>
<tr><td>사회적 약자에 대한 태도</td><td>-0.0108</td><td>0.0093</td><td>-1.16</td><td>-0.0047</td></tr>
<tr><td>자원봉사활동 참여경험</td><td>0.0038</td><td>0.0026</td><td>1.46</td><td>0.0057</td></tr>
<tr><td>사회적 신뢰</td><td>-0.0354***</td><td>0.0095</td><td>-3.71</td><td>-0.0150</td></tr>
<tr><td rowspan="2">물질 부문</td><td>도시위험도</td><td>0.0593***</td><td>0.0088</td><td>6.75</td><td>0.0272</td></tr>
<tr><td>문화환경 만족도</td><td>0.0082</td><td>0.0066</td><td>1.23</td><td>0.0049</td></tr>
<tr><td colspan="2" rowspan="10">통제 변수</td><td>연도</td><td>-0.0910***</td><td>0.0198</td><td>-4.59</td><td>-0.0352</td></tr>
<tr><td>성별</td><td>-0.0669***</td><td>0.0107</td><td>-6.27</td><td>-0.0255</td></tr>
<tr><td>나이</td><td>-0.0058***</td><td>0.0004</td><td>-12.97</td><td>-0.0570</td></tr>
<tr><td>학력</td><td>-0.0082</td><td>0.0058</td><td>-1.42</td><td>-0.0060</td></tr>
<tr><td>종교 여부</td><td>0.0164</td><td>0.0103</td><td>1.60</td><td>0.0063</td></tr>
<tr><td>주거점유 형태</td><td>0.0057</td><td>0.0080</td><td>0.72</td><td>0.0029</td></tr>
<tr><td>서울 총 거주 기간</td><td>-0.0032***</td><td>0.0006</td><td>-5.19</td><td>-0.0396</td></tr>
<tr><td>현 주소 거주 기간</td><td>0.0077***</td><td>0.0012</td><td>6.21</td><td>0.0317</td></tr>
<tr><td>계층인식</td><td>0.1816***</td><td>0.0028</td><td>64.38</td><td>0.2522</td></tr>
<tr><td>소득</td><td>0.0356***</td><td>0.0017</td><td>21.29</td><td>0.0876</td></tr>
<tr><td colspan="3">_Cons</td><td>6.2842***</td><td>0.0759</td><td>82.76</td><td>.</td></tr>
<tr><td colspan="3">Number of Obs</td><td colspan="4">60225</td></tr>
<tr><td colspan="3">Prob>F</td><td colspan="4">0.0000</td></tr>
<tr><td colspan="3">R-squared
(Adj R-squared)</td><td colspan="4">0.0792
(0.0790)</td></tr>
</table>

(* $p<0.05$, ** $p<0.01$, *** $p<0.001$)

참고문헌

강순주·이원영. (2008). 국민임대아파트단지의 거주실태 및 커뮤니티의식 비교 연구. 〈한국주거학회〉, 19(2): 19-30.

고광용·고명철. (2017). 미국 지방정부의 공공서비스 만족도와 지역사회 삶의 질 간 상관성 분석: Peterson의 정책유형론을 중심으로. 〈사회과학연구〉, 29(2): 27-55.

고명철. (2013a). 공공서비스 만족도, 정부성과, 그리고 삶의 질 간 영향관계 분석: 상향확산식 접근을 토대로. 〈한국행정학보〉, 47(2): 1-30.

고명철. (2013b). 공공서비스 만족도가 지역사회 삶의 질에 미치는 영향. 〈한국거버넌스학회보〉, 20(2): 243-270.

고명철·최상옥. (2012). 삶의 질(QoL) 연구의 행정학적 함의와 제언. 〈한국행정학보〉, 46(4): 103-126.

구교준·임재영·최슬기. (2014). 소득과 삶의 역량에 따른 행복 결정요인 연구. 〈한국행정학보〉, 48(2): 317-339.

김권수. (2014). 주민의 마을공동체사업 참여와 참여만족이 공동체의식과 마을만족에 미치는 영향－마을문화체육행사를 중심으로. 〈관광경영연구〉, 62(단일호): 61-81.

김도엽. (2001). 지방정부의 '삶의 질' 결정요인에 관한 연구. 〈지방정부연구〉, 5(2): 81-96.

김광복·남진. (2005). 주택재개발아파트의 단지배치특성에 따른 임대주택거주자의 커뮤니티의식 분석. 〈국토계획〉, 40(7): 73-86.

김대건. (2011). 지역공동체의식이 협력적 갈등해결행태에 미치는 영향. 〈분쟁해결연구〉, 9(1): 67-93.

김진아·변병설·조희선. (2015). 주민의 삶의 질 분석. 〈한국지방학회보〉, 12(2): 149-169.

김현호. (2013). 지방자치단체 주도의 지역공동체 활성화 방안. 〈한국지방행정연구원 연구보고서〉, 486: 1-160.

박철민·송건섭. (1999). 자치구 주민의 삶의 질 실태 분석 평가. 〈한국지방자치학회보〉, 11(4): 103-120.

배민기·조택희. (2016). 삶의 질 특성에 따른 지자체 유형화 및 정책방향: 충청북도 사례로. 〈지방정부연구〉, 20(3): 133-154.
서울특별시. (2017). 2017 서울서베이 도시정책지표조사 보고서(2016년 기준).
송건섭. (2007). 지역수준별 주민복지와 삶의 질 영향요인 분석. 〈지방정부연구〉, 11(3): 35-52.
양덕순·강영순. (2008). 공동체의식이 주민참여에 미치는 영향 분석: 제주특별자치도를 중심으로. 〈한국지방자치학회보〉, 20(1): 71-89.
이경희·채혜원. (2004). 초고층 주상복합 건물 거주자의 지역공동체의식과 근린활동: 거주자와 입주예정자의 비교를 중심으로. 〈한국가정관리학회지〉, 22(3): 1-9.
이라영·신남수. (2009). 공동주택단지의 물리적 환경 구성요소와 거주자의 공동체의식에 관한 연구: 광주광역시 공동주택단지를 중심으로. 〈대한건축학회 논문집-계획계〉, 25(3): 235-246.
이명호. (2016). 공동체의 위기와 복원에 관한 탐색적 연구. 〈사회사상과 문화〉, 19(1): 87-115.
이상락. (1993). 생활환경의 질과 도시개발정책에 관한 연구. 〈경남대 박사학위논문〉.
이승종. (2005). 지방자치론: 정치와 정책. 박영사.
이승철. (2011). 도시유형별 삶의 질 수준과 영향요인. 〈지방정부연구〉, 15(2): 97-119.
이정전. (2013). 행복도시. 한울.
이재열. (2006). 지역사회 공동체와 사회적 자본. 〈지역사회학〉, 8(1): 33-67.
이종수. (2015). 공동체: 유토피아에서 마을 만들기까지. 박영사.
임근식. (2012). 지역주민의 삶의 질 인식과 영향요인에 관한 연구: 강원도 시, 군을 중심으로. 〈한국행정과 정책연구〉, 10(1): 47-89.
임도빈·김순은·고길곤·조원혁. (2014). 정부경쟁력. 박영사.
임정빈. (2005). 지역갈등, 주민참여 그리고 거버넌스. 〈한국지역정보화학회지〉, 8(1): 125-151.
임희섭. (1996). 삶의 질(質)에 있어서의 현황과 과제: "삶의 질"의 개념적 논의. 〈한국행정연구〉, 5(1): 1005-1018.
최병두. (2000). 공동체 이론의 전개과정과 도시 공동체운동. 〈도시연구〉, 6: 32-50.
통계개발원. (2017). 국민의 삶의 질 지표.
하재구. (1986). 서울시민의 삶의 질 실태와 시정부의 공공정책의 발전방향에 관한 연구. 박사학위 논문, 〈한양대 박사논문〉.

한표환·정순오. (1995). 도시진단을 위한 도시지표의 개발 및 적용에 관한 연구. 〈한국지역개발학회지〉, 7(1): 17-42.

Andrews, F. M. (1974). Social indicators of perceived life quality. *Social Indicators Research*, 1: 279-299.

Andrews, F. M. & Withey, S. B. (1976). Social indicators of well-being. *New York and London: Plenum*, 20-31.

Andrews, F. M. & Withey, S. B. (2012). Social indicators of well-being: Americans' perceptions of life quality. *Springer Science & Business Media*.

Campbell, A., Converse, P. E. & Rodgers, W. L. (1976). The quality of American life: Perceptions, evaluations, and satisfactions. *Russell Sage Foundation*.

Carley, M. J. (1981). Political and Bureaucratic Dilemmas in Social Indicators for Policy Making. *Social Indicators Research*, 9(1): 15-33.

Carley, M. J. (1981). Social measurement and social indicators: issues of policy and theory.

Cummins, R. A. & Nistico, H. (2002). Maintaining life satisfaction: The role of positive cognitive bias. *Journal of Happiness studies*, 3(1): 37-69.

Eckersley, R. (2000a). The State and Fate of Nations: Implications of Subjective Measures of Personal and Social Quality of Life. *Social Indicators Research*, 52(1): 3-27.

Eckersley, R. (2000). The mixed blessings of material progress: Diminishing returns in the pursuit of happiness. *Journal of Happiness Studies*, 1(3): 267-292.

Ferriss, A. (2004). The quality of life concept in sociology. *The American Sociologist*, 35(3): 37-51.

Glaser, M. A. & Denhardt, R. B. (2000). Local government performance through the eyes of citizens. *Journal of Public Budgeting, Accounting & Financial Management*, 12(1): 49-73.

Hollar, D. (2003). A holistic theoretical model for examining welfare reform: Quality of life. *Public Administration Review*, 63(1): 90-104.

Long, D. A. & Perkins, D. D. (2007). Community social and place predictors of sense of community: A multi level and longitudinal analysis. *Journal of Community Psychology*, 35(5): 563-581.

Massam, B. H. (2002). Quality of life: public planning and private living. *Progress in planning*, 58(3): 141-227.

Mattessich, P. W., Monsey, B. R. & Roy, C. (1997). Community Building: What Makes it Work: a Review of Factors Influencing Successful Community Building. *Amherst H. Wilder Foundation*.

Myers, D. (1987). Community-relevant measurement of quality of life: A focus on local trends. *Urban Affairs Quarterly*, 23(1): 108-125.

Pavot, W. & Diener, E. (1993). Review of the Satisfaction With Life Scale. *Psychological Assessment*, 5: 164-172.

Rapley, M. (2003). Quality of life research: A critical introduction. *Sage*.

Costanza, R., Fisher, B., Ali, S., Beer, C., Bond, L., Boumans, R., Danigelis, N. L., Dickinson, J., Elliott, C., Farley, J., Gayer, D. E., Glenn, L. M., Hudspeth, T. R., Mahoney, D. F., McCahill, L., McIntosh, B., Reed, B., Rizvi, A. T., Rizzo, D. M., Simpatico, T. & Snapp, R. (2008). An integrative approach to quality of life measurement, research, and policy, *SAPI EN. S. Surveys and Perspectives Integrating Environment and Society*, (1.1).

Ventegodt, S. & Merrick, J. (2003). Psychoactive drugs and quality of life. *Scientific World Journal*, 694-706.

제12장

위험관리 원칙과 삶의 질
: 가습기 살균제 사건을 통해 본 사전예방원칙

최영준 · 전미선 · 배주현 · 윤선예

I. 서론

과학기술의 발달과 새로운 화학물질의 개발은 인류가 당면한 여러 문제들을 해결하는 데 기여하면서 삶의 질을 높이고 있다. 하지만, 동시에 기술의 향상이 예상하지 못하는 위험을 동반하는 경우도 지속적으로 보고되고 있다. 울리히 벡(Ulrich Beck)과 앤서니 기든스(Anthony Giddens) 등과 같은 학자들은 현 사회를 '위험사회(Risk Society)', 그리고 이러한 위험을 '제조된 위험(manufactured risks)'이라고 칭한 바 있다. 즉, 위험을 대처하기 위해 도입한 기술이 또 다른 예측하지 못한 위험을 생산한다는 것이다.

최근 소위 '살충제 달걀 사건', '생리대 내의 발암물질 등 인체 위해성분의 문제' 등의 사건들은 새로운 위험들로 인한 문제점들을 보여주고 있다. 그리고 관련 제품을 제조 및 유통시키는 기업체에 대한 도덕적인 책임뿐만 아니라 국민들의 건강을 책임지고 보호해야 하는 정부의 관리 및 규제의 미흡함에 대한 비판의 목소리도 높다. 인체에 유해한 물질들에 대한 사전적 검토 및 감독이 부재한 채 시중에 유통되는 사례가 발견되었으며, 친환경 마크나 정부의 인증 등으로 잘못된 정보를 제공한 사례도 보도되었다. 즉 새로운 화학제품이나 물질의 개발은 기존의 위험을 감소시키면서 삶의 질을 높이기 위한 시도였지만, 결국 이들 중 일부는 또 다른 심각한 위험을 초래하면서 국민들의 공포와 불신을 야기하게 된 것이다.

관련된 일련의 사건들이 발생한 이후 대처하는 과정에서도 문제점들은 노출되었다. 정부는 해당 제품의 유해성에 대한 심사 및 그 결과를 공표하는 과정에서 전수조사를 하지 않거나 발표 결과가 번복되어 국민들의 혼란을 가중시키기도 하였고, 피해가 특정 업체에게만 집중되기도 하였다.

특히, 문제가 되었던 제품에 대한 안전의 불확실성이 해소되지 않은 채, 시중에 계속 판매·사용되면서 후속 피해의 결과는 일반 소비자의 몫으로 남게 되었다.

하지만, 이러한 '제조된 위험'에 대처해야 하는 정부는 다양한 딜레마에 당면하고 있다. 새로운 화학물질이 다양하게 활용되고 있지만, 이들의 위해성에 대한 과학적인 지식이나 인과관계는 명확히 밝혀지기가 쉽지 않다. 또한, 과도한 규제를 진행할 경우 기업의 새로운 혁신을 가로막는다는 비판에 직면하기 쉽다. 한편으로 정부는 위험으로부터 국민을 보호해야 하는 상황에 있음과 동시에 기업들의 혁신적 활동을 증진시켜야 한다. 현재 정부는 양쪽 모두에서 어려움을 겪고 있으며, 인지하지 못한 위험들이 점차 많아지면서 국민들의 삶이 위협받는 환경에 노출되고 있다. 게다가 정부는 현재 법과 제도로 이러한 상황을 모두 통제하기에는 어려운 상황에 직면해 있는 상태이다.

그러므로 본 장에서는 기술발전의 시대에 어떻게 정부가 이와 같은 불확실성으로부터 국민의 삶의 질을 보호할 것인가에 대한 질문을 던지고자 한다. 이 과정에서 '사전예방주의원칙'의 관점에서 그 해법을 모색해보고자 한다.

사전예방원칙은 새로운 기술발전이나 화학물질 등에 대해서 잠재적 위험이나 인체에 미치는 영향에서 불확실성이 존재할 때 발동된다. 즉, 정확한 인과관계가 밝혀지기 전까지 정부가 예상치 못한 피해로부터 국민들의 삶의 질을 적극적으로 보호할 수 있는 접근을 일컫는다. 일반적으로 위험이 과학적으로 밝혀지지 않을 때 정부가 취할 수 있는 접근은 두 가지이다. 첫 번째로 위험의 증거가 정확히 밝혀지지 않았으니 계속 사용하도록 하는 방안과 두 번째로 위험이 있을 수 있으니 사용을 금지하는 것이다. 사전예방원칙은 후자의 원리에 기반하고 있다. 즉, 불확실한 결과에서 야기될 수 있는 예상치 못한 피해의 비용에 주목하면서 국민들의 삶의 질을 적극적으로 보호하고자 하는 입장이다.

그러므로 이하에서는 2000년대 이후부터 광범위하게 판매되고 사용되어 수많은 국민들의 건강상 심각한 위해를 야기한 '가습기 살균제' 사례를 통해 이러한 사전예방원칙의 필요성을 논의하고자 한다. 이를 위해 이하에서는 가습기 살균제 사례를 시점별로 심층 논의하고, 사전예방원칙의 개념과 특징을 살펴보고자 한다. 그리고 가습기 살균제 사례에서 사전예방주의가 어떻게 적용될 수 있었는지, 향후 국민의 삶의 질을 보호하기 위해 어떻게 이 원칙을 발전시킬 수 있을지에 대해 논의해보고자 한다.

II. 가습기 살균제 사건

가습기 살균제 사건은 국민들의 건강이 생화학물질의 독성에 무방비로 노출되어 심각한 피해를 입은 바이오사이드(biocide) 사례라고 볼 수 있다. 2017년 환경부가 민간 연구진에게 의뢰한 연구 보고서에 의하면 350~400만 명 정도의 인구가 가습기 살균제에 노출되었으며, 그중에 건강상의 피해를 경험한 사람은 40~50만 명 정도로 추산된다고 보고하였다.[1] 2017년 4월을 기준으로 가습기 살균제 피해 현황을 살펴보면 〈표 12-1〉과 같다. 4차 조사까지 합하면 피해를 당했다고 보고한 약 5천5백 명 중 거의 천2백 명이 사망한 것으로 보고되고 있다. 이 보고에서 사망률

1 http://news.khan.co.kr/kh_news/khan_art_view.html?artid=201705261556001&code=940100#csidx69be0a8cfdd977eaa6b7e8a7813ae71(2017년 5월 30일 접속)

〈표 12-1〉 가습기 살균제 피해 접수 및 사망 및 현황

구분	계(명)	사망자		생존환자	담당정부기관
		사망(명)	사망률(%)		
1차 조사 (2014년 4월 발표)	361	106	29.4%	255	보건복지부 질병관리본부
2차 조사 (2015년 4월 발표)	169	42	24.9%	127	환경부 한국환경산업기술원
3차 조사 (2015년 접수분)	752	83	11.0%	669	환경부 한국환경산업기술원
4차 조사 중 (2016년 접수분)	4,059	908	22.4%	3,151	환경부 한국환경산업기술원
4차 접수 중 (2017년 1~4월)	225	42	18.7%	183	환경부 한국환경산업기술원
계	5,566	1,181	21.2	4,385	-

출처: http://www.ecojournal.co.kr/news_view.html?code=01050000&uid=101445&cpage=5&special=&location=(2017년 8월 31일 접속)

은 전체의 21.2%에 이르는 것을 알 수 있다.

이하의 가습기 살균제 사례의 서술은 시간의 흐름을 기준으로 주요 행위자로서 정부와 기업, 전문가, 시민단체 그리고 일반 국민들을 중심으로 하여 관련 행태들을 살펴보고자 한다. 중요 시점은 세 가지로 구분하였는데 첫 번째는 살균제 성분들이 제조되어 유통되기 시작한 1994년이다. 두 번째 시점은 이후 가장 많은 피해자들을 야기한 옥시 제품의 가습기가 출시된 2001년으로 제시하였으며 세 번째는 정부 차원에서 본격적인 역학조사가 시작된 2011년을 기준으로 하여 구분하였다. 특히, 기업들이 가습기 살균제의 위해성에 대하여 사전에 충분히 인지할 수 있었던 증거들과 함께 정부의 소극적인 대응 및 사전예방주의원칙의 부재가 국민의 삶의 질을 더욱 위협하였다는 사실들을 논의하고자 한다.

1. 제품의 개발 단계

유공(현 SK케미칼)은 CMIT/MIT 물질을 이용하여 국내 최초 가습기 살균제인 '가습기 메이트'를 1994년에 출시하였다. 본 제품의 주요 성분인 CMIT/MIT는 1960년대에 미국에 있는 Dow(당시 Rohm & Hass)가 최초로 개발한 물질이다. 미국에서는 이 물질의 흡입독성에 대한 이슈를 과거부터 논의하고 있었다(국회 국정조사 특별위원회, 2016: 445). 하지만, SK케미칼은 가습기 살균제로 성분의 용도를 정하여 상용화함에도 불구하고 이 성분에 대한 독성 검토를 이행하지 않았다. 당시 개발에 참여했던 전문가들은 제대로 된 안전성 검사를 하기에 어려운 실험환경 조건이었다고 언급하면서, 이후에도 흡입독성실험을 위한 노력을 이행하지 않고 있었다(국회 국정조사 특별위원회, 2016: 445). 그 당시 SK케미칼이 의뢰한 독성실험을 수행했던 한 교수는 "실험이 1994년 10월에서 12월까지 진행되었는데, 실험 도중인 11월에 이미 신문에 가습기 살균제 판매를 광고했다."고 전하였다.[2]

당시 우리나라 정부는 '유해화학물질 관리법'에 의하여 새로운 화학물질을 등록 및 심사를 이행하고 있었다. 우리나라의 화학물질 관련 법령은 1963년 제정된 '독물 및 극물에 관한 법률'에서 약 390개의 물질만을 포함했고 1992년에 '유해화학물질관리법(유해법)'을 제정하여 신규화학물질에 대한 유해성을 관리해왔다. 하지만, 1992년 2월 이전부터 유통되어 온 소위 '기존화학물질'의 경우 유해성 심사를 정부가 따로 이행하고, '신규화학물질'만 환경부의 유해성 심사를 받도록 규정되어 있었다(국회 국정조사 특별위원회, 2016: 195). SK케미칼이 당시 정부 관련 부처에 CMIT/MIT 성분 검토를 위한 심사 신청서를 제출하였으나 기존화학물질에 해당

2 http://www.pressian.com/news/article.html?no=136790(2017년 6월 3일 접속)

[그림 12-1] PHMG 제조신고서상 사용 시 주의사항

1. 당해화학물질의 사용용도, 사용형태 및 사용할 때 주의사항

1. 사용용도
   - 항균제로서 항균카페트 등에의 첨가제로서 첨가된다.

2. 사용형태
   2-1. 물리적 상태 - 수용액
   2-2. 함량 - 20 % 이상

3. 사용할 때 주의 사항
   3-1. 취급시 폭로나 접촉을 방지하기 위한 방법
   ① 보호의 : 작업복 장갑, 장화 및 앞치마를 착용할 것.
   ② 눈보호 : 화학용 고글(goggle)보안경과 안면보호구를 착용할 것.
   ③ 환기 : 작업자에 노출을 최소화 하기위해 충분히 환기할 것.
   ④ 호흡용 보호구 : 일반적으로 필요하지 않음

   3-2. 취급시 주의사항
   ① 충분히 환기가 되는 건냉한 곳에 보관할 것.
   ② 보관이나 취급시 직사광선이나 습한 곳을 피할 것.
   ③ 사용하지 않을 때는 밀봉할 것.
   ④ 밀봉되고 적당히 표지된 용기에서만 보관할 것.
   ⑤ 취급시 위의 보호의를 착용할 것.
   ⑥ 작업장내에서 음식물을 먹거나 음료수를 마시거나 담배를 피우지 말 것.
   ⑦ 삼키지 말 것.
   3-3. 사고시 응급조치 사항
   ① 흡입시 : 신선한 공기가 있는 곳으로 옮길 것.
   증상이 계속되면 의사의 진료를 받을 것.
   ② 눈 접촉시 : 즉시 충분한 물로 씻을 것.
   증상이 계속되면 의사의 진료를 받을 것.
   ③ 피부 접촉시 : 오염된 옷을 벗을 것.
   충분한 비눗물로 오염된 곳을 씻을 것.
   증상이 계속되면 의사의 진료를 받을 것.
   ④ 섭취시 : 물로 입을 씻어낼 것.
   충분한 물을 마셔 토해낼 것.
   즉시 의사의 진료를 받을 것.
   ⑤ 누출시 : 작은 누출은 비눗물로 씻거나 흙이나 다른 흡수제로 빨아들여 폐기할 것.
   많은 누출은 땅에 묻은 후 덤프트럭에 담아 폐기할 것.

49 - 4

출처: 환경부(2016. 4. 23.).
주: 1996년 12월 ㈜유공이 작성한 제조신고서.

되어 유해성 검토의무가 면제되고 제품의 용도를 '섬유의 항균제'로 명시하였었다.

이후 1997년 SK케미칼은 2001년에 옥시 가습기 살균제의 주요 성분으로 활용되었던 PHMG를 상용화하였다. 이 성분은 제품신고서에서 용도를 '항균 카페트 등의 첨가제'로 표시하여 유해성 심사를 신청하였으며, 당시 정부는 '화학물질 신고서 및 작성방법 등에 관한 고시'에서 PHMG가 고분자화학물질이므로 흡입 독성 자료 의무를 면제하였다.[3] 하지만, [그림 12-1]과 같이 당시 정부에 제출한 PHMG의 제조신고서의 내용에는 '흡입 시 신선한 공기가 있는 곳으로 옮길 것, 눈 접촉 시 충분한 물로 씻을 것, 섭취 시 물로 입을 씻어 내거나 충분한 물을 마셔 토해낼 것' 등의 설명이 존재하였다. 이러한 내용을 통해 정부는 이 성분이 흡입되는 경우 인체에 해로울 수 있다는 위험성을 충분히 인지할 수 있음에도 불구하고 추가 독성 심사 자료를 요구하지 않았다. 게다가 PHMG는 우리나라에서 최초로 합성된 물질로 해외에서의 유해성 심사 결과 정보를 획득하지 못하고 있었고, 미국에서는 1984년부터 고분자물질도 독성 흡입 심사를 의무화하고 있었다. 하지만, 우리나라 정부는 법령의 기계적인 해석에 의존하여 흡입에 따른 위해성이 거의 없다고 판단하였으며, 1997년 2월에는 PHMG가 유독물에 해당하지 않는다고 통지하였다.

2. 옥시 가습기 살균제의 판매 확대

2001년에는 연간 시장점유율이 절반이 넘었던 가습기 살균제 제품인 '옥시 싹싹 가습기 당번' 제품이 출시되었다. 2016년 4월 기준 피해 신고의

3 '환경처 고시 제 91-7'의 "신고 대상에서 제외되는 화학물질"에 해당하였음(가습기 살균제 국조특위 보고서, p. 196).

절반이 넘는 52.3%가 이 제품을 사용하였다.[4] 1998년에 제품을 처음 개발했을 당시에는 프리벤톨(Preventol) R-80을 주성분으로 하였고 이 물질에 대해서는 흡입독성 실험을 거친 것으로 알려졌다(국회 국정조사 특별위원회, 2016: 421). 하지만, 2000년 10월경 원료 물질을 PHMG로 변경하였으며 앞서 언급한 바와 같이 해당 물질은 1997년 정부가 유독물이 아니라고 고시하였다. SK케미칼에서 가습기 살균제 용도로 개발한 PHMG를 옥시가 구입하였지만, 물질 자체를 개발했던 러시아에서는 1993년에 PHMG를 동물에 투여한 결과 급성 독성으로 인해 죽었다는 연구 결과를 논문에서 발표하였다.[5] 게다가 1999년 옥시는 독일의 한 전문가로부터 가습기 살균제의 흡입독성을 경고하는 이메일을 받았다.[6] 그리고 옥시가 2001년 11월에 흡입독성 실험을 위해 해외 연구소와 접촉했던 사실이 밝혀졌다.[7] 2001년 4월쯤 레킷벤키저(RB)가 옥시를 인수하고 나서 이러한 제품이 출시되었으며, 다국적 기업인 레킷벤키저에는 제품의 위해성에 대하여 인지할 만한 정황적 증거들이 충분히 존재하였다고 볼 수 있다. 그리고 제품이 출시된 2001년에는 소비자들 사이에서 이러한 옥시 가습기 살균제의 부작용을 호소하는 민원이 제기되기 시작하였다. 옥시 홈페이지 고객상담 게시판에서는 호흡곤란 등의 피해에 대한 문의가 계속적으로 요청되었으나 이에 대한 기업이나 정부의 조치들은 부재하였다.[8] 한편, 옥시 제품 출시 이후 가습기 살균제의 판매량이 지속적으로 늘어나자, 〈표 12-2〉와 같이 다른

4 환경보건시민센터, 환경보건시민센터 보고서, 228호, 2016. 04. 18. 3면.

5 http://news.kmib.co.kr/article/print.asp?arcid=0010626387(2017년 7월 20일 접속)

6 http://www.hankookilbo.com/v/05b60fd87bc1440c966ed9a8faee8944(2017년 6월 4일 접속)

7 http://www.hankookilbo.com/v/0423db53582c4b32be426105e08511dc(2017년 6월 5일 접속)

8 http://news.joins.com/article/19874946(2017년 6월 5일 접속)

〈표 12-2〉 제조사 및 유통사별 가습기 살균제 판매(2001~2011년)

주요원료(성분)	출시년도	제조사 및 유통사
CMIT/MIT	2002	애경
	2006	이마트
	2007	GS리테일
PHMG	2002	LG생활건강
	2004	홈플러스
	2006	롯데마트
	2008	홈케어
PGH	2008	코스트코
	2009	세퓨
	2009	아토오가닉
중탄산 나트륨 등 기타물질	2005	엔위드

출처: 국회 국정조사 특별위원회(2016: 425).

기업에서도 이러한 유사한 제품을 출시하기 시작하였다.

2003년에는 ㈜선플러스가 환경부에 덴마크 케톡사에서 제조한 신규 화학물질인 PGH의 유해성 심사를 신청하였다. 이 성분은 '세퓨'라는 이름의 가습기 살균제의 주요 물질로 활용되었으나, 덴마크에서는 '마구간 살균제'로 쓰이고 있었다고 한다.[9] 당시 환경부에 신청한 유해성 심사 신청서에서는 제품의 주요 용도를 '고무, 목재, 직물 항균제'로 기재하였다. 하지만, 물질이 배출되는 주요 경로가 '스프레이 또는 에어로졸(spray or aerosol)'이라고 명시되어 흡입가능성을 고려할 수 있었다. 게다가 당시의 법 규정(구 '화학물질의 유해성 심사 등에 관한 규정')의 제8조 제1항 제1호, 제2호, 제7호 등에서는 사람에게 흡입될 경우 위험성에 대한 검토를 의무화하고 있었다. 또한, "주요용도"를 기재하여 제출하도록 의무화되어 있는 신청서 양식과 달리, 업체가 "주요 농도"만 기재한 미흡한 신청서를 통

9 http://old.sisain.co.kr/news/articleView.html?idxno=26000(2017년 8월 30일 접속)

〈표 12-3〉 가습기 살균제 주요 성분의 최초 유해성 심사 결과 및 이후 변경

구분	CMIT/MIT	PHMG	PGH
최초 심사일	기존 화학물질이므로 면제	1996. 12. 30.	2003. 2. 17.
신청업체		㈜유공	㈜선플러스
용도		카페트 항균제	고무·목재·직물 등의 항균제
최초 심사결과		유독물에 해당되지 않음 (1997. 2. 20. 통지)	유독물에 해당되지 않음 (2003. 4. 3. 통지)
변경 심사결과	유독물 지정 (2012. 9. 고시)	유독물 지정 (2012. 9. 고시)	유독물 지정 (2013. 8. 고시)
유해성	급성독성 강함, 피부 및 눈에 부식성, 피부과민성 물질, 수생환경 유해성 강함	수생환경 유해성 강함	급성흡입독성
변경 심사 결과 판단 근거	미국 RED (Reregistration Eligibility Decision) 보고서(1998)	호주 NICNAS (National Industrial Chemicals Notification and Assessment Scheme) 보고서(2003)	급성흡입독성 시험(2012. 10. ~2013. 4. 한국화학연구원)

출처: 국회 국정조사 특별위원회(2016: 198-199) 재구성.

과시킨 사실에 대해 환경부는 추후 보도자료를 통해, 신청서의 첨부물에서 사용용도를 자세히 기술하여 이에 대한 추가 정보가 필요 없었다면서 절차상 하자에 따른 비판에 대응하기도 하였다(환경부, 2016). 결국 그 당시 정부는 〈표 12-3〉과 같이 2003년 4월에 PGH 성분이 유독물에 해당하지 않는다고 발표하였다.

2003년 이후에는 가습기 살균제의 위해성을 정부가 인지할 수 있는 기회들이 더 다양하게 나타나기 시작하였다. 예를 들어, 1999년에 환경부 산하 연구기관인 '한국 환경 정책 평가 연구원'은 「Biocide의 국내 관리방안 연구」 용역 보고서에서는 살생물제(biocide)로 인한 인체의 위험을 줄이기 위해서 관련 법규의 정비가 필요하다고 주장하였다.[10] 그리고 보건복

10 https://www.hankookilbo.com/v_print.aspx?id=cd56a67987ea4b85b3e21de558551792(2017년 6월 5일 접속)

지부 산하 '보건 산업 진흥원'의 「살균제 소독제 안전성 유효성 평가」에서 '옥시 싹싹 가습기 당번' 제품과 '가습기 메이트'가 평가 대상 제품으로 포함되어 있었다. 정부가 이러한 연구기관들의 경고에도 불구하고 위해성에 대한 조사가 이루어지지 않는 동안 2002년 서울에 거주한 5세 미만 김 모양이 사망하는 사건이 발생하였고 이처럼 국민들은 가습기 살균제의 위험에 지속적으로 노출되었다.[11]

이후, 2003년에 SK케미칼은 PHMG를 주요 성분으로 하는 SKYBIO 1100(PHMG 95.5%)을 호주에 수출하고자 하였다. 이에 호주 정부는 흡입 시 조치사항을 물질안전보건자료인 MSDS(Material Safety Data Sheet)에 게재하라고 요청하였다. SK케미칼은 영문 MSDS에 분말 형태로 흡입 시에 위험할 수 있다는 정보를 호주 정부에 제출하였지만, 국문 MSDS에는 이러한 사항을 반영하지 않았었다.

한편, 정부는 가습기 사용 시 발생하는 미생물들에 대한 위험성을 경고하는 보도 자료를 2005년 3월에 한국소비자원을 통해 발표함으로써, 오히려 가습기 살균제의 사용을 촉진하는 결과를 초래하기도 하였다. 또한 해당 보도자료에서는 미국환경보고청(EPA)의 보고서를 참고했음을 밝혔다(국회 국정조사 특별위원회, 2016: 436). 그러나 EPA 보고서의 내용에는 '초음파식·가열식 가습기에는 세정제나 살균제를 사용하지 말 것'이라는 경고 문구가 존재했음에도 불구하고 이러한 내용은 전달하지 않았었다. 정부의 편향된 정보의 제공으로 보도자료 발표 이후, 당시의 가습기 살균제의 판매량이 급증하였다(국회 국정조사 특별위원회, 2016: 389).

보다 결정적인 계기로 2006년에 원인미상 폐질환 환자들의 집단적인 피해가 나타났다. 서울아산병원, 서울대 병원 등에서는 원인미상 호흡부전

11 http://eco-health.org/bbs/content.php?co_id=list(2017년 6월 7일 접속)

증 환자가 집단적으로 발생하였으며 이에 의료진들은 증상에 대한 정보를 공유하기 시작하였다.[12] 또한 대한소아학회지에서는 '2006년 초에 유행한 소아 급성 간질성 폐렴'이라는 논문을 게재하였지만 정부 차원의 조치로 연결되지 못한 상태였다. 의사들은 다시 2008년에 원인불명의 폐질환 환자가 계속 찾아오는 것에 의문을 갖고 질병관리본부에 바이러스 검사를 의뢰하였지만 원인을 밝히지 못한 채 검사가 종료되었다(국회 국정조사 특별위원회, 2016: 233). 2009년에도 '2008년도 특발성 간질성 폐렴 전국 실태 조사보고'에서 이러한 증상에 대한 논의가 지속되었다. 이러한 과정에서 정부는 역학조사를 이행하거나 하는 등의 원인규명에 대한 적극적인 태도를 보이지 않았다.

게다가 가습기 살균제는 신체를 통해 접촉 및 흡수되므로 그 당시의 식품위생법, 약사법 등의 규정에 의해 안전성 검토를 받고 관리되어야 함에도 불구하고 일반 공산품으로 분류되어 있었다. 그중에 '세정제' 항목으로 제품이 신고되어 있었으며 2007년 산업부에서는 CMIT/MIT 성분의 가습기 살균제인 코스트코의 '가습기 클린업'에 KC마크를 부여하기도 하였다. 당시 산업부의 '품질경영 및 공산품 안전관리법(이하 품공법)'에서는 제품의 안전에 대하여 '안전인증', '자율안전확인', '안전·품질 표시'의 3가지로 구분하여 KC마크를 부여하였다. 가습기 살균제는 그중에서 '자율안전확인' 분류에 해당하였다. [그림 12-2]와 같이 제조자가 직접 심사 또는 검사기관에서 안전성 검사를 받고 이후에 안전인증기관에 신고한 뒤에 산업부에서 KC마크를 표시하는 절차를 밟는다. 하지만 정부 부처는 신고서 내용의 안전성에 대한 면밀한 검토가 필요함에도 불구하고 수동적인 확인만 이행하였다. 게다가 2007년 옥시의 한 직원은 '가습기 당번'을 비롯한 가

12 http://news.khan.co.kr/kh_news/khan_art_view.html?artid=201307262341045&code=940701(2017년 6월 8일 접속)

[그림 12-2] 생활제품에 대한 안전관리 방법 및 KC마크 표시절차

구분	마크	대상품목	관리방법	위해도
① 안전인증	KC (인증번호)	11품목	제품검사 + 공장심사	높음 ↑
② 자율안전확인	KC (신고번호)	33품목	제품검사	
③ 안전·품질표시	KC	43품목	제품검사	낮음 ↓

구분	인증 세부 절차
① 안전인증	제조·수입 업자: 신청 → 안전인증기관: 접수 → [제품검사, 공장심사] → 안전인증서 발급 (인증번호) → 제품판매 KC (인증번호)
② 자율안전 확인	제조·수입 업자: 신청 → 접수 → 시험·검사기관: [제품검사] → 안전인증기관: 신고서류검토 → 신고확인증 발급 (신고번호) → 제품판매 KC (신고번호)
③ 안전·품질 표시	제조·수입 업자: 신청 → 자체 혹은 제3자 시험기관: 제품검사 → 제품판매 KC

출처: 국회 국정조사 특별위원회(2016: 221).

습기 살균제 제품의 안전성 검사가 자율안전대상 공산품목에 포함되는지에 대한 내용을 관련 부처인 산업부에 문의하였다고 보도되었다. 이에 담당자는 옥시에게 "추가 정보를 달라."고 요구하였으나 옥시 측에서는 이에 대한 회신을 하지 않았고 이후 부처에서는 별다른 조사나 조취를 취하지 않은 채 지나간 것으로 후에 밝혀졌다.[13] 이처럼 정부가 제품의 안전을 보증해주는 KC마크를 부여해놓고 성분들에 대한 독성검토는 이행하지 않음으로써 일반 소비자들은 위해성에 대해 의심조차 하지 못하는 환경에 놓이게 된 것이다.

13 http://www.raythel.co.kr/newsView.php?year=2016&no=394637(2017년 6월 9일 접속)

3. 정부의 역학조사 착수 이후

2011년 서울아산병원 중환자실에 원인미상의 폐질환 임산부 환자 7명이 한꺼번에 입원하자, 의료진들은 질병관리본부에 역학조사를 요청하였다. 이를 계기로 가습기 살균제에 대한 정부 차원의 본격적인 조사는 2011년 4월 25일부터 시작되었다. 그 후, 2011년 5월 11일부터 언론의 보도를 통해서 '산모연쇄사망사건'으로 알려지기 시작하였으며, 2011년 6월 2일에는 정부가 보도자료를 통해 원인미상 중증 폐질환이 감염성 질환이 아니라고 발표하였다.[14] 이후 7월 12일에 역학조사 결과가 도출되었으며 그 내용에서 가습기 살균제가 산모들의 사망의 원인임을 밝혔다.[15] 하지만 2011년 8월 31일이 되어서야 정부는 전 국민을 대상으로 가습기 살균제 사용의 위험성에 대한 공식적인 경고를 발표하였다. 이 보도자료에서는 "가습기 살균제 사용을 자제토록 권고"하였으며, 동시에 제조업체에게 "가습기 살균제 출시를 자제"하도록 하였다.[16]

정부의 역학조사가 4월에 시작되었고 그 결과가 8월 이전에 나왔음에도 불구하고 전 국민 대상 위해성에 대한 경고조치가 바로 이루어지지 않은 것이다. 이에 대해 질병관리본부는 '인과관계가 규명되거나 의심되는 경우에만 수거 명령을 발동하는 것이 관련 법령인 제품 안전기본법상 원칙'이기 때문이라고 해명하였다.[17] 게다가 이종구 전 질병관리본부장은 2016

---

14 질병관리본부 보도자료. 2011. 6. 2. '원인미상 중증 폐질환 역학조사 결과 – 전염성 없으며, 5월 이후 증가 또는 확산되고 있는 것으로 볼 수 없음'.

15 가습기 살균제는 사망사건에 대해 47.3의 Odds ratio(승산비)가 도출되었다(가습기 살균제 국조특위 보고서, p. 234).

16 질병관리본부 보도자료. 2011. 8. 31. '가습기 살균제, 원인미상 폐손상 위험요인 추정-최종 인과관계가 확인될 때까지 사용 및 출시 자제 권고'.

17 http://www.yonhapnews.co.kr/bulletin/2011/11/11/0200000000AKR20111111049351017.HTML(2017년 6월 11일 접속)

년 9월 2일에 진행되었던 가습기 관련 청문회[18]에서 "역학조사 결정을 하던 2011년 5월 4일 이전에 원인 미상 폐질환은 전염병이 아니며, 가습기 살균제가 원인일 가능성에 대한 얘기는 들었다."는 진술을 함으로써 정부가 정보 획득 이후 즉각적으로 국민들에게 공표한 것이 아니라는 점을 확인할 수 있었다.

이러한 정부의 가습기 살균제 관련 대국민 경고는 제품의 수거명령이나 조치의 이행이 아닌 권고 차원의 메시지 전달에 불과했다.[19] 그러므로 제품의 사용 위험에 대한 정보를 인지하지 못했던 소비자들은 다시 구매 가능한 환경에 놓일 수 있게 된 것이다. 이와 같은 정부의 행태에 대하여 시민단체를 중심으로 비판의 목소리가 형성되었으며 2011년 8월 31일에 이러한 정부의 입장이 발표되자마자 환경보건시민센터는 제품 회수 조치를 실시하라는 긴급성명서를 발표하였다.[20] 또한 정부 차원에서 피해 신고에 대한 접수를 이행하지 않자, 2011년 9월 20일부터 시민단체가 피해 사례를 조사하기 시작하였다. 이후 2012년 말이 되어서야 정부는 이러한 시민단체들의 노력을 이어받아 공식적인 창구를 통해 피해를 접수하고 조사하기 시작하였다.

2011년 11월 11일에 가습기 살균제 제품 6개에 대해서 정부는 수거 명령을 발동하였고 사용 중단을 강력하게 권고하였다.[21] 이 과정에서 관련 부처는 피해자들에게 직접 제품제조사 또는 유통사에 소송하는 방식으로

---

18 가습기 살균제 사고 진상 규명과 피해 구제 및 재발방지 대책 마련을 위한 국정조사 특별 위원회.

19 질병관리본부 보도자료. 2011. 11. 4. '가습기 살균제, 사용 중단 강력 권고-동물 흡입 독성실험 진행 중 이상 부검소견 발견에 따른 조치'.

20 http://eco-health.org/bbs/board.php?bo_table=sub02_02&wr_id=21&page=18(2017년 6월 13일 접속)

21 질병관리본부 보도자료. 2011. 11. 11. '6종 가습기 살균제, 수거 명령 발동'.

피해구제를 안내함으로써 마치 정부는 이 사건에 대해 명시적인 책임이 없다는 것을 우회적으로 표현하였다. 당시의 제품수거명령 대상은 PHMG와 PGH를 성분으로 하는 제품만 존재하였으므로 CMIT/MIT를 주성분으로 하는 제품들은 제외되었다.[22] 제품수거 관련 항목들은 동물실험 결과에 따라 판정되었는데, 유해성 실험이 다양한 노출농도나 조건을 살펴본 것이 아니라 단 한차례의 실험으로만 진행된 것으로 추후에 밝혀졌다.[23] 이처럼 신뢰성이 낮은 유해성 심사결과에 기반한 검토 결과로 CMIT/MIT를 주성분으로 하는 제품은 정부의 수거 명령에서 제외된 것이었다. 이로 인하여, 2011년 10월부터 가습기 메이트를 썼던 부산의 쌍둥이 자매 피해사례와[24] 2012년 CMIT/MIT 제품을 구입하여 극심한 폐질환을 겪게 되었던 박 모 양의 사건[25] 등 소비자의 피해는 계속 이어지고 있었다.

정부는 2011년 11월 18일에 되어서야 가습기 살균제 제품에 부여되었던 KC마크를 취소하였으며, 12월 9일에는 관계부처 합동의 '생활화학용품 안전관리 종합 대책'을 수립하였다. 그리고 2011년 12월 30일에는 관련 고시를 개정하여 가습기 살균제를 의약외품으로 지정하고 앞으로는 식약청의 허가를 받은 제품만 출시가 가능하도록 하는 절차를 마련하였다.[26] 하지만, 정부는 역학조사 발표 이후 1년이 지나도록 피해자들을 위한 정책적 대안을 공표하지 못하고 있었다. 이에 시민단체와 피해자모임에서는 2012년 8월 31일에 제조사와 판매사를 대상으로 최초의 형사고발

22 질병관리본부 보도자료. 2012. 2. 3. '가습기 살균제 1차 동물흡입실험 최종 완료'.

23 http://news.naver.com/main/read.nhn?mode=LPOD&mid=sec&oid=028&aid=0002329764(2017년 6월 13일 접속)

24 http://news.khan.co.kr/kh_news/khan_art_view.html?artid=201607252300005&code=940100(2017년 6월 16일 접속)

25 http://m.wikitree.co.kr/main/news_view.php?id=260966(2017년 6월 16일 접속)

26 질병관리본부 보도자료. 2011. 12. 30. '가습기 살균제, 식약청 허가받아야 판매 가능!'.

을 이행하였다. 2012년 10월 8일에는 보건복지부 국정감사에서, 24일에는 환경부 국정감사에서 가습기 살균제 사건이 다루어졌다. 그리고 2012년 12월 6일에는 가습기 살균제 폐손상 조사위원회가 질병관리본부와 환경보건시민센터의 민관합동으로 회의가 개최되었다. 하지만 특별한 대책이나 정부 차원의 사과 등의 움직임은 보이지 않았다. 피해자모임과 시민단체가 오히려 나서서 이러한 가습기 살균제의 위해성을 알리기 위해 '가습기 살균제 피해자 찾기 캠페인'을 하거나 제조사나 판매사에 대항하는 시위를 하였다.[27]

검찰은 2012년에 피해자 가족들의 고소에 대하여 인과관계 확인이 어렵다며 '시한부 기소중지'를 내렸다가 2015년 10월에 업체를 상대로 압수수색을 하기로 결정하였다. 그리고 2016년 1월에 서울중앙지검에 가습기 살균제 특별 수사팀이 확대되었고 이후 옥시 전 대표의 기소 및 관련 기업들의 공식적인 사과가 이루어졌다. 추가적으로 2016년 4월 28일에는 가습기 살균제 조사를 엄중히 해달라는 박근혜 전 대통령의 요구가 발표되었다.[28] 그리고 옥시는 연구원들을 매수하여 실험 결과를 조작하려 했다는 사실이 언론에 보도되면서 2016년에 피해 접수 건수가 최고치를 기록하기도 하였다. 그리하여 소비단체와 시민단체 26곳은 2016년 4월 25일부터 기자회견을 통해 옥시 불매운동을 선언하였다.[29]

우여곡절 끝에 2015년에는 생활화학제품에 사용되는 물질의 위해성을 평가하는 '화학물질등록 평가법'이 제정되었고, 2016년 6월 3일에 환경부 차관의 피해 지원 대책을 발표하였다. 그리고 2016년 12월에는 생활화학

27 http://www.newsmin.co.kr/news/3653/(2017년 6월 20일 접속)

28 http://www.hani.co.kr/arti/politics/bluehouse/741721.html(2017년 6월 21일 접속)

29 http://www.consumer.or.kr/DR2001/FN2004VE.php?DT104_00=185&DT105_00=2503(2017년 6월 24일 접속)

제품과 살생물제 및 안전관리 법제화를 위한 개정안이 입법예고되었으며, 2017년 1월에 '가습기 살균제 피해구제 특별법'이 제정되었다.[30]

III. 사전예방원칙

가습기 살균제 사건을 통해 이전과 다른 새로운 제품 또는 물질의 사용에 따른 위험이 기존의 제도 및 인과관계 검증을 통해 예측될 수 없으며, 비가역적인 피해도 심각한 수준에 이를 수 있음을 확인하였다. 특히, 그 과정에서 국민은 위험에 대한 정보를 제품 사용 전에 알기 어려웠을 뿐만 아니라 정부는 제품 관리 및 인증 절차에 대해 소극적 행태를 보였다. 정부는 기본적으로 위험이 인과적으로나 과학적으로 확실히 판명되기 전까지는 특별한 조치를 취하지 않는 태도를 유지하였다. 즉, 여러 번의 기회를 통해 가습기 살균제로 인한 위험이 회복 불가능한 손해를 야기할 수 있다는 정황상 증거를 부여받았음에도 불구하고 정부는 피해의 최소화를 위한 적극적인 노력을 보이지 않았다. 오히려 엄격한 인과관계의 해석이 나올 때까지 대책마련에 수동적 행태로 일관하여 피해자는 계속적으로 발생하고 있었다. 본 장에서는 이러한 문제를 최소화할 수 있는 하나의 원칙으로 사전예방원칙을 소개하고, 핵심적 쟁점을 검토하여 사전예방원칙을 현실적으로 어떻게 적용할 것인지를 논하고자 한다.

30 환경부 보도자료, 2016. 12. 28. '생활화학제품과 살생물제, 안전관리 법제화 추진'.

1. 사전예방원칙 개념과 유형

사전예방의 원칙(precautionary principle)은 '사전배려의 원칙', '사전주의의 원칙' 등으로 정의와 용어가 다양하게 존재하고 있다. 그중 사전예방원칙의 기원은 1970년대 중반 독일이 환경정책의 원리로 삼은 '사전배려의 원칙(Vorsorgeprinzip)'으로 볼 수 있다(하대청, 2010). 이 원칙의 핵심은 예측되는 편익과 비용에 맞추어 적절한 조치를 취하기보다는 잠재적인 환경적 위협에 대해 최선의 실행을 선호하는 것이다. 즉, 위험을 '최적화하기보다 최소화하는' 정책 원리로 해석할 수 있다.

사전예방원칙에서 주목하는 위험의 성격은 '심각하고 비가역적인 위해'를 뜻하며, 그 조치로서는 '비용효과적인 조치'를 볼 수 있다(하대청, 2010). 즉 '심각하고 비가역적인 위해'의 경우에는 안전 여부가 입증되었을 때 비로소 조치를 취하는 것이 아니라, 불확실한 상황에서 과학적인 입증이 없더라도 어떠한 조치가 취해져야 한다는 개념을 기반으로 한다(김홍균, 2010). 사전예방원칙에도 강도의 차이가 존재하는데, 이러한 다소 소극적 규정과 달리 1988년 환경주의자들에 의한 미국의 윙스프레드(Wingspread) 선언은 보다 강력한 정도의 사전예방원칙을 표명한다. 이 원칙에 입각하면, '어떠한 행위가 인간의 건강이나 환경에 위해를 일으킬 수 있다면, 인과관계가 과학적으로 충분히 확립되지 않은 경우조차도 예방적인 조치를 취해야 한다. 이 맥락에서 대중이 아닌 그 활동의 지지자들이 증명의 책임을 지게 된다.'라고 보아 사전예방원칙에 대해 보다 적극적인 형태로 정의를 내렸다(김은주, 2008). 이 선언의 정의에 따르면 위해의 가능성이 있을 경우 반드시 사전주의적 조치를 취해야 하며, 안전을 증명할 책임은 의심하는 대중이 아니라, 관련 활동을 하는 기업 등이 갖는다는 차이를 보인다.

사전예방원칙은 현 사회를 둘러싼 위험의 불확실성 정도가 보다 강하게 도래하면서 더욱 주목받고 있다. 현재 우리에게 다가오는 위험은 과학적인 확실성을 담보할 수 없다는 점에서 그 불확실성의 정도는 증가하고 있다. 일례로 전술하였던 살균제 계란, 생리대 내의 발암물질 등 실생활에 밀접하게 사용하고 있는 생활용품과 식용품에 이르기까지 우리를 위협하는 위험들이 증가하고 있다. 문제는 이러한 위험이 과거의 전통적인 위험의 특성과 달리, 인과관계에 있어서 불확실성을 갖고 있다는 점에서 기존의 위험에 대한 정책들과는 상이한 방향설정이 새롭게 고려되어야 한다는 점이다. 구체적으로 살펴보면, 전통적인 위험 정책은 위험에 대한 과학적인 증거가 확보될 때까지 안전하다는 가정에 기초하였다(김은성, 2011). 반면 사전예방원칙은 안전이 증명될 때까지는 위험하다는 기본 가정을 갖고 있다는 점에서 차이가 있다. 따라서 이러한 사전예방원칙에 입각하면, 위험에 대한 과학적 증거가 충분하지 않더라도 선제적 대응이 요구된다. 특히, 위험의 잠재적 파급효과가 높고 비가역적일 경우에는, 불확실성이 제거될 때까지 기다리는 것은 오히려 돌이킬 수 없는 피해를 야기할 수 있기 때문에 선제적인 예방이 필요함을 알 수 있다. 이러한 맥락에서 사전예방원칙은 불확실성을 완전히 제거하는 정책이 아니라, 불확실성에 대응(cope)함으로써 미래의 위험을 저감시키고자 하는 목적을 갖는다. 따라서 현 사회에서 도래하고 있는 위험에 적극적으로 대응할 수 있는 원칙으로 볼 수 있다. 그러므로 사전예방의 원칙이 요구되는 상황은 일종의 '새로운 위험'에 대응하는 과정으로 볼 수 있다(Whiteside, 2006; Stirling, 2007; Dreyer et al., 2008). 이러한 '새로운 위험'은 잠재적 위해의 규모가 크고 점진적이고, 비가시적으로 진행되며, 그 불확실성 정도가 높다는 점에서 〈표 12-4〉와 같이 기존의 전통적 위험의 특성과는 상반되는 특성을 갖는다(하대청, 2010).

〈표 12-4〉 전통적 위험정책과 사전예방원칙 간 일반적 비교

구분	전통적 위험정책	사전예방원칙
정책 목표	위험의 최적화(optimization)	위험의 최소화(minimization)
위험	위험의 과학적 증거가 없을 경우 안전	안전의 증명이 없을 경우 위험
불확실성	불확실성 제거 가능	불확실성 대응 가능

출처: 김은성(2011).

이러한 모든 '새로운 위험'에 하나의 단일한 유형으로서 사전예방원칙을 적용하기보다는, 위험의 정도와 확률을 충분하게 계산·예측할 수 있는 경우에는 굳이 사전예방원칙으로 대응하지 않는 것이 바람직하다는 주장도 존재한다(하대청, 2010). 그러나 전술한 바처럼 현대사회에서 위험과 그 피해를 둘러싼 불확실성은 예측하기 어려우므로 사전예방원칙을 적용할 범위 및 실질적 정책유형을 다양하게 확인하고 이를 고려하는 것이 필요하다. 이하에서는 사전예방원칙의 구체적인 내용들에는 어떠한 것이 있는지 살펴보고자 한다.

사전예방원칙은 어떤 목적에서 정의되고, 주도적인 참여자가 누구인가, 어떤 정치사회적 배경에서 해석되는가에 따라 다양하게 유형화될 수 있다(하대청, 2010). 특히 사전예방의 원칙에 대해 분명한 정의는 없으며, 언제 어떻게 적용할 것인가에 대한 하나의 통일된 합의도 부재한 실정이다(McDonald, 2006; 김은성, 2011 재인용). 따라서 사전예방원칙에 대한 정의와 적용 방식은 단일한 형태가 아니라, 구체적인 해당 사례와 그 시대적 환경 및 사회적 맥락에 따라 다양한 형태로 구성될 수 있다(McDonald, 2006; 김은성, 2011 재인용).

먼저 유럽연합의 경우, 1992년 리우선언(The Rio Declaration)에서의 사전배려원칙이 규정된 것을 계기로, 2006년 12월 기존의 화학물질 관련 법령을 통합한 REACH(Registration, Evaluation, Authorisation and

Restriction of Chemicals) 규칙을 채택하였다. 이 규칙에서는 '사전배려원칙'을 토대로 화학물질의 등록(Registration), 평가(Evaluation), 허가(Authorisation), 제한(Restirction) 등의 법적장치를 통해 화학물질로 인한 위험의 평가와 관리를 강화하였다(박종원, 2011). 구체적으로 REACH 규칙에 따른 등록이 없을 경우, 물질이나 완제품에 포함된 물질이 제조 또는 출시 될 수 없다는 원칙(No data, No market)을 따르고 있다. 반면에 1976년에 제정된 미국의 유독물질관리법(TSCA)의 경우는 위험성을 확인한 경우에 위험 관리 조치를 취한다는 점에서 비사전적배려(unprecautionary)라고 평가받았으나, 2016년 최근 개정에서는 비합리적 위험성(unreasonable risk)을 유발할 수 있는 화학물질을 선별하기 위한 신규 위험성 기반 안전기준을 수립하고, 신규 화학물질에 대한 사전 감독을 강화하는 방향으로 발전하였다.[31] 김은성(2011)은 〈표 12-5〉의 정책유형을 제시하여 이에 따라 사전예방원칙의 양상이 상이하게 나타남을 지적하였다. 아래의 정책유형을 적용한 일례로 유럽의 GMO 관련 위험정책은 미래의 위험평가 및 모니터링, 위험회피, 알권리의 정책을 많이 제도화한 반

〈표 12-5〉 사전예방원칙의 개념 및 정책유형

정책유형	사전예방원칙의 개념
미래위험예측 및 모니터링	사전예방원칙은 미래위험에 대한 예견(예측)을 하는 것
위험회피	사전예방원칙은 위험이 발생하기 전에 회피하는 것
수익자부담	사전예방원칙은 증명의 부담을 수익자에게 이전하는 것
시민참여	사전예방원칙은 위험정책결정과정에 민주주의를 구축하는 것
알 권리	사전예방원칙은 위험정책의 투명성을 구현하는 것

출처: 김은성(2011).

31 https://www.compass.or.kr/news.do?command=view&selected_key=01520(2018년 3월 11일 접속)

면, 시민참여 수준은 낮은 편으로 분석하였다. 사전예방원칙은 이러한 정책유형을 바탕으로 다양하게 구성될 수 있다.

2. 사전예방원칙을 둘러싼 쟁점

사전예방원칙은 위험 및 불확실성, 위험정책에 대한 인식적 차원 등에서 전통적인 위험정책 접근법과는 차이점이 존재하며, 사전예방원칙을 둘러싼 논란은 계속되고 있다(김은성, 2011). 전통적인 위험의 입장에 따르면 위험에 대한 과학적 증거가 있을 경우에만 규제가 가능하며, 과학적인 증명을 통해 위험에 대한 객관적인 증거를 얻어야 한다고 본다. 이러한 맥락에서 전통적인 위험정책 지지자들은 사전예방원칙이 기술혁신을 저해하며, 반과학적이라고 주장한다. 즉 전통적 위험정책에 입각한 위험관리가 원칙이 되어야 한다는 입장에 따르면 사전예방의 원칙은 너무 모호하기 때문에 자의적으로 남용될 소지가 많다는 점을 지적한다(Woteki, 2000; Graham, 2002; 하대청 2010 재인용).

이러한 입장에 따라 주로 제기되는 비판은 다음과 같다. 먼저 전통적 위험정책 지지자에 따르면 사전예방의 원칙이 객관적 근거가 약한 사변적인 위험이나 대중들이 두려워하는 사소한 위험에 대해 과도하게 규제한다는 점에서 '비과학적'인 원칙이라고 비판한다. 그러나 사전예방원칙의 입장에 따르면, 위험평가의 범위와 방법을 보다 더 확대·다양화하여 대중의 위험인지(risk perception)를 중요한 고려대상으로 삼아 이들의 참여(public participation)를 독려하는 방향을 확보할 수 있다고 주장한다. 또한 전문가 위원회를 구성함에 있어서도 전문가 선정의 기준을 유연하게 적용함으로써 '확장된 과학(extended science)' 또는 '더 나은 과학(better science)'의 방향으로 나아가는 것일 뿐 비과학적이거나 반과학적이라고

간주할 수 없다고 지적한다.

또한 전통적 위험정책 지지자들에 의하면, 사전예방원칙은 확률이 낮은 사소한 위험에 대해 과도한 비용규제로 대응하기 때문에 한정된 자원을 합리적으로 배분해야 하는 원칙인 경제적 효율성을 저해하고, 혁신에 대한 인센티브를 저해할 수 있다고 비판한다(Majone, 2002; Sunstein, 2005). 구체적으로 Sunstain(2003)에 따르면, 사전주의 원칙은 비용과 편익의 균형을 고려하지 않는다는 점에서 경제적 합리성도 문제이지만 그보다는 그 어떤 정책 결정도 하지 못하게 '마비시키는 원칙(paralyzing principle)'이 될 수 있는 점을 우려한다. 그러나 전통적 위험분석 지지자가 상정하는 위험의 정도와 확률을 충분히 계산하고 예상할 수 있는 상황이라면 사전예방의 원칙이 요구되지 않겠지만, 불확실성이 높은 새로운 유형의 위험이 증가함에 따라 사전주의 원칙이 요구되는 상황이 도래되었다고 반박할 수 있다(Whiteside, 2006; Stirling, 2007; Dreyer et al., 2008).

종합해보면, 전통적 위험정책 지지자들은 사전예방원칙을 적용하는 내용이 명확성하지 않다는 점을 지적한다(박종원, 2010). 즉, 사전예방원칙의 구체적인 발동 요건으로 과학적 불확실성이 무엇을 의미하는 것인지, 사전예방원칙의 적용대상이 되는 위험의 유형은 무엇인지 하는 등에 대한 다양한 논쟁들이 전개되고 있는 것이다.

3. 가습기 살균제 사건에서의 사전예방원칙

앞서 살펴보았듯이, 사전예방원칙은 불확실성을 본질적 요소로 갖는 위험(risk)을 예방의 대상으로 취급한다는 점에서 그 자체가 불확정적인 개념적 요소를 포함하고 있다. 이 과정에서 과학적 불확실성을 내포하는 리스크 규제를 결정권자인 행정기관이 어떻게 광범위한 규제적 재량의 정당성을 확보할 것인가의 문제가 존재한다(김은주, 2008). 그러나 아직 우리의 행정적, 사법적 제도들은 사전예방의 원칙에 입각한 리스크의 규제를 전문적으로 다룰 수 있는 메커니즘을 갖고 있지 못하며, 리스크와 그 규제를 둘러싼 많은 쟁점들이 아직도 산재되어 있다. 가습기 살균제의 사례는 이러한 사전예방원칙의 쟁점이 적절하게 해소되지 못하고, 적실성 있는 조치가 취해지지 못하여 그 피해가 급증한 대표적인 사례로 볼 수 있다.

먼저 환경부는 1997년 2월 PHMG 유해성 심사보고서(1996년 심사 신청)를 보면, 당시 심사 기준상 실시하여야 하는 급성경구독성, 급성경비독성, 흡입독성, 어류독성 등 4가지 심사 중 흡입독성과 어류독성 심사를 진행하지 않았다. 이는 가습기 살균제의 특성상 PHMG가 분무형태로 사용된다는 점이 명시되어 있었고, 이것의 반복 사용이 명백히 예상되는 데에도 불구하고 반복 사용에 대한 실험도 이뤄지지 못하였다는 점에서 사전예방원칙의 미래예측 및 모니터링의 단계가 확보되지 못하였음을 파악할 수 있다.

이에 대해 환경부 측은 PHMG가 고분자 화합물로 지정되어 그 안정성을 확보하였기 때문에 세세한 심사를 진행하지 않았다고 하였다. 그러나 가습기 살균제로 사용되기 이전 PHMG의 주요 용도는 카펫 항균 첨가제였으며, 가습기 살균제와 같은 용도의 변경에 있어서는 흡입 독성 실험이 반드시 요구되었던 부분이다. PHMG뿐만 아니라, CMIT/MIT의 경우에도 기존 화학물질의 유해성 심사를 제외한다는 고시(환경처장관 고시 91-7)로 인해 CMIT/MIT의 유해성 심사가 이뤄지지 않았다. 그러나 미국의 경우, 1984년 고분자물질도 독성자료로서 제출하도록 기준을 명시하고 있다는 점에서 사전예방원칙에 입각하여 선제적인 정부 대응이 명확하게 차이가 났으며 그 대응에 따른 결과도 판이하게 상이함을 파악할 수 있다. 또한 SK케미칼이 2003년 호주에 PHMG를 수출하고자 하였을 때, 호주 정부 측은 PHMG

는 흡입독성이 있고 상온에서 분사될 경우 흡입 우려가 있다는 점을 들어 수출을 허가하지 않았다. 수출불허라는 조치를 통해 2003년에는 충분히 가습기 살균제가 흡입독성으로 유해성이 있다는 것을 충분히 알 수 있었음에도 불구하고 흡입독성에 대한 정보를 파악하려는 노력을 기울이지 않았다는 점에서 사전예방원칙의 위험회피 유형을 담보하려는 시도가 부재하였음을 파악할 수 있다. 기계적인 법적 대처를 넘어서 사전예방 조치가 시행되었더라면 충분히 추후의 재난을 피할 수 있었던 대목이다. 뿐만 아니라, 2005년 환경부 용역 보고서 〈가정용 Biocide 제품의 관리방안〉을 살펴보면, HMG에 대해 인체건강영향지수(HEF)가 0으로 나타나 인체에 영향을 미치지 않는다는 결론을 내렸다. 그러나 사전예방원칙의 미래예측 및 모니터링 원칙에 입각했다면, 비록 인체건강영향지수가 0이라는 보고서가 존재하더라도, 2001년부터 ㈜옥시 관련 제품 고객 상담 게시판에 가습기 살균제 부작용 호소 글[32]이 올라왔다는 점과 다른 여러 정황적 증거를 통해서 잠재적인 위험에 대해 의심을 제기하는 것이 마땅하였을 것이다.

이러한 가습기 살균제 사건은 2011년 서울아산병원에 임산부 환자 7명이 원인미상 폐손상으로 잇따라 입원을 하면서 사건의 국면이 전환되기 시작하였다. 이에 2011년 4월 25일 서울아산병원 감염관리실장이 이를 제보하여 역학조사를 요청하였다. 환자군과 대조군의 비교조사 결과, 2011년 7월 12일 다양한 환경적 요인 중 가습기 살균제와의 역학적 연관성을 발견하게 된다. 그리고 2011년 11월 11일 동물 흡입독성실험에서 폐손상이 확인된 〈표 12-6〉의 6종의 가습기 살균제에 대해 제품안전기본법 제11조를 근거로 강제수거명령을 발동하였다. 수거명령 대상 6종 제품 외 모든 가습기 살균제에 대해서도 안전성이 입증되지 않았으므로 사용을 중

32 http://news.joins.com/article/19874946(2017년 9월 20일 접속)

〈표 12-6〉 보건복지부 수거명령대상 6개 제품

구분	상품명	판매사	제조사	주성분	KC신고
1	옥시싹싹 New가습기당번(액체)	(유)옥시레킷벤키저	㈜한빛화학	PHMG	X
2	세퓨 가습기 살균제	㈜세퓨	㈜버터플라이이펙트	PGH	X
3	와이즐렉 가습기 살균제	㈜롯데마트	용마산업사	PHMG	X
4	홈플러스 가습기 청정제	㈜홈플러스	용마산업사	PHMG	X
5	아토오가닉 가습기 살균제	아토오가닉	아토오가닉	PGH	X
6	가습기 클린업	홈케어	글로엔엠㈜	PHMG	0

출처: 가습기 살균제 국조특위 보고서(p. 223).

단할 것을 강력하게 권고하였고, 이와 함께 가습기 살균제 폐손상 의심사례를 접수받기 시작한 것이다. 이렇게 보다 확실한 인과관계 규명을 위해 독성시험을 실시하고, 가습기 살균제를 폐손상의 원인으로 추정하여 발표하며 사용·출시를 자제할 것을 권고한 결과, 2012년 2월 3일 동물 흡입독성실험의 최종결과를 확인하여 가습기 살균제가 원인불명 폐손상의 원인임을 최종적으로 발표하게 된다.

그러나 유통된 가습기 살균제 중 소비자가 성분을 확인하지 않아도 안심하고 제품을 구매할 수 있도록 정부가 보증하는 KC마크를 받은 제품도 존재하였다. 특히 CMIT/MIT의 경우, 미국 롬앤하스(Rohm & Haas)사의 경우에는 경구, 안구, 피부 등 여러 유형의 자극에 대하여 독성이 높다는 것을 확인하였다는 점에서 우리나라도 KC마크를 부여하기 전에 용도변경에 따른 선제적인 면밀한 검토와 실험 등이 필요하였을 것이다. 그러나 KC마크를 받기 위해 제출한 가습기 살균제의 제품사용설명서를 보면, 품명은 '세정제'이지만 설명서 내용은 '살균제'라는 점에서 기술표준원의 2007년 고시부속서의 규정에 따라 검사대상으로서 지정되었음에도 검사가 되지 않았다는 문제점이 존재한다. 이러한 점에서 KC마크를 부여하기 전에 안전기준을 개정하여 살균제의 안전성을 제대로 검증하지 못하였다는 점에서 사전예방원칙에 벗어났다고 볼 수 있다.

가습기 살균제 사건을 사전예방원칙에 입각하여 전반적으로 살펴보면, 위험의 불확실성을 선제적으로 대응하지 못하여 문제의 심각성이 가중되었음을 파악할 수 있다. 먼저, 사건의 역학조사를 실시하기 2011년 이전인 2006년부터 2010년까지 원인미상의 폐손상 사례가 보고되었으나, 그 당시에는 가습기 살균제에 관한 역학조사를 실시되지 않았다. 또한 2008년의 경우 질병관리본부에서 연구용역을 실시하였으나 그 원인규명에 실패하였고, 3년이 경과한 2011년에서야 원인을 발견하게 되었다. 그러나 이와 같은 정황상 증거들을 통해 불확실성을 과학적으로 해소할 원인규명에 실패하였어도, 이미 가습기 살균제 부작용을 호소하는 여론의 존재와 2008년 아산병원으로부터의 신고 등을 미루어 볼 때, 판매 중지 등의 선제적인 조치를 통해 심각하고 비가역적인 위험에 대해 피해를 최소화하는 사전예방원칙이 적용되었어야 할 여지가 있었다. 이와 더불어, 세포독성 실험 이후 수거명령까지 소요된 시간은 대략 120일 가량이었는데, 이러한 태만한 수거명령으로 인해 국민의 건강에 보다 더 심각한 위해가 가해졌다고 본다. 따라서 흡입독성 실험이 이뤄지기 전이더라도 수거명령 등의 사전적인 조치를 취하였다면 그 피해를 보다 최소화할 수 있었던 사례라고 판단할 수 있을 것이다.

또한 가습기 살균제 폐손상 의심사례를 조사하고 판정하는 과정에서, 개인별 임상, 영상, 병리학적 소견과 가습기 살균제 사용력에 따라 피해구제 단계를 1단계인 '가습기 살균제 폐손상이 거의 확실함'부터 4단계인 '가습기 살균제 폐손상일 가능성이 거의 없음'으로 나누었다. 그러나 판정단계 중 3, 4단계 판정을 받은 피해자 중 상당수는 다른 원인을 찾기 어려움에도 그 피해를 보전할 의료비 지원이 이뤄지지 않는다는 문제점이 있다. 이에 대한 환경부 등 정부의 입장은 3, 4등급 판정을 받은 피해자의 경우 가습기 살균제에 따른 문제가 나타난 것인지 과학적으로 인과관계를 밝히지 못하였기 때문이라고 응답하였다. 그러나 3, 4등급의 피해자의 경우에도 가습기 살균제에 따른 폐손상의 구체적이고 과학적인 인과관계 입증이 이뤄지진 못하였으나, 사전예방원칙에 입각하여 가습기 살균제가 폐질환 이외의 영향을 미칠 수 있는 그 외 증상에 대한 추가적인 조사가 필요한 상황이다.

이렇게 가습기 살균제 사태가 발생하고 나자, 2015년에 화학물질사용에 따른 피해를 예방하기 위한 「화학물질 등록 및 평가 등에 관한 법률(이하, 화평법)」을 시행하게 되었다. 화평법 이전에 우리나라에서 화학물질은 「유해화학물질관리법(이하, 유해법)」에 근거하여 관리되고 있었다. 그러나 유해법은 제정되기 전부터 유통되고 있는 기존화학물질에 대해서는 관리가 이뤄지지 않고, 신규화학물질을 대상으로 주로 유해성 위주의 평가를 실시하였다. 이에 따라 1990년대 이후 화학물질의 유통이 급증하였지만, 유해법에 근거하여 신규화학물질로 유해성이 확인된 화학물질은 15%에 불과하였다(이지윤, 2011). 이에 따라 화평법의 주요 내용은 그동안 신규화학물질을 대상으로 유해성을 평가하던 것을 기존화학물질까지 적용하도록 그 범위를 넓히었다. 또한 기존의 유해법과는 달리 화평법의 경우에는 화학제품의 주 용도가 바뀌는 경우 다시 유해성 심사를 받도록 하는 원칙을 추가하였다.

그러나 화평법이 도입되는 과정에서 여러 차례 수정이 되면서, 사전예방원칙의 기본 개념과 유형에 완전히 부합하는 방향으로 나아가지는 못하였다는 아쉬움이 존재한다. 사전예방원칙이 부합하지 못한 기준의 예로 기존화학물질 등록기준을 0.5톤/년에서 1톤으로 완화한 것이다. 이에 따라 법의 감시망을 피하기 위해 2015년부터 2016년 4월까지 1톤 이상의 등록건수는 전체 화학물질 수입·제조 건수의 0.1%에만 해당하였으며, 1톤 이하의 간이등록은 약 70배인 3355건에 달하였다. 이뿐만 아니라, 연구용, 과학실험용 등으로 아예 등록의무가 면제된 건수는 전체의 92.4%인 4만 1,256건에 달하였다는 점에서, 화평법이 사전예방원칙의 일환으로 도입되었으나 애초의 계획보다 기준이 완화되면서 그 실효성에는 의문점이 있다.

또한 2015년 화평법의 시행이 예고되자, 그 전년도인 2014년에 유해성 심사 요청이 2배나 급증하였다. 이는 화평법 시행 이후에는 용도변경의 경우에도 등록을 해야 하므로 이를 회피하기 위한 기업들의 모습으로 해석할 수 있다. 따라서 제2의 가습기 사태를 예방하기 위해서라도 사전예방원칙의 적용하여 이 기간에 집중된 유해성 심사에 대해 정밀 재조사가 필요하다고 볼 수 있다.

요약하자면, 가습기 살균제 사건의 경우 일반 국민의 입장에서는 그 인과관계를 규명하기 어렵고 불확실성이 높은 새로운 위험의 일환이었다. 이처럼 인과관계에 있어 불확실성이 높은 위험의 경우에는 정부가 선제적으로 사전예방원칙을 적용하여 비가역적인 피해를 최소화하는 과정이 필요하였을 것이다. 그러나 사건이 발발한 이후에, 가습기 살균제에 의한 위험이 명시화되는 과정에서도 선제적인 대응이 미흡한 나머지 국민의 삶의 질을 위협하는 피해는 멈추지 않아 결국 총 사망자 1,239명이라는 전대미문의 비극이 발생하게 되었다.[33] 가습기 살균제 사건의 교훈으로 정부는 사전예방원칙의 일환으로 화평법을 제정하였다. 화평법의 개정 자체는 일부 긍정적이지만, 이번 사건에서 발견된 정부의 사전예방원칙이 제대로 반영되지는 못한 것으로 판단된다. 따라서 화평법이 과연 제2의 가습기 살균제 사건을 선제적으로 대응할 수 있는 유효한 대응책인지는 시행 3년 차인 지금까지도 논란이 일고 있다.

33 http://m.news.naver.com/read.nhn?mode=LSD&mid=sec&sid1=102&oid=079&aid=0003006539(2017년 8월 31일 접속)

Ⅳ. 결론

본 장에서는 삶의 질을 보장하기 위한 사전예방원칙이 작동하지 못함에 따라 발생한 대표적인 피해 사례인 가습기 살균제 사건을 통해 사전예방원칙의 중요성과 그 내용에 대하여 살펴보았다. 새로운 위험은 기존의 제도 및 기술로는 발생 가능한 모든 인과관계의 경로를 파악할 수 없으며, 정부는 국민들을 위험으로부터 선제적으로 보호할 수 있는 안전망을 구축해내어 국민들의 삶의 질을 보호할 책임이 존재한다고 볼 수 있다.

가습기 살균제 사건은 확실한 증거가 입증된 후에야 관련 제품들을 규제하는 등의 전통적 위험관리의 행태로는 새로운 위험에 대응하여 국민들의 안전과 삶의 질을 보호하기 어렵다는 점을 분명히 보여주었다. 게다가 정부는 관련 위험을 인지할 수 있었던 단계에서도 이에 대한 면밀한 검토를 이행하지 않았고, 제품의 사전 회수를 통해 피해 가능성을 차단하는 노력 역시도 미흡하였다. 즉, 살균제 제품이 출시되는 과정에서뿐만 아니라 유통 후 피해 사건이 보고되는 과정에서도 사전예방원칙에 따른 정부의 대응은 부재하였다. 이후에 화평법을 도입하면서 사전예방원칙의 적용하려는 노력을 시도한 것으로 보이나, 그 과정을 살펴보면 아직도 우리 사회에서 사전예방원칙을 구체적으로 어떻게 정립할지에 대한 합의점을 찾기에는 한계가 존재한다. 특히, 사전예방원칙이 규제적 성격을 내포함에 따라 이에 따른 경제적 부담과 과학 기술혁신이 저해될 수 있다는 논란과 갈등이 지속적으로 존재한다는 점에서, 현실적으로 어느 정도의 사전예방원칙을 실제 정책에 반영할지에 대한 사안은 지속적인 논의를 통해 구축해 나가야 할 과제라고 본다.

종합해 보면, 가습기 살균제를 통해 알 수 있듯이 불확실한 위험에 대한 대응은 구체적인 적용 사안별로 합의 후 결정을 하는 것이 타당하다. 그럼에도 사전예방원칙이 국민의 삶의 질과 기본적인 안전권 등을 보장하는 데 필수적인 원칙이라는 점이 본 사례를 통해서 발견된다. 사전예방원칙에 입각하여 삶의 질을 도모할 수 있는 선제적인 정부의 정책의 방향은 폭넓게 존재한다. 국민의 일상생활을 침투하고 있는 미세먼지 등의 환경적 이슈부터 지난 메르스 사태와 화재나 지진과 같은 대규모 재난 사건들까지 선제적인 대응과 예방을 통해 천문학적인 피해로부터 국민의 삶의 질을 보호할 수 있는 영역은 무궁무진하다. 하지만 안타깝게도 선제적 대응이 나타나지 못하고, 사후대응과 질책에만 그치게 되는 것은 사전예방원칙의 경우에는 가시적이고 단기적인 정책효과가 나타나지 않는다는 점에서 매력적인 영역이 아닐 수 있다. 그러나 앞서 가습기 살균제 사건에서 살펴보았듯이 사전예방원칙인 불확실성이 높은 현 정책적 이슈에서 반드시 고려되어야 할 원칙임은 자명하다. 위험으로 인한 피해의 인지가 가능한 상황이거나 피해를 최소화할 수 있도록 직접적으로 관련된 법률과 같은 제도를 정비하는 것뿐만 아니라, 일상적인 감사와 행정절차에서의 행정의 책임성을 높일 필요가 있다. 이를 위해서 책임을 회피하는(blame avoidance) 행정보다는 공무원들의 재량권을 확충하고 상황에 대한 적실성 있는 개입을 통해 적극적인 행정문화가 형성되도록 유도해야 할 것이다.

이와 더불어 지식기반사회가 도래하면서 기업의 혁신활동과 혁신적 제품이 증가할수록 정부는 법적 테두리 내에서 국민의 안전을 보호할 수 있는 더욱 적극적인 사전적 조치가 필요하다. 사전예방원칙이 과학혁신을 저해할 것이라는 우려와는 달리, 오히려 이 원칙을 확보한다면 기업의 불확실성이 줄어들고, 불확실한 위험을 줄이려는 기업의 노력으로 더욱 혁신적인 제품을 생산할 수 있을 것으로 기대된다. 일례로, 유럽에 혁신적 기업이 많다는 것은 사전예방과 혁신이 상호 딜레마적 관계는 아니라는 것을 알 수 있다. 이러한 교훈들을 바탕으로 한국사회에서 사전예방원칙이 올바른 방향으로 작동하기 위해서 정부는 사회 내 구성원과 관련 행위자들 간의 지속적인 조정과 합의가 필요할 것이다. 이를 통해서 한국형 사전예방원칙이 반영된 일련의 제도들이 정착되어 더욱 안전한 사회를 구축하고 국민들의 삶의 질을 높일 필요가 있다.

참고문헌

국회 국정조사 특별위원회. (2016). 〈가습기 살균제 사고 진상규명과 피해구제 및 재발방지 대책마련을 위한 국정조사 결과보고서〉.

김은성. (2011). 사전예방원칙의 정책유형과 사회문화적 맥락에 대한 고찰: 유럽 및 미국 위험정책을 중심으로. 〈한국행정학보〉, 45(1): 141-169.

김은주. (2008). 리스크 규제에 있어 사전예방의 원칙이 가지는 법적 의미. 〈행정법연구〉, (20): 67-89.

김홍균. (2010). 환경법상 사전배려원칙의 적용과 한계. 〈저스티스〉, 262-291.

박종원. (2010). 화학물질의 리스크 규제와 사전배려원칙. 〈중앙법학〉, 12(2): 311-355.

이지윤. (2011). 화학물질 등록 및 평가 등에 관한 법률 도입. 〈환경화학 심포지움 자료집〉, 25-28.

장경원. (2011). EU 환경법상 사전예방원칙. 〈행정법연구〉, (31): 171-194.

하대청. (2010). 사전주의의 원칙은 비과학적인가?: 위험분석과의 논쟁을 통해 본 사전주의 원칙의 '합리성'. 〈과학기술학연구〉, 10(2): 143-174.

환경부. (2016). 〈환경부 보도·설명자료〉.

Daley, S. (2000). More and More, Europeans Find Fault with US: Wide Range of Events Viewed as Meanacing. *The New York Times*.

Dreyer, M. et al. (2008). *Final Report: A General Framwork for the Precautionary and Inclusive Governance of Food Safety in Europe*, Stuttgart: Dialogik.

Graham, J. (2000). The Role of Precaution in Risk Assessment and Management: An American's View. Office of management.

Majone, G. (2002). What Price Safety? The Precautionary Principle and its Policy Implications. *JCMS*, 40: 89-109.

McDonald, J. (2006). Tr(e)ading Cautiously. Precaution in WTO Decision-Making. In Fisher, E, Jones, J. & Schomberg, R. V. (eds.). *Implementing the Precautionary Principle: Perspectives and Prospect*, 160-181. Edward Elgar Publishing.

McNeil, D. J. (2000). Protests on New Genes and Seeds Grow More Passionate in Europe. *The New York Times*.

Stirling, A. (2007). Risk, Precaution and Science: Towards a More Constructive Policy Debate. *EMBO Reports*, 8(4): 309-315.

Sunstein, C. (2003). The Paralyzing Principle. *Regulation*, 32-37. Winter.

Sunstein, C. (2005). *Laws of Fear: Beyond the Precautionary Principle*. Cambridge University Press.

Whiteside, K. (2006). *Precautionary Politics: Principle and Practice in Confronting Environmental Risk, Cambridge*. Massachusetts · London, England: The MIT Press.

Woteki, C. (2000). The Role of Precaution in Food Safety Decision. Food Safety and Inspection Service, USDA.

제13장

문화자원과 지역주민의 삶의 질
: 문화 클러스터를 중심으로

한설아 · 정철현

I. 서론

지역발전을 위한 전략은 시대에 따라 달라졌다. 농경사회에서는 자연조건을 지역발전의 중요요소로 인식하였고, 근대 산업사회에서는 공업 생산력의 발달로 노동, 자본, 기술 등이 지역발전의 중요한 가치로 인정받았다. 그리고 오늘날은 지역의 문화적 정체성이 강조되며 문화자원이 지역발전에 중요한 역할을 하게 되었다. 문화자원은 공공의 삶을 활성화시키고, 지역정체성과 지역에 대한 공유된 소속감을 환기시키며, 지역생활의 삶의 질에 대한 기대수준을 높이고자 할 때 핵심적 역할을 담당한다(Griffiths, 1995). 문화·예술의 기능이 지역의 경기 회복에 도움을 주고, 사람들로 하여금 '그들 자신의 지역사회'를 믿도록 하기 때문이다(Bianchini, F., Dawson, J. & Evans, R., 1992). 즉, 문화적 산물은 지역을 활성화시키는 전략으로서 주요역할을 할 수 있으며, 나아가 지역주민의 삶의 질을 향상시키는 데 도움을 준다(구동희, 1997).

해외에서는 1980년대 이후 지역의 문화자원을 기반으로 지역이 다시 활성화되는 런던 이스트엔드, 뉴욕 윌리엄스버그, 북경 다산쯔 789지구 등의 사례가 등장하였다. 우리나라에서도 2000년대를 전후로 지역활성화를 위해 문화라는 소프트웨어적 요소를 도입하는 도시재생 트렌드가 시작되었고, 각 지방자치단체는 문화중심적 발전전략(culture-led development)에 많은 예산을 투자하였다. 특히나 예술인들의 창작활동 기능이 집적되어 있는 공간인 '문화 클러스터(cultural cluster)'는 가장 효과적인 도시재생 수단 중 하나였다(박세훈 외, 2011).

현재 우리나라는 비교적 낙후한 지역의 지자체에서 문화 클러스터를 조성하거나 지원하는 정책 및 사업들이 동시다발적으로 추진되면서 특색 없는 유사사업들이 넘쳐나고 있는데, 그 결과 문화 클러스터가 지역의 삶의 긍정적 영향을 미친다기보다는 지역정체성을 훼손하는 경우가 나타나고 있다. 예를 들어 전국적으로 수십여 곳의 지자체에서 조성한 문화마을, 문화예술거리, 예술촌, 창작스튜디오 등을 보면, 조성과정에서 주민들과의 이해관계, 예술인들의 의견, 지역적 특수성과 역사적 배경, 장기적 비전 등은 과소평가되거나 아예 부재하였고, 일부 성공사례들을 벤치마킹한 후 복사하여 붙여넣기 수준의 개발이 반복되고 있다. 이로 인해 대외적으로 성공적이라는 평가를 받는 지역의 경우에도 관광객으로 인해 지역주민들이 받는 피해와 정신적 스트레스, 임대료 상승 및 상업화로 인한 예술인들의 피해를 지적하는 젠트리피케이션 현상이 연일 기사에 오르내린다. 실패한 지역의 경우에는 관광객뿐만 아니라 지역주민들과 예술인들에게까

[그림 13-1] 문화 클러스터의 문제점을 지적하는 기사들

지 장기간 외면받으면서 황량하게 남아있거나 방치되면서 결국 지역가치를 더 하락시키는 결과를 낳게 되는 것이다.

정부 및 지자체는 문화 클러스터를 조성하는 데에 이미 상당한 예산을 투입하였으나 그 효과가 미비한 현 시점에서, 본 장에서는 지역에서의 삶의 질에 문화 클러스터가 미치는 영향을 사례를 통해 살펴보고자 한다. 사례 검토를 통해 문화 클러스터의 중요성을 강조하고, 궁극적으로는 지역에서 문화 클러스터의 역할에 대해 탐구해보고자 한다.

Ⅱ. 문화 클러스터 정의 및 유형

1. 문화 클러스터의 정의

문화 클러스터(cultural cluster)에서 '문화'가 내포하는 개념적 범위는 상당히 방대하다. 문화를 인류의 지식, 신념, 행위 등의 총체라고 보기도 하고, 특정 집단의 정치, 사회 등의 경향으로 보기도 하며, 교양 있는 예술로 여기기도 하는 등 자의적 해석이 가능한 다의어이다. 이와 관련하여 Williams, R.(1958)은 그의 저서 「Culture and Society 1780~1950」에서 문화를 가장 난해한 단어 중 하나라고 전제하기도 하였다.

선행연구들에서 정의한 문화 클러스터의 개념을 살펴보면 다음과 같다. 먼저 Gupta, V., Hanges, P. J. & Dorfman, P.(2002)는 문화 클러스터를 종교와 언어적 공통성, 가치관 등을 묶을 수 있고 지리적으로 근접해 있는 일종의 사회적 클러스터로 보았다. Stern, M. J. & Seifert, S. C.(2007)

는 문화 클러스터를 "서로 밀접한 연계를 가지고 상호작용하는 문화예술의 생산 및 관련 기능의 지리적 집합체"라고 정의하였다. 즉, 예술가들의 창작기능, 문화생산의 기능을 하는 집합체로 보는 견해이다. 그들에 의하면 문화 클러스터는 문화예술의 창작기능이 중심이 된 인적 네트워크의 집중을 의미하고, 역동성, 자생성, 풍부한 네트워킹을 특징으로 한다. 여기에서 문화 클러스터의 핵심개념은 창작기능과 내부 네트워크이다. 박세훈 외(2011)는 도시재생적 관점에서 문화 클러스터를 "밀접한 연계를 가지고 자기조직적으로 상호작용하는 문화예술의 생산 및 관련 기능의 지리적 집합체"라고 하였다. Stern, M. J. & Seifert, S. C.(2007)와 유사하게 문화 클러스터를 예술가들의 창작, 즉 문화생산기능의 집합체로 본 것이다. 신종효 외(2014)는 창의성이 발달한 지역에는 저마다 "고유한 장소성을 지닌 문화자원 밀집지역"을 보유하고 있는데, 이를 문화 클러스터라고 정의하였고, 김미옥(2014)은 문화예술 클러스터를 "문화예술활동 및 인력 등 주로 생산기능이 지리적으로 일정 지역에 집적되어 지역 활성화에 경제적·사회적으로 영향을 미칠 수 있는 지역"이라고 정의하였다.

많은 학자들이 문화 클러스터에 대해 정의하였으나, 정리하자면 문화 클러스터는 공간적으로는 '문화자원이 밀집된 지리적 범위', 기능적으로는 '예술인들이 창조기능을 수행하는 응집된 공간'으로 개념이 수렴된다. 본 장에서는 선행연구에서의 정의를 바탕으로 문화 클러스터를 "지리적으로 밀집하여 예술인들이 창조기능을 수행하는 지역"이라고 정의하였다.

2. 문화 클러스터의 유형

국내 문화 클러스터는 크게 자생형, 민간주도형, 정책지원형으로 구분 가능하다(박세훈, 2011). 자생형은 비교적 오랜 기간 동안 예술인들이 삼

삼오오 모여 자연스럽게 성장한 유형이며, 민간주도형은 예술인들이 문화 클러스터를 조성하고자 사전 협의하여 의도적으로 조성한 유형이다. 정책 지원형은 정부 및 지자체가 주도하여 낙후지역의 활성화를 위해 공공자본을 투입해 문화 클러스터를 조성한 경우이다.

자생형 문화 클러스터의 경우 접근이 용이하거나 지가가 저렴한 지역에서 발생하게 되는데, 이는 젊은 예술인들이 그러한 지역에 자리 잡고 있는 경우가 많아 인적 자원이 풍부하기 때문이다. 대표적으로 홍대 앞, 대학로, 문래예술촌 등이 있는데, 오랫동안 자생적으로 성장해온 홍대 앞과 대학로 등의 경우 상당수가 개발압력에 밀려 급속히 상업화되었다.

민간주도형 문화 클러스터는 번잡하지 않은 지역에서 여유롭게 창작활동을 하길 원하는 중견 예술인들이 협력하여 토지를 매입하면서 조성되며, 창작공간과 주거공간을 겸하는 경우가 많다. 이러한 특징으로 인해 도심지보다는 교외 지역에 조성된다. 대표적으로 헤이리예술인마을, 아트팩토리 인 다대포, 오궁리미술촌 등이 있다.

마지막으로 정책지원형 문화 클러스터는 정부 및 지자체가 낙후도시 활

〈표 13-1〉 국내 문화 클러스터 유형

주체	유형	특징	주요 사례
예술인	자생형	• 다양한 요인으로 예술인들이 자연스레 집적하여 조성된 문화 클러스터 • 지가가 저렴하고 접근성이 좋은 지역에 발생	홍대 앞, 대학로, 전주동문사거리, 문래예술촌, 인천배다리골 등
	민간 주도형	• 예술인들이 공동의 목적을 위해 직접 주도하여 조성한 문화 클러스터 • 창작공간과 주거공간을 겸용	헤이리예술인마을, 아트팩토리 인 다대포, 오궁리미술촌 등
정부 및 지자체	정책 지원형	• 정부 및 지자체가 주도하여 도시재생을 위해 계획 및 조성한 문화 클러스터 • 주로 재래시장, 구도심, 폐교, 공단 등 쇠퇴지역이나 유휴공간에 조성	인천아트플랫폼, 신당창작아케이드, 또따또가, 창동예술촌, 부림시장 창작공예촌 등

출처: 박세훈 외(2011).

성화 혹은 문화예술지역 브랜드화 등의 정책적 목적을 갖고, 예술인들을 유치하고 그들에게 창작공간을 저렴하게 내어주는 형태이다. 이로 인해 예술인들이 직접 조성한 자생형과 민간주도형보다는 다소 인위적이며 내부 네트워크가 약하다. 지방도시의 문화 클러스터는 대다수 정책지원형으로 조성되었다.

Ⅲ. 문화 클러스터의 전개과정

1. 초기 문화 클러스터의 출현

우리나라에서 예술인들이 지리적으로 집적하여 활동하기 시작한 것은 생각보다 오랜 역사를 지니는데, 인사동이 대표적이다. 인사동은 본 장에서 의미하는 문화 클러스터, 즉 예술인 창작공간 집적지와는 다소 거리감이 있으나 우리나라 문화 클러스터의 초기형태로, 일제시기 고미술 상가들이 들어서면서 형성되었다. 이후 1980년대에는 도시공간에 자생적으로 문화 클러스터가 발생하기 시작하였다. 초기 문화 클러스터는 교통이 불편한 지방보다는 예술인들의 네트워크가 형성되기 수월한 도심을 중심으로 성장하였다. 대표적 사례로 대학로와 홍대 지역이 있는데, 이들은 당시 서울대학교와 홍익대학교의 입지를 기반으로 조성되었다. 대학로의 경우 1975년 서울대학교 단과대학들 중 의약계는 연건캠퍼스에, 농학계는 수원에 남고, 그 밖의 모든 단과대는 관악캠퍼스로 이전되었고, 연건캠퍼스 주변으로 문예회관, 마로니에 공원 등이 조성되면서 소극장과 연극인들의 문화 클러스터로 성장하였다. 홍대 지역은 1980년대 홍익대학교 미술대학과 관련한 화방, 미술학원, 미술 관련 서점, 갤러리, 작업실 등의 상권과 창작공간이 조성되면서 미술인들의 집적지로 성장하였다. 다시 말해 우리나라 문화 클러스터는 1980년대 대학로와 홍대 지역에 모인 연극인들과 미술인들의 예술창작 활동이 시초라고 할 수 있다. 다만 이들 지역은 최근 상업성이 강해지면서 예술인 집적지 혹은 창작 집적지라기보다는 상업지역으로 인식되는 경향이 있다.

2. 새로운 문화 클러스터의 등장

1990년대는 한국의 대중문화가 급격히 팽창하였다. 1987년 6월 항쟁과 직선제 개헌, '88서울올림픽을 경험하면서 시민들의 문화향유에 대한 욕구가 표면 위로 드러나기 시작하였고, 노동시장의 임금이 급격히 상승하였다. 이로써 문화를 향유하고자 하는 대중뿐만 아니라 문화를 실제로 향유할 수 있는 대중이 점차 증가하였다. 집약적 경제발전으로 인해 상대적으로 등한시되었던 문화향유에 대한 시민들의 인식 변화가 문화의 저변이 확대될 수 있는 기초를 제공하였다. 1990년대 문화 클러스터는 이러한 사회·경제적 변화를 배경으로 등장하였다. 기존 문화 클러스터처럼 특정 지역에 예술인들이 자연스럽게 모여듦으로써 형성된 자생적 문화 클러스터도 계속해서 발전하였으나, 이 시기는 특히 일부 예술인들이 직접 나서서 예술인 집성촌을 조성한 민간주도형 문화 클러스터와 중앙 및 지방정부가 전략적으로 조성한 정책지원형 문화 클러스터가 발생하기 시작한 시기이다. 이때부터 문화 클러스터의 출현 원인과 유형이 다양해지기 시작하였다.

이 시기에 나타난 첫 번째 문화 클러스터 유형은 예술인들이 의기투

합하여 공동체를 조직하고 집적지를 조성한 민간주도형 문화 클러스터이다. 대표적으로 파주의 헤이리예술마을은 미술인, 음악가, 작가, 건축가 등 다양한 장르의 예술인들이 문화예술에 대한 담론과 창작활동을 하기 위해 이룬 우리나라 최초의 예술인공동체 마을이다. 특히 헤이리예술마을은 정부의 지원 없이 예술인들의 의지에 의해서 조성되어진 최초의 실험적 문화 클러스터라는 점에서 의의가 있다. 1995년 파주의 한 문화예술모임에서 시작된 헤이리는 1997년 헤이리예술마을 건설위원회 발족, 1998년 창립총회 개최, 2003년 입주를 거쳐 조성되었다. 약 370여 명의 예술인 회원들은 15만 평의 부지 위에 그들의 집과 작업실, 갤러리 등을 짓고 생활하며 현재에도 문화예술 콘텐츠의 생산과 집산 기능을 담당하고 있다. 또 다른 예인 임실 오궁리미술촌은 1995년 전라북도 임실군의 한 폐교에 하나둘씩 모여든 미술가 16명에 의해 조성되었다. 이곳은 국내 최초로 폐교를 활용한 문화 클러스터이다. 오궁리미술촌 조성 이후 1999년에는 농촌 공동체 붕괴 및 폐교의 증가로 인해 『폐교재산의 활용촉진을 위한 특별법(1999. 08. 31.)』이 제정되기도 하였다. 이 법에 의거하여 일반인도 폐교 임대 및 활용이 가능해짐으로써 폐교를 활용한 문화 클러스터가 급증하게 되었다.

이 시기에 나타난 문화 클러스터의 두 번째 유형은 정부 및 지자체에 의해 조성된 정책지원형 문화 클러스터이다. 1990년대에는 정부 차원에서 문화예술을 정책적으로 활용하기 시작하면서 문화 클러스터에 대한 지원이 이루어졌다. 1980년대 자생적으로 출현한 대학로는 1990년대에 들어서 정부의 정책지원으로 대학로 문화예술거리조성 사업으로 추진되기도 하였다. 인사동 역시 1997년 차 없는 거리로 조성하고 문화의 거리 특화발전방안을 마련하였다. 한편 정책지원형 문화 클러스터도 민간주도형 문화 클러스터와 유사하게 폐교를 활용한 창작공간 조성을 추진하였고, 이를 통해 예술인 작업공간 임대에 대한 경제적 부담을 덜어주고자 하였다. 그러나 이렇게 조성된 공간들은 이후 운영과정에서 문제점이 들어나면서 현재는 성공적으로 운영되고 있는 곳이 매우 드물다.

3. 문화 클러스터의 확대

2000년대에는 문화예술을 통해 사회·경제적 이익을 창출하는 문화경제라는 개념이 부상함에 따라 정부 차원에서 예술인 창작활동을 지원하는 정책과 사업들이 급증하였다. 이러한 흐름을 타고 문화 클러스터의 수도 증가하였고, 유형도 더욱 다양해졌다. 이 시기에 들어 문화 클러스터 수가 다시 한 번 증가하기 시작한 것은 폐교와 근대문화유산 등 도심의 유휴공간을 예술인 창작공간으로 활용하는 전략이 확대되기 시작했기 때문이다. 이들 공간은 대부분 박물관·미술관, 연극촌, 창작 스튜디오, 그리고 도예공방 등으로 운영되었다. 유휴공간을 활용하여 조성된 문화 클러스터는 대표적으로 2003년에 조성된 남해 해오름예술촌, 2007년 조성된 대구 가창창작스튜디오 등이 있다.

근대문화유산을 보유한 지역에서는 예술인을 유치하여 도시재생을 유도하는 사례도 늘어났다. 대표적으로 인천광역시는 2005년부터 2008년까지 구도심 재생사업의 일환으로 근대 개항기 및 1930~1940년대의 건축물을 보수하여 창작스튜디오, 공방, 자료관, 교육관, 공연장 등 2개 단지, 13개 동 규모의 문화 클러스터인 인천아트플랫폼을 조성하였다. 이러한 움직임은 지역의 문화유산을 부각시키고 주민을 위해 활용하고자 한 인천시와 지역주민들의 뜻이 있었기 때문이다. 제주시 저지예술인마을의 경우 1999년 외환외기 당시 옛 북제주군의 '유휴 군유지를 이용한 경영수익 창출 아이디어'에서 시작되었다. 2001년 기본계획 수립 이후 한경면 저지리 일대 약 3만 평의 황무지를 개간해 택지를 개발하였고, 2002년부터 본격 운영되었다. 서울시의 경우 2009년부터 서울 내에 유휴시설을 창작공간으로 활용하면서 예술가뿐만 아니라, 시민들의 창조적 역량을 구축하고 도시재생을 구현한다는 취지로 서울시 창작공간 조성 사업을 진행하기도 하였다. 이 사업을 통해 현재까지 총 11개의 문화예술창작공간이 설립되었다.

4. 문화 클러스터의 팽창

국내에서 도시재생에 대한 논의가 본격화된 것은 2006년 중앙정부 차원의 도시재생 R&D 연구가 시작되면서부터이다. 특히 2013년 『도시재생 활성화 및 지원에 관한 특별법』 제정은 지자체마다 원도심을 중심으로 도시재생 관련 사업들을 동시다발적으로 추진하게 된 동력원이 되었다. 그러나 이로 인해 지역마다 유사성 사업들이 반복되었고, 지역 정체성이 훼손된다는 우려를 낳고 있다. 최근에는 지나친 문화예술지역 만들기 붐으로 인해 전국 문화재생 마을이 복사하여 붙여넣기 수준에 그치고 있다는 비난이 일기도 한다. 수백여 개의 문화도시, 문화마을들이 각 지역의 특성과 주민들의 상이한 이해관계, 역사적 배경 등을 수렴하지 못한 채 시대적 트렌드에 편중되어 지정되거나 조성되었기 때문이다. 결과적으로 전국적으로 수많은 예술촌, 창작스튜디오, 예술시장 등 다양한 종류의 문화 클러스터가 생겨났는데, 어느 지역을 가더라도 콘텐츠의 차이는 없는 것이 현실이다.

특히 이 시기에 지자체에서는 지역주민 참여형 문화 클러스터를 강조하였는데, 백종옥(2007)에 따르면 상당수의 지역주민들은 이에 대해 무관심하거나 냉소적인 태도를 보이며, 관심이 많은 경우에는 지역에 경제적 이익이 될 수 있는 작업을 요구한다는 것으로 귀결되고 있다는 비판이 있다.

즉 주민참여라는 이상과 현실에는 괴리가 존재한다는 것이다. 또한 민간 기금이 부재한 상황에서 중앙 또는 지방정부의 보조금으로 사업이 추진되는 경우가 빈번하여 단순 지역홍보 또는 정책수단 정도로 전락하는 경우가 적지 않다. 단기 사업형태를 띄는 경우에는 지속성 있는 문화 클러스터가 불가능하며, 이후 정체성이 불분명한 예술인 집적지로 남게 된다.

Ⅳ. 문화 클러스터와 지역 삶의 질

과거에는 예술인의 사적 작업공간으로만 인식되어 오던 예술인 창작공간이 이제는 지역의 문화생태계를 창조하고 지역을 발전시킨다는 측면이 부각되면서 관심을 받고 있다. 프랑스 파리의 경우 시내 곳곳에 정부가 운영·보조하고 있는 스튜디오, 스튜디오형 아파트, 창작스튜디오 등을 조성하여 예술인들의 창작활동을 지원하고 있는데, 이를 통해 주민들은 생활환경과 근접한 일상적인 환경 속에서 예술인을 접하고 예술활동에 참여할 수 있는 교육적인 효과를 얻는다(김미옥, 2014). 미국에서는 창작공간이 물리적, 사회적, 경제적 측면에서 지역사회에 다양한 영향을 미친다고 보고 예술인들의 장기 지원 정책인 LINC(Leveraging Investments in Creativity)[1]의 일환으로 예술가의 공간 개발을 적극적으로 추진하고 있다

1 LINC(Leveraging Investments in Creativity)는 예술인 지위 향상을 위한 10년 동안의 장기 국가 계획으로, 예술인의 창작 활동을 가능하게 하고 지역사회 삶의 질 향상에 기여하려는 목적으로 추진된다. 여기에는 몇 가지 전략적 목표가 있는데, 첫째, 예술가들의 작품 활동을 위한 재정적 지원, 둘째, 생활공간, 창작활동 공간, 보험, 장비 등 전문성 향상, 셋째, 창작활동 확대를 위한 지식, 네트워크, 정부 정책 촉진 등이다.

(손정민, 2015). 이들이 추구한 문화 클러스터의 궁극적 목표 혹은 기대 효과는 예술가들에게 안정적인 창작공간을 지원하여 예술 분야의 발전에 기여하는 것뿐만 아니라, 지역사회와 연계를 통해 지역주민들에게 문화적 혜택이 돌아가게 하고, 지역 활성화를 이끄는 것이었다.

이와 같은 문화 클러스터의 지역사회 파급효과에 대해 논의한 선행 연구들을 살펴보면, 문화 클러스터의 효과는 크게 개인적 변화, 사회적 변화, 경제적 변화로 구분 가능하다. 먼저 개인적 변화로는 행복감이 증대되고, 신체적인 건강 효과가 나타나며, 고립감 해소, 교육 참여 증가 등의

〈표 13-2〉 문화 클러스터의 지역사회 파급 효과

영역	내용	주요 문헌
개인적 변화	• 행복감 증대 • 신체적 건강 효과 • 고립감 해소 및 대인관계 향상 • 교육 참여 증가 • 성적 상승 • 문화참여 확대 • 자발적 문화생산자로의 변화	Matarasso(1996), Williams(1997), Guetzkow(2002) 등
사회적 변화	• 문화적 사회에 대한 이해 확대 • 도시 쇠퇴의 감소 • 지역성에 대한 자부심 고양 • 타 집단과의 연대성 향상 및 사회응집력 제고 • 공간의 미화 • 창의적 인재 유인 • 세대 간 교류 확산 • 예술 및 예술가에 대한 인식변화 • 범죄 예방	Matarasso(1996), Jones(1998), Lowe(2000), Jackson & Kabwasa-Green(2007), Currid(2007), 박신의(2011), 박신의(2013) 등
경제적 변화	• 직업 창출 • 관광객 증가 및 지역 성장 • 지역 이미지 제고 • 지역에의 투자 촉진 • 예술 프로그램 투자 확대 • 예술작품 판매 증대 • 지역 부동산 가치 상승 • 사회적 비용 감소	Matarasso(1996), Williams(1997), Kay & Watt(2000), Currid(2007) 등

출처: 박세훈 외(2011) 참고 및 연구자 추가 조사 후 재구성.

효과가 언급된다. 사회적 변화로는 문화적 사회에 대한 이해가 확대될 수 있고, 도시쇠퇴가 감소되며, 지역성에 대한 자부심 고양, 타 집단과의 연대성 향상 등이 언급된다. 경제적 변화로는 직업창출, 관광객 증가, 지역 이미지 제고 및 투자 확대, 지역 부동산 가치 상승 등의 효과가 있다. 〈표 13-2〉는 기존 연구들에서 주장한 문화 클러스터의 지역사회 파급효과를 정리한 것이다.

그렇다면 과연 국내 문화 클러스터의 경우에도 실제로 이러한 효과가 창출되고 있을까? 다음 절에서는 국내 주요 문화 클러스터들이 개인적, 사회적, 경제적으로 어떤 효과를 창출하고 있는지 기존 연구들을 통해 실증적, 탐색적으로 살펴보도록 한다. 앞서 논의한 문화 클러스터 유형별 효과를 확인해보는 것에도 의의가 있겠으나, 본 장에서는 실증연구가 진행되어 구체적 데이터가 구축되어 있는 창동예술촌과 인천아트플랫폼 사례를 중심으로 논의를 진행하였다.

V. 문화 클러스터 사례 분석

1. 창동예술촌

1) 창동예술촌의 개요

창동예술촌은 창원시 원도심 창조적 도시재생 사업의 일환으로 계획되었다. 창원시는 창동예술촌 조성을 위해 2012년 11월부터 2015년 11월까지 약 3년여에 걸쳐 약 30억 2천만 원의 예산을 투입하여 골목길 70여 개

[그림 13-2] 창동예술촌 개념

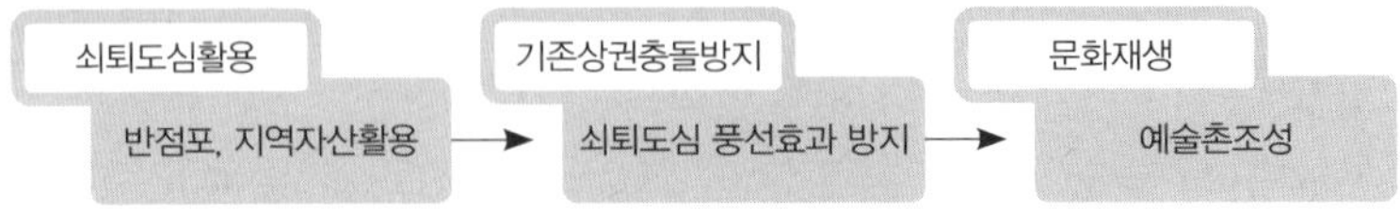

출처: 국토교통부(2016). 창원시 원도심 창조적 도시재생.

빈 점포를 활용하여 골목길 거점을 조성하였다. 창동예술촌은 역사성, 장소성, 공공성이라는 세 가지 재생전략을 중심으로, '문신예술과 예술인의 융화', '마산르네상스시대의 맥을 이어가는 에꼴 드 창동 창작공간 조성', '마산의 추억과 정취를 느낄 수 있는 스토리텔링 흔적골목 조성'의 콘셉트를 지니고 있다.

2) 창동예술촌의 추진체계 및 조성과정

창원시는 창동예술촌 조성을 위해 2011년 9월 전국공개모집을 통해 총괄기획자(M.P.)를 선정하였고, 바로 이어 입주자 선정 및 운영프로그램 기획을 추진하였다. 같은 해 12월에는 입주자선정평가위원회를 개최하였고, 이후 2012년 4월 50인의 예술인 입주를 완료하였다. 2012년 5월에 창동예술촌을 공식적으로 오픈함으로써 예술촌에 예술을 시민과 공유하는 역할을 부여하고, 예술인 역시 자생력을 확보할 수 있도록 사업을 운영·관리하고자 하였다. 이를 위해 창동예술촌은 '창원시-건물주-상인-입주작가-연구진'이라는 협의체를 구성하였다. 창원시는 임대료 지원, 골목길 및 파사드 정비, 총괄기획자 선정, 예술촌 콘셉트를 지정 등의 역할을 하였다. 건물주는 임대감정금액의 60%로 임대료를 수용하였고, 상인들은 예술촌을 홍보하고 지역민 관심을 유도하는 역할을 하였다. 입주작가는 임대공간 인테리어 부담 및 예술재능을 기부하였고, 연구진은 창동예술촌

[그림 13-3] 창동예술촌 추진체계 및 조성과정

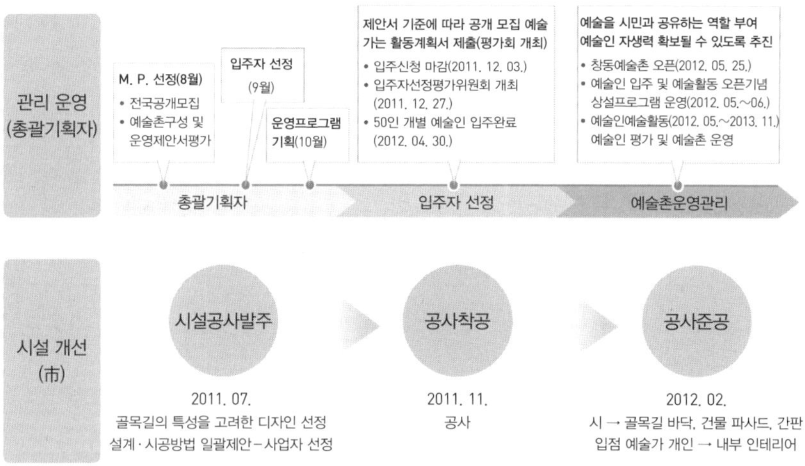

출처: 국토교통부(2016). 창원시 원도심 창조적 도시재생.

조성 마스터플랜 수립 지원의 역할을 하였다. 뿐만 아니라 2회에 걸친 주민설명회와 전문가 자문회의를 개최하였다. 주민설명회에서는 창동예술촌 조성사업에 대한 설명과 전선지중화 사업, 하수관 정비사업, 빈점포 임대계약 추진방안 등에 대한 정보를 제공하였다.

3) 창동예술촌의 파급 효과

창동예술촌은 어떤 효과를 창출하였을까? 창동예술촌의 파급 효과를 살펴보면 예술인과 지역주민들은 전반적으로 사업 자체에 만족하고 있으며, 창동만의 정체성을 잘 살렸다고 평가하였고, 지역 예술인들과 주민들의 참여의지가 좋다고 평가하였다(차동익, 2015). 보다 구체적인 효과를 살펴보면 다음과 같다.

창동예술촌이 조성되면서 첫째, 창동의 거주인구가 2009년 579명, 304

세대에서 2014년 656명, 339세대로 약 70여 명, 30여 세대가 증가하는 현상이 나타났다. 그동안 상가지구가 침체되어 인구감소 추세가 뚜렷하였으나 창동예술촌 조성 후 인구수 및 세대수가 꾸준히 증가하였다. 이와 더불어 이 지역 내 빈 점포는 2011년 148개소에서 2013년 63개소로 절반 이상 감소하였다. 이는 빈 점포에 예술인들이 입주했을 뿐만 아니라, 이로 인한 파급 효과로 개인 간의 임대, 신규 영업장 오픈 등이 맞물려 나타난 효과다. 이런 변화는 사회적 변화에 속하지만, 지역의 창업 증가, 일자리 창출과도 연결되기 때문에 경제적으로도 긍정적인 파급 효과를 가져오는 변화이다.

〈표 13-3〉 창동예술촌 파급 효과: 거주인구 증가

구분	2009년	2010년	2011년	2012년	2013년	2014년
거주인구 수	579	577	581	623	610	656
거주세대 수	304	269	280	301	311	339

출처: 강선자(2015) 참고 후 재구성.

둘째, 창동예술촌의 통행량이 2011년 대비 2013년 주말 50%, 평일 90% 이상 증가하는 결과가 나타났는데, 이는 이 지역에 방문객이 증가하였음을 의미하며 실제로 창동예술촌 방문객수가 기존 이 지역 방문객수 수준인 1일 1백여 명에서 오픈 후 1일 1천여 명으로 대폭 증가하였다. 이와 더불어 이 사업의 초기단계인 2011년에서 2013년까지 3년에 걸쳐 창동예술촌의 방문객을 대상으로 만족도를 조사하였는데, 2011년 보통 이상이 응답자의 55%에서 2013년 82.7%로, 특히 만족 이상이라는 응답자도 53%에서 75%로 급증함으로써 문화 클러스터의 효과를 확인할 수 있다.

셋째, 경제적 효과를 파악할 수 있는 영업수익 만족도 역시 2012년 불만족 정도가 증가하였으나 전체적으로는 2011년 보통 이상이 68%에서 2013

〈표 13-4〉 창동예술촌 파급 효과: 방문객 만족도 증가

연도		매우 만족	만족	보통	조금 불만족	불만족	매우 불만족
2011년	명	12	63	190	193	58	23
	%	2.5	13.1	39.5	40.2	12.1	4.8
2012년	명	36	121	269	52	11	2
	%	7.3	24.6	54.8	10.6	2.2	4
2013년	명	31	112	175	58	9	0
	%	8.1	29.1	45.5	15.1	2.3	0

출처: 강선자(2015).

년 74%로 증가하는 추세를 보였고, 만족 이상 응답자도 12%에서 18%로 증가하였다. 상가 매출은 30% 이상 증가하였다. 더불어 상인들의 인식 변화도 함께 조사하였는데, 영업상황, 주변환경, 편의성 등 6개 항목에 대한 5점 척도(매우 만족, 만족, 보통, 불만족, 매우 불만족) 만족도 설문조사 결과, 사업초기인 2011년에는 보통 이상 답변이 응답자의 68%였으나, 2013년에는 71.4%로 긍정적으로 변화하였다. 특히 만족 이상 답변은 2011년 12%에서 2013년 22%로 급증하였다는 점에서 상가지구를 이끌어 가는 상인단체가 느끼는 문화 클러스터의 긍정적 파급 효과를 확인할 수 있다.

〈표 13-5〉 창동예술촌 파급 효과: 상인 영업수익 만족도 증가

연도		매우 만족	만족	보통	불만족	매우 불만족
2011년	명	1	12	62	22	13
	%	0.8	10.9	56.4	20	11.8
2012년	명	8	36	92	112	27
	%	2.9	13.1	33.5	40.7	9.8
2013년	명	3	37	207	95	27
	%	8	10	55.9	25.7	7.3

출처: 강선자(2015) 참고 후 재구성.

창동예술촌이 조성된 지역은 그 지역에서 1970~1980년대를 지낸 주민이라면 누구나 마산의 상징적 장소로 떠올리는 곳이지만 1990년대 들면서 극장 등 문화적 요소들이 점차 사라진 지역이다. 그런데 창동예술촌이 들어서면서 이 일대 골목길은 누구나 전시, 발표, 음악회를 할 수 있는 문화공간이 되었고, 경남지역 중·고등학생들의 소풍 및 문화체험 교육 장소로 활용되며 점차 참여자가 증가하고 있다. 또한 골목길 정비와 예술촌 조성으로 음침한 골목길이 밝아지고, 사람들로 붐비는 예술길로 변화하면서 사람에 의한 자연적 감시기능이 동반됨으로써 우발적 범죄요인이 감소하고 안전성이 확보되었다.

이상의 내용을 종합해보면 아래 〈표 13-6〉과 같다.

〈표 13-6〉 창동예술촌 조성의 파급 효과

구분	개인적 변화	사회적 변화	경제적 변화
창동 예술촌	• 상인 만족도 증가 • 방문객 만족도 증가 • 안정적 창작기반 제공	• 인구 및 세대수 증가 • 시민자발적 문화행사 증가 • 통행량 증가(방문객 증가) • 도시환경 개선 • 범죄로부터 안전성 확보 • 편의성 증대	• 상가 영업수익 증가 • 빈 점포 감소

2. 인천아트플랫폼

1) 인천아트플랫폼의 개요

인천아트플랫폼은 인천광역시 중구 해안동 지역에 위치한 대지면적 8,450.3㎡, 건축면적 4,165.06㎡, 연면적 5,593.43㎡ 규모의 문화 클러스터이다. 도시의 역사성을 최대한 살려 문화적으로 재활용함과 더불어 문화예술 생태계 조성을 목적으로 2003년부터 2008년에 걸쳐 조성되어 예산

약 223억 2천만 원이 투입되었고, 2009년 개관하였다. 인천아트플랫폼은 근대 개항기 건물과 1930년대에 지어진 건축물들을 보수하여 만들어졌으며, 창작스튜디오, 공동작업장, 전시실, 게스트하우스, 교육공간, 자료실, 아트숍 등으로 구성되어 있다. 이곳의 예술인들과 연구자들은 인큐베이팅과 유사한 운영 시스템 하에 시각예술을 비롯한 다양한 장르에 대한 창작활동과 연구 활동을 지원받고 있다.

2) 인천아트플랫폼의 추진체계 및 조성과정

인천아트플랫폼의 조성에 대한 지역사회의 요청은 2000년 11월「개항기 근대건축물 보존 및 주변지역 정비방안에 관한 연구」용역으로 공론화된 후 2002년 "미술문화공간 건립 사업계획" 수립 및「인천 구도심의 문화적 재생과 미술공간의 효율적 운영방안(인천발전연구원, 2004)」연구 등을 통해 급물살을 타게 되었다. 이후 경관계획, 도시계획, 건축계획, 운영 계획 등 관련 분야별 전문가들을 구성하여 2007년 공사가 착공되었고, 2008년 준공을 마친 후 운영사업 준비를 위해 '중구 문화공간 운영준비 TF팀'이 인천문화재단을 중심으로 총괄 MA(Master Architect), 사업분야 외부 전문가들로 구성하여 1년간 운영되었다. 2007년 인천시가 진행한 중구 미술문화 공간 운영활성화 방안 연구의 설문조사 결과 등을 토대로 인천아트플랫폼은 지자체 운영기관인 인천문화재단에 위탁된 후 현재까지 운영 중이다. 인천아트플랫폼의 경상비 및 사업비는 인천시로부터 100% 예산을 지원받아 운영되고 있으며, 국비, 후원, 위탁 등이 추가 전입되어 운영되고 있다(2015년 기준). 인천문화재단은 입주작가 작업공간 지원과 같은 물리적인 지원에서부터 홍보지원, 프로젝트 수행 지원 등의 소프트웨어적인 지원도 함께 추진하고 있다. 입주기간 내에는 플랫폼 살롱, 입주작가와 이론가 매칭 프로그램, 국제교류 프로그램 등 입주작가 역량제고를 위한 프로그램들을 제공하며, 창작물은 오픈 스튜디오, 오픈 쇼케이스, 전시 및 공연 등 다양한 형태를 통해 발표된다.

3) 인천아트플랫폼의 파급 효과

인천아트플랫폼의 파급 효과에 대한 몇 가지 연구의 결과를 종합하면 다음과 같다. 첫째, 방문객 수가 증가하였다. 구체적으로 인천아트플랫폼은 2009년 개관 당시 연간 13,256명의 방문객이 다녀갔으며, 2015년에는 63,024명이 방문하여 6년 사이 4.5배 정도의 방문객 증가를 보였다(정남지, 2016). 문화 클러스터의 방문객 유치 능력은 방문객의 증가와 함께 지역 내 유동인구가 증가하고, 이들의 지출이 증가하면서 결과적으로 지역 경제 성장에 도움이 될 것이라는 논리와 연관되어 중요하게 생각되는 부분이다.

둘째, 인천아트플랫폼 인근 지역 일대에 문화예술분야와 관련된 업종이 증가하고 있는 추세이다.[2] 특히 2012년 이후부터는 새롭게 나타난 신생업종이 폐업 및 타 지역으로 이동한 소멸업종 수의 2~3배 정도로 증가하고 있다. 신생업종들은 무용, 제도업, 디자인업 등 창작활동의 핵심에 가까운 업종들이며, 이들은 공공의 지원이 투입되지 않은 민간 창작활동이다. 이를 통해 문화예술 창작기능이 강화되고 있는 것으로 유추해볼 수 있다. 즉 정책적 투자가 개입된 문화 클러스터의 조성이 지역 내 민간 주도의 문화예술 활성화에도 기여하고 있음을 알 수 있다.

2 인천아트플랫폼이 속한 개항장 지역 일대는 인천광역시가 도시재생을 위해 정책적으로 문화예술 관련 시설 및 사업을 다수 추진하고 있는 지역이므로 해당 데이터가 인천아트플랫폼만의 파급 효과라고 보기에는 한계가 존재한다. 그럼에도 불구하고 인천아트플랫폼은 인천광역시의 문화예술을 활용한 도시재생 사업의 중점 사업이라고 볼 수 있으며, 실제로 가장 많은 방문객을 유치하고 있음에 따라 해당 데이터에는 인천아트플랫폼의 파급 효과 역시 포함되어 있음을 알 수 있다.

셋째, 지역주민을 대상으로 하는 다양한 문화예술 교육 프로그램이 확대되었다. 인천아트플랫폼의 대표적인 문화예술 교육프로그램은 레지던시 프로그램이며, 이는 창작지원 프로그램, 플랫폼 살롱(예술인 프리젠테이션, 교류 워크숍 등)과 같이 입주 작가와 전문가를 대상으로 하고 있다. 이러한 문화예술교육 프로그램이 확대되는 분위기 속에서 개항장 문화지

〈표 13-7〉 인천아트플랫폼 파급 효과: 신생업종 증가

구분	신생업종	소멸업종
2007년 (2006년 대비)	가정용 가구 도매업, 문구용품 도매업, 장난감 및 취미용품 도매업, 컴퓨터 프로그래밍 서비스업(4개 항목)	가정용 요업제품·비전기식 주방용품 및 날붙이 도매업, 컴퓨터 및 주변장치·소프트웨어 도매업, 가구소매업(3개 항목)
2008년	제책업(서적, 잡지, 신문, 광고물), 시계 및 귀금속제품 도매업, 기타 인문 및 사회과학 연구개발업, 레크레이션 교육기관, 감독 및 연출가(5개 항목)	가정용 가구 도매업, 광고 영화 및 비디오물 제작업, 컴퓨터 프로그래밍 서비스업, 서적 임대업, 악기 수리업(5개 항목)
2009년	잡지 및 정기간행물 발행업, 공연 기획 서비스업(2개 항목)	공연의류 임대업, 문구용품 도매업, 장난감 및 취미용품 도매업, 시계 및 귀금속제품 도매업, 음악 기록매체 출판 포털 및 기타 인터넷 정보매개 서비스업, 감독 및 연출가(7개 항목)
2010년	날붙이(칼, 톱 등의 연장) 도매업, 시계 및 귀금속제품도매업, 지상파 방송업, 골동품 및 고미술 임대업, 악기 수리업(5개 항목)	유선방송업, 광고 대행업, 인물사진 촬영업, 공연 기획 서비스업(4개 항목)
2011년	-	-
2012년	가방 및 여행용품도매업, 금속 압형제품 제조업, 정기 광고간행물 발행업, 유선방송업, 기타 정보기술 및 컴퓨터 운영 관련 서비스업, 제도업, 인테리어 디자인업, 제품 디자인업, 시각 디자인업, 연극단체, 작가, 공연기획 서비스업, 도서관 및 기록보존소 운영업(13개 항목)	시계 및 귀금속제품도매업, 잡지 및 정기간행물 발행업, 지상파방송업, 골동품 및 고미술 임대업, 기타 인문 및 사회과학 연구개발업(5개 항목)
2013년	가정용 및 장식용 도자기 제조업, 장난감 및 취미용품 도매업, 컴퓨터 및 주변장치, 소프트웨어 도매업, 한복소매업, 가구소매업, 응용 소프트웨어 개발 및 공급업, 공연의류 임대업, 공연 소품 임대업, 무용단체(9개 항목)	기타 정보기술 및 컴퓨터 운영 관련 서비스업, 공연 기획 서비스업, 악기 수리업(3개 항목)

출처: 정남지(2016).

구 주민협의회, 홍예문 컴퍼니, 마을기업 영씽크, 컬렉티브 커뮤니티 스튜디오 525, 청년 플러스 등 다양한 사회적 기업 및 지역공동체에서 일반 시민을 대상으로 하는 문화예술교육 프로그램을 운영하기 시작하였다. 프로그램은 창작워크샵, 도예, 가죽 공예와 같이 일상생활과 밀접한 창작형 취미활동이고, 참여 방법도 타 기관에서 실행하는 문화예술 프로그램보다 간단해 많은 지역주민들이 참여 및 수강하고 있다.

다섯째, 위와 같이 인천아트플랫폼 인근 지역에 입지하기 시작한 민간 문화예술 단체들이 지역 상권을 되살리는 파급 효과를 가져왔다. 마을기업 영씽크는 인근 음식점이나 술집 등을 저렴한 가격에 이용할 수 있는 쿠폰을 발행하고, 온라인 티켓몰을 운영하는 사업을 실험적으로 전개하였다. 청년플러스는 '빌리지 디자인 스쿨'의 일환으로 국내외 지역상생 사례에 강의와 정보를 주민들에게 제공하고 있다. 민간 문화예술 단체들은 지역사회의 일원으로서 지역주민과 상인들에게 지역 자긍심을 심어주는 것에 기여하였다.

여섯째, 이 일대 근대건축물을 개·보수하여 전시시설이나 상업공간으로 활용하는 사례가 증가하고 있다. 초기에는 인천개항박물관, 인천개항장근대건축전시관 등이 공공주도 개·보수를 통해 전시공간으로 활용되었으나, 최근에는 일반 용도로 활용되고 있던 근대 건축물을 민간에서 자체 매입하여 문화공간으로 활용하는 사례가 증가하였다. 대표적으로 카페 팟알(cafe pot-R), 게스트하우스 상우재 등이 있다.

〈표 13-8〉 인천아트플랫폼 조성의 파급 효과

구분	개인적 변화	사회적 변화	경제적 변화
인천 아트 플랫폼	• 안정적 창작기반 제공 • 문화예술교육 기회 증가	• 통행량 증가(방문객 증가) • 신생업종의 증가 • 민간 문화예술단체 확대 • 문화예술교육프로그램 확대	• 지역 상권 활성화

VI. 문화 클러스터에 대한 논쟁

1. 젠트리피케이션 현상

앞선 절들을 통해 문화 클러스터의 개념, 유형, 흐름, 그리고 문화 클러스터와 지역사회의 관계에 대해 알아보았고, 그들의 긍정적 공생관계를 확인하였다. 그러나 문화 클러스터가 조성되면서 반드시 긍정적 파급 효과들만 나타나는 것은 아니다. 문화 클러스터가 지역사회와 주민에 미치는 부정적 영향에 대해서도 많은 논의가 진행되고 있다.

대표적인 것이 젠트리피케이션 현상이다. 젠트리피케이션 현상이란 낙후지역이 다양한 이유로 변화하게 되었을 때, 지역 임대료가 상승하고 원주민들이 이를 감당하지 못하게 되는 현상이다. 많은 지자체가 문화 클러스터를 조성 및 운영하고 있지만, 젠트리피케이션으로부터 문화 클러스터와 예술인들을 어떻게 보호할 수 있을지에 대한 논란이 끊임없이 이어지고 있다. 젠트리피케이션은 일반적으로 주거 및 상업공간에서 발생하는데, 젠트리피케이션이 발생하면 지가와 임대료 상승으로 인해 원거주자들인 빈민층 또는 시민층과 노동계급은 이탈하고, 재진입하기 매우 어려운 상황에 맞닥뜨리는 문제가 발생한다. 도시가 개발되고 나면 각 지역이 전통이나 특성을 잃어버리는 것도 이로 인해 야기되는 문제 중 하나이다.

그런데 최근에는 문화예술이나 관광 등을 중심으로 기존 주거 및 상업공간에서의 젠트리피케이션으로 설명하기 어려운 현상들도 등장하고 있다. 문화 젠트리피케이션이라고도 하는 이 현상은, 문화예술지역이 도시의 주요 여가 및 소비공간으로 주목받으면서 임대료가 상승하게 되어 지역의 문화적 특성을 만든 예술인들은 이탈하는 현상이다. 예술가들이 부재한 문화예술지역에는 결국 문화백화현상이 일어난다. 때문에 지역 예술인이 지역주민이 되어 역할을 계속할 수 있도록 예술인 정주를 유도하는 식의 정책을 전개하기도 한다. 주거 여건이 불안한 예술인들은 거주 공간이 장기적으로 보장될 경우, 본거지를 떠나 안착하는 경우가 많기 때문에 공공임대주택 등을 제공하여 젠트리피케이션에서 예술가 이탈을 방지하자는 취지이다. 이 경우 "Work & Life", 즉 창작과 거주의 분리가 이루어지지 않는 예술가의 생활 특성에 따라 예술가들의 거주공간은 단순한 주거지를 넘어 역동성 있는 창작공간으로 기능할 수 있게 된다(김연진, 2015b).

그러나 문화 젠트리피케이션 현상에 대한 사회적으로 높은 관심에도 불구하고 실제 문화 젠트리피케이션이 어떠한 과정을 거쳐 이루어지고, 그것이 지역의 정체성에 어떤 영향을 미치는지에 대한 지자체의 체계적인 기초조사는 매우 미흡하며, 이에 따라 우리나라 문화예술지역의 젠트리피케이션은 일단 발생하기 시작하면 해결 방안을 찾는 것이 주된 정책의 흐름이다. 때문에 젠트리피케이션을 사전에 예측하고 방지할 수 있는 대책은 아직까지 제대로 수립된 사례가 존재하지 않는다. 전 세계적으로도 젠트리피케이션 문제를 완벽하게 해결한 도시는 아직 없다.

2. 예술인 역할 갈등

또 다른 논의는 문화 클러스터에서 예술인들의 역할 갈등에 대한 것이다. 문화 클러스터는 필연적으로 특정 지역에 기반을 두게 되는데, 특히나 젊은 작가들이 주축이 되어 창작활동을 하는 국내 문화 클러스터의 경우, 그들끼리의 내부 네트워크를 구축하는 것에 그치지 않고 지역민들과의 공생을 위해 그들이 뿌리내린 지역에 긍정적 영향을 미치기 위한 다양한 방법을 고민한다.

예를 들면, 인천아트플랫폼의 경우 2009년 개관 이후 10여 년 동안 예술인 300여 명이 머물면서 지역사회와 교류하고, 문화예술의 즐거움을 전파하는 문화전달자의 역할을 해왔다. 현재는 공개모집으로 선발된 국내외 아티스트 26개 팀 40명이 자신들의 작품을 기획전시와 기획공연, 문화예술교육, 시민참여프로그램 등을 통해 시민들에게 선보이는 등 지역문화예술의 중심 역할을 하고 있다. 특히 '커뮤니티아트 랩'은 예술인들이 창작공간을 개방하여 지역주민들과 함께 예술 프로젝트를 진행하며 적극적으로 소통하는 장소로 활용되고 있다.

다른 예로, 광주광역시에서 추진한 대인예술시장은 프로젝트를 통해 특히 상인들과의 화합에 역량을 집중하였다. 시장 내 점포를 임대하고 시장과의 네트워크를 위한 사업을 추진하였는데, 그중에서도 가장 성과가 높고 많이 알려진 사업은 '시장 속 박물관'과 '다다익선'이다. '시장 속 박물관'은 상인들의 도구를 전시하는 공간으로 시장 간판, 의자, 상인들의 명함 등을 주제로 전시가 이루어졌다. 이는 시장 상인을 문화사업의 주체로 끌어들이고, 시장 전체를 하나의 박물관으로 만들고자 하는 기획의도를 담고 있다. '다다익선'은 상인들이 필요한 각종 공구류와 문구류를 무료로 대여해 주는 공간으로, 평일에 간단한 수리에 대한 접수를 받고 금요일마다 출장서비스를 실시하였다. 시장상인 중 연로한 여성이 많아서 공구 활용이나 점포 수선에 어려움을 겪는 경우가 많았는데, '다다익선'은 이런 점에 착안하여 주민의 일상 속에 접근하는 공공미술 전략이었다.

그러나 문제는, 이러한 문화 클러스터 내 예술인 참여 사업들이 비교적 성공적으로 활성화되자 동일 메커니즘을 모든 문화 클러스터의 예술인들에게 그대로 적용시키려 하는 경우가 발생하기 시작했다는 것이다. 특히 공공이 주도하거나 지원함으로써 조성된 문화 클러스터의 경우에 이러한 현상은 매우 일반적이고 필수적인 의무사항으로 규정되고 있다. 공공이 예술인들을 위한 공간과 자원을 지원해주는 대신 지역민의 문화향유를 위하여 예술인의 재능을 기부해야 한다는 조건이 입주 조건 등에 명시되기 때문이다. 다시 말하면, 지역 내 유휴공간의 활용을 위해 모집된 작가들에게 그들의 작품 활동을 위해 내준 공간이 공공 공간이라는 이유로 지역민을 위해 당연히 그들의 재능을 기부해야 한다는 것이다. 이는 작가-주민 간 교류에 지자체가 개입하는 것이 소통에 성공하는 것이라고 확신하고 접근하는 다수로 인해 더욱 확고한 믿음으로 번지고 있다. 예컨대 최근 몇 년 동안 급속도로 조성된 전국의 수많은 창작 스튜디오의 운영에 있어서도 지자체는 예술가들에게 과도한 지역 연계 프로그램을 요구함으로써 도시 재생에 있어 예술가들에게 과도한 부담을 지우고 있다.

예술이라는 장르는 그 자체가 지니고 있는 독특한 특성 때문에 대중과의 관계에 예민하다. 때문에 예술인들의 창작활동이 어떠한 방식으로든 지역민들의 일상에 공급될 경우에는 상호관계에 민감하게 신경 써야 한다. 앞서 이야기한 것처럼 공공 공간 사용 또는 공공 지원에 대한 대가로 예술인들에게 그러한 행위가 요구되어지는 것이 당연시되고 있는 최근의 흐름은 문화 클러스터의 발전을 오히려 저해하는 요소가 될 수도 있다. 이는 지자체에서 특정 규칙과 틀을 만들어 놓고 거기에 예술인들을 인위적으로 끼워 맞추는 식의 자기 편의적 발상에서 기인하였다고 볼 수 있다.

VII. 삶의 질 향상을 위한 문화 클러스터 정책방향 제언

현대사회에서 예술은 다양한 사회문제를 해결하고 도시와 국가를 발전시키는 중요한 수단으로 여겨진다. 예술의 가치를 이야기할 때 과거 미학에서는 예술의 내재적 가치를 중시하였지만, 이제는 오히려 공공·사회적 가치(Landry et al., 1996)나 경제적 가치(Myerscough, 1988)의 관점을 더욱 중시하고 있다. 같은 맥락에서, 예술가들 역시 지역사회의 공동체 결속을 높이고, 경제적 효과를 창출하며, 개개인의 삶의 질 향상을 위해 긍정적인 존재로 인식되고 있다(Reeves, 2002).

예술에 대한 사회적 인식 변화는 지역 정책입안자나 공무원들로 하여금 지역 내 예술가의 존재에 대해 점점 더 열광하게 만들었다(김규원, 2014). 이에 따라 지자체마다 지역에서 활동할 예술인들을 유치하고 그들에게 다양한 혜택을 제공하면서 문화 클러스터를 전략적으로 조성하였다. 그 기반에는 문화 클러스터 조성을 통해 지역을 활성화시키고 삶의 질을 제고한다는 궁극적 목표가 있었다. 그러나 문화 클러스터 관련 사업들 중 모두가 만족할만한 성공을 거둔 사례는 아직 없음을 다수의 기사들을 통해 쉽게 확인할 수 있다. 그럼에도 불구하고 지금까지 운영주체에서 발간한 보고서나 연구들을 보면 마치 성과 홍보물인 것처럼 하나같이 긍정적 측면만을 부각하고 있는데, 이는 문화 클러스터가 이제 행정 영역에서도 중요한 몫을 차지하고 있다는 반증일 것이다. 관련 행정가들과 정책가들의 역할은 예술인을 모집하여 문화 클러스터를 조성하고 대외적으로 성과를 홍보하면 끝인 것이 아니라, 현재 지역의 문화 클러스터가 처한 상황에서 문제점은 무엇이며 이를 해결하기 위한 개선방안은 무엇인가에 대해 고민해야 한다. 이에 본 장을 마치며 현재 우리나라 문화 클러스터의 문제점들을 극복하기 위해 필요한 정책적 개선방향을 몇 가지 제시하고자 한다.

첫째, 젠트리피케이션 문제 해결을 위해서는 제도 마련에 앞서 문화 클러스터의 가치와 공동체 역할에 대한 공감대를 형성할 수 있도록 돕는 정책이 필요하다. 문화 클러스터의 가치를 보호하는 것은 매우 중요하기 때문에 현재 다수의 지자체에서 젠트리피케이션 예방과 대책 마련에 대한 다양한 정책들이 쏟아져 나오고 있다. 그러나 지자체의 노력이 무색할 정도로 현실의 젠트리피케이션은 다양한 양상으로 전개되고 있고, 지자체만의 노력으로 해결하기에는 매우 역부족하다는 것이 수많은 문화 클러스터 사례를 통해 확인되었다. 특히 사적 재산을 통제하는 듯한 정부와 지자체의 정책은 비예술인들에게는 공감대를 형성하지 못하여 제도가 제 역할을 다하기 어려웠다. 이에 무엇보다 문화 클러스터의 근본적인 가치와 공동체의 역할에 대해 예술가들과 지역주민들이 함께 공감하고 적극적으로 젠트리피케이션을 해결해 나가려는 의견일치가 선행되어야 한다.

둘째, 젠트리피케이션에 대한 기초조사를 통한 체계적 문화 클러스터 관리가 요구된다. 지금까지 정부와 지자체는 젠트리피케이션 현상이 발생하기 시작하면 해결방안을 찾는 식의 정책을 펼쳤다. 우리나라에서 젠트리피케이션 현상이 발생하기 시작한 것은 이미 오래 전이다. 그럼에도 젠트리피케이션에 대한 기초조사는 전무하다. 어떤 특징을 지닌 지역에서 어떤 과정을 거쳐 얼마 동안의 기간 동안 젠트리피케이션이 진행되는지, 혹은 젠트리피케이션을 겪은 지역에서 어떤 제도와 정책을 추진했으며, 그 결과는 어떠했고, 사후관리는 어떻게 되었는지 등에 대한 기초조사가 부재한 상황에서 대응에만 급급한 현재의 문제를 젠트리피케이션에 대한 통합적인 조사와 데이터 수립을 통해 개선할 필요가 있다.

셋째, 문화 클러스터의 전수조사가 필요하다. 현재 우리나라는 문화 클러스터를 통합 관리하는 부서 및 관리자가 부재함에 따라 전국적으로 문화 클러스터의 기초자료가 구축되어 있지 않고 있다. 담당부서의 신설 혹은 담당자 배정을 통해 문화 클러스터의 실태를 전수조사하고, 문화 클러스터에 대한 기초자료를 축적해놓아야만 향후 발생하는 관련 문제에 대응할 수 있을 것이다. 특히 우리나라 문화 클러스터는 현재 예술촌, 창작스튜디오, 예술인마을 등으로 다양한 명칭이 혼용되고 있음을 주의하고 이들을 포괄적으로 조사할 수 있는 방안을 마련해야 할 것이다.

넷째, 지자체는 문화 클러스터 내 예술가들에게 의무적 조항을 만들고 강제화하기에 앞서 예술가들과 주민들이 함께 화합할 수 있는 자리를 지속적으로 마련함으로써 예술가들이 자발적이고 자생적으로 지역사회와 연계할 수 있는 프로그램을 구상하고 제공할 수 있도록 지원하는 것이 중요하다. 문화 클러스터의 예술가들의 역할은 지자체 혹은 몇몇의 행정가에 의해 일방향적으로 만들어져서는 안 되는 부분이며, 지역과 지역의 지원을 받는 예술인, 그리고 주민들 등 다양한 이해관계자가 함께 협의를 통해 진행해 나가려는 노력이 필요하다. 이를 위해 행정가들은 지역주민과 예술인, 상인 등 지역 내 다양한 이해관계자 간 협의의 장을 마련할 필요가 있다.

마지막으로 지자체, 예술인, 지역주민, 건물주 및 상인, 중간지원조직 등의 유기적 협력이 중요하다. 문화 클러스터는 지역, 예술인, 지역주민, 건물주 등과 연계될 수밖에 없으며, 어떠한 형태로든 서로 영향을 미친다. 때문에 이들은 성숙한 문화 클러스터를 위해 미래에 대한 비전을 공유함과 동시에 각각 주체로서의 역할을 다해야 한다. 지자체는 앞서 설명한 바와 같이 제도와 정책을 마련하되 실제 현장의 지배력에 있어서는 적당한 거리를 유지해야 하며, 예술인들은 지역에의 참여를 단순 재능기부로 생각하며 꺼리기보다는 지역사회로부터 공동체로 인정받는 것이 그들의 안정적 창작 기반의 원천임을 상기해야 한다. 지역주민은 예술인들이 이방인이 아닌 지역 공동체의 일부라는 점을 인식하고, 예술인들의 실험정신과 노력을 열린 시선으로 바라보고 적극적으로 참여하는 자세가 필요하다. 건물주나 상인의 경우 단기적인 수익에 목적을 두는 것보다는 해당 문화 클러스터가 지속가능성을 확보할 때 비로소 안정적인 소득향상이 가능함을 인식하고 상생을 위해 협력할 필요가 있다. 중간지원조직은 문화 클러스터와 지역사회의 연계를 위해 문화공급자와 수요자 사이를 매개하는 역할을 함으로써 클러스터 현장의 실질적 지휘자 역할을 해야 한다. 더불어 지금까지 언급한 관련 주체들이 합의된 협의체를 구성함으로써 의견을 공유할 수 있는 플랫폼을 구축하는 것도 성숙한 문화 클러스터를 위해 반드시 필요하다.

지금까지 살펴본 내용에 입각해보면 문화 클러스터의 발전과 이를 통한 지역의 삶의 질 제고를 위해서는 특정 대상에 대한 평면적 접근이 아니라 입체적인 접근이 필요하며, 행정적 지원과 범시민 차원의 관심이 수반되어야 한다.

참고문헌

강선자. (2015). 창원시 상가지구 도시재생사업에서 플랫폼의 역할과 성과에 관한 연구. 경상대학교 석사학위 논문.

경북일보. (2016. 09. 21.). 김희진 또따또가 운영지원센터장 인터뷰.

구동희. (1997). 제4장 대도시 공간·환경의 재구조화와 삶의 질. 〈사회과학연구〉, 15(2): 133-163.

국제신문. (2017. 03. 27.). 조봉권의 문화현장 〈6〉 또 하나의 현안, 또따또가의 미래.

국토교통부. (2016). 창원시 원도심 창조적 도시재생.

김미옥. (2014). 문화예술 창작공간의 교외이동에 관한 연구. 서울대학교 박사학위 논문.

김홍주. (2011). 문래창작촌의 장소성과 창조네트워크 특성. 〈국토계획〉, 46(3): 207-210.

데이터뉴스 편집부. (2012). 「서울, 길을 만나다」. IWELL.

매일경제. (2015. 03. 30.). [Real Estate] 요즘 뜬다는 문래동…예술촌 덕에 커피숍 창업 열기.

박세훈·김은란. (2013). 문화 클러스터를 활용한 도시문화전략의 가능성과 한계: 광주광역시 대인예술시장 사례. 〈국토연구〉, 77: 241-260.

박세훈·김은란·박경·정소양. (2011). 도시재생을 위한 문화클러스터 활용방안 연구. 국토연구원.

박세훈·주유민. (2014). 도시재생을 위한 문화지구정책 거버넌스 연구: 부산광역시 또따또가를 사례로. 〈국토연구〉, 83: 49-67.

박신의. (2011). 문화예술공간, 지역사회, 이웃: 벨기에 브뤼셀의 '레 알 드 샤에벡. 〈문화예술경영학연구〉, 6(1): 33-54.

박신의. (2013). 창작스튜디오의 역할 변화에 따른 정책 구도와 타당성. 〈문화정책논총〉, 27(2): 79-99.

부산문화재단. (2015). 부산문화재단 연차보고서. 부산문화재단.

부산일보. (2012. 07. 04.). [기자칼럼 '틈'] 또따또가 현안 해결 부산시가 나서라.

서울문화재단. (2016. 11. 01.). [문래예술공장] 문래창작촌 예술가 현황 최초 공론화... 문래동 예술가 177명 목소리 모았다(문래오픈포럼 11월 3일(목) 개최).

서울문화재단. (2014). 서울문화예술생태계 활성화를 위한 창작공간의 전략보고서. 서울문화재단.

서울문화재단. (2014). 2014 문래창작촌 환경개선 프로젝트 결과보고집. 서울문화재단.

서울앤. (2016. 06. 02.). 길 잃은 창작촌 골목…예술은 떠나고 카페만 북적.

손정민. (2015). 창작공간 지원 사업이 예술인의 지속적 입주 의사 및 지역 활성화에 대한 영향 분석－부산 또따또가 중심으로. 한양대학교 석사학위 논문.

심상민. (2010). 지역문화산업 혁신클러스터 새모델 연구: 〈발전적문화산업생태계〉 개념과 경기도 혁신클러스터 적용을 중심으로. 〈인문콘텐츠〉, 17: 345-370.

정남지. (2016). 개항문화지구 내 문화자본 현황분석 및 문화예술활동 활성화를 위한 정책제언. 인천발전연구원.

차동익. (2015). 구도심 재생 도시브랜드에 대한 사용자 의식 연구: 창원시 창동예술촌을 중심으로. 〈브랜드디자인학연구〉, 13(1): 17-28.

한상일·유평준. (2008). 혁신클러스터의 발전과 집단화전략: 원주의료기기클러스터의 사례. 〈정부학연구〉, 14(2): 73-102.

Baptista, R. & Swann, G. M. P. (1999). A Comparison of Clustering Dynamics in the US and UK Computer Industries. *Journal of Evolutionary Economics*, 9(3): 373-399.

Bianchini, F., Dawson, J. & Evans, R. (1992). Flagship projects in urban regeneration. In P. Healey, S. Davoudi, M. O'Toole, D. Usher, & S. Tavsanoglu (Eds.). Rebuilding the city. Property-led urban regeneration, London: E & FN SPON.

Brenner, T. & Schlump, C. (2011). Policy measures and their effects in the different phases of the cluster life cycle. *Regional Studies*, 4(10): 1363-1386.

Currid, E. (2007). 「The warhol Economy: How fashion, art, and music drive New York City」. Princeton: Princeton University Press.

Greiner, L. (1972). Evolution and Revolutions Organizations Grow. *Harvard Business Review*, 50: 37-46.

Griffiths, R. (1995). Cultural Strategies and New Modes of Urban Intervention. *Cit-*

ies, 12(4): 253-265.

Guetzkow, J. (2002). 「How the Arts Impact Communities: An introduction to the literature on arts impact studies」. Princeton: Center for Arts and Cultural Policy Studies.

Jackson, M. R. & Kabwasa-Green, F. (2007). Artist Space Development: Making the Case, LINC(Leveraging Investments in Creativity).

Jones, B. (1998). The Community Artist as a Community Development Catalyst: an Evaluation of a Pilot Project. *Journal of the Community Development Society of America*, 19(1): 37-50.

Kay, A. & Watt, G. (2000). The Role of the Arts in Regeneration, *Research Findings* 96. Edinburgh: Scottish Executive Central Research.

Lowe, S. (2000). Creation Community: Art for Community Development. *Journal of Contemporary Ethnography*, 29(3): 357-386.

Matarasso, F. (1996). 「Defining Values: Evaluating Arts Programmes, The Social Impact of Arts Programmes, Working Paper 1」. Stroud: Comedia.

Menzel, M. P. & Fornahl, D. (2010). Cluster life cycles: dimensions and rationales of cluster evolution. *Industrial and Corporate Change*, 19(1): 205-238.

Montgomery, J. (2003). Cultural Quarters as Mechanisms for Urban Regeneration. Part 1: Conceptualising Cultural Quarters. *Planning Practice & Research*, 18(4): 293-306.

Myerscough, J.(1988). 「The Economic Importance of the Arts in Great Britain」. London: Policy Studies 「The Capitalization of Cultural Production」. New York: International General.

Porter, M. (1998). Clusters and the New Economics of Competition. *Harvard Business Review*, November-December: 3-23.

Shin, D. H. & Hassink, R. (2011). Cluster life cycles: the case of the shipbuilding industry cluster in South Korea. *Regional Studies*, 45(10): 1387-1402.

Son, J. W. (2015). London's New Art Cluster at East End and its Implications. 〈현대 사회와 다문화〉, 5(1): 73-87.

Stern, M. J. & Seifert, S. C. (2007). Cultural clusters: The implications of cultural assets agglomeration for neighborhood revitalization. *Journal of Planning Educa-*

tion and Research, 29(3): 262-279.

Van Klink, A. & De Langen, P. (2001). Cycles in industrial clusters: the case of the shipbuilding industry in the Northern Netherlands. *Tijdschrift voor Economische en Sociale Geografie*, 92(4): 449-463.

House, R. J., Hanges, P. J., Javidan, M., Dorfman, P. W. & Gupta, V. (2002). 「Culture, Leadership, and Organizations: The GLOBE Study of 62 Societies」. SAGE Publications.

Williams, R. (1958). 「Culture and Society 1780-1950」. Columbia University Press.

제14장

다문화정책과 삶의 질: 결혼이민자의 공공기관 경험과 생활만족도를 중심으로

김은미 · 정헌주

I. 서론

최근 한국사회의 변화를 설명하는 단어 중 한 가지는 '다문화'이다. 단일민족 신화가 깊게 자리 잡고 있던 한국사회에 이주민이 급속히 증가하기 시작한 것은 1990년대 이후이다. 이 시기 외국인 노동자의 유입, 국제결혼 등으로 인하여 한국에 거주하는 외국인의 수가 크게 증가하였다. 2016년 현재 한국에는 총 1,764,664명의 이주민이 체류하고 있다.[1] 이는 2016년 전체 주민등록인구의 약 3.4%를 차지하며, 충청북도 전체 인구수를 넘어 전라남도 총 인구수에 육박하는 수치이다(행정자치부, 2017).

이주민들이 초기 정착기를 거쳐 지역사회의 일원으로 자리 잡고, 이주민 가정의 자녀들이 성장하여 '다문화가정'이 형성되면서 '다문화사회'가 본격적으로 이슈화된 것이 2000년대 중반 즈음이다. 결혼이민자, 귀화자 등과 이들의 혼인으로 이루어진 다문화가구는 2015년 현재 278,036가구로 추정되며 이는 전체 가구의 약 1.6%를 차지한다(정해숙 외, 2016).[2] 이주민들과 이주민으로 구성된 가족 형태는 한국사회에서 더 이상 낯선 형태의 가족 구성이 아니며 한국은 본격적인 다문화사회로의 진입 과정에 있다. 또한 빠른 출산감소율과 인구고령화가 야기할 사회문제에 직면한 상황에서 다문화가구의 상대적으로 높은 출산율을 고려할 때, 향후 한국사회에서 다문화가구의 중요성은 더욱 높아질 것으로 예상할 수 있다.[3]

---

* 이 글은 〈국정관리연구〉 (제12권 4호, 205-234)에 게재된 동 저자의 [공공기관 경험이 결혼이민자의 생활만족도에 미치는 영향에 관한 연구]의 내용을 수정, 보완한 것임.

1 체류 외국인에는 관광 비자 등 30일 미만의 단기 체류는 포함하지 않는다.

2 다문화가구는 한국인과 혼인한 결혼이민자로 구성된 가족, 이민자 간 혼인으로 구성된 가족, 이민자 1인 가구, 다문화 자녀 등이 모두 포함된다.

3 교육부와 한국교육개발원이 조사한 2017년 교육기본통계 결과에 따르면 저출산으로 인

결혼이민자와 다문화가족이 늘어남에 따라 이에 대한 공공 영역에서의 대응도 진행되고 있다. 2008년 「다문화가족지원법」이 제정되었고, 중앙정부와 지방자치단체는 결혼이민자와 다문화가족에 대한 다양한 공공서비스를 지원하고 있다. 이러한 공공서비스에는 한국어교육, 직업교육 및 소개 등이 포함되어 있으며, 한국사회에 적응하는 것을 돕는 데 초점을 두고 있다. 그러나 다문화가족에 대한 공공서비스의 질적 수준의 향상은 양적 증가 추세를 따라잡지 못하고 있다. 많은 결혼이민자들은 거리·동네, 상점, 직장, 학교뿐만 아니라 심지어 공공기관에서도 차별을 느끼고 있기 때문이다. 「2015년 전국다문화가족실태조사 분석」에 따르면 결혼이민자가 직장 등 사적 영역에서 느끼는 차별에 비해서 공공기관에서 느끼는 차별은 상대적으로 적지만, 여전히 많은 결혼이민자가 공공기관에서 차별을 경험하였다고 보고되고 있다.

이러한 공공기관 경험은 결혼이민자로 하여금 한국의 공식 사회가 자신을 어떻게 받아들이고 있는가를 판단하도록 하기 때문에 이주에 대한 자신의 결정과 한국에서의 생활 등 삶의 만족도 전반에 영향을 미칠 수 있다(이홍재·박미경·차용진, 2017). 특히 권위주의적 행정문화가 아직 남아있는 한국에서 결혼이민자들은 공적 영역에서의 차별에 대해 정당한 항의를 하지 못하는 경우가 많아 사적 영역에서의 차별에 비해 부정적 영향이 더 클 수 있다.

일례로 출입국관리소에서 차별을 경험한 한 이주민은 반말이나 행정절차 지연 등의 무시를 당했음에도 불이익이 걱정되어 항의를 할 수 없었다

해 1년 사이 초중고 학생수가 16만 명가량 감소한 데 반해, 다문화 학생과 외국인 유학생 수는 꾸준히 증가하고 있는 것으로 나타났다. 뉴스원. (2017). "1년 새 초중고 학생 16만 명 감소...다문화학생 10만 명 넘어서." 2017. 09. 02. 검색(http://news1.kr/articles/?3088151).

고 밝혔다.[4] 이러한 맥락에서 결혼이민자가 한국의 공공기관에서 어떠한 경험을 하였는가는 이들의 개인적 수준에서의 삶의 질뿐만 아니라 한국사회에서 자신들이 어떻게 받아들여지고 있는가를 측정하는 중요한 척도로도 작용할 수 있다. 따라서 본 장에서는 이주민으로서 결혼이민자 및 귀화자의 공적 영역 경험에 초점을 맞추어, 공공기관 경험과 이주민의 삶의 질 간의 관계를 살펴보도록 한다. 이를 통해 이주민과 다문화가족에 대한 공공서비스의 양적 확대뿐만 아니라, 이를 집행하는 과정에서의 질(quality of service delivery) 역시 제고되어야 한다는 정책적 함의를 제시한다.

II. 한국의 결혼이민자 현황과 다문화가족 정책

1. 결혼이민자 현황

2016년 기준 한국에는 152,374명의 결혼이민자가 거주하고 있으며, 이 중 84.3%인 128,518명이 결혼이주여성이다. 연도별 결혼이민자의 유입 현황과 증가율은 〈표 14-1〉과 같다. 한국으로 유입되는 결혼이민자는 2002년 이후 매년 28% 이상 빠르게 증가하였으나 최근 증가세는 3년 평균 0.3% 정도로 매우 둔화되었다. 이는 2014년 4월 법무부에서 실시한 "국제결혼 건전화를 위한 결혼이민사증발급심사강화 및 국제결혼 안내 프로그램 이수 의무화 조치" 등에 따른 것으로 보인다. 그러나 누적된 결혼이민

4 뉴스민. (2017). "대구 이주민 67% 차별 당한 적 있다… '직장, 가정, 출입국사무소' 순". 2017. 10. 15. 검색(http://www.newsmin.co.kr/news/24095/).

〈표 14-1〉 연도별 결혼이민자 현황과 증가율

	2012년	2013년	2014년	2015년	2016년
현황(명)	148,498	150,865	150,994	151,608	152,374
전년 대비 비율(%)	102.6	101.6	100.1	100.4	100.5

출처: 법무부 출입국·외국인정책본부(2017)의 내용을 기초로 재구성.

자와 그 자녀 등으로 구성된 다문화가정 구성원의 수는 약 51만 명에 달하고 있으며, 다문화가족은 매년 지속적으로 증가하여 2020년에는 100만 명을 웃돌 것으로 예측된다(윤기찬·장한나·문신용, 2016).

[그림 14-1]은 2016년 현재 결혼이민자의 출신 국적별 비중을 보여준다. 한국인과 혼인한 외국인 중에는 중국 출신이 37.4%로 가장 많은 것으로 나타나며 이는 한국계 재외동포를 포함한 수치이다. 이어서 베트남 출신이 27.4%, 일본 출신이 8.6%, 필리핀 출신이 7.6%, 캄보디아 출신이

[그림 14-1] 결혼이민자들의 출신 국적

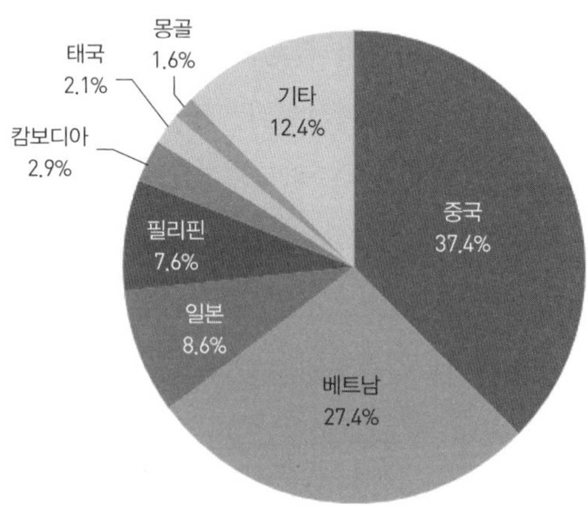

출처: 법무부 출입국·외국인정책본부(2017)의 내용을 기초로 재구성.

2.9%, 태국 출신이 2.1%, 몽골 출신이 1.6%로 나타나 한국인과 혼인하는 대다수의 결혼이민자가 아시아 국가 출신이라는 점을 알 수 있다. 1990년대까지는 종교단체를 통해 입국한 일본 여성이 다수를 차지했으나, 2000년대 이후 중국, 필리핀 국적 결혼이민자가 급증하였고 베트남, 캄보디아, 태국, 몽골 등 출신 국가가 다양해지기 시작하였다.

2016년 현재 결혼이민자들이 실제 거주하고 있는 지역 분포를 살펴보면 약 절반 정도의 결혼이민자가 수도권에 거주하고 있다. 전체 결혼이민자의 27.8%가 경기도에 거주하고 있으며 서울에 18.2%, 경상남도에 6.6%, 인천광역시에 6.2%, 충청남도에 5.3%가 거주하고 있다. 이를 다시 기초자치단체 단위로 보면 전국에서 지역주민 대비 결혼이민자 수의 비율이 가장 높은 곳은 서울 영등포구 0.86%이며 이어서 서울 금천구 0.85%, 경기도 시흥시 0.78%, 경기도 안산시 0.76%, 서울 구로구 0.71%로 나타난다(행정자치부, 2017). 「2015년 전국다문화가족실태조사 분석」에 따르면 전체 다문화가구의 약 76.4%가 동부에 거주하고 23.6%가 읍·면부에 거주한다. 즉, 과거 농촌에 결혼이민자들이 많이 유입되었던 것과 달리 최근 도시에 거주하는 결혼이민자와 다문화가정이 현저히 증가했음을 알 수 있다.

결혼이민자는 그 자체로 한 사회의 중요한 구성원일 뿐만 아니라, 혼인 및 출산을 통해 다문화가정을 구성한다는 점에서 사회적·경제적 관점에서도 중요한 의의가 있다. 2015년 기준 다문화가구의 평균 가구원 수는 3.16명으로, 3인 가구 형태가 전체 다문화가구에서 차지하는 비중이 29.1%로 가장 많은 비중을 차지하고 있다. 특히 부부와 자녀로 이루어진 가구가 다문화가구의 구성 형태 중 46%로 가장 많은 유형이다. 다문화가구의 2015년 평균 자녀수는 1.02명으로 나타났는데, 이는 2012년 같은 조사에서의 0.9명에 비해 늘어난 수치이다. 심각한 저출산 문제를 겪고 있는 한국사회에서 출산율의 증가 현상을 보이는 것은 주목할 만한 현상이다.

최근 주목할 점은 인종의 다양성이 거의 부재했던 한국사회에서 결혼이민자와 다문화가족 증가와 함께 인종·국적에 따른 차별이라는 현상이 심각해지고 있다는 것이다.[5] 이러한 차별은 결혼이민자 개인의 삶의 질을 저하시킬 뿐만 아니라, 점점 다문화 구성원이 증가하는 한국사회에 인종 또는 종족에 따른 사회계층화를 유발하는 씨앗이 될 수 있다는 점에서도 중요하다. 특히 향후 이러한 다문화가족의 자녀들이 성장하여 주요 사회구성원이 되었을 때 이들에 대한 차별 경험 혹은 지속적인 차별은 사회 갈등을 심화시킬 소지가 있다(김유균·손인서·김승섭, 2015).

2. 결혼이민자의 삶의 질

앞서 현황에서 살펴보았듯이 혼인을 매개로 한국에 거주하는 결혼이민자가 증가할 뿐만 아니라 출신국적 등 개인적 특성이 다양한 다문화가정이 확대됨에 따라, 이들의 삶의 질에 대한 사회적 관심 역시 증대되었다. 특히 결혼이민자들의 삶의 질은 결혼이민자 개인 차원에서뿐만 아니라 이들이 속한 가족, 지역사회, 나아가 한국사회 전체에 영향을 미칠 수 있기 때문에 그 중요성이 크다. 지역사회에 조화롭게 통합된 이주민과 다문화가족들은 사회경제적 역할을 수행함으로써 지역의 경제성장에 기여할 것이며, 공공외교 역할 등을 통해 한국의 소프트파워 제고에도 도움이 될 것이다. 그 반대의 경우 사회통합과 갈등관리에 적지 않은 비용이 소요될 수

5 2014년 유엔 인종차별 특별보고관이 한국을 공식 방문하여 정부와 시민단체 관계자 등을 만나 인종주의, 차별, 외국인 혐오실태 등에 대해 조사하였고 한국에 심각한 인종차별이 존재한다는 보고를 한 바 있다. 연합뉴스. (2016). 유엔 특별보고관 "한국에 심각한 인종차별 존재". 2017. 12. 23. 검색(http://www.yonhapnews.co.kr/society/2014/10/06/0701000000AKR20141006131300004.HTML).

있다(김상민·이소영, 2017). 정리하자면, 결혼이민자의 삶의 질은 지역의 발전, 사회통합, 국익과도 깊이 연관되어 있다.

삶의 질은 많은 요소를 포괄하는 광범위한 개념이므로 연구마다 그 정의를 다양하게 내리고 있으며, 다양한 방식으로 측정해 분석하고 있다. 한국으로 이주해 결혼한 이민자의 삶의 질을 다룬 연구들은 구체적으로 건강상태, 취업상태, 지역사회 적응 수준, 사회통합 수준, 정치참여 수준, 생활만족도 등을 통해 삶의 질을 살펴보았다(장한나·윤기찬, 2010; 박은희·조인주, 2012; 박철민, 2012; 김한성·이유신, 2013; 임혁·남일재, 2014; 김석준 외, 2015; 이용규·문형란, 2015; 윤기찬 외, 2016; 김상민·이소영, 2017).

본 장에서는 삶의 질의 다양한 측면 중에서도 생활만족도에 초점을 맞추고자 한다. 생활만족도는 건강상태, 취업상태, 지역사회 적응 수준 등 결혼이민자의 삶의 질로서 측정된 여러 변수들을 포괄적으로 나타낼 수 있는 개념이기 때문이다. 생활만족도(life satisfaction)라는 용어는 Neugarten et al.(1961)에 의해 사용되기 시작하였는데, 일상생활에서의 기쁨, 의미와 책임감, 성취감, 자아에 대한 긍정적인 생각, 낙관적인 태도 등을 생활만족도라고 정의하였다(Neugarten et al., 1961; 박은희·조인주, 2012 재인용). 이러한 개념은 현재까지 큰 변화 없이 통용되고 있다. 박은희·조인주(2012: 7)는 생활만족도를 "현재의 자신에 가치를 느끼는 정도, 현재의 일상생활에 대한 즐거움과 만족감, 과거의 살아온 생활에 대한 만족감과 성취감, 그리고 미래생활에 대한 기대 및 만족감 등 자신의 생활에 대한 주관적인 평가"로 정의하였다. 본 장에서도 이러한 기존 개념정의에 따라 생활만족도를 활용하여 결혼이민자의 삶의 질을 살펴보도록 한다.

결혼이민자의 삶의 질에 대한 사회적 관심이 증대됨에 따라, 이들의 생활만족도에 대하여 여러 가지 논의가 진행되어 왔다. 결혼을 통해 한국으로 이주해온 결혼이민자의 생활만족도에는 결혼이민자 개인 수준의 특성에서부터 결혼이민자를 둘러싼 가족관계적 특성, 사회관계적 특성, 지역사회 환경과 제도적 지원 등 다양한 요인들이 영향을 미칠 수 있다. 이를 구체적으로 살펴보면 다음과 같다.

첫째, 개인적 수준에서는 연령, 한국에서의 거주 기간(결혼 기간), 교육 수준, 출신 국가, 한국어 능력, 건강 상태, 소득 수준 등이 생활만족도에 영향을 미칠 수 있다. 그러나 이러한 요인들 중 몇 가지는 연구에 따라 부분적으로 다른 결과를 보이기도 한다. 예를 들어 결혼이민자의 연령, 거주 기간, 교육 수준, 출신 국가 등이 생활만족도에는 영향을 미치지 않는다는 연구 결과들이 존재하기도 하고(박미정·엄명용, 2009; 양순미, 2010; 권구영, 2012; 박은희·조인주, 2012; 김석준 외, 2015), 연령이 낮을수록, 거주 기간이 길수록, 교육 수준이 높을수록 생활만족도가 높다는 연구 결과 역시 찾아볼 수 있다(김진희·박옥임, 2008; 김경미, 2012; 유은광·김혜진·김명희, 2012; 김석준 외, 2015).

한편 결혼이민자의 한국어 구사능력, 소득 수준 등은 많은 연구들에서 대체로 일관된 결과를 나타내고 있다. 한국은 한국어 이외에 공용어를 채택하고 있지 않기 때문에, 공공서비스뿐만 아니라 한국사회에 적응하고 생활을 지속하기 위해서 적절한 한국어 능력은 필수적이다. 따라서 한국어 수준이 높은 결혼이민자의 생활만족도가 더욱 높게 나타난다(장은애·최영, 2010; 김상민·이소영, 2017). 또한 결혼이민자와 다문화가족의 경제적 안정성은 생활만족도에 큰 영향을 미치며, 높은 소득 수준은 생활만족도에 긍정적인 영향을 미친다(박정숙·박옥임·김진희, 2007; 장은애·최영, 2010; 김석준 외, 2015).

둘째, 결혼이민자가 안정적인 가족관계를 형성할수록 사회 적응이 빠르고 생활만족도가 높을 수 있다. 특히 초기 결혼이민자들의 상당수가 남편과 심리적 친밀감을 형성하기 이전에 경제적, 종교적 이유로 혼인을 하는 경우였기 때문에 남편과 시가족의 지원은 매우 중요하게 작용한다. 여러 연구에서도 부부 간 갈등 및 배우자 스트레스가 결혼이민자의 삶의 만족도에 부정적인 영향을 미치고, 한국인 가족과의 정서적 친밀도가 높을 경우 긍정적인 영향을 주는 것으로 나타났다(김경미, 2012; 박지선·정영조·류한수, 2015).

셋째, 개인 간의 관계, 사회적 연결망에 따라 생활만족도에 차이가 나타날 수 있다. 이주 국가에서의 사회적 연결망은 사회적 지지를 통해 결혼이민자에게 정서적 안정감을 제공할 뿐만 아니라 사회 적응에 필요한 정보 교류의 장으로서도 작용한다(이민아, 2010; 이혜림·조민효, 2014). 한국에서 결혼이민자들이 참여할 수 있는 사회적 네트워크는 여러 가지가 있으나 그중에서도 출신국이 같은 모국인 친구모임(자조모임)은 같은 언어 사용과 정서 공유 등을 통해 중요한 사회적 자원이 될 수 있다. 마지막으로 지역사회와 제도적 환경 역시 생활만족도에 큰 영향을 미친다. 즉, 지역의 도시화 수준, 지역주민의 다문화 이해도, 지역사회의 자원과 파트너십, 교육과 일자리 기회 등이 결혼이민자의 생활만족도에 영향을 미칠 수 있다. 선행연구에 따르면 지역의 도시화 수준과, 지역주민의 다문화 이해도가 높을수록, 지역사회에 결혼이민자와 다문화가정을 위한 물적, 인적 자원이 높고 파트너십이 강할수록, 결혼이민자에 대한 교육과 일자리 기회가 많을수록 결혼이민자의 생활만족도가 높아지는 것으로 나타났다(김한성·이유신, 2013; 김상민·이소영, 2017).

한국이 다문화사회로 나아감에 따라 결혼이민자의 삶의 질은 중요한 사회적 화두로 떠오르고 있다. 특히 이러한 삶의 질을 나타내는 지표로서 생활만족도에 어떠한 요인들이 관계하며, 이를 활용해 어떻게 원주민과 이민자 간 조화로운 공동체를 만들어 갈 것인가에 대한 관심이 이어지고 있다. 논의에 따르면 결혼이민자 개인의 인구학적 특성, 가족관계, 사회적 연결망, 지역사회의 환경적 요인 등이 결혼이민자의 생활만족도, 즉 삶의 질에 크고 작은 영향을 미친다. 그렇다면 결혼이민자의 삶의 질에 영향을 미치는 또 다른 요인이 될 수 있는 공적 영역에서는 어떠한 정책을 시행하고 있으며, 어떤 공공서비스를 제공하는지 역시 살펴볼 필요가 있다.

3. 다문화가족정책과 공공서비스

이민정책 내에서도 개별 정책을 가지고 있는 외국인 노동자, 외국인 유학생과 달리 한국의 결혼이민자 및 귀화자와 관련한 정책은 대부분 다문화가족정책에 포함되어 있다. 한국 정부는 2008년 「다문화가족지원법」을 제정하여 이를 근거로 결혼이민자, 귀화자 및 다문화가정 구성원들의 한국사회 정착과 적응을 돕고 있다. 「다문화가족지원법」에 의하면 여성가족부 장관은 5년마다 다문화가족정책에 관한 기본계획을 수립하여야 하며, 관계 중앙행정기관의 장과 시·도지사는 기본계획에 따라 매년 다문화가족정책에 관한 시행계획을 수립하여야 한다. 이에 따라 2010년과 2013년 각각 제1, 2차 다문화가족정책 기본계획이 수립되었으며 2017년 현재 제3차 기본계획을 수립하는 단계에 있다.

현재 결혼이민자와 다문화가족이 거주하고 있는 지역에서 이용할 수 있는 공공기관은 대표적으로 주민센터를 포함하여, 다문화가족지원센터, 건강가정지원센터, 1577-1366 다누리콜센터(구 이주여성긴급지원센터), 여성새로일하기센터, 고용센터, 사회복지관 등이 있다. 그중에서도 다문화가족지원센터는 「다문화가족지원법」에 명시된 공공기관으로서, 동법 제12조에 따르면 "① 다문화가족을 위한 교육·상담 등 지원사업의 실시, ② 결혼이민자 등에 대한 한국어교육, ③ 다문화가족 지원 서비스 정보제공 및 홍보, ④ 다문화가족 지원 관련 기관·단체와의 서비스 연계, ⑤ 일자리에 관한 정보제공 및 일자리의 알선, ⑥ 다문화가족을 위한 통역·번역 지원사업, ⑦ 그 밖에 다문화가족 지원을 위하여 필요한 사업"을 수행한다. 다문화가족지원센터의 경우, 2006년 21개 시군구에 설치된 '결혼이민자가족지원센터'가 2008년 「다문화가족지원법」 제정 이후 명칭이 변경되어 현재의 다문화가족지원센터가 되었다. 2016년 현재 전국에 217개 센터가 운영중이며 지역별로 경기 30개소, 서울 24개소, 경북 23개소, 전남 21개소, 강원 18개소, 경남 18개소, 전북 14개소, 충남 14개소, 충북 12개소, 부산 9개소, 인천 9개소, 대구 7개소, 대전 5개소, 울산 5개소, 광주 4개소, 제주 2개소, 세종 1개소이다(여성가족부, 2017). 이를 기초자치단체 수준으로 내려 보면 대부분 기초자치단체가 1개 이상의 다문화가족지원센터를 운영하는 것으로 나타났다(손병돈, 2014).

이러한 공공기관들은 '가정방문을 통한 각종 교육', '한국어 교육 및 한국사회 적응 교육', '통번역 서비스 지원', '임신 출산 지원 및 부모 교육', '배우자 및 배우자 가족 교육', '언어 발달 지원 및 이중 언어 교육', '자녀생활 및 학습 지원', '사회활동 지원(자조모임 등)', '가족관계, 국적취득, 법률상담 등 각종 상담', '일자리 교육 및 일자리 연계', '아이돌보미 등 자녀양육 도우미 파견 서비스' 등 다양한 공공서비스를 결혼이민자에게 제공하고 있다(정해숙 외, 2016).

결혼이민자들 중 절반 이상은 이러한 다양한 공공서비스를 활용하고 있다. 하지만, 많은 결혼이민자들은 출입국관리사무소 등 공공기관에서 차별을 경험하고 있는 것으로 조사되었다. 특히 결혼이민자에 대한 반말, 무시, 서류처리 지체 등 공공기관에서의 부정적 경험은 결혼이민자들, 특히 여성결혼이민자들과 비서구권 출신의 결혼이민자들의 주관적 건강 수준에 부정적 영향을 미칠 뿐만 아니라(김유균 외, 2015), 자신이 이루고 있는 다문화가정 및 한국사회 전반에 대한 부정적 이미지를 구축할 가능성이 높다.

결혼이민자의 출신 국적이 다양해지고 혼인과 출산을 통해 다문화가정을 형성함에 따라, 한국정부와 지방자치단체는 이주민에 대한 다양한 정책을 시행하고 공공서비스를 제공하기 위해 노력하고 있다. 그중에서도 공공기관은 이주민이 지역사회에 정착하고 적응하는 과정에서 필수적인 역할을 담당한다. 이때, 이주민에 대한 차별 등 공공기관에서의 부정적 경험은 이들의 삶의 질에 부정적인 영향을 미칠 뿐만 아니라 나아가 사회적인 갈등을 수반할 수도 있다. 이러한 맥락에서 공공서비스 제공 자체뿐만 아니라 서비스가 집행되는 공공기관의 질적인 수준까지 고려할 필요가 있는 것이다.

Ⅲ. 공공기관 경험과 결혼이민자의 삶의 질

본 절에서는 한국에 거주하는 결혼이민자의 삶의 질을 생활만족도 수준을 통해 파악하고, 이러한 생활만족도와 이들의 공공기관 이용 경험, 특히 공공기관에서의 차별 경험을 함께 논의한다. 이를 위해 「2012년 전국다문화가족실태조사」와 「2015년 전국다문화가족실태조사」의 원자료를 활용하였다. 「전국다문화가족실태조사」는 2009년부터 3년 주기로 「다문화가족지원법」에서 정의하는 다문화가족을 대상으로 실시되며 다문화가구원, 결혼이민자 및 귀화자 본인, 배우자, 자녀 등 세부적으로 나누어 설문이 진행된다. 여기에서는 결혼이민자 및 귀화자 본인 응답 자료를 위주로 활용하였고, 이 중 혼인하지 않은 귀화자를 제외하고 현재 혼인 중이거나 사별하였거나 이혼·별거 중인 남성, 여성 결혼이민자만을 추출하여 분석하였다. 「전국다문화가족실태조사」는 2009년 전수조사를 실시한 이후 2012년 조사에서는 전국 다문화가족 중 15,341가구가 표본으로 추출되었고, 총 15,001명의 결혼이민자·귀화자가 설문조사에 참여하였다. 2015년의 경우 17,849가구에서 17,109명의 결혼이민자·귀화자가 응답하였다. 따라서 이어지는 분석에 활용된 결혼이민자 및 귀화자는 2012년 14,628명, 2015년 16,870명이다.

먼저, 분석에 활용된 결혼이민자 및 귀화자의 인구통계학적 특성은 다음과 같다. 2012년 결혼이민자의 평균 연령은 37.2세이며 2015년 결혼이민자의 평균 연령은 38.6세로 약간 상승하였다. 두 해 모두 최종학력이 고등학교인 결혼이민자의 비율이 가장 높았으며, 4년제 이상 대학교가 뒤를 이었다. 또한 두 해 모두 설문조사를 한 시점을 기준으로 지난 3개월 평균 임금에 대하여 100만 원 이상 150만 원 미만으로 응답한 결혼이민자가 가장 많았고, 50만 원 이상 100만 원 미만이 그 다음으로 높은 비율을 차지했다. 그러나 2012년에 비해 2015년에 50만 원 이상 100만 원 미만으로 응답한 결혼이민자의 비율은 25.77%에서 20.27%로 감소하였으나, 100만 원 이상 150만 원 미만으로 응답한 비율은 27.72%에서 30.03%로 증가하였다.

한국어 구사능력 수준의 경우, 각 5점 만점인 말하기, 듣기, 읽기, 쓰기 4개 영역 점수의 총합을 기준으로 보았을 때, 2012년 평균 14.04점, 2015년 평균 14.65점으로 약간 상승하였다. 두 해 모두 결혼이민자의 한국어 구사능력 수준에 대한 주관적인 평가는 듣기, 말하기, 읽기, 쓰기 순으로 높게 나타났다. 다음으로 배우자와의 관계 만족도는 5점 만점에 2012년 평균 4.15점에서 2015년 평균 3.98점으로 만족도가 낮아진 것을 발견하였다. 마지막으로 결혼이민자의 사회참여 수준은 학부모 모임, 모국인 친구 모임, 지역주민 모임, 민간단체 모임에 참여할 경우 각각 1점을 부여했을 때, 2012년 평균 0.95개로 평균 1개에 못 미치는 사회적 모임에 참여하고 있음을 의미한다. 2015년 역시 평균 1.03개로 2012년에 비해 높아졌으나 여전히 낮은 사회참여 수준으로 볼 수 있다. 이어서 본 장에서 주요하게 알아보고자 하는 결혼이민자의 생활만족도를 「전국다문화가족실태조사」를 통해 살펴보았다. 2015년 결혼이민자의 생활만족도는 5점 만점에 3.7점으로 2012년의 3.68점과 큰 차이를 보이지 않았다.

[그림 14-2]는 결혼이민자의 공공서비스 이용률을 2012년과 2015년 조사 자료를 통해 비교하여 나타내고 있다. 전체적으로 2012년도에 54.48%의 결혼이민자가 공공서비스 이용 경험이 있다고 응답하였고, 2015년도에는 60.62%가 적어도 1개 이상의 공공서비스 이용 경험이 있는 것으로 드러나 3년 사이 6.14%p 증가한 것을 알 수 있다. 2015년 기준 결혼이민자들이 이용한 공공서비스 유형별로는 한국어교육·한국사회적응교육 서비스를 이용해 본 경험(33.82%)이 가장 많고, 가정방문 교육(27.37%), 임신·출산지원 및 부모교육(14.5%), 자녀생활 및 학습 지원(13.5%), 일자리교육 및 일자리 소개(12.18%) 등의 순으로 나타났다.

[그림 14-2] 결혼이민자의 공공서비스 이용률

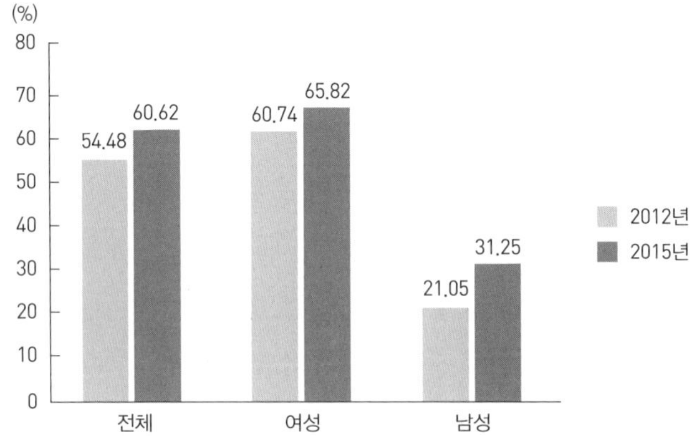

출처: 정해숙 외(2016)의 내용을 기초로 재구성.

다음 〈표 14-2〉는 결혼이민자들이 각 공공기관을 인지하거나 이용 경험이 있는 비율의 순위를 2012년과 2015년 자료를 통해 비교하고 있다. 각각의 순위에서 공통적으로 나타나는 것은 주민센터와 다문화가족지원센터의 순위이다. 두 번의 설문조사에서 공공기관 인지와 이용 경험 모두 주민센터가 압도적인 비율로 1위를 차지하고 있으며 다문화가족지원센터가 그 뒤를 따르고 있다. 2012년에는 전체 응답자 중 88.01%가, 2015년에는 무려 90% 이상이 주민센터를 인지하고 있다. 그러나 실제 이용 경험은 각각 74.79%, 79.2%로 떨어진다. 주민센터의 경우 결혼이민자들이 한국 사회에 정착하기 위한 최소한의 공공서비스를 제공받거나 최소한의 공공행정(주민등록 등)을 위해 가장 기본적으로 필요한 곳이기 때문에 이러한 결과가 나타나는 것으로 이해할 수 있다. 반면 다누리콜센터, 여성새로일하기센터, 건강가정지원센터는 상대적으로 낮은 인지율과 낮은 이용률 순위를 기록하고 있다. 이러한 현상에 따라 주민센터와 다문화가족지원센터 등 결혼이민자들이 많이 인지하고 이용하는 기관에서 어떠한 경험을 하느냐가 이들의 삶의 질에도 영향을 미칠 수 있다.

〈표 14-2〉 각 공공기관 인지, 이용 비율 비교(2012년, 2015년)

2012년 순위	기관	인지 비율(%)	이용 비율(%)	2015년 순위	기관	인지 비율(%)	이용 비율(%)
1	주민센터	88.01	74.79	1	주민센터	90.20	79.20
2	다문화가족지원센터	76.34	55.46	2	다문화가족지원센터	81.91	60.16
3	사회복지관	48.58	34.59	3	사회복지관	56.45	31.48
4	고용센터	41.86	33.31	4	고용센터	56.31	38.74
5	건강가정지원센터	29.10	36.27	5	여성새로일하기센터	44.05	31.79
6	다누리콜센터	28.99	14.52	6	건강가정지원센터	40.78	35.48
7	여성새로일하기센터	22.13	18.88	7	다누리콜센터	36.94	18.31

주: 순위는 인지 비율 기준임.

결혼이민자들이 어떠한 공공기관을 많이 이용하느냐 뿐만 아니라, 공공기관에서 어떠한 경험을 하느냐 역시 매우 중요하다. 조사 자료를 통해 살펴본 결과, 결혼이민자의 2015년 사회적 차별 경험 비율은 40.07%로 2012년 40.41%에 비해 미미하나마 낮아졌다. 그에 반해 공공기관에서의 차별 경험은 약간 차별을 받은 경우와 심한 차별을 받은 경우를 모두 합한 비율이 2012년 16.38%에서 2015년 21.33%로 증가하였다. 이들이 차별을 경험한 공간별로 보았을 때 공공기관에 비해 직장·일터, 거리·동네, 상점·음식점·은행에서의 차별이 심한 것으로 나타났으나, 사회적 차별 경험과 달리 공공기관에서의 차별 경험은 시간이 지남에 따라 더욱 증가했다는 점에서 결혼이민자에 대한 서비스를 제공하는 공공영역의 질적 제고가 필요함을 알 수 있다.

다음으로 설문조사 응답자 중 공공기관에서 차별을 경험하였다고 응답한 결혼이민자를 추적하여 이들의 특성을 구체적으로 살펴보았다. 공공기관에서 차별을 경험한 결혼이민자들이 구체적으로 어떠한 기관에서 어떤 차별을 경험하였는지는 설문조사 자료를 통해 분석이 불가하다. 그러나 역추적을 통해 이러한 결혼이민자들이 공공기관 인지와 이용 경험 수준이 어떠한지, 공공기관 중 어떤 기관 인지와 이용 경험이 많은지를 분석함으로써 해당 공공기관 서비스의 질에 대해 정책적 함의를 도출할 수 있다.

설문조사 원자료에서는 공공기관에서의 차별 경험을 묻는 문항에서 ① 이용한 경험이 없다, ② 전혀 차별을 받지 않았다, ③ 별로 차별을 받지 않았다, ④ 약간 차별을 받았다, ⑤ 심한 차별을 받았다 등 5가지로 응답을 측정하고 있다. 이에 따라 ④ 약간 차별을 받았다, ⑤ 심한 차별을 받았다로 응답한 결혼이민자를 대상으로 역추적 분석을 실시한다. 해당 응답자는 2012년 전체 응답자의 16.37%인 871명(약간 차별 경험 594명 11.17%, 심한 차별 경험 277명 5.21%), 2015년에는 전체의 21.33%인

1,135명(약간 차별 경험 943명 17.72%, 심한 차별 경험 192명 3.61%)으로 약 5%p가량 증가하였다. 구체적으로는 2012년에 비해 심한 차별을 경험한 결혼이민자의 비율은 줄어든 반면, 약간 차별을 경험한 결혼이민자의 비율은 증가한 것을 알 수 있다. 차별을 경험한 결혼이민자들의 생활만족도는 2012년 평균 3.49점, 2015년 평균 3.5점으로 전체 결혼이민자들의 평균인 3.68, 3.7점에 비해 낮은 것으로 나타났다.

제1차 다문화가족정책 기본계획(2010~2012년)에 의해 추진된 다문화가족정책은 "결혼이민자 정착 지원 및 역량 강화, 다문화가족 자녀의 성장환경 개선, 다문화에 대한 사회적 이해의 제고, 국제결혼중개 관리 강화" 등에 초점을 두었다(여성가족부·관계부처합동, 2012: 8-10). 제1차 기본계획의 추진과정에서 나타난 한계와 문제점—내국인에 대한 역차별 논란, 외국인 혐오증 등 사회적 갈등[6]—을 극복하기 위해서 제안된 제2차 다문화가족정책 기본계획은 다문화사회로의 성공적 이행을 위해서는 다문화가족정책의 부정적 영향을 완화할 수 있는 정책수단을 강구하고 이를 통한 개입이 필요함을 제기하고 있다(여성가족부·관계부처합동, 2012: 21).

특히 제2차 기본계획은 인종 및 문화 차별에 대한 법적, 제도적 대응뿐만 아니라 다문화사회에 대한 수용성을 제고하기 위하여 다문화가족 및 결혼이민자와 접촉하는 공공기관 및 다문화시설 종사자에 대한 문화 다양성에 대한 이해 증진 교육, 다문화 전문성·감수성 강화 교육 등을 강조하고 있다(여성가족부·관계부처합동, 2012: 43-44). 이러한 정책적 변화에도 불구하고 공공기관에서 차별을 경험한 결혼이민자의 비율이 시간이 지

6 재원의 부족으로 내국인 저소득층에 대한 복지 공급은 차별적으로 이루어지는 상태에서 이주민과 다문화가정에 대한 전적인 사회서비스 제공은 오히려 내국인에 대한 역차별이라는 주장이 제기되었으며, 이러한 논란으로 인해 외국인 혐오증이 확산되기도 하였다. 여성신문. (2011). "다문화 정책은 내국인 외면하는 '역차별' 주장". 2017. 09. 05. 검색(http://www.womennews.co.kr/news/50482).

남에 따라 증가하고, 그들의 생활만족도가 여전히 전체 결혼이민자의 평균 생활만족도에 비해 낮다는 점은 결혼이민자가 체감할 수 있을 정도의 실질적 효과가 발생하지 않았음을 보여주고 있다.

차별을 경험한 결혼이민자를 전체로 하여 출신 국적별로 나누었을 때 2012, 2015년 모두 중국 출신 결혼이민자가 각각 14.81%, 18.85%로 가장 많았다. 그러나 2012년에는 한국계 중국인이 14.24%로 뒤를 잇는 반면 2015년에는 베트남 출신 결혼이민자가 12.42%로 뒤를 이었다. 두 해 모두 차별을 경험한 결혼이민자 중 남부아시아 출신 비율이 각각 2.41%, 5.02%로 가장 낮았다.

한편 [그림 14-3]과 [그림 14-4]는 각각의 출신 국적별 결혼이민자를 전체로 한 후 차별을 경험한 비율을 나타내고 있다. 이를 통해 대만·홍콩 출신의 결혼이민자가 차별을 가장 많이 경험한 것을 알 수 있다. 대만·홍콩 출신의 결혼이민자 중 차별을 경험한 결혼이민자의 비율은 2012년 약 45.3%(약간 차별 27.09%, 심한 차별 18.23%)에서 2015년 약 53.3%(약간 차별 43.33%, 심한 차별 10%)로 증가하여, 절반 이상의 결혼이민자가 차별을 경험하였다고 응답하였다. 반면, 베트남 출신의 결혼이민자의 경우, 동 비율이 2012년 약 11.2%(약간 차별 7.49%, 심한 차별 3.66%)에서 2015년 약 15.9%(약간 차별 14.06%, 심한 차별 1.8%)로 늘었지만, 다른 출신 국적에 비해서는 상대적으로 낮은 비율을 보여주고 있다. 물론 국적별로 심한 차별이 줄어들었다는 점에서 일부 다문화정책에 효과가 있었다고 평가가 가능하다. 그럼에도 불구하고 차별 경험의 다수를 차지한 약한 차별이 감소하지 않았고, 이러한 약한 차별은 언제든지 심한 차별로 악화될 수 있기 때문에 보다 관심을 기울일 필요가 있다.

2012년에서 2015년까지 비율 증감을 살펴보면, 필리핀 출신의 결혼이민자 중 차별을 경험한 결혼이민자의 비율이 2012년 약 12.3%에서 2015년

22.5%로 약 10.2%p 증가하여 가장 빠른 증가세를 보였다. 특히 다른 국적 출신의 결혼이민자 중 심한 차별을 경험한 비율은 2012년에서 2015년의 기간 동안 대부분 감소하였지만, 필리핀과 남부아시아 출신 결혼이민자의 경우에는 각각 2.86%에서 3.54%, 6.87%에서 7.56%로 증가하였다.

[그림 14-3] 출신 국적별 공공기관에서 약간 차별을 경험한 비율의 변화

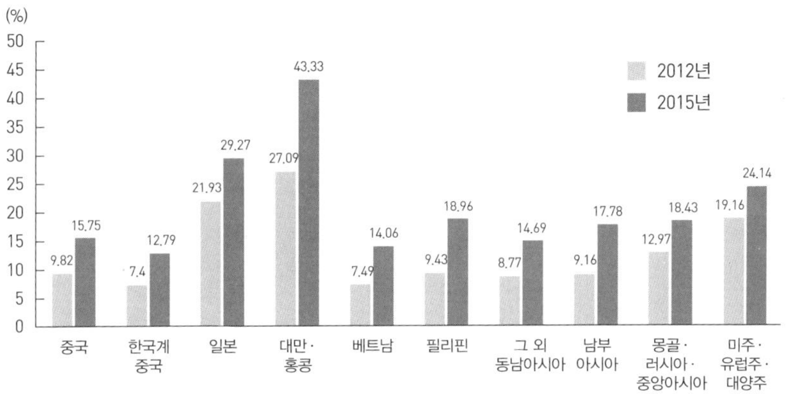

[그림 14-4] 출신 국적별 공공기관에서 심한 차별을 경험한 비율의 변화

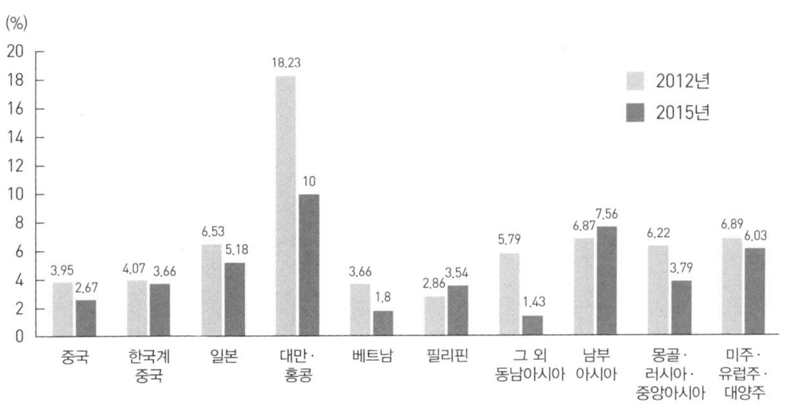

2012년에 공공기관에서 차별을 경험하였다고 응답한 결혼이민자는 평균 3.6개의 공공기관을 인지하고 있었으며, 인지율은 주민센터(87.26%), 다문화가족지원센터(73.13%), 사회복지관(54.65%), 고용센터(50.4%), 다누리콜센터(35.94%), 건강가정지원센터(31.34%), 여성새로일하기센터(28.01%) 순으로 2012년도 전체 결혼이민자에 비해 다누리콜센터에 대한 인지 수준이 높았다. 이들의 실제 공공기관 이용 경험은 평균 1.68개이며, 주민센터(77.63%), 다문화가족지원센터(52.28%), 사회복지관(37.82%), 고용센터(37.81%), 건강가정지원센터(37.36%), 여성새로일하기센터(20.9%), 다누리콜센터(15.34%) 순으로 이용 경험이 많았다.

2015년에 공공기관에서 차별을 경험하였다고 응답한 결혼이민자의 평균 4.17개의 공공기관을 인지하고 있어 2012년에 비해 증가하였다. 특히 여성새로일하기센터(45.37%), 다누리콜센터(40.35%), 건강가정지원센터(44.93%), 다문화가족지원센터(83.35%)의 인지율이 크게 상승하였다. 실제 이용 경험 역시 평균 2.12개로 2012년의 1.68개에 비해 증가하였다. 이용 순위는 주민센터(81.65%), 다문화가족지원센터(62.68%), 고용센터(42.5%), 건강가정지원센터(42.16%), 여성새로일하기센터(34.17%), 사회복지관(33.02%), 다누리콜센터(23.14%) 순이다.

이러한 분석을 통해 평균 1~2개의 공공기관을 이용하며 공공기관에서 차별을 경험하였다고 응답한 이주민들은 주민센터나 다문화가족지원센터에서 차별을 경험하였을 가능성이 크다는 점을 추측할 수 있다. 주민센터는 이주민들이 지역 사회에 정착하며 기본적으로 이용하게 되는 공공기관 중 하나이며, 다문화가족지원센터는 「다문화가족지원법」에 근거를 두고 있으며 한국사회에 정착하는 이주민들을 돕기 위해 설치된 대표적인 기관이다. 이주민들이 가장 많이 인지하고 있고, 실제 가장 많이 이용하는 이러한 공공기관에서 양적으로 다양한 공공서비스를 제공하는 것도 중요하지만 서비스의 질과 서비스 전달의 질 역시 제고할 필요가 있다.

정리하자면, 한국에 거주하고 있는 결혼이민자 및 귀화자의 삶의 질로서의 주관적인 생활만족도는 5점 만점에 3.68점(2012년), 3.7점(2015년)으로 보통 수준 이상으로 나타났으며, 결혼이민자 개인의 다양한 특성에 따라 약간의 편차를 보였다. 그러한 특성 중에서도 결혼이민자의 공공기관 이용 경험, 특히 공공기관에서의 차별 경험 역시 생활만족도에 영향을 미칠 수 있다. 실제로 공공기관에서 차별을 경험했다고 응답한 결혼이민자들의 생활만족도가 전체 결혼이민자의 생활만족도에 비해 낮은 것으로 나타났다. 또한 이러한 결혼이민자들이 주로 이용하는 공공기관이 한정적이라는 점에서, 결혼이민자와 다문화가정에 공공서비스를 제공하는 주요 기관들의 역할이 더욱 중요함을 알 수 있다.

Ⅳ. 결론

최근 증가세가 둔화되었지만 한국에서 결혼이민자의 유입과 이에 따른 다문화가족의 성장은 더 이상 새로운 현상이 아니다. 다양한 이유로 인해 결혼과 한국으로의 이주를 결정한 결혼이민자들이 한국사회에서 이방인이 아닌 구성원으로 함께 살아가는 것은 한국사회의 성숙된 발전에 매우 중요하다. 이들을 대상으로 한 다양한 정책들이 형성, 집행되고 공공서비스가 제공되고 있지만, 이를 인지하고 활용하는 결혼이민자는 절반 정도에 그치고 있다. 더욱 중요한 것은 이러한 공공기관에서의 경험이 한국사회에 대한 이들의 인상을 결정짓고 나아가 삶의 질에도 영향을 미칠 수 있다는 것이다.

본 장에서는 2012년도와 2015년도의 설문조사를 활용하여 결혼이민자의 생활만족도와 공공기관에서의 경험을 함께 살펴보았다. 그 결과 공공기관에서 차별을 경험한 결혼이민자들의 생활만족도가 전체 결혼이민자의 생활만족도보다 낮게 나타났다. 또한 결혼이민자들이 주로 인지하거나 이용하는 공공기관은 주민센터와 다문화가족지원센터로 나타났다. 특히 공공기관에서 차별을 경험하였던 결혼이민자의 특성을 살펴본 결과 이들이 가장 많이 활용하였던 공공기관—주민센터, 다문화가족지원센터 등—에서 차별을 경험하였을 가능성을 배제할 수 없다는 것을 밝히고 있다. 본 장에서는 설문조사를 활용하여 결혼이민자의 생활만족도와 공공기관 이용 경험, 공공기관에서 차별 경험을 기술적으로 살펴보았으나, 이들 간의 명확한 인과관계를 밝히기 위해서는 보다 정교한 통계적 과정을 통해 보완이 필요할 것이다.

「다문화가족지원법」에 따르면, 중앙정부와 지방자치단체는 다문화가족에 대한 차별을 예방할 책무가 있다.[7] 실제 조사결과에서도 결혼이민자는 다른 사적 영역에 비해 공적 영역에서 차별을 적게 느끼고 있다. 하지만, 중요한 점은 공공기관 및 다문화시설 종사자에 대한 다문화 전문성 및 감수성 강화 교육이 강조된 제2차 다문화가족정책 기본계획이 실시된 이후인 2015년에 공공기관에서 차별을 경험한 결혼이민자가 2012년에 비해 증가하였다는 것이다. 이는 거시적인 정책 변화가 체감 상 실질적 변화로 이어지지 않고 있음을 보여준다. 공공기관에서 차별을 받은 경험은 한국사회의 공적인 영역에서조차 자신이 부정적으로 받아들여진다고 느끼게 만

---

7 동법 제5조("다문화가족에 대한 이해증진")에 따르면, "국가와 지방자치단체는 다문화가족에 대한 사회적 차별 및 편견을 예방하고 사회구성원이 문화적 다양성을 인정하고 존중할 수 있도록 다문화 이해교육과 홍보 등 필요한 조치를 하여야 한다."

듦으로써 한국사회에 대한 부정적 인식을 증가시킬 수 있다. 이는 다문화 가정의 구성원에게도 사회구성원으로서의 참여에 부정적 영향을 미칠 가능성이 높고, 중장기적으로 사회적 갈등을 악화시킬 수 있다.

또한, 공공기관에서의 차별이 공식적 절차나 규정이 아닌 비공식적 차원에서 발생할 수 있다는 점이 고려되어야 한다. 결혼이민자들은 한국어와 한국 문화가 서툰 상황에서 새로운 환경으로 이주한 경우가 많기 때문에, 공공기관의 비차별적인 행동이나 절차에 대해서도 차별이라고 느꼈을 수도 있다. 즉, 원 거주민이 당연시 여겼던 것들이 갓 이주한 결혼이민자들에게는 차별로 받아들여질 수 있다는 것이다. 뿐만 아니라, 일반적으로 예상되는 바와 다르게 높은 교육 수준, 높은 소득 수준(500만 원 이상)의 결혼이민자가 그렇지 않은 집단에 비해 공공기관에서 차별을 경험하였다고 응답한 더 비율이 높다는 점은 동일한 서비스가 수용자의 기준에 따라서 다르게 받아들여질 수 있음을 보여준다(정해숙 외, 2016: 212). 따라서 공공기관은 종사자에 대한 다문화 관련 맞춤형 교육을 강화하여 차별을 예방하기 위한 노력을 다함과 동시에 공공서비스 집행에 있어 질적 향상을 도모하고, 결혼이민자에게 공공기관에 대한 이해를 증진시키기 위한 노력과 홍보 역시 병행하여야 할 것이다.

공공기관은 이주민에게 있어서 그 사회를 바라보는 창이다. 특히 이주민에게 공공기관은 새로운 거주지를 대표하는 제도이다. 따라서 결혼이민자를 대상으로 서비스를 제공하는 공공기관은 이들이 제공하는 서비스와 결혼이민자의 생활만족도 사이의 관계를 충분히 고려하여야 할 것이다. 한 사회의 동등한 구성원으로 결혼이주민은 차별받지 않은 권리를 지니고 있다. 특히 공공기관에서 차별적 경험을 받은 결혼이주민은 한국의 공적 시스템 전반에 대한 부정적 인식을 가지게 될 수 있다. 따라서 결혼이민자들이 공공기관에서의 경험이 삶에 긍정적 영향을 가져올 수 있도록 더욱 다양한 노력이 진행되어야 할 것이다.

참고문헌

권구영. (2012). 국제결혼 이주여성의 주관적 삶의 질에 영향을 미치는 생태체계 요인-사회통합의 매개효과를 중심으로. 〈인문사회과학연구〉, 35: 104-140.

김경미. (2012). 여성결혼이민자의 사회연결망과 한국생활 만족도. 〈한국인구학〉, 35(2): 185-208.

김상민·이소영. (2017). 전남 결혼이주여성의 생활 만족도 영향요인 및 정책시사점. 〈지방행정연구〉, 31(3): 323-352.

김석준·현동길·김휘정·이지헌. (2015). 결혼이주자의 내용적 시민권이 생활만족도에 미치는 영향. 〈보건사회연구〉, 35(1): 391-426.

김유균·손인서·김승섭. (2015). 결혼이민자의 차별경험과 주관적 건강수준 간의 연관성. 〈보건사회연구〉, 35(3): 421-452.

김은미·정헌주. (2017). 공공기관 경험이 결혼이민자의 생활만족도에 미치는 영향에 관한 연구. 〈국정관리연구〉, 12(4): 205-234.

김진희·박옥임. (2008). 농촌과 도시지역 국제결혼이주여성의 가족갈등과 생활만족도 비교. 〈농촌사회〉, 18(1): 127-160.

김한성·이유신. (2013). 결혼이주여성의 삶의 만족도. 〈한국사회학〉, 47(2): 177-209.

박미정·엄명용. (2009). 여성결혼이민자의 사회적 관계가 생활만족에 미치는 영향에 관한 연구. 〈한국가족관계학회지〉, 14(2): 1-26.

박은희·조인주. (2012). 결혼이주여성의 생활만족도에 관한 연구. 〈사회과학연구〉, 28(2): 29-54.

박정숙·박옥임·김진희. (2007). 국제결혼 이주여성의 가족갈등과 생활만족도에 관한 연구. 〈한국가정관리학회지〉, 25(6): 59-70.

박지선·정영조·류한수. (2015). 다문화가족 한국인 남편의 결혼생활 커미트먼트와 배우자 스트레스가 삶의 질에 미치는 영향. 〈민족연구〉, 61: 168-189.

박철민. (2012). 개인적, 가족적, 사회적 특성이 결혼이민자의 사회통합에 미치는 영향 분석. 〈지방정부연구〉, 16(3): 413-436.

법무부 출입국·외국인정책본부. (2017). 2016 출입국·외국인정책 통계연보. 과천:

법무부 출입국·외국인본부.
손병돈. (2014). 다문화가족 외국인 배우자의 다문화가족지원센터 인지 및 이용 결정 요인. 〈보건사회연구〉, 34(4): 354-384.
양순미. (2010). 농촌 결혼이주여성의 생활만족도에 사회참여활동 태도가 미치는 효과. 〈농촌사회〉, 20(1): 233-263.
여성가족부. (2017). 2016년 다문화가족지원센터 현황. 서울: 여성가족부.
여성가족부·관계부처합동. (2012). 제2차 다문화가족정책 기본계획(2013~2017). 서울: 여성가족부.
유은광·김혜진·김명희. (2012). 결혼 이주 여성의 삶의 질에 영향을 미치는 요인. *Journal of Korean Academy of Nursing*, 42(2): 171-180.
윤기찬·장한나·문신용. (2016). 결혼이주여성의 건강관련 삶의 질(QOL) 도농간 비교분석. 〈사회과학연구〉, 42(2): 343-367.
이민아. (2010). 이민 전·후의 연결망이 결혼이민자여성의 심리적 안녕감에 미치는 영향. 〈보건과 사회과학〉, 27: 31-60.
이용규·문형란. (2015). 결혼이주민의 언어능력이 삶의 질에 영향을 미치는 경로에 관한 연구. 〈디지털융복합연구〉, 13(3): 37-47.
이혜림·조민효. (2014). 다문화가정 이주여성의 적응유형과 사회자본이 취업에 미치는 영향에 관한 연구. 〈한국정책학회보〉, 23(4): 237-263.
이홍재·박미경·차용진. (2017). 동남아시아 및 중국계 결혼이민여성의 동화적응과 삶의 질에 관한 연구- 다중집단 분석을 중심으로. 〈다문화사회연구〉, 10(2): 193-218.
임혁·남일재. (2014). 결혼이주여성의 정치참여 영향요인 분석. 〈한국정치학회보〉, 48(5): 43-65.
장은애·최영. (2010). 결혼이민여성의 문화정체성 유형과 생활만족도. 〈사회과학연구〉, 26(3): 1-25.
장한나·윤기찬. (2010). 결혼이주여성의 지역사회 적응에 미치는 영향요인 분석: 로컬거버넌스 관점에서. 〈지방행정연구〉, 24(2): 121-155.
정해숙·김이선·이택면·마경희·최윤정·박건표·동제연·황정미·이은아. (2016). 2015년 전국다문화가족실태조사 분석. 서울: 한국여성정책연구원.
행정자치부. (2017). 2016년 지방자치단체 외국인주민현황. 서울: 행정자치부.
Neugarten, B. L., Havighurst, R. J. & Tobin, S. S. (1961). The Measurement of Life Satisfaction. *Journal of Gerontology*, 16(2): 134-143.

제 5 부

정부의 질과 삶의 질 – 나가면서

제15장

정부의 질, 경제성장, 그리고 국민 삶의 질

최정인 · 김태형 · 정세희 · 문명재

I. 서론

발전에 대한 국가의 역할은 시대마다 다르게 변화해왔다. 1950~1960년대에는 국가가 발전의 주요 행위자로 활약하면서 강한 중앙집권적 계획을 통해 사회경제적 발전을 이루고자 노력했다. 그러나 거대해진 관료제, 국가소유 기업의 지대추구, 후원의 재정적 취약성 등으로 기대했던 국가의 성장 그리고 국민 삶의 질 향상은 오히려 저하되었다. 이러한 산업국가의 과도한 공공지출과 세금 부담, 이와 함께 NPM 시대가 도래하면서 정부의 역할은 축소되었고 시장이 사회경제발전에 중요한 동력으로 인식되었다. 경제자유화, 민영화, 공공부문의 규모 축소가 뒤를 잇게 된다. 그러나 1990년대 이후 정부의 역할이 다시금 대두되고 있다. 오늘날 국민은 국가가 보건, 교육, 안전 등 국민 삶의 질을 높여주기를 기대한다.

이에 따라 최근 삶의 질에 대한 연구에서도 기존의 경제적, 정치적, 문화적 요인을 넘어서 정부의 질에 대한 논의가 이루어지고 있다. '좋은 정부(good government)'는 거시적 차원의 국가발전뿐만 아니라 개인의 삶의 질에도 지대한 영향을 미친다는 것이다. 좋은 정부에 대한 정의는 곧 정부의 질을 구성하는 거버넌스의 요소를 통해 설명할 수 있다. 세계은행의 거버넌스 지수는 정부의 효과성(Government Effectiveness), 규제의 질(Regulatory Quality), 공정하고 객관적인 법치(Rule of Regulation), 시민의 참여와 책임성(Voice and Accountability), 정치적 안정성(Political Stability)의 6가지 세부항목으로 구성되며, 다수의 연구에서 정부의 질을 측정하는 지표로 활용되고 있다. 여기에서 좋은 정부란 공정하고 객관적

* 이 글은 〈지방정부연구〉 (제21권 4호, 391-409)에 게재된 동 저자의 [정부의 질이 국민 삶의 질에 미치는 영향: 경제성장의 매개효과를 중심으로]의 내용을 수정, 보완한 것임.

인 법을 기반으로(법의 지배), 건전한 정책을 수립하고 집행하며(정부의 효과성과 규제의 질), 올바른 정부의 활동을 견인하는 시민의 참여와 정부의 책임성이 담보되는 것으로 정의하고자 한다.

그렇다면 오늘날 좋은 정부는 실제로 국민 삶의 질적인 향상을 이끌어내는가? 국가의 경제성장은 국민 삶의 질적인 향상을 위한 중요한 선행요인인가? 본 장에서는 위의 질문에 답하기 위해 먼저 정부의 질, 경제성장, 그리고 삶의 질의 개념을 측정할 수 있는 125개국의 데이터를 수집하여 이에 대한 최근 현황을 살펴보았다. 또한, 주요개념과 관련된 기존연구를 정리하였고, 국가 간 비교분석 연구결과를 통해 국가별 특성에 따른 정책적 제언을 논의하였다.

II. 최근 현황 및 통계

1. 주요 개념과 측정방법

최근 현황을 살펴보기 위해 정부의 질, 경제성장, 삶의 질, 그리고 정치, 경제적 상황이 서로 다른 분포를 나타내고 있는 125개국의 데이터를 수집하였다. 자료는 2010년도부터 2015년까지 6개년의 시간범위로 한정하여 최근의 현황을 파악하고자 하였다. 한 시점이 아닌 일정기간에 대한 국가별 특성을 파악하기 위해 각 측정개념의 6개년 평균을 측정하였다. 각 개념에 대한 측정지표, 범위, 그리고 자료출처는 〈표 15－1〉에 정리하였다.

기존 대부분의 연구는 삶의 질을 행복의 정도, 삶에 대한 만족도, 호의

〈표 15-1〉 주요개념의 측정방법

개념	측정지표		범위	자료출처
삶의 질	삶의 만족도		0~10점	World Database of Happiness
	인간개발 지수	건강	0~1점	UNDP의 Human Development Index
		교육		
정부의 질	거버넌스 지수	정부 효과성	-2.5~2.5점	World Bank의 The World Wide Governance Indicator
		규제의 질		
		법의 지배		
		시민참여와 책임성		
경제	인당 GDP		USD	World Bank
	소득(인당 GNI)		0~1점	UNDP의 Human Development Index
정치	민주주의 수준		0~10점	Freedom House의 Level of Democracy
정부 규모	구매력평가(PPPs) 대비 정부 지출 규모		0~1점	Penn World Table의 Size of Government

도 등의 주관적 지표를 중심으로 측정하였다. 하지만, 주관적 지표는 설문 시점 개인의 인지적 관점으로 실제 명백한 삶(apparent)의 질이라기보다는 추정하여(assumed) 가늠할 수 있는 지표의 한계를 지닌다(Veenhoven, 1996). 따라서 본 장에서는 삶의 만족도로 측정된 주관적 지표와 함께 삶의 질을 측정할 수 있는 객관적 지표로 건강과 교육의 측면을 포함하였다. 먼저 삶의 만족도는 World Database of Happiness에서 삶의 만족 정도를 0에서 10의 범위까지 묻는 문항으로 측정되었다. 이때 문항은 Watson et al.(1988)이 개발한 정적 정서 및 부적 정서 척도(PANAS)와 같은 척도를 반영하여 이를 0에서 10까지 범위로 변형시킨 것이다. 인간개발지수는 UNDP의 인간개발지수(Human Development Index)로 건강, 교육, 소득으로 측정되는데, 여기에서 소득은 삶의 질에 기반이 되는 요소로 삶의 질 지표에서 제외하였다. 건강은 출생 시 기대수명으로 측정되고

교육은 25세 이상 성인이 평균 교육연수와 학령기 아동의 기대교육연수로 산출된 값이다.

정부의 질은 World Bank의 거버넌스 지수로 측정하였다. 정책을 설계하고 집행하는 역량으로 정부의 효과성(Government Effectiveness)과 규제의 질(Regulatory Quality), 공정하고 객관적인 법치(Rule of Regulation), 그리고 정부의 활동을 감시하는 역할로 시민의 참여와 책임성(Voice and Accountability)의 4가지 지표가 정부의 질을 구성하는 하위차원이다. 경제지표로는 World Bank의 인당 국내총생산(GDP)과 UNDP의 인간개발지수로 인당 국민총소득(GNI)으로 측정하였다.

그 외 정부의 질적 측면뿐만 아니라 정부의 양적 측면으로 Penn World Table의 구매력평가 대비 정부지출 정도를 살펴보았다. 정부 규모는 다양하게 정의될 수 있으나 주로 국가의 경제규모 또는 구매력평가 대비 정부지출, 정부 이전료와 보조금 등으로 측정되었다(e.g. Ott, 2005; Bjornskove et al., 2007; Heesami, 2010; Ott, 2011). 정부 규모는 삶의 질의 논의에서 중요하게 다루어져 왔다. Bjornskove et al.(2007)은 73개국을 대상으로 한 국가 간 비교연구를 통해 GDP 대비 정부지출은 국민 삶의 만족도에 부정적 영향을 미치는 것을 밝혔다. Ott(2005)는 행복의 불평등성(inequality)을 주장하며, 정부 이전료와 보조금이 늘어날수록 국민 삶의 만족도와 불평등성은 심화된다고 주장하였다. 이후 Ott(2011)의 연구에서 정부 규모와 행복에 있어 정부의 질의 정도가 중요함을 강조하였다. 정부 규모는 전체국가 소비에서 정부지출이 차지하는 비중과 GDP 대비 정부지출 비율로 측정되었다. 정부 규모와 행복은 기본적으로 정(+)의 영향관계를 지니지만, 규모가 크고 나쁜 정부(bad government)는 행복에 긍정적 영향을 미치지 않음을 밝혔다.

한편, 일부 지역에 한정하여 정부 규모가 삶의 질에 미치는 영향을 밝힌

연구들이 이루어졌다(Hessami, 2010; Mafrolla et al., 2016). Hessami(2010)는 유럽의 12개국을 대상으로 구매력평가 대비 정부 지출 규모와 8가지 부문의 예산에 대한 비율이 삶의 만족도에 미치는 영향을 분석하였다. 분석 결과, 교육에 대한 지출은 국민 삶의 만족도를 향상시키는 반면 사회복지에 대한 지출은 부정적인 영향을 미치는 것으로 나타났다. Mafrolla et al.(2016)은 이탈리아의 103개 지방정부의 데이터를 사용하여 정부 지출의 다양한 부문이 국민의 여가시간 지수(spare time indicator)에 미치는 영향을 분석하였다. 그 외 정부 규모가 삶의 질에 어떠한 영향도 미치지 않는다는 연구결과도 일부 존재한다(Di Tella & MacCulloch, 2005; Veenhover, 2005; Kacapyr, 2008; Kim & Kim, 2012 재인용).

또한 각 국가의 정치적 환경을 분석하기 위해 Freedom House의 국가별 민주주의 수준 데이터를 수집하였다. 삶의 질 연구에서 민주주의 수준을 고려한 연구의 분석결과들은 다음과 같다. Ott(2011)의 연구에서는 정부의 질에 한 차원으로 민주주의 수준을 포함하여 측정하였고, 민주주의와 행복과 U-자형 관계를 지니는 것으로 나타났다. 또한 Elia(2008)의 연구는 삶의 만족에 영향을 미치는 사회, 경제, 문화적 요인을 살펴보았다. 연구결과 사회적, 경제적 요인은 삶의 만족의 66%를 설명하고, 사회주의 국가들은 같은 사회적, 경제적 요인 하에서 낮은 삶의 만족도를 보이는 것으로 나타났다.

2. 주요 개념에 대한 기술통계

앞서 설명한 주요 개념에 대한 기술통계 분석결과는 〈표 15-2〉와 같다. 국민 삶의 객관적 지표로 건강의 평균은 0.793, 교육은 0.646으로 건강이 교육에 비해 다소 높은 수치를 보였다. 건강과 교육의 평균값은 모두 중간 값(0.5)보다 높은 편이나 국가별 격차가 큰 편이다. 국민 건강은 교육에 비해서 국가 간 격차는 적은 편이다. 건강지수가 높은 국가로는 일본(0.974), 스위스(0.965), 싱가포르(0.963), 이탈리아(0.966) 등이다. 0.5보다 낮은 수치를 보이는 국가들은 대부분 아프리카 국가로 레소토(0.447), 중앙아프리카공화국(0.454), 차드(0.496) 등이다. 교육의 질이 높은 국가들로는 호주, 뉴질랜드, 노르웨이, 덴마크가 0.9 이상의 값을 지니며, 교육의 질이 낮은 국가로는 아프리카의 니제르(0.197), 부르키나파소(0.253), 차드(0.272) 등이 있다.

정부의 질의 4가지 하위 차원의 평균값을 살펴보면 규제의 질, 정부의 효과성, 법의 지배, 시민참여와 책임성 순이다. 효과적인 정부로 2점 이상의 높은 수치를 기록한 국가는 핀란드와 싱가포르이다. 특히 싱가포르는 규제의 질이 122개국 중 가장 높은 국가로 나타났다. 정부의 효과성과 규제의 질 모두 높은 수치를 기록한 싱가포르는 에너지의 규제를 강화하여

〈표 15-2〉 기술통계

구 분			N	평균	표준편차	최솟값	최댓값
삶의 질	객관적 지표	건강	125	0.793	0.132	0.447	0.974
		교육	125	0.646	0.179	0.197	0.936
	주관적 지표		125	5.498	1.125	3.305	7.615
정부의 질	정부의 효과성		125	0.094	1.003	-1.694	2.180
	규제의 질		125	0.133	0.957	-2.086	1.951
	법의 지배		125	0.025	1.038	-1.484	2.386
	시민참여와 책임성		125	-0.008	0.961	-2.145	1.706
경제	인당 GDP(log)		125	3.765	0.679	2.334	5.043
정치	민주주의 수준		125	6.854	2.939	0.069	10
정부	정부 규모		125	0.192	0.109	0.041	0.912

환경을 보호하면서도 체계적인 에너지 관리시스템 도입을 통해 기업들의 자본지출을 줄이고 장기적으로 운영유지비용을 줄일 수 있는 등 기업 차원에서의 효과를 고려하는 등 이와 같은 정책들을 많이 시행하고 있음을 알 수 있었다. 공정한 법의 지배가 이루어지는 국가로는 덴마크, 뉴질랜드, 스웨덴, 스위스, 노르웨이, 룩셈부르크, 핀란드 등이다. 반면, 투르크메니스탄은 법의 지배, 규제의 질, 시민참여와 책임성 모두에서 가장 낮은 점수를 지닌다.

경제지표로 국민의 1인당 GDP는 룩셈부르크와 노르웨이가 가장 높게 나타났고, 부룬디와 콩고 등이 최빈국에 속한다. 국가의 경제규모는 국가 간 격차가 크게 나타나고 있다. 룩셈부르크의 인당 GDP는 미 달러 기준 6개년 평균 110,385이며 이는 최빈국인 콩고($216)의 약 513배에 달한다. 민주주의 수준은 10점 만점인 국가가 125개국 중 총 26개국이 있으며, 미국, 캐나다를 포함하여 영국, 스위스, 스웨덴 등의 유럽국가가 주를 이룬다. 민주주의 수준이 1점 이하인 국가로는 국왕중심제인 사우디아라비아 등이 있다.

각 개념 간 상관관계 분석결과는 〈표 15-3〉과 같다. 정부 규모를 제외하고 모든 변수 간에는 강한 정(+)의 상관관계를 지닌다. 국민 삶의 질의 하위 차원으로 건강과 교육은 높은 상관관계(0.82)를 보이고 있다. 예로 건강에서 0.9 이상의 높은 점수를 받고 있는 일본, 싱가포르, 스페인, 스웨덴, 호주 등은 교육의 수준도 0.8 이상으로 대부분 높은 편이다. 정부 질의 4가지 하위 차원 간에는 0.6 이상의 강한 상관관계를 갖는다. 또한 정부의 질과 국민 삶의 질의 하위 차원은 대체로 0.5 이상의 비교적 높은 정(+)의 상관관계가 나타났다. 즉 삶의 질이 높은 국가는 정부의 질도 높은 것을 확인할 수 있다. 삶의 만족도에서 가장 높은 점수를 기록한 덴마크, 스위스, 노르웨이, 네덜란드, 캐나다, 아일랜드는 항목별 차이가 있기는 하나 정부효과성, 규제의 질, 법의지배 그리고 시민참여와 책임성 모두에서 0 이상의 값을 지닌다. 반면, 삶의 만족도가 가장 낮게 나타나고 있는 브룬디와 같은 국가는 정부의 질에서 4가지 차원 모두 음의 값을 보인다.

경제변수는 국민 삶과 정부의 질의 모든 변수와 정(+)의 상관관계를 보이고 있다. 즉 경제수준이 높은 국가가 삶의 질, 정부의 질도 높게 나타난다. 마지막으로 민주주의는 국민 삶의 질과 정부의 질의 하위차원과 정(+)의 상관관계를 보이고 있으며, 특히 민주주의와 시민참여와 책임성과 매우 높은 상관관계를 지닌다(0.93).

〈표 15-3〉 변수 간 상관관계

	건강	교육	삶의 만족도	정부 효과성	규제의 질	법의 지배	시민 참여와 책임성	인당 GDP	민주 주의	정부 규모
건강	1									
교육	0.82***	1								
삶의 만족도	0.78***	0.73***	1							
정부효과성	0.77***	0.79***	0.78***	1						
규제의 질	0.73***	0.77***	0.72***	0.94***	1					
법의 지배	0.69***	0.69***	0.74***	0.94***	0.88***	1				
시민참여와 책임성	0.60***	0.66***	0.62***	0.80***	0.83***	0.78***	1			
인당 GDP	0.69***	0.76***	0.73***	0.74***	0.69***	0.67***	0.54***	1		
민주주의	0.46***	0.51***	0.43***	0.58***	0.65***	0.55***	0.93***	0.33***	1	
정부 규모	-0.04	0.07	-0.14	-0.10	-0.10	-0.06	-0.03	-0.02	0.05	1

(***$p<0.01$)

Ⅲ. 정부의 질, 경제성장 그리고 삶의 질의 관계

1. 좋은 정부는 국민 삶의 질을 향상시키는가?

국민 삶의 질에 대한 개념은 학자마다 다양하게 정의되었고, 이에 따른 측정방법 또한 상이하다. 삶의 질이 사회발전의 어떤 속성이나 가치, 차원을 말하는 것인지에 대한 사회적 합의 또한 쉽지 않다(Radcliff, 2001). 그럼에도 불구하고 삶의 기회의 최적화라는 관점에서 삶의 질은 크게 객관적 그리고 주관적 차원의 두 가지 좌표에 의해 접근할 수 있다. 전자가 주로 소득, 교육, 지위, 건강 등 사회 환경적 조건에 초점을 두는 데 비해, 후자에서는 사회적 욕구충족이나 행복을 느끼는 정도 등에 관심을 갖는다(서문기, 2015). 이 두 가지 차원은 사회구성원의 삶의 조건 및 만족도에 대한 일반적 기준이라는 의미에서 기본적인 개념 틀로 활용가능하다. 이와 같은 삶의 질은 대표적으로 전반적인 삶에 대한 호의, 만족도 또는 행복의 관점에서 바라보는 주관적 지표를 중심으로 측정되었다. 정부의 질은 다수의 연구에서 거버넌스의 6가지 세부항목 그리고 부패, 관료의 공정성 등의 요소가 포함되었다. 정부의 질과 삶의 질에 대한 기존 연구는 주로 정부의 질이 국민 삶에 영향을 미친다고 주장하고 있으며 이를 실증적으로 밝혔다(Veenhoven, 1984; Helliwell, 2005; Tavits, 2007; Hessami, 2010; Smanni & Holmberg, 2010; Ott, 2011; Kim & Kim, 2012).

Ott(2011)는 삶의 질을 국민의 '행복을 느끼는 정도'로 정의하였고 거버넌스의 질이 행복에 미치는 중요한 요인임을 밝혔다. 또한 Kim & Kim(2012)의 연구에서도 정부의 질과 규모가 국민의 주관적 지표인 행복에 유의미한 영향을 미치는 것을 확인하였다. 대부분의 국가 간 비교연구는 주관적 인식을 바탕으로 국민의 '삶에 대한 전반적인 만족도'를 측정하고 있으며 정부의 질은 삶의 만족에 긍정적인 영향을 미치는 것으로 나타났다(Helliwell & Huang, 2008; Hessami, 2010; Samanni & Holmberg).

한편, 정부의 질 측정에 있어 세계은행의 6가지 세부항목을 활용한 Helliwell(2005)의 연구는 국가 간 비교연구를 통해 정부의 질이 국민의 웰빙에 큰 영향을 미치는 것을 밝혔다. Samanni & Holmberg(2010)의 연구는 95개국의 분석 결과를 통해 삶의 만족도를 높이는 '좋은 정부'란 효율적 정부, 법의 규칙, 관료적 공정성, 그리고 낮은 부패를 지니는 국가임을 설명하였다.

그렇다면, 정부의 질은 실제로 국민의 삶의 질에도 영향을 미칠까? 정부의 효과성, 규제의 질, 법의 지배, 시민참여와 책임성이 향상될수록 국민 삶의 만족도와 건강, 교육 수준이 증진되는가? 최근 6개년(2010~2015년)에 대한 125개국의 데이터를 분석한 결과, 정부의 질은 전반적으로 국민 삶의 질을 향상시키는 것으로 나타났다(부록 〈표 15-4〉 참조). 이는 주관적 지표로 삶의 만족도, 그리고 건강과 교육을 포함한 객관적 지표 모두에서 유의미한 결과를 보이고 있으며 지표 간 큰 차이는 없는 것으로 나타났다. 즉, 국민 삶의 질은 그들의 삶에 직접적인 영향을 미치는 정부의 질적 측면을 중요하게 고려해 함을 시사한다.

국민 삶의 질은 단순히 정부의 질에 따라 결정되기보다는 각 국가의 정치체제, 그리고 정부의 규모에 따라 다르게 나타난다. 민주주의 수준이 높은 국가와 낮은 국가로 국가군을 분류하여 분석한 결과를 살펴보면(부록 〈표 15-5〉 참조), 저민주주의 국가군과 고민주주의 국가군 모두에서 정부의 질은 삶의 질에 긍정적인 영향을 미치는 것을 확인할 수 있다. 그러나 정부의 질은 특히 민주주의 수준이 높은 국가에서 삶의 질에 미치는 영향이 더욱 크게 나타난다. 예로, 아프리카의 코로모스와 콩고는 민주주의 수준이 7점 이상으로 높은 반면, 세 국가의 정부의 질과 삶의 질은 매우 낮은 편이다. 정부의 질을 높이는 노력을 한다면 본 국가들은 저민주주의 국가에 비해 삶의 질이 더욱 크게 향상될 가능성이 있다.

또한, 정부의 지출 규모가 큰 국가에서는 정부의 질적 제고가 국민의 삶의 만족에 대한 인지는 긍정적 영향을 미치지만 객관적 지표로 건강과 교육에는 영향을 미치지 않는다. 반면, 지출 규모가 작은 국가에서는 정부의 질이 국민 삶의 질의 객관적, 주관적 차원 모두에 긍정적인 요인으로 작용한다(부록 〈표 15-6〉 참조). 예로, 방글라데시와 헤이디는 정부 규모가 가장 적은 나라에 속하며, 정부의 질 또한 매우 낮은 편이다. 정부의 지출 규모를 늘리는 것은 현실적으로 재원확보의 어려움이 크기 때문에 정부의 질을 높임으로써 국민 삶의 질을 더욱 향상시킬 수 있을 것으로 기대된다. 기존의 많은 연구에서 정부 규모를 늘림으로써 국민 삶의 질을 높일 수 있다고 주장하기도 하였다. 그러나 작은 정부를 지닌 국가에서도 정부의 질적 측면을 강화시킴으로써 국민 삶의 질이 더욱 크게 향상될 수 있을 것이다.

2. 좋은 정부는 경제성장을 이끄는가?

오늘날 비효율적이고 비대하게 커진 관료제에 대한 폐해와 이에 따른 NPM 개혁으로 정부에 대한 효율성과 효과성에 대한 요구가 더욱 높아지고 있다. 이에 따라, 좋은 정부가 실제로 경제성장을 견인하는가에 대한 실증적인 연구가 이루어졌다. Fayissa & Nsiah(2010)의 연구에서는 WGI의 6개 지표가 1인당 GDP에 미치는 요인이 통계적으로 유의미한 것으로 나타났다. 또한 소득분포의 하위에 있는 국가는 상위에 있는 국가보다 소득에 대한 거버넌스의 영향력이 더 큰 것을 확인할 수 있었다. 이는 소득

향상을 위해서는 고소득 국가보다 저소득 국가에서의 거버넌스 향상이 더 중요함을 의미한다. Bouoiyour & Naimbayel(2012)의 연구에서는 거버넌스가 경제성장률과 빈곤의 감소에 어떠한 영향을 미치는지에 대해 장기간 살펴보았다. 이 연구에서도 WGI 6개 지표가 1인당 소득증가율에 양의 방향으로 영향을 미침을 확인할 수 있었다. 즉, 정부의 질이 높을수록 경제적 상황이 향상될 것이라는 것을 확인했다.

국내 연구로는 신영수 등(2012)이 높은 품질의 제도(부패 억제, 법의 통제)를 보유한 나라들이 평균적으로 높은 소득을 보인다고 이야기한다. 신뢰, 민주주의, 부패 억제, 법의 통제 등은 모두 굿 거버넌스의 핵심 요인들이기 때문에 추정결과를 보면 거버넌스가 경제성장에 미치는 효과를 파악할 수 있다. 즉, 정부의 질이 높을수록 국민의 소득, 경제적 상황이 높다는 것이다. 정성호(2010)의 연구에서도 WGI가 1인당 GDP에 미치는 영향에 대해 분석하였고, 그중에서 시민참여와 책임성, 정치적 안정성, 규제의 질, 정부효과성이 1인당 GDP에 유의미한 정(+)의 영향을 미치는 것으로 나타났다.

최근의 데이터도 정부의 질이 경제성장에 미치는 긍정적 영향을 뒷받침해줄 수 있을까? 125개의 전체 국가에 대한 분석을 실시한 결과, 정부의 질은 경제성장에 매우 강한 정(+)의 영향을 미치는 것으로 나타났다(부록 〈표 15-4〉). 정부의 질이 높아짐에 따라 국가의 경제도 향상된다는 것이다. 이는 정부 규모, 민주주의 수준의 분류와 상관없이 모든 국가에 적용된다. 다만, 고민주주의 국가가 저민주주의 국가에 비해 그리고 큰 정부 규모가 작은 정부 규모에 비해 영향의 정도가 더 크게 나타났다. 좋은 정부의 구성요소로 정부의 효과성, 시민의 참여와 책임성, 규제의 질, 법의 지배는 민주주의 수준이 높은 국가와 지출 규모가 큰 국가를 바탕으로 경제성장을 이끄는 데 시너지 효과가 나타나는 것을 추측해 볼 수 있다.

3. 경제성장은 국민 삶의 질을 향상시키는가?

초기 1970년대의 삶의 질에 대한 논의는 '경제적 요인'을 삶의 질의 중요한 선행요인으로 다루었다. Esterlin(1973)은 부유한 나라가 과연 더 높은 행복을 느끼는가에 대한 연구 질문을 던지며 부유해 질수록 이에 따른 열망(aspiration)이 높아지기 때문에 행복의 정도는 오히려 감소한다고 주장하였다. 이후 1995년에 발표한 논문에서도 소득이 행복에 미치는 긍정적 효과는 열망이 증가함에 따라 약화됨을 설명하였다. 최근의 연구도 국가의 경제성장이 정부의 질과 삶의 질에 미치는 영향력을 지속적으로 확인하고 있다. Helliwell & Huang(2008)은 75개국을 GDP를 기준으로 상위와 하위로 구분하였고 하위에 속하는 국가에서만 정부의 질이 행복에 유의미한 영향을 미치는 것을 확인하였다.

한편, Zagorski et al.(2010)은 삶의 만족도 측면에서 경제성장이 미치는 영향을 살펴보았다. 연구결과, 경제성장은 국민 삶의 질을 향상시키고 이는 특히 가난한 국가에서 유효한 것을 확인하였다. 기존의 연구는 주로 경제적 요인이 주관적 요인에 미치는 영향을 규명해왔으며, 경제성장이 주관적 삶에 미치는 영향을 다루는 연구는 거의 이루어지지 않았다. 또한 삶의 질을 측정하는 지표로 거버넌스 지수는 소득을 건강, 교육과 하나의 범주로 포함하고 있다.

그러나, 기본적인 수준의 삶의 질인 건강과 교육을 보장하기 위해서 국가는 기본적인 경제수준을 충족해야 한다. 경제성장을 통해 새로운 일자리 창출, 빈곤의 감소, 삶에 대한 만족도를 개선시키는 등 우리 사회가 직면해있는 실질적인 문제를 해결하게 되기 때문이다(김승원·최상명, 2014). 경제수준이 높은 국가일수록 삶의 질 수준은 높으며, 삶의 질의 포화점(station point)은 없다는 주장도 있다(Deaton, 2008). 사람들은 재화에 의해 충족될 수 있는 욕구를 가지고 이런 욕구들이 충족이 되면 행복감이 상승되기 때문이다(Stevenson & Wolfers, 2008; Veenhoven & Hagerty, 2006; Hagerty & Veenhoven, 2003; Veenhoven, 1991).

국가의 경제성장이 높아지면, 이는 궁극적으로 삶의 질 향상을 가져올 것이라는 주장은 저자들의 데이터 분석을 통해서도 검증되었다(부록 〈표 15-4〉). 즉, 경제성장은 행복이라는 주관적 삶의 질뿐만 아니라 실질적인 건강과 교육에도 중요한 선행요인이다. 국민의 삶의 만족에 대한 긍정적 인식을 높이고 건강과 교육을 보장받기 위해서는 이를 지원해줄 수 있는 국가의 의료시설, 교육시설 등의 경제적 인프라가 구축되어야 한다. 경제성장이 삶의 질에 미치는 긍정적 영향은 고민주주의 국가군에서 삶의 만족도가 유의미하지 않은 반면, 객관적 지표에서는 주요한 선행요인인 것으로 나타났다(부록 〈표 15-5〉 참조). 민주주의 수준이 낮은 국가군에서는 삶의 질을 높이기 위해서는 경제성장이 이루어져야 하는 것을 확인할 수 있다. 또한, 정부의 지출 규모가 큰 국가가 작은 국가에 비해 효과가 더욱 크게 나타난다(부록 〈표 15-6〉 참조). 그러므로 국민의 삶의 질은 좋은 정부를 구성하는 노력과 함께 기본적인 경제적 상황을 향상시킴으로써 이를 제공할 수 있는 물질적 기반도 일정 수준 이루어져야 함을 시사한다.

Ⅳ. 결론

본 장은 좋은 정부가 국민의 삶의 질을 실제로 향상시키는지 125개국의 국가별 데이터 분석을 통해 물음에 답하고자 하였다. 정부의 질은 좋은 정부의 구성요소로 정부의 효과성, 법의 지배, 규제의 질, 그리고 시민의 참여와 책임성으로 측정되었다. 국민 삶의 질은 삶을 영위하는 가장 기본이 되는 지표로 건강과 교육을 포함한 객관적 지표와 국민의 만족도 인식을 바탕으로 한 주관적 지표로 측정하였다. 마지막으로 경제적 요인의 매개효과는 1인당 국민총생산(GDP)으로 측정되었다.

삶의 질에 영향을 미치는 요인으로 정부의 질과 경제성장의 논의를 실제 데이터 검증을 통하여 확인하였다. 데이터 분석 결과, 정부의 질은 국민 삶에 긍정적인 영향을 미치고, 경제성장은 정부의 질과 국민 삶의 질에 중요한 요인임을 확인하였다. 추가분석으로 매개효과를 분석한 결과, 경제성장을 통한 간접적인 효과가 직접적인 효과보다 더 큰 것으로 나타났다. 실제로 정부의 질은 삶의 질에 약한 정(+)의 영향을 미치고 있는 반면, 정부의 질은 경제성장에 강한 정(+)의 영향을 미치고 있어 경제성장 역시 삶의 질에 매우 큰 영향을 미치는 것을 확인할 수 있다. 즉, 좋은 정부를 갖추었다고 하더라도 경제발전이 이루어지지 않은 국가는 국민 삶의 질에 미치는 영향이 상대적으로 적을 수 있음을 시사한다.

국민의 삶의 질을 높이기 위해서는 각 국가의 정치체제, 그리고 정부의 지출 규모도 함께 고려되어야 한다. 민주주의 수준이 높은 국가는 국민 삶의 질을 향상시키기 위해 특히 정부의 질을 높이는 노력에 중점을 두어야 한다. 기존의 다수의 연구에서 논의되었듯이 정부의 양적 측면을 증가함으로써 국민 삶의 질을 향상시킬 수 있지만, 정부의 지출 규모를 늘리기 어려운 국가에서는 질적 측면을 더욱 강화시킴으로써 국민 삶의 질 향상을 기대할 수 있다.

정부의 질적 측면에 대한 제고는 직접적인 국민 삶의 질 향상뿐만 아니라, 국가의 경제성장에도 기여한다. 이는 민주주의 수준이 낮은 국가와 그리고 정부지출 규모가 큰 국가에서 더욱 큰 효과를 보이는 것으로 나타났다. 정부의 질로 측정되는 요소들 중 시민의 참여와 책임성, 그리고 법의 지배는 민주주의 수준이 높은 국가에서보다 원활하게 실현될 수 있기 때문에 이를 통한 경제성장의 시너지 효과가 더 크게 나타났음을 추측해 볼 수 있다. 본 장은 국가가 궁극적으로 국민 삶의 질적 측면을 증진시키기 위해 정부의 질적인 측면의 제고, 그리고 경제성장이 중요한 기반이 되며 개별 국가의 정치체제와 정부 규모에 따른 차별적 효과를 고려했다는 데 의의가 있다.

부록

〈표 15-4〉 주요개념에 대한 구조방정식 분석 결과

경로		삶의 질 주관적 지표	삶의 질 객관적 지표
정부의 질 → 경제성장		0.738***	0.738***
경제성장 → 삶의 질		0.329***	0.372***
정부의 질 → 삶의 질		0.537***	0.585***
모형의 적합성	N	125	125
	Chi-square test	27.660	41.985
	p-value	0.001	0.000
	CFI	0.978	0.972
	TLI	0.959	0.951
	NFI	0.970	0.962
	IFI	0.978	0.972
	RMSEA	0.141	0.142

(***$p<0.01$, **$p<0.05$, *$p<0.10$)
주: 경로계수는 표준화된 값으로 나타냄.

〈표 15-5〉 민주주의 수준에 따른 주요 개념 간 인과관계 분석 결과

경로		고민주주의 국가		저민주주의 국가	
		삶의 질 주관적 지표	삶의 질 객관적 지표	삶의 질 주관적 지표	삶의 질 객관적 지표
정부의 질 → 경제성장		0.766***	0.766***	0.590**	0.589**
경제성장 → 삶의 질		0.129	0.346***	0.577***	0.401***
정부의 질 → 삶의 질		0.637***	0.625***	0.364**	0.492**
모형의 적합성	N	73	73	52	52
	Chi-square	18.315	27.598	22.834	36.643
	p-value	0.019	0.006	0.004	0.000
	CFI	0.983	0.978	0.943	0.915
	TLI	0.967	0.961	0.893	0.851
	NFI	0.970	0.962	0.917	0.882
	IFI	0.983	0.978	0.945	0.918
	RMSEA	0.134	0.134	0.191	0.201

(***$p<0.01$, **$p<0.05$, *$p<0.10$)
주: 정치체제는 민주주의 수준의 평균값(6.854) 이상은 고민주주의 국가 평균값 미만은 저민주주의 국가로 분류함.

〈표 15-6〉 정부 규모에 따른 주요 개념 간 인과관계 분석 결과

경로		큰 정부 규모		작은 정부 규모	
		삶의 질 주관적 지표	삶의 질 객관적 지표	삶의 질 주관적 지표	삶의 질 객관적 지표
정부의 질 → 경제성장		0.856***	0.856**	0.667***	0.667***
경제성장 → 삶의 질		0.624***	0.776***	0.276***	0.271***
정부의 질 → 삶의 질		0.272**	0.152	0.612***	0.723***
모형의 적합성	N	54	54	71	71
	Chi-square test	40.065	53.706	11.772	20.944
	p-value	0.000	0.000	0.162	0.051
	CFI	0.933	0.924	0.992	0.985
	TLI	0.875	0.868	0.986	0.974
	NFI	0.919	0.906	0.977	0.966
	IFI	0.934	0.926	0.992	0.985
	RMSEA	0.275	0.256	0.082	0.103

(***$p<0.01$, **$p<0.05$, *$p<0.10$)

주: 정부 규모는 평균값(0.192)을 중심으로 정부 규모가 큰 국가와 작은 국가로 분류함.

참고문헌

김윤태. (2009). 행복지수와 사회학적 접근법. 한국사회학회 심포지움 논문집, 75-90.

김승원·최상명. (2014). 경제성장·소득분배·사회지표 간의 관계분석을 통한 성장 중심 거시경제정책 평가. 〈동향과 전망〉, 262-295.

서문기. (2015). 잘 사는 국가는 행복한가?: 삶의 질에 관한 국가 간 비교분석. 〈한국사회학〉, 49(1): 111-137.

신영수 외. (2012). 경제민주화와 잠재성장력 간의 상관관계 분석. 한국의 잠재성장력 종합연구. 12-04-01(12).

윤강재·김계연. (2010). OECD 국가의 행복지수 산정 및 비교. 보건복지포럼. 86-98.

이민아·송리라. (2014). 소득, 물질주의와 행복의 관계. 〈한국인구학〉, 37(4): 89-114.

정성호. (2010). 거버넌스가 경제성장에 미치는 영향. 〈한국행정연구〉, 19(3): 171-202.

조경호·김미숙. (2000). 공무원과 민간기업종사자 간 삶의 질 만족도 비교 연구. 〈한국행정학보〉, 34(3): 27-45.

홍세희. (2000). 구조 방정식 모형의 적합도 지수 선정기준과 그 근거. 〈Korean Journal of Clinical Psychology〉, 19(1): 161-177.

Bouoiyour, J. & Naimbayel, D. (2012). Economic Growth in Sub-Saharan Africa: Is Governance a Source of Inequality between Countries? The 4th Economic Development International Conference of GREThA/GRES, Bordeaux University.

Bjørnskov, C., Dreher, A. & Fischer, J. A. V. (2007). The Bigger the Better? Evidence of the Effect of Government Size on Life Satisfaction around the World. *Public Choice*, 130(3): 267-292.

Coggburn, J. D. & Schneider, S. K. (2003). The Relationship between State Government Performance and State Quality of Life. *International Journal of Public Administration*, 26(12): 1337-1354.

Di Tella, R. & MacCulloch, R. (2005). Partisan Social Happiness. *The Review of Eco-*

nomic Studies, 72(2): 367-393.

Diener, E. & Diener, C. (1995). The Wealth of Nations Revisited: Income and Quality of Life. *Social Indicators Research*, 36(3): 275-286.

Easterlin, R. A. (1973). Does Money Buy Happiness? *The public interest*. 30: 3.

Easterlin, R. A. (1995). Will Raising the Incomes of All Increase the Happiness of All? *Journal of Economic Behavior & Organization*, 27(1): 35-47.

Fayissa, B. & Nsiah, C. (2010). The Impact of Governance on Economic Growth: Further Evidence for Africa. *Department of Economics and Finance*, Working Paper Series, Middle Tennessee State University.

Ha, H. S. (1996). Local Goverments' Policy Outcomes. unpublished doctoral dissertation(SNU).

Helliwell, J. F. & Huang, H. (2008). How's Your Government? International Evidence Linking Good Government and Well-Being. *British Journal of Political Science*, 38(4): 595-619.

Hessami, Z. (2010). The Size and Composition of Government Spending in Europe and Its Impact on Well-Being. *Kyklos*, 63(3): 346-382.

Kacapyr, E. (2008). Cross-Country Determinants of Satisfaction with Life. *International Journal of Social Economics*, 35(6): 400-416.

Kim, M. S. & Cho, K. H. (2003). Quality of Life among Government Employees. The Quality of Life in Korea. Springer, 387-409.

Kim, S. Y. & Kim, D. G. (2012). Does Government Make People Happy? Exploring New Research Directions for Government's Roles in Happiness. *Journal of Happiness Studies*, 13(5): 875-899.

Mafrolla, E. & D'Amico, E. (2016). Does Public Spending Improve Citizens' Quality of Life? An Analysis of Municipalities' Leisure Supply. *Local Government Studies*, 42(2): 332-350.

Ott, J. C. (2005). Level and Inequality of Happiness in Nations: Does Greater Happiness of a Greater Number Imply Greater Inequality in Happiness?. *Journal of Happiness Studies*, 6(4): 397-420.

Ott, J. C. (2011). Government and Happiness in 130 Nations: Good Governance Fosters Higher Level and More Equality of Happiness. *Social indicators research*,

102(1): 3-22.

Ott, J. C. (2014). Good Governance and Happiness in Nations. Encyclopedia of Quality of Life and Well-Being Research. *Springer*, 2580-2587.

Programme. (2016). United National Development. "Human Development Index". Human Development Reports.

Radcliff, B. (2001). Politics, Markets and Life Satisfaction: The Political Economy of Human Happiness. *American Political Science Review*, 95(4): 939-952.

Samanni, M. & Holmberg, S. (2010). Quality of Government Makes People Happy. QoG Working Paper Series 1.

Schimmel, J. (2009). Development as Happiness: The Subjective Perception of Happiness and Undp's Analysis of Poverty, Wealth and Development. *Journal of Happiness Studies*, 10(1): 93-111.

Scully, G. W. (2001). Government Expenditure and Quality of Life. *Public Choice*, 108(1): 123-145.

Suh, E. M. & Oishi, S. (2002). Subjective Well-Being across Cultures. *psychology and culture*, 10(1): 1.

Stevenson, B. & Wolfers, J. (2008). Economic Growth and Subjective Well-being: Reassessing the Easterlin Paradox. Working paper 14284 National Bureau of Economic Research Jun. 3. 2014.(www.nerg.org/papers/w14282).

Tavits, M. (2008). Representation, Corruption, and Subjective Well-Being. *Comparative Political Studies*, 41(12): 1607-1630.

Hagerty, M. & Veenhoven, R. (2003). Wealth and Happiness Revisited Growing Wealth of Nations Does Go with Greater Happiness. *Social Indicators Research*, 64(1): 1-27.

UNDP. (2016). Human Development Reports.

Veenhoven, R. (1991). "Is Happiness Relative?". *Social Indicators Research*, 24(1): 1-34.

Veenhoven, R. (2000). Well-Being in the Welfare State: Level Not Higher, Distribution Not More Equitable. *Journal of Comparative Policy Analysis: Research and Practice*, 2(1): 91-125.

Veenhoven, R. & Hagerty, M. (2006). "Rising Happiness in Nations 1946-2004: A

Reply to Easterlin". *Social Indicators Research*, 79: 421-436.

Yamamura, E. (2011). The Influence of Government Size on Economic Growth and Life Satisfaction: A Case Study from Japan. *Japanese Economy*, 38(4): 28-64.

Zagorski, K., Kelley, J. & Evans, M. D. R. (2010). Economic Development and Happiness: Evidence from 32 Nations. *Polish Sociological Review*, 169.

찾아보기

ㅇ

ㅈ

ㅊ

ㅌ

ㅎ

기타

글쓴이

나태준 연세대학교 행정학과 교수
문명재 연세대학교 행정학과 교수
배현회 연세대학교 행정학과 교수
양재진 연세대학교 행정학과 교수
엄태호 연세대학교 행정학과 교수
이삼열 연세대학교 행정학과 교수
이정욱 연세대학교 행정학과 교수
이종수 연세대학교 행정학과 교수
장용석 연세대학교 행정학과 교수
정철현 연세대학교 행정학과 교수
정헌주 연세대학교 행정학과 교수
조윤직 연세대학교 행정학과 교수
최영준 연세대학교 행정학과 교수
홍순만 연세대학교 행정학과 교수
이정철 서울대학교 지능정보사회정책연구센터 박사후 연구원
강혜연 연세대학교 행정학과 박사과정
김도윤 연세대학교 행정학과 박사과정
김은미 연세대학교 행정학과 박사과정
김태형 연세대학교 행정학과 박사과정
문승민 연세대학교 행정학과 박사과정
설지영 연세대학교 행정학과 박사과정
손선화 연세대학교 행정학과 박사과정
송현진 연세대학교 행정학과 박사과정
엄영호 연세대학교 행정학과 박사과정
유나리 연세대학교 행정학과 박사과정
이상현 연세대학교 행정학과 박사과정
전미선 연세대학교 행정학과 박사과정
최근호 연세대학교 행정학과 박사과정
최정인 연세대학교 행정학과 박사과정
하윤상 연세대학교 행정학과 박사과정
한설아 연세대학교 행정학과 박사과정
한승혜 연세대학교 행정학과 박사과정
구주영 연세대학교 행정학과 석사과정
배주현 연세대학교 행정학과 석사과정
윤선예 연세대학교 행정학과 석사과정
이보현 연세대학교 행정학과 석사과정
이호연 연세대학교 행정학과 석사과정
정세희 연세대학교 행정학과 석사과정

정부의 질과 삶의 질

초판 인쇄 2018년 5월 24일
초판 발행 2018년 5월 31일

글쓴이 문명재 외
펴낸이 김영훈
기획 영업 전영완
편집인 김병성
펴낸곳 도서출판 문우사 MoonWoo
주소 경기도 고양시 일산동구 정발산로 24, T2-814호(장항동, 웨스턴돔타워)
전화 031) 901-6542, 070) 4200-6542 팩스 031) 906-6542
홈페이지 www.munu.co.kr 대표메일 moonwoosa@hanmail.net
출판신고번호 제396-2013-000113호

ISBN 979-11-85994-48-2

값 25,000원